# 古书版本鉴定

重订本

李致忠 著

北京联合出版公司

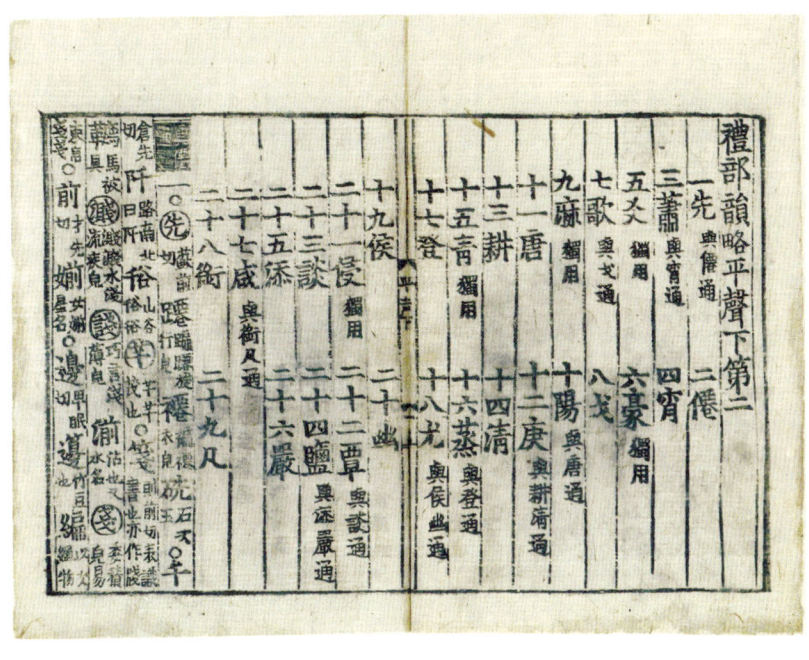

宋刻本《礼部韵略》

宋刻本《妙法莲华经入注》

## 宋刻本《西湖净行社集》

结社揔序

錢唐西湖昭慶寺結淨社集揔序

太常博士通判信州騎都尉錢易

一切有為皆是塵妄於塵妄了境乃無為
也大千法門不離自性於自性識本乃菩
提也境泯則不著本達則無惑我
三世諸佛以河沙眾生涉十二因緣根於
此也其有精行洞識化人無倦立一心願
際諸十方以有為而至無為以利已而成

## 宋刻本《石壁精舍音注唐书详节》

石壁精舍音註唐書詳節卷之一

翰林學士兼給事中充史館脩撰歐陽修撰

石壁野人 陳鑑纂

本紀

高祖

高祖神堯大聖大光孝皇帝諱淵字叔德姓李
氏隴西成紀人七世祖暠

當晉末據秦涼
以自王暠生歆歆生重耳重耳生熙戊于武川
因家焉熙生天賜天賜生虎西魏賜姓大野

蒙古定宗二年析城郑氏家塾刻本
《析城郑氏家塾重校三礼图》

明景泰七年内府刻本《寰宇通志》

明弘治七年严春刻本《中吴纪闻》

明嘉靖三十三年黄鲁曾刻本《方脉举要》

## 二主詞

### 南唐中主李璟

#### 應天長

一鉤新月臨妝鏡蟬鬢鳳釵慵不整重簾靜層樓迥
悵落花風不定 楞𠉀芳草徑夢斷轆轤金井昨夜更
闌酒醒春愁過御病迹在晃公鹢家 後主書云先皇墨

#### 望遠行

碧砌花光錦繡明朱扉長日鎮長扃餘寒不去夢難成
爐香烟冷自亭亭 遼陽月秣陵砧不傳消息但傳情

清康熙二十八年侯文燦亦園刻本《二主詞》

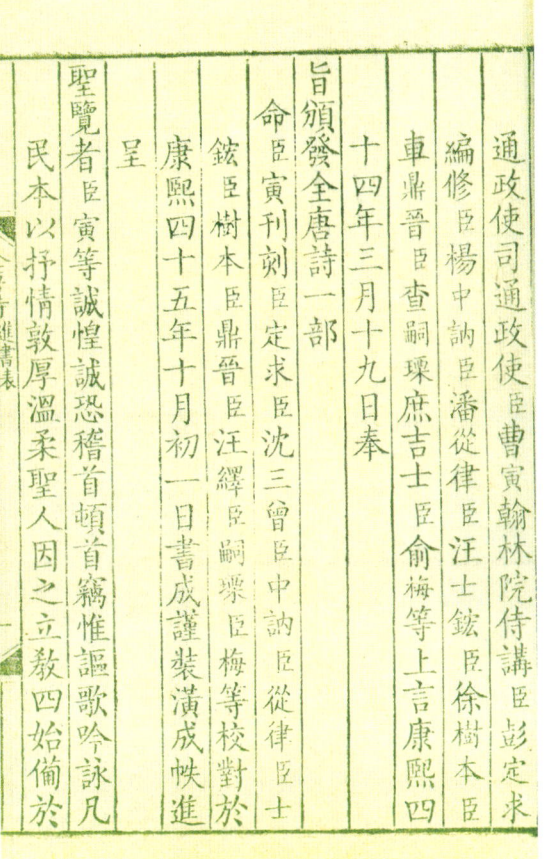

清康熙四十四至四十六年扬州诗局刻本《全唐诗》

清乾隆五十六年冬程伟元萃文书屋
刻本《红楼梦》（"程甲本"）

清乾隆五十七年春程伟元萃文书屋
刻本《红楼梦》（"程乙本"）

# 目　录

导　言 .................................................................. 1
一　深厚的知识储备 .................................................. 2
二　不断提高查询能力 ................................................ 11
三　丰富的经验积累 .................................................. 12
四　不断优化鉴定方法 ................................................ 15

## 史证篇

一　书籍・载籍・典籍・古书・古籍 .................................... 21
二　文字的起源与书籍的产生 .......................................... 23
　　（一）文字的起源 ................................................ 24
　　（二）文字的形成 ................................................ 27
三　正规书籍的产生与历代书籍的创作 .................................. 30
　　（一）正规书籍的产生 ............................................ 30
　　（二）历代书籍的创作 ............................................ 34
四　书籍的生产材料与生产方法 ........................................ 43
　　（一）书籍的生产材料 ............................................ 43
　　　　1. 纸书出现前的书籍生产材料 .................................. 43
　　　　2. 纸书的出现与流行 .......................................... 49
　　（二）书籍的生产方法 ............................................ 54
　　　　1. 印制书籍出现前的书籍生产方法 .............................. 54

2. 印制书籍的出现与发展 57
　（三）活字排版印制书籍的出现与发展 63
　　1. 泥活字印书法的发明与发展 63
　　2. 木活字印书法的发明与发展 80
　　3. 铜活字印书法的发明与发展 84
　　4. 套版印制书籍的出现与发展 103
五　书籍的装帧艺术 109
　（一）古代书籍的版式设计 109
　（二）古代书籍的插图版画 115
　（三）古代书籍的装帧形制 126
　　1. 简策 126
　　2. 帛书卷子装 128
　　3. 纸书卷轴装 130
　　4. 经折装 133
　　5. 梵夹装 135
　　6. 旋风装 137
　　7. 蝴蝶装 140
　　8. 包背装 141
　　9. 线装 143
　　10. 毛装 146

# 绪论篇

一　版本之论 149
二　版本学之论 153
三　版本学的功用 162
四　善本之论 170
五　版本类型之论 178
六　版本造伪与辨伪之论 200
　（一）以残帙充全书 201

（二）以丛书零种冒充单刻 ········································· 203
（三）伪改书名作者以充罕见之书 ······························· 203
（四）增换刻书牌记以冒充珍本善本 ···························· 205
（五）增删刻书年款以冒充珍本善本 ···························· 205
（六）挖改序跋紧要处或改换序跋以充善本 ················· 207
（七）伪造伪钤名家藏印以抬高版本身价 ···················· 209
（八）染纸造蛀以充古刻旧抄 ····································· 210
（九）以真带假版本杂拼 ············································ 212
（十）装帧造伪以充古刻旧刊 ····································· 213

# 鉴定篇

一 刻本书的鉴定 ································································· 216
　（一）依据风格特点初步判别版本 ································ 216
　　　1. 宋代刻书的风格特点 ········································· 216
　　　2. 元代刻书的风格特点 ········································· 229
　　　3. 明代刻书的风格特点 ········································· 233
　　　4. 清代刻书的风格特点 ········································· 239
　（二）依据原书序跋鉴定版本 ······································ 258
　（三）依据刊记牌记鉴定版本 ······································ 263
　（四）依据后人题跋识语鉴定版本 ································ 270
　（五）依据原书刻工鉴定版本 ······································ 278
　（六）依据书中讳字鉴定版本 ······································ 286
　（七）依据地理建置沿革鉴定版本 ································ 291
　（八）依据机构职官变迁鉴定版本 ································ 296
　（九）依据衔名尊称谥号鉴定版本 ································ 300
　（十）依据书名冠词称谓鉴定版本 ································ 304
　（十一）依据卷端上下题名鉴定版本 ····························· 308
　（十二）依据卷数变迁鉴定版本 ···································· 311
　（十三）依据藏书印记间接鉴定版本 ····························· 315

- （十四）依据著录鉴定版本 ·············· 321
- （十五）依据原书内容鉴定版本 ·············· 324
- （十六）综合利用考据鉴定版本 ·············· 328
  - 1. 关于宋刻本《礼部韵略》的版本考定 ·············· 329
  - 2. 关于宋刻本《杭州西湖昭庆寺净行社集》的版本考定 ·············· 338
  - 3. 关于宋刻本《石壁精舍音注唐书详节》的版本考定 ·············· 343
  - 4. 关于宋拓本《历代钟鼎彝器款识法帖》的版本考定 ·············· 350

## 二 活字印本书的鉴定 ·············· 360
- （一）依据序跋牌记鉴别 ·············· 361
- （二）依据边栏界行衔接处的迹象鉴别 ·············· 362
- （三）依据有无断版现象鉴别 ·············· 365
- （四）依据行字疏密歪斜横置倒置鉴别 ·············· 366
- （五）依据印纸墨色的浓淡是否均匀鉴别 ·············· 367

## 三 抄写本书的鉴定 ·············· 368
- （一）依据书体的风格特点鉴定 ·············· 369
- （二）依据题跋识语鉴定 ·············· 373
- （三）依据室名斋号及稿纸特征鉴定 ·············· 375
- （四）依据印记讳字鉴定 ·············· 380

# 后　记 ·············· 381

# 出版后记 ·············· 383

# 导　言

1997年2月，文物出版社为我出版了《古书版本鉴定》一书。出版几年后，我感觉有一些欠缺甚至失误，有意加以补充和纠正。2007年8月，"中华古籍保护计划"正式启动实施，为应付全国古籍培训急需，只好进行了一些简单的润色，又由北京图书馆出版社（今国家图书馆出版社）出版了一个修订本。这个修订本因是急就，实际上未做什么本质的修改，原已感觉到的欠缺和失误仍纠结于心。现在总算腾出了一些时间，可以做一次脱胎换骨的修订了，故谓之为"重订"。

"鉴定"一词，概括解释就是"鉴别与考定"，或者说是"辨别并确定事物的真伪与优劣"。具体到古书，"鉴定"则主要是指对古书版本的"鉴别与考定"。它与书画鉴定家们所说的"虚鉴与实证"基本相同，可以叫作"虚鉴与实考"。所谓"虚鉴"，是指凭借眼力搜索所得之版式行款、字体刀法、印纸墨色、刊工讳字等纸面上显现出来的风格特点与考据先在内心做出的大致判断，也就是通常所说的通过"观风望气"所得出来的判断。所谓"实考"，是指对书内、书外所捕捉到的可资考证的文献证据，如序、跋、凡例、书牌、刊记，乃至碑传、墓志等反映出来的证据加以有逻辑的考辨及所得出的结论。然后将"虚鉴"与"实考"两者有机结合起来，最终就能得出可靠的鉴定意见。所以鉴定既是鉴定者由眼入神并进行初步判别的心路过程，也是鉴定者寻求考据并加以逻辑思维最后得出结论的考证过程。这两个过程都不是轻而易举所能掌握和完成的，必须靠长期深厚的知识储备和直接或间接获得的丰富经验，才能有效掌握，达到眼别真赝、心识古今、慧眼识珠、得心应手。可世上总有一些人，老想在书画、版本鉴定上寻求灵丹妙药，希图一朝一夕就成为版本鉴定家。这一点我可以负责任地讲，灵丹妙药是没有的，终南捷径也是走不通的，必须在上述两个方面下大力气，最终才能成为优秀的古籍鉴定人才。

# 一　深厚的知识储备

古书版本鉴定是较小较偏的学术领域，但它要求从业人员掌握的知识却很多。所谓深厚的知识储备，指从事古书版本鉴定的人要不断储备知识、充实自己，鉴定起来才得心应手。但学海无涯，知识渊深，想在有限的生命过程中将所有知识都铭记于心、掌握在手，是根本不可能的。古人云："书山有路勤为径，学海无涯苦作舟。"意思是说只要勤奋刻苦，还是可以在书山学海中获得自己所应掌握的知识的。古书版本鉴定所应掌握的知识虽然很多很宽，但归纳起来主要还是历史知识、文化知识、学科知识和某些技术知识等方面。

历史知识涵盖的内容十分深广。一部完整的正史，不仅包括帝纪，还包括天文、五行、律历、地理、河渠、礼仪、乐章、仪卫、舆服、选举、职官、食货、马政、刑法、艺文等诸志，还包含宰辅、宗室、列传、外国、四夷等诸多内容，要能把二十四史都通读了，就会获得全面的历史知识。可是，话还得说回来，在当今快节奏的社会生活中，把二十四史通读的可能性不大，尚不言若干部分根本就读不懂。所以我们只能就与版本鉴定关系比较密切的部分多读一点，有些基本的东西要掌握，甚至要熟记于心。例如中国历史上的朝代顺序，恐怕必须得知道。几个不太容易闹清楚的历史时段与概念，如西周与东周、春秋与战国、西汉与东汉、三国与两晋、南朝与北朝、五胡十六国、五代十国、蒙古与元朝、元朝与北元、明朝与南明等，就必须得搞得清清楚楚，否则在古书上遇人遇事，连所属的时代概念都搞不明白，那还谈什么鉴定？笔者曾参与过高级职称申请者的答辩，有一位答辩者是学宋史的硕士研究生，因而请她将两宋的皇帝按庙号顺序说出来，结果吭吭哧哧说不上来，这就连基本要求也达不到。

自西汉武帝建元元年（前140）起，其后历朝皇帝都建号纪年，而且一个皇帝可以有几个年号，记起来很不容易。现在有各式各样的历史年表可供查检，但什么都要靠查检恐怕也不行。唐、五代皇帝的年号仍比较复杂，全部记清较难，可以靠查检来解决。两宋以后皇帝的年号，对搞古籍工作的人来讲，就不能总靠查，而是要靠记，要印在脑子里。原因是版本学的源头就在两宋，连两宋皇帝的顺序及年号都记不清，版本鉴定就无法进行，遇到书中序、跋、正文所涉及的人和事也就无法加以判别。明明呈现在你面前的考据也会白白溜走。所以两宋及其之后的元、明、清历朝皇帝和相应年号，要尽可能记。明、清两朝一位皇帝只用一个年号，很容易记清，应当烂熟于心。

当然，除皇帝纪年，中国还有利用天干地支组配纪年、纪月、纪日、纪时的习惯，因此对天干地支的基本知识及组配方法也要有所了解。现存的殷墟甲骨中，已有干支纪年表。所谓天干，指甲、乙、丙、丁、戊、己、庚、辛、壬、癸，称为十天干；所谓地支，指子、丑、寅、卯、辰、巳、午、未、申、酉、戌、亥，称为十二地支。干支纪年萌芽于西汉，始行于王莽，通行于东汉后期。汉章帝元和二年（85）朝廷下令推行干支纪年法，一直行用到清朝灭亡。用干支纪月，似比纪年更早，《史记·律书》记载"以十二月配十二子十母十二律"，这里的"子"是"支"，"母"是"干"。只是因不同朝代每年开始的月份不同，也就是正月建始的干支不同，表现出的干支组配也不同。至若纪时，则将每天二十四小时分为子、丑、寅、卯、辰、巳、午、未、申、酉、戌、亥，每一地支分配两小时。宋卫湜《礼记集说》卷五十七云："干言五行者，甲乙属木，丙丁属火，戊己属土，庚辛属金，壬癸属水也。"又曰："支言四时者，寅、卯、辰属春，巳、午、未属夏，申、酉、戌属秋，亥、子、丑属冬。"又曰："五行四时十二月，还相为本也，正谓十干周旋于十二支，以成六十日也。"总之，对天干地支组配纪年、纪月、纪日以及与金、木、水、火、土五行之间的关系，也要略知一二，对读古书、定版本也会有所帮助。

历史上还有些重要的人物、重大的事件、影响深远的历史变革等，也应该知道，如吕后专权、吴楚七国之乱、王莽篡位、董卓乱政、曹操擅权、三国鼎立、三武灭佛、陈桥兵变、澶渊之盟、王安石变法、金人破汴、宋室南渡、南宋中兴、韩侂胄专权、贾似道兵败、元人灭宋、恢复科举、朱元璋灭元、诸王分封、燕王靖难、诏修《永乐大典》、明初三杨、前后七子及其文学复古运动、朱宸濠谋反、张居正变法、宦官弄权、崇祯自缢、李自成进京、吴三桂引清兵入关、康熙杀鳌拜、平定三藩之乱、收复台湾、乾隆十大武功、诏修《四库全书》、火烧圆明园、康梁变法、庚子之变、立宪与革命、辛亥革命等，不一而足。这些不仅应该知道，而且应该围绕这些人物与事件，弄清背景、经过、结局，借以深知或熟悉历史。

行政区划、地理沿革，是历史知识的重要组成部分。郡、县、州、府的区划变迁、名称变换，都发生得很频繁，也都有发生的具体时间，利用这种沿革变迁，也能帮助我们大体断限。例如《宝刻类编》一书，不著编者名氏。但该书内容中已出现北宋末年宣和、靖康等年号，因此可以肯定编纂之人已入南宋。而内容中又多以"瑞州"标目，又可进一步断定编纂之人当是南宋理宗以后人。原因是南宋理宗名赵昀，按规定要规避他的御名及嫌名，故改江西筠州为瑞州。《宋史》卷八十八《地理四》载："瑞州，上，本筠州，军事。绍兴十三年，改高安郡。宝庆元年，避理宗讳，改今名。"明刘基《大明清类天文分野之书》卷五亦曰："宋宝庆初，改筠州为瑞州，县仍属焉。元仍其旧，本朝因之。"《宝刻类编》中多以瑞州标目，证明该书之编纂者当是宝庆之时或之后人，至少是书之始编当在宝庆之时。这类的例子举不胜举，从事古书版本鉴定者，应多留心这方面的知识。

职官之制，可以远绍《周礼》。其后正史几乎都有职官一类，从事古书版本鉴定之人要略知一二。中国古人有个习惯，写文章称呼别人时，常在所称之人名、字、号前加称时任最高官职或死后所得最高官职；而自己为别人撰写序、跋、传记、墓志铭、神道碑等最后落款时，常在自己的名号之前加题自己一生所从事过的官职衔名。如南宋绍兴十二年（1142）临安府学刊本贾昌朝《群经音辨》，卷后有王观国写的后序，曰："上留神经术，登用鸿儒，亲札《中庸》，班赐多士，发明奥境，表章六经。州建学官，教覃溥率。绍兴己未夏五月，临安府学推明上意，镂公《音辨》，敷锡方州，下逮诸邑。……绍兴壬戌秋七月中浣日，官舍西斋序。"而序后落款则加题"左承务郎、知汀州宁化县、主管劝农公事兼兵马监押"等职衔。我们就可以透过这些职衔，来核实王观国的行迹，而透过他的行迹又反而验证此书刊刻的具体时间。这方面的例子也是举不胜举，应学会利用。

自《汉书》开《艺文志》一目之后，《隋书》有《经籍志》，《旧唐书》有《经籍志》，《新唐书》有《艺文志》，《宋史》有《艺文志》。明修《元史》，急于求成，舍掉《艺文志》，清朝人一补再补，《明史》有《艺文志》，《清史稿》也有《艺文志》，形成了比较连贯的史志目录。我们利用这些目录，可以了解一代藏书之盛或一代著述之盛。史志目录之外，还有官修目录和私撰目录，更有若干藏书家的藏书目录。透过这些书目，不仅可以了解书，也可以了解本，这一点不必多说，从事古籍工作的同行，都心知肚明。所以目录学知识，是从事古书版本鉴定之人必须要熟知、深知的内容。

历史知识之外，还有文化知识。文化知识包罗万象，诸如时令习俗、农桑耕织、琴棋书画、鸟兽虫鱼，乃至投壶打马、走狗斗鸡等，都可以包罗在文化知识里边，领略一二，不无补益。但与版本鉴定比较贴近的则是藏书方面的文化知识。

中国的公、私藏书文化，历史悠久，传统优良，许多关于书的知识、感人至深的故事，都可引人入胜。典籍在中国古代也可以称为书籍、载籍、典籍、经籍。《隋书·经籍志》总序曰："夫经籍也者，机神之妙旨，圣哲之能事，所以经天地，纬阴阳，正纪纲，弘道德。显仁足以利物，藏用足以独善。学之者将殖焉，不学者将落焉。"此处所谓的"经籍"，实际指的就是中国古代的书籍、载籍、典籍。意谓经籍者，乃机智神思外化出来的妙旨，圣哲能事物化出来的载体，可以用来经划天地、纬度阴阳、矫正纪纲、弘扬道德。其仁道显扬时十分有利于天地万物的发展，潜藏其功用时，亦可以保持个人的节操，独善其身。殖者，生长、繁殖、蕃息。落者，停息、定止。意谓坚持不断学习这些经籍的人，将会温故而出新，提高修养，传扬道德；若不学习这些经籍，就会停息定止自己的修养而落后。可见古人十分看重对典籍的学习。也唯有不断学习，才能获得圣哲的机神妙旨，大者可用以经天地，小者可以独善其身，保持个人的节操修养。既要不断学习，就要不断搜求典籍，于是藏书之事生焉。

中国的公藏可以追溯到老子，他曾是周朝的柱下史，专事文献典籍的守藏。"汉兴，改秦之败，大收篇籍，广开献书之路。迄孝武世，书缺简脱，礼坏乐崩，圣上喟然而称曰：'朕甚闵焉。'于是建藏书之策，置写书之官，下及诸子传说，皆充秘府。"（《汉书·艺文志》）而"建藏书之策"的具体措施便是"外则有太常、太史、博士之藏，内则有延阁、广内、秘室之府"，这是第一次将皇室藏书与官署藏书区分开来的明确记载。隋朝则以嘉则殿为藏书之府，有书三十七万卷。唐贞观中，魏徵、虞世南、颜师古充秘书监，请购天下遗书，选五品以上子孙工书者为书手缮写，藏于内库，以宫人掌之。玄宗时，令诸儒会幸东都洛阳，又借民间异本传录，及还西京，又迁书东宫丽正殿。既而太府月供蜀郡麻纸五千番，季供上谷墨三百三十六丸，岁给河间、景城、清河、博平四郡兔一千五百皮为笔材，集博士儒徒，重录其书，以甲、乙、丙、丁为次，列经、史、子、集为四库。其本有正有副，轴、带、帙、签皆以异色别之，分藏东、西两京各一部。

至五代，干戈相寻，海隅鼎沸，民不复见《诗》《书》《礼》《乐》之化，故至宋初只有图籍一万余卷。其后削平诸国，收其图籍；加之下诏遣使，购求散亡，图籍始有增益。太宗乃于左升龙门北建造崇文院，徙三馆之书以实之。又分三馆书一万余卷，别为书库，名曰秘阁。真宗时，命三馆缮写经、史、子、集四部书两部，分处禁中之龙图阁及后苑之太清楼。而玉宸殿、四门殿亦各藏书万余卷。其后又有清心殿、御书苑、资政殿、翔鸾阁、天和殿、宣和殿、缉熙殿，先后为宋代皇家的藏书之所。中国国家图书馆所藏宋刻《文苑英华》，就钤有"缉熙殿宝"官印，可作为见证。

元朝虽是起自朔漠的蒙古族贵族靠金戈铁马建立起来的封建王朝，但"自太祖、太宗即知贵汉人，延儒生，讲求立国之道"（明陈邦瞻《元史纪事本末》）。至元三年（1266），世祖忽必烈将平阳经籍所从山西迁至京师。至元四年（1267）设翰林国史院，肩负翰林院和国史院两项职责，藏书甚夥，今中国国家图书馆所藏元大德九年（1305）湖南茶陵东山书院陈仁子所刻《梦溪笔谈》，钤有"翰林国史院官书"长方官印，即是见证。至元九年（1272）设秘书监，掌历代图籍并阴阳禁书，成为元代最重要的藏书机构。及至平定南宋，典章图籍皆归秘府。至元十六年（1279）忽必烈下诏，秘书监所藏书画，"非奉圣旨及上位，不得出监"。至元二十七年（1290）设兴文署，为集贤院的下属机构，既掌刻书，又掌藏书。天历二年（1329）置艺文监，既负责翻译儒书，其下又设艺文库，专掌收储图籍。后至元六年（1340），改艺文监为崇文院，但职责未变。足见皇家藏书的文化传统到少数民族掌政的元朝也并未改变。

明太祖朱元璋平定大都，命大将徐达将元都奎章阁、崇文阁所藏宋元版本及旧抄本运至南京；复下诏广求天下遗书，设秘书监丞以掌之。寻改为翰林院典籍，掌凡国家所有古今经籍图书之在文渊阁者。永乐四年（1406），帝询问文渊阁藏书，解缙对以尚多阙略。"帝曰：'士庶家稍有余资，尚欲积书，况朝廷乎？'遂命礼部尚书郑赐遣使访购，惟其所欲与之，勿较值。"（《明史·艺文志》总序）待北京建成，又诏修撰陈循，取南京文渊阁书一部至百部，各择其一，得百柜，运至北京，先储于左顺门北廊，后移储于文渊阁、东阁和文楼。是时秘阁储书二万余部，近百万卷。其中刻本十之三，抄本十之七，远超其前各代，致使《明史·艺文志》无法再记一代藏书之盛，只能仅就有明一代"二百七十年各家著述，稍为厘次，勒成一志"（《明史·艺文志》总序）。

正统七年（1442），南京文渊阁失火，火势延及大本堂，所藏之书全部化为灰烬。正德四年（1509），北京文渊阁失火，损失殆尽。明世宗嘉靖年间，将文渊阁烬余之书移至古今通集库及皇史宬。嘉靖三十六年（1557），大内三宫再火，帝坐镇指挥，急命转移文楼所藏《永乐大典》，幸被保全。为防日后不虞，遂令组织廷臣书手，依原样抄副。抄成，正本运回南京，副本则别储皇史宬。李自成攻入北京时，文渊阁旧藏再次遭毁。

清代是中国最后一个封建王朝，皇家藏书也达到了极盛。大内藏书处所繁多，举凡皇帝处理政务、批阅章奏、日常起居、读书、休憩、游乐等常至之地，包括圆明园、承德避暑山庄、盛京故宫等，都有图书陈列或储藏。如外朝东路的内阁大库、文渊阁、国史馆、实录馆、会典馆、皇史宬，外朝西路的武英殿、方略馆，内廷中路的乾清宫、昭仁殿、上书房、懋勤殿、南书房、摛藻堂、位育斋，内廷东路的毓庆宫、景阳宫、古董房，内廷外东路的皇极殿、宁寿宫、景福宫，内廷西路的养心殿、寿康宫等，都有多寡不同、内容不同的藏书。紫禁城外北京的翰林院、国子监、景山寿皇殿，盛京的故宫、文溯阁、翔凤阁、七间楼、崇谟阁、敬典阁、凤凰楼，承德避暑山庄的文津阁、烟波致爽、四知书屋，乃至盘山行宫的四面云山、智仁乐处，汤泉行宫的惠泽阁、澜碧殿、水镜秋霜殿、瞻睇殿、渊清玉洁殿，圆明园各园以及文源阁、味腴书屋等，也都有多寡不同、性质不同的藏书。至若扬州文汇阁、镇江文宗阁、杭州文澜阁所藏之《四库全书》，也都是朝廷赐藏。当然，上述还只是公藏之中的皇家藏书，历朝中央及地方官署、王府、各级各类学校，乃至书院，也都有多寡不同的收藏，形成了公家藏书的文化一脉，我们应该尽可能多知。

与历代公藏传统并行不悖的还有一脉，那就是私家藏书的文化传统，较之公藏更具文化韵味、文化情趣、文化故事。宋王观国《学林》卷五有"好癖"一节，谓："凡人有所好癖者，鲜有不为物所役。杜预有《左传》癖，和峤有钱癖，王武子有马癖，梁简文有诗癖……王僧孺好聚书……诸家所嗜好，虽皆不免役于物，而校其优劣，则好聚书者为胜也。晋张华徙居，载书三十乘；范平有书七千卷；齐刘善明有书八千卷；王僧孺有书万余卷，率多异本，梁沈约有书二万卷，都下无比；任昉有书万余卷，率多异本；宗室萧励聚书三万卷；隋许善心有书万余卷；唐韩王元嘉有书万卷；蒋乂有书万五千卷；苏弁有书二万卷，当时称与秘府埒……"王观国，字彦宾，长沙人，政和五年（1115）进士，以承务郎知汀州宁化县。活动在北宋末南宋初。他上边的一席话，不是专门谈私家藏书的，是谈历来爱好成癖之例的。其中爱好成癖中，则以好聚书者为胜。因此，他所举喜好藏书之人，亦未尝不可视为南宋初年以前著名的藏书家。入宋以后，雕版印书大兴，为喜书之人提供了购藏的良好条件，藏书家更多。北宋赵安仁"尤嗜读书，所得禄赐，多以购书。……三馆旧阙虞世南《北堂书钞》，惟安仁家有本，真宗命内侍取之。嘉其好古，手诏褒美"（《宋史》卷二百八十七）。这是喜读书而成为藏书名家之例。宋许棐《梅屋书目序》曰："予贫喜书，旧积千余卷，今倍之，未足也。肆有所刊，知无不市；人有奇编，见无不录，故环室皆书也。"这是喜书而成为藏书名家之例。宋洪迈《容斋题跋》卷二谓东武赵明诚"连守两郡，竭俸入以事铅椠，每获一书，即日勘校装缉"。这是喜欢丹黄手校而成为藏书名家之例。这类的藏书家，举不胜举，一部《藏书纪事诗》所录五代迄清的藏书家就有一千一百余人，不啻为一部私人藏书史。只不过越往后来，藏书家所追求的志趣越丰富，传统越发展。明人朱大韶，字象玄，华亭（今上海）人。嘉靖二十六年（1547）进士，选庶吉士，授检讨，以亲老，改授南京国子监司业。寻解归，筑精舍，构文园，以文酒为事。性好藏书，尤爱陆放翁、刘须溪、谢叠山手评锦函玉签之宋版《后汉纪》，知在吴门故家，出多少钱人家都不卖，朱大韶遂狠心用自己十分喜爱的美婢换得此书。婢临行前题诗于壁："无端割爱出深闺，犹胜前人换马时。他日相逢莫惆怅，春风吹尽道旁枝。"清代藏书家犹夥，追求不一，有以"佞宋主人"自诩的黄丕烈；有得宋版陶渊明集，先将自己的藏书室名之曰"礼陶斋"，《礼书》散出后又更名"宝陶斋"，当陶集也被人骗购后，非但潸然泪下，并又更名为"望陶斋"的顾春等，也是不胜枚举。清洪亮吉《北江诗话》卷三尝曰："藏书家有数等：得一书必推求本原，是正缺失，是谓考订家，如钱少詹大昕、戴吉士震诸人是也。次则辨其版片，注其错讹，是谓校雠家，如卢学士文弨、翁阁学方纲诸人是也。次则搜采异本，上则补石室金匮之遗亡，下可备通人博士之浏览，是谓收藏家，如鄞县范氏之天一阁、钱唐吴氏之瓶花斋、昆山徐氏之传是楼诸家是也。次则第求精本，独嗜宋刻，作者之旨意纵未尽窥，而刻书之年月最所深悉，是谓赏鉴家，如吴门黄主事丕烈、邹镇鲍处士廷博诸人是也。又次则于旧家中落者，贱售其所藏，富室嗜书者，要求其善价，眼别真赝，心知古今，闽本蜀本，一不得欺，宋椠元椠，见而即识，是谓掠贩家，如吴门之钱景开、陶五柳，湖州之施汉英诸书估是也。"这种分类虽未必科学，但清代藏书家的基本情况大体如此，反映出清代藏书家的价值取向确比其前更丰富。

与藏书文化直接相关的藏书印鉴、讳法、谥法等文化知识也应该领略一二。私家藏书印鉴形式多样、布局变换、篆法不一，需要先有一定的辨识能力，才能弄清印文内容，才能查清印主，才能于鉴定版本有所助益。官印形式也不少，好在历代公藏多毁于兵火，真正流传于今者寥若晨星，迄今可知者也不过是南宋的缉熙殿、元代的翰林国史院、明代的文渊阁、清代的翰林院等印鉴。所以我们要懂一点篆刻知识，乃至印泥知识。

谥号是对帝王、诸侯、卿大夫、高官重臣等死后，由朝廷根据其生平事迹、风格品质加以褒贬的称谓。大约起于周，成于秦，行于两汉魏晋南北朝，盛于唐宋。有时人死后即谥；有人因罪而死，后得平反才谥；有人谥两次。加谥都有具体的时间，掌握了加谥时间，于鉴定版本是很有益处的。如明代名将于谦，本来守卫北京有功，但英宗复辟后，石亨等却诬其谋立襄王之子而将其处斩。成化初获平反，复官赐祭。弘治二年（1489）追谥"肃愍"。万历中又改谥"忠肃"。因知《于忠肃集》不可能有万历以前刻本。历史上还有所谓私谥习俗，多由友朋、弟子等加赠。

藏书在中国确实久已形成了一个优秀的文化传统。什么东西只要一形成传统，就不太好抗拒，就会形成传承流风，虽然有时也受阻，一旦条件成熟，仍然会死灰复燃，继续下去。正如今天新兴的藏书家，他们在改革开放后，手中稍有余资，就又将二十年左右断档的藏书间歇接续了起来，在继承传统的同时，又在创造着新的藏书文化。

  当然，还有一些学科史知识，如中国经学史、中国史学史、中国文学史、中国古代书籍史等，都应该尽可能地多知道、多掌握。经学延亘了两千年，呈现出许多发展阶段，彼此间既有联系，又有师承、学派、门户之别，要尽量多知道一些。在现存的古代典籍中，集部书占去了一大部分。文、赋、诗、词、杂剧、传奇、曲、剧、别集、总集等不同类型的作品，都在集部，也都可以称为文学作品。对各式各样文学作品发展的历史，都应有所领略，这样面对文学古籍时，便会得心应手。学科史中，尤以中国古代书籍史与版本鉴定关系更加密切，弄清中国古代书籍在起源、制作材料、制作方法、装帧艺术诸方面的发展、演变，会从根本上解决我们对中国古籍的认知，从而协助我们从源头上审视古籍。

  还有关于雕版印刷、套色印刷、套版印刷、饾版、拱花、活字排版印刷等诸方面艺术、技术上的知识，更要尽可能多知道。知道得越多，对反映在古籍印纸上的一些现象就越能做出更加合理的解释。但这种知识的获得，只从古籍的印纸上是很难得到真知的，必得多看现存的古籍版片。比如家谱、族谱中某些先人遗像，特别是那些活字排印的家谱、族谱中的那些头像，很多就是事先刻好的一块一块大小形状不同、形象不同的头像，印刷时依样取来就印。清代雍正时吕抚为印制自撰《精订纲鉴廿一史通俗衍义》，自制活字泥版，对印制物件有详细的说明。套色印刷，特别是一版两色、三色乃至更多颜色的套印，技术上是十分复杂的，应尽可能地多知道。至若套版印刷，尤其是饾版、拱花，其雕版、印制技术更加复杂，不实地去看一看，就无法知道它们是怎么印出来的。从事版本鉴定，对印刷技术史方面的知识要尽可能多知道。

  中国是造纸术发明最早的国家，品种、名色不胜其多，文化内涵也十分丰富，全部都知道，全部都记住，根本不可能。但从造纸原料在时代、地域方面的发展演变中摸索出一条认知它们的线索，从而大致掌握印书用纸的时代区别与地域区别，还是有可能的。这对我们判定古籍的印制时代和地域特征很有益处。

## 二　不断提高查询能力

　　前面提到的那些知识，已经令人眼花缭乱，但仍不过是沧海一粟。知识渊深似海，短短的一生，再怎么勤奋好学，也不可能将古今中外所有的知识都掌握在一人之手。终日与古书打交道的人，随时都可能遇到自己不知或不确知的东西，怎么办？没别的办法，只有去查询。然而查询也因时代不同而不同，因人的查询能力不同而不同。古代，除了类书和有限的工具书可供查询之外，别的书几乎都不具备可供查询的功能。没办法，古人只得多读书，多背书，靠记忆储备知识，用时才知道到哪里去找，做学问之难可想而知。近现代，工具书越来越多，查询的途径逐渐不再单纯靠记忆，而靠工具书。时至今日，不但工具书繁多，可供随意使用，更出现了网上查询，乃至全文检索，爆炸性的知识几乎都能有检索的途径。有人说，现在不用再去读书，只要能检索，就可以写出文章。这说法虽未必全面，但也是不争的事实。对于工具书乃至网络检索问题，正确的观点应是要取其正面功效，反对只靠查询检索就做学问的投机心理和取巧行为，正确利用工具书和网络检索。不知的人、事，不懂的学问，到工具书和网络那里去查询线索，然后再仔细阅读原书原文，直至获得真知才加以运用，这应该就是工具书和网络所应发挥的正能量。

　　早期工具书的检索方法，有的很难掌握，比如哈佛燕京的六十四种引得，就需要花费很大力气先学会它的检索方法，而后才能使用。哈佛引得的检索方法，是洪业先生的一大发明，叫作"文字庋撷法"，曾获得美国哈佛燕京学社的奖励。其法虽是绞尽脑汁归纳出来的，但使用范围极其有限，未得到有效的推广，引得使用的历史时空也很有限。好在这些引得已基本完成了它们的历史使命，其功用已为其他工具书所替代。

　　还有一些工具书按部首检索，而部首的确定，各工具书并不完全相同，使用起来也不太容易准确把握。笔画检索比较通行，但相同笔画文字的排列检索，还要看每个字的笔画顺序，新旧工具书表现得也并不完全相同，但使用还算比较普遍。很多新老工具书，多有四角号码检索方式，这个方式对一部分受过旧式教育的人来说，易如反掌，但对很多年轻人来说，就怎么也学不会，觉得十分困难。还有就是音序检索，对于懂汉语拼音的人来说，很容易使用。可是汉字的音序也挺复杂，姑不言一字多音，即使是同音之中也还得懂得它的声调，这对不同地域的人来说，着实也很困难。好在当今的工具书，大多数都有不止一种检索方法，多是笔画、音序、四角号码同时提供，各用所熟，比较方便。不过，以个人的实践体会，众多检索方法中，最省事，不管知道不知道它的读音都能快速检索到的方法，还是四角号码检索法。特别是从事古籍整理的人，需要掌握各种工具书的检索方法，尤应掌握四角号码检索法。这是一种能力，必须不断提高这种能力，工具书才能使用得得心应手，解决问题的效果也就会越好。

至于全文检索的各种数据库，实在是比任何书本式的工具书都好。但要求使用者一要掌握它的使用方法，二要比较熟练、准确地掌握检索词，否则也不易奏效。

总之，知识不可能全部谙熟于心，必得靠查询随时加以补充，才会解决实际问题，有助于版本考定。

## 三　丰富的经验积累

古书版本鉴定不仅要不断储备知识，还要不断积累经验，尤其是凭眼力加以"虚鉴"时，经验就显得尤为重要。所谓经验，不外来自两个方面：一方面是靠自己实践所得到的直接经验，这是最为重要的；另一方面也要刻意留心前人或别人成功的经验，两者紧密结合，才能不断丰富自己。

实践经验的积累，既要靠长期实践中的有效总结，也需要在一段时间之内有意识地集中反复实践，并加以归纳总结，使经验条理化，乃至升华为规律、理论，用以强化"虚鉴"识别的能力。下面讲一段我自己的亲身经历，或许多少有一点借鉴价值。

本人毕业于1965年，被分配到北京图书馆（今中国国家图书馆）善本特藏部善本组工作。翌年春天，对"三家村"和《燕山夜话》等的批判已经在全国展开。每周三下午是全北京市的政治学习时间。《五一六通知》下发之后，"文化大革命"之风渐浓，待到北大贴出第一张大字报，运动风起云涌，席卷全国。当时，北京图书馆特别是善本特藏部的某些职事人员先后被调离原有岗位。本人由于来馆时间短，与原有人、事没有任何瓜葛，加之政治清白，出身清贫，却成了可信对象，居然被委以善本书库管理一职。书库之书琳琅满目，而师承授受却全然无着，怎么办？是仅仅满足于库房看管，确保安全，还是利用这种难得的机会，熟悉一下版本的面孔，学一点认识版本的必要知识，掌握一点识别版本的技能？好在在校读书时手里就有毛春翔的《古书版本常谈》、陈国庆的《古书版本浅说》、钱基博的《版本通义》、叶德辉的《书林清话》、陈垣的《史讳举例》等几本书。于是就从这些书中所讲到的某书开始，从库里公务目录中检索有无收藏，若有收藏，便取书查看，并与上述书中所描述的特点反复核实谛审，留下印象。如此这般看过若干部书之后再进一步升级，先检索库中卡片目录，看目录上某书版本是怎么著录的，再去找原书核验，留下印象。如此这般看过多少部书之后再行升级，即反转过来，先到柜中取书，判断它是什么时代刻本，然后再去查找目录，验证自己的判断。之后再根据书刻的不同，分时代、分时段、分地域地看书，如一个时期专攻宋代刻书，看多了，自然就会分辨出浙刻、闽刻、蜀刻的差异，再多了连江西刻书也能识别出来，再多了甚至连江苏、安徽一带的刻书也能识别出来。如此一个时代再一个时代，一个地区再一个地区，反复实践、反复识别，反复磨砺、坚持不懈，再笨的人也会感动上苍。前前后后大约花了三年的时间走这条笨路，迄今无悔。当然，这里绝不是号召大家都走这条路，但不管走哪条路，功夫都得到位。功夫不到就想起飞，首先是欺骗自己，然后也可能欺骗别人。自身直接经验的取得，没有这种反复的磨炼，是不可能的。

经验的取得，也不能忽视前人和别人提供的现成经验，或者叫作间接经验，因为那是前人或别人实践的结果。如魏隐儒先生的一些鉴别经验，就很值得借鉴。清徐志定康熙年间所印《周易说略》及《蒿庵闲话》，从康熙时的金埴，到20世纪30年代的王献唐，均认为是磁活字排印本。至20世纪60年代，魏隐儒先生经过仔细研究，发现书中断版有十一处之多。古籍版面上出现断版现象，绝不是活字排版所印之书应有的现象，因而据以断定此书非磁活字印本，而是磁版印本。我至今赞同这种说法。其原因，这里无法进行更多的考证，凭普通印刷技术知识去推想，若上述两书先制成泥版，然后上釉入窑烧制成磁版过程中，由于受热不均匀，版面即可能发生某些不规则的断裂，拿来用以刷印，印纸上就会呈现出断版现象。魏先生所说，原理应当就在这里。魏先生还曾说，明隆庆五年辛未（1571）豫章夫容馆刻印的《楚辞章句》，初印本卷二第十三叶彗星的"彗"字误刻为"慧"，后印时发现了此字之误，改正了过来，据此一字之改，便能判定其是初印还是后印。又谓《全唐诗》康熙四十四年（1705）扬州诗局刻本，第一册目录总目内杨重玄之"玄"字缺末笔，而仿刻本此字则由"玄"改成"元"。据此一字之差，亦可辨别出《全唐诗》是扬州诗局本还是仿刻本。又谓乾隆五十六年（1791）萃文书屋程伟元用木活字排印的《红楼梦》，称为程甲本，销售很好，故于翌年再次重排印行，称为程乙本。两本用的是同一套木活字，版式上也未做变动，缺乏经验的人难以区分。魏先生将两本摆在一起加以核勘，发现第一回的"回"字，程甲本作"囬"，程乙本则作"囘"，据此一字就能判定《红楼梦》程甲本程乙本之别。这些经验虽是别人的，经过验证之后，也不妨拿来变成自己的。魏先生之外，其前其后的不少藏书家，在鉴定上也都有过点睛之笔，都不妨采取拿来主义，变成自己的经验。

知识储备也好，经验积累也罢，都需要一个重要的前提，这就是博闻强记。关于"博闻"前边已经讲了一些，不再赘述。这里想谈一谈"强记"。记忆是获取一切知识的基础。没有记忆，看多少书也没用，学多少知识也是枉然。通常而言，人的记忆能力没有多大区别，之所以表现出记忆力不同，也是人对事物着意程度不同造成的。同时同样看一种书，你对这一点记忆深，他对那一点记忆牢，就是因为读书时着意点不同。凡着意的事，记忆就牢；反之，水过地皮湿，什么也记不住。从事古书版本鉴定，尤其需要"强记"，书名卷数、编撰者里贯行实、版刻时地、版本风貌、字体风格、印纸墨色、甚至刻工等，都需要有所记忆。什么都不愿意记的人，不太适合从事版本鉴定。

当然，记忆与融会贯通也有关系。孤立的死记硬背，记住了仍然容易忘记。若能找出事物之间的内在联系、纵向横向关系，非但容易记住，还不太容易遗忘，即或是忘了，也仍能由此及彼，联想起来，恢复记忆。总之，"强记"是搞古书版本鉴定的基本功。对任何一部书，鉴定的过程，实际都是调度运用以往所储备知识和所积累经验的过程，当这两个过程都进行完了时，书的鉴定也就基本完成。特别是当自己独自出门鉴定、出门买书、出门处理判别图书版本价值时，强记就会显出它的特有作用，因为随身不可能带什么工具书，没有容你查检工具书的机会。即使今天手机、电脑能帮人很大的忙，也不应弱化对知识储备、经验积累、博闻强记诸方面的强调。经验是"虚鉴"的良方，知识是"实考"的后盾，两者无缝衔接，就会完成对每部书的有效鉴定。

当然，也有书的表面风格与实际刊刻年代、地域不一致的古籍，如明代杨升庵的《六书索隐》，若从该书的版式风格、字体刀法、印纸墨色等方面看，一般都会初步认为它是明代正德或正德以前刻本。然此书乃杨氏谪居云南时所作，而杨氏被谪的原因，是嘉靖三年（1524）大礼议时持不同意见而遭廷杖，死而复苏之后遭贬云南。因知此书撰写时已在贬所，逻辑上也不可能有正德刻本。卷前有杨氏自序，谓："谪居多暇，乃取《说文》所遗，诸家所长，师友所闻，心思所得，以古文籀书为主……"落款乃嘉靖二十九年（1550），因知此书必是嘉靖时刻本。此本我在匡时拍卖公司见过一部，在河南省图书馆又见到过一部。这是个很极端的例子，此时就要"虚鉴"服从"实考"，鉴定为嘉靖刻本。这类例子，还可以再举。总的是"考证"为主，"虚鉴"为辅，在任何考据都没有的情况下，再审慎运用"虚鉴"。通常情况下，"虚鉴"都只是辅助性的鉴定手段。

## 四　不断优化鉴定方法

古书版本鉴定，本质上属于考证之学。考证之学要求有严肃的治学态度、严谨的阐述逻辑和有根有据的科学结论。要达到这样的要求，就要不断优化鉴定方法。

考定的前提是证据。凡遇一书，多可从该书之序、跋（含藏书跋）、凡例、内容、刊记、牌记、职名、地名、刻工、讳字等诸方面去捕捉考证的依据；亦可从该书之外他人文集中所录相关序、跋、传记、碑传、墓志中寻求考证的依据。这个过程检验着鉴定者的知识储备状况。知识储备较多，很多证据会自动映入你的眼帘，供你选择使用；知识储备较少，一些可资取证的证据也可能会在你眼前溜过，变成毫无考据价值的普通文字。前边之所以花那么多笔墨谈知识储备，目的就是增强这种捕捉考证信息的能力，以便解决实际问题。

证据到手之后，还要加以筛选，目的是分清考据价值的主次地位。比如书中序文或题跋对该书编撰缘起、编辑体例、主要内容、优劣得失、付梓经过等，都

《妙法莲华经入疏缘起》

已表述清晰明白；或者刊记、牌记已明白无误地展示出刊版证据，并且能判定刊记、牌记真实而不是假造的情况下，就可以成为鉴定此书版本的主要依据。当然，有了主要依据并不一定立即就能下鉴定结论，有时还需要避讳、刊工，乃至付梓人的宦迹行实等证据加以印证，若能一一契合，从旁佐证，会使鉴定结论确凿不可撼动，这才令人信服。然而古书中这类证据确凿，不用费太大力气就能得出版刻鉴定结论的实例虽然存在，但不是很多。特别是现存宋元刻本，由于流传时间较长，刊行时所带有的序、跋、刊记、牌记残缺不全，无以作为凭据借以考定版本；加之后世翻刊，保留原序、原跋，乃至刊工、讳字；加之后世书商有意作伪等，使本来原原本本的古书，变得乱象丛生，乃至假象横生，难断真伪。这时再在书中捕捉可资考证版本的证据，就更加困难。有的书虽然没有上述那么复杂，但当初付梓时就未留下可以直接用来考订版本的确凿证据，这时在书中捕捉考定依据就更加显得必要。如 2014 年杭州西泠印社所拍卖的《妙法莲华经入注》，卷前镌有宋四明住宝云院沙门道威所撰《妙法莲华经入疏缘起》，落款为"皇宋政和六年岁次丙申五月初吉，叙以冠之"。这是此经留下的唯一年份记录。这种年份，不是此经刻于是年的确证，不能据以作版刻的结论。但它昭示了一个客观事实，即这一年，《妙法莲华经入注》已经成书，具备了付梓的可能。而这一年，距北宋灭亡还有十一年，这十一年为我们留下了考证其付梓的历史空间。

明周希哲嘉靖年间所修《宁波府志》卷十八"宝云讲寺"条载宝云寺在"县治西南行春坊东，宋开宝元年建，名传教院。太平兴国七年赐额宝云。建炎、嘉定毁，重建"。清康熙年间所修《鄞县志》卷二十一亦载："宝云讲寺，旧在县治西南行春坊东。开宝元年，高丽僧义通来传净土教，乃延庆法智之师，漕使顾承徽舍宅为传教院以居之。太平兴国七年赐额宝云，为天下讲宗十刹之一。建炎毁于兵。"宋释宗晓所作《宝云振祖集》卷前有其所写自序、请改传教院奏文、太平兴国七年（982）牒文、赐额，以外尚有仲旻一篇小序，谓宝云讲寺于"建炎庚戌春遭兵火，院宇一夕而空"。庚戌，为建炎四年（1130），证明四明宝云寺在这一年的春天毁于兵火。设若《妙法莲华经入注》就刻在此寺，或版藏此寺，则其刻绝不会晚于建炎四年之春，而必在这一年之前。

再进一步检阅此经，发现镌刻此经施主有一百一十余人，其中卷一末镌有"杭州助教弟子林茂施财开此品庄严佛果者"施记一行，显然这是一位主要的施主。

〔乾道〕《临安志》卷二《历代沿革》记载："建炎三年翠华巡幸，是年十一月三日，升杭州为临安府，复兼浙西兵钤辖司事。统县九：钱塘、仁和、余杭、临安、富阳、於潜、新城、盐官、昌化。"卷三《牧守》又载："建炎二年七月庚戌，以徽猷阁待制康允之知杭州，三年八月罢，通判军州安自强权州事。是年十一月三日，已改杭州为临安府。"据此可知建炎三年（1129）十一月三日以后，杭州之名已无，而此本《妙法莲华经入注》的大施主林茂头衔仍署"杭州助教"，说明此经之刻有可能发生在建炎三年十一月三日之前。

此本《妙法莲华经入注》版心下方镌有王彦诚、吴志、王睿、施宏、钱明、童通、王寔、禾明、徐昇、余政、王询等刊工姓名。其中徐昇，乃北宋末南宋初杭州地区刻工，参与过《思溪资福藏》的雕版工作。《思溪资福藏》是密州观察使、湖州路人王永从兄弟

"杭州助教弟子林茂施财开此品庄严佛果者"

一家舍资雕刻的大藏经,开版于北宋末帝钦宗赵桓靖康元年(1126),至南宋高宗绍兴二年(1132)全部刻成,用时六年。徐昇参与刻此经,时间至晚在绍兴二年(1132)之前。

此外,王询、吴志,南宋绍兴十八年(1148)尝参与刻《毗卢藏》;王寔,南宋绍兴年间尝参与修补明州本《文选》;钱明、王睿、禾明、施宏等,尝与徐昇一道刻过《思溪资福藏》,而《思溪资福藏》雕版藏事在绍兴二年,显然这四个人也是北宋末南宋初的刻工。这些人又同时出现在《妙法莲华经入注》上,表明此经之刻也可能在北宋末南宋初。

宋程大昌《演繁露》卷五"讳"字条载:"本朝著令则分名讳为二:正对时君之名,则命为'御名';若先朝帝名,则改名为讳,是为庙讳也。"以此检查是书,发现匡、玄、竟、弘等字有缺笔避讳者,但并不严格。而北宋末帝钦宗赵桓御名"桓"字,在此《妙法莲华经入注》中凡七见,均不避讳。众所周知,钦宗为帝,时间特短,便与乃父徽宗赵佶一起成了金人的俘虏,其悲惨命运向为南宋臣民所同情所挂怀,故南宋刻书,于已祧皇帝之御名嫌名之讳虽也回避,但并不是多么严格,独于钦宗御名、嫌名回避十分认真,反映出南宋小到写样上版的书手,操刀镌版的工人,都在自己具体的工作中对钦宗表示深深的敬意。然此本《妙法莲华经入注》竟然七次出现钦宗赵桓之御名而不行回避,说明镌刻此经时可能还未届赵桓称帝。南宋首帝赵构(今简化为"构")之"構"字,在此经中也是七见,同样既不缺笔避讳,也未见以小字注为"今上御名"或"御名"相替代,表明此经之刻更未届南宋高宗临朝执政之时。将上述这些所能捕捉到的考据信息加以分析考证,再核以该经印纸墨色、字体刀法,最后审定此经刻于北宋末年,就显得很自然。因知,证据是考定的凭借,知识是发现证据并利用证据进行考定的后盾,方法是考证的路径,几项有效结合,就能得出正确的鉴定结论。

明谢肇淛《五杂组》卷十三云:"凡宋刻,有肥瘦二种,肥者学颜,瘦者学欧,行款疏密,任意不一,而字势皆生动。"意思是说宋版书字体有的学颜,有的学欧,学颜者指的是颜真卿,学欧者指的是欧阳询。颜真卿(709—784),字清臣,小名羡门子,别号应方,京兆万年(今陕西西安)人。颜师古五世孙。唐玄宗开元二十二年(734)登进士第,又擢制科。累官吏部尚书,太子太师,封鲁郡公,世称颜鲁公。卒谥"文忠"。颜氏工书法,初学褚遂良,后从张旭,融为己书，将汉字的楷书楷法推向了顶峰，世称为"颜体"。他的书法风格行以篆籀之笔，化唐初瘦硬之风为丰腴雄浑，结体宽博而气势恢宏，骨力遒劲而气概凛然。这种风格，既体现了大唐帝国的繁荣昌盛、江山稳固，也与他自己的高尚品格相契合，对后世影响极其深远。北宋欧阳修在其《唐颜鲁公书残碑跋》中评论说："余谓颜公书如忠臣烈士、道德君子，其端严尊重，人初见而畏之，然愈久而愈可爱也。"（《集古录跋尾》卷第八）朱长文在其《墨池编》卷三《神品三人》中赞美颜鲁公之字"点如坠石，画如夏云，钩如屈金，戈如发弩，纵横有象，低昂有态，自羲、献以来未有如公者也"。苏轼在其《经进东坡文集事略》卷六十《杂著》中说："诗至于杜子美，文至于韩退之，书至于颜鲁公，画至于吴道子，而古今之变，天下之能事毕矣。"北宋人的这些称道，反映了颜体字在其时的社会影响是十分深广的。特别是宰相韩琦独好颜书，影响朝野上下的士人皆学颜字，这就造成了一种浓重的社会风气，而风气所被，必然影响到雕版印书的写样上版，于是北宋刻书的字体，多浑朴厚重，颇存颜字遗风。今天存世的北宋刻书虽然很少，但从北宋所刻释家大藏零种或单经中，还不难见到颜体字在书刻中的流风余韵。此《妙法莲华经入注》，无论经文大字，还是注文小字，其字体皆仿颜书，而且仿得惟妙惟肖，几乎不爽毫厘，在宋代颜体仿刻中是不多见的。这种考定便是优化了的鉴定，既采证全面，又论辨严谨，令人信服。

# 史证篇

## 一 书籍·载籍·典籍·古书·古籍

"籍"字有"簿册"之义,因此"书籍"的最初概念当指书写在簿册上的文字。其后逐渐演变,进一步有了现在书籍的概念。

书籍、载籍、典籍在古人的概念里基本是相同的。汉孔鲋《孔丛子》卷六《独治第十九》载:"子鱼生于战国之世,长于兵戎之间,然独乐先王之道,讲习不倦。……陈馀谓子鱼曰:'秦将灭先王之籍,而子为书籍之主,其危矣。'"汉蔡邕《蔡中郎集》卷九《让高阳侯印绶符策》曰:"且晏婴辞邶殿之邑,张良辞三万之户,书籍纪之。"晋常璩《华阳国志》卷十二《序志》曰:"巴蜀厥初开国,载在书籍。或因文纬,或见史记,久远隐没,实多疏略。"这些记载中的"书籍"虽然仍然带有"簿册"之意,但与后世书籍的概念已十分接近。

《史记》卷六十一《伯夷列传》曰:"夫学者'载籍'极博,犹考信于《六艺》,《诗》《书》虽缺,然虞夏之文可知也。"是说学者虽然掌握了广博的"载籍",仍然要考信于《六艺》。如果《六艺》中的《诗经》《尚书》中也缺乏考据,还有虞夏时留下的文字可以稽考。

《汉书》卷三十曰:"古之王者世有史官,君举必书,所以慎言行,昭法式也。左史记言,右史记事。事为《春秋》,言为《尚书》,帝王靡不同之。周室既微,'载籍'残缺,仲尼思存前圣之业……"意谓周室衰微,"载籍"残缺不全,所以孔夫子才有"文献不足征"之叹。

《汉书》卷六十二有赞曰:"自古书契之作而有史官,其'载籍'博矣。至孔氏纂之，上继唐尧，下讫秦缪。"这里的"载籍"与"书籍"含义十分接近。

《孟子》卷五曰："使毕战问井地。"其下注曰："毕战，滕臣也，问古井田之法。时诸侯各去'典籍'，人自为政，故井田之道不明也。"意谓由于诸侯各毁"典籍"，故典籍里所记载的井田之法人们已经不太清楚了。

《孟子》卷十二曰："天子之地方千里，不千里，不足以待诸侯；诸侯之地方百里，不百里，不足以守宗庙之'典籍'。"其下小字注曰："守宗庙'典籍'，谓先祖常籍法度之文也。"意谓"典籍"乃是书写法度之文的簿册书籍。

《汉书》卷二十七载："昔而高祖司晋之'典籍'。"同书卷一百下又载："固以为唐虞三代，《诗》《书》所及，世有'典籍'，故虽尧舜之盛，必有典谟之篇，然后扬名于后世，冠德于百王。"这里的"典籍"，与前述"书籍""载籍"的含义也没有什么本质的区别。

《汉书》卷八十八载："六学（艺）者，王教之'典籍'，先圣所以明天道，正人伦，致至治之成法也。"意思是说《易》《书》《诗》《礼》《乐》《春秋》等《六艺》，乃先王施行教化的"典籍"，这里的"典籍"与"书籍"在概念与含义上可以说是已完全重合。

汉蔡邕《蔡中郎集》卷三有一篇《汉太尉杨公碑》，碑文中说杨赐"以'典籍'寻道入奥"，意谓从"典籍"，也就是从"书籍"入手，可以探索道的奥妙。

上述这些记载告诉我们一个事实，那就是至汉代，人们对"书籍""载籍""典籍"，已没有什么泾渭分明的概念界限。说到"书籍"时，也可以用"典籍""载籍"相替代，反过来，同样如此。

我们现在人所说的"古书""古籍"，到古人那里也可以找到出处。《荀子》卷十曰："纣刳比干，囚箕子，为炮烙刑。"其下小注云："《列女传》曰：'炮烙为膏铜柱，加之炭上，令有罪者行焉，辄堕炭中，纣与妲己大笑。'烙，古责反。炮烙之刑，'古书'亦作炮格之刑。"

秦吕不韦《吕氏春秋》卷十三载："六曰：尝试观《上古记》，三王之佐，其名无不荣者，其实无不安者，功大也。"其下小注曰："《上古记》，上世'古书'也。"意思是说《上古记》是记载上世的一部"古书"。

汉王充《论衡》卷二十九曰："夫俗好珍古不贵今，谓今之文不如'古书'。

夫古今一也，才有高下，言有是非，不论善恶而徒贵古，是谓古人贤今人也。"这里所谓的"古书"，与我们现在人所说的"古书"没什么不同，不同者只是时代而已。

汉司马迁《史记》卷四载："幽王举烽火征兵，兵莫至。遂杀幽王骊山下，虏褒姒，尽取周赂而去。"其下唐张守节《史记正义》注云："晋咸和五年，汲郡汲县发魏襄王冢，得'古书册'七十五卷。"

南北朝魏收《魏书》卷一百八之二载："臣等伏度国之大事，在祀与戎。君举必书，恐贻后诮。辄访引'古籍'，窃有未安。"此处之"古籍"与"古书"没什么区别。

唐李延寿《南史》卷五十《刘之遴传》谓："之遴好属文，多学古体，与河东裴子野、沛国刘显恒共讨论'古籍'，因为交好。"这里的"古籍"若换成"古书"，意思是完全一样的。因为底下的文字乃是"时《周易》《尚书》《礼记》《毛诗》并有武帝义疏，唯《左氏传》尚阙，之遴乃著《春秋大意》十科、《左氏》十科、《三传同异》十科，合三十事上之，帝大悦"。

唐虞世南《北堂书钞》后跋曰："虽然有书而不校，与无书同。略校而不统校，犹不校也……统校则原书脱始隋唐，隋唐'古籍'浸勘，存者旁见侧出。"此处之"古籍"与"古书"亦是意义全同。

前边花这么多笔墨谈论"书籍""载籍""典籍""古书""古籍"之间的概念区别与联系，旨在先将这些名词概念逐一厘清，利于此后行文时方便，读者也可以就此抉微探奥，深入进去。

## 二　文字的起源与书籍的产生

文字是书籍构成的最基本条件，任何情况下，没有文字都不可能产生书籍。但文字并不是人类社会一开始就有的东西，它的发生、发展，一直到成熟定型，经过了漫长的演进过程。

## （一）文字的起源

文字是语言的符号，或者说文字是无声的语言。在文字产生之前，人们彼此之间也常常需要交流某种意图，表达某种思想，交换某些经验。要完成这些交流，起初并没有什么特殊的凭借，只有靠声音与动作的结合来达到目的。后来在长期的生产和生活实践中，表达某种意图的声音逐渐定型，为更多的人所熟知、所掌握，成为共识，这就产生了最初的语言。

语言的形成和不断丰富，对于人类文明及其进步有着无可估量的推动作用。但语言又有很大的局限性，一是讲过去就没有了痕迹，二是受到障碍或离得太远就又听不清楚，或者根本听不到。人们要想了解远方或过去的事情，光靠单纯的语言就无法达到目的。为了解决这类问题，人们便把语言与记忆结合起来，将需要传播的知识、经验或事件，用简括凝练的语言固定起来，编成歌谣、谚语、口诀、故事等，彼此相告，代代相传，这就是所谓的传说。我们现在能够知道上古时期某些美妙动听的故事和历史知识，很多就是靠那时聪明智慧的先民用传说的办法流传下来的。如盘古开天辟地、女娲炼石补天、有巢氏绝穴筑巢、燧人氏钻木取火、神农氏尝百草、伏羲氏画八卦、后羿射日、共工怒触不周山等动人的故事，就都是上古时代著名的传说。

但传说的基础是靠人的记忆。记忆的时间一长，就容易被遗忘，或发生错误。因此，靠记忆而流传的东西就往往发生很大的出入。不但内容事实会有出入，不同人的叙述，乃至同一个人在不同时空里的叙述，从语言的运用，到渲染的情节，也会有出入。所以一件事情，经过若干人的口耳相传，往往就会脱离原样，难以置信。怎么办呢？上古的人们认为这还是记忆不牢的缘故，于是仍在加强记忆上打主意、想办法。世界上各个民族几乎都曾有过这样的阶段，在我们中华民族的开化史上，不同民族也流行过不同的实物记事方法。目的都是以实物加强记忆，从而增强传说的可信度。《周易·系辞》中曾说："上古结绳而治，后世圣人易之以书契。百官以治，万民以察，盖取诸夬。"清惠栋《增补郑氏周易》卷下引证郑玄对"结绳"的解释曰："结绳为约，事大大结其绳，事小小结其绳。"对"后世圣人易之以书契"则解释曰："书之于木，刻其侧为契。各持其一，后以相考合。"唐代孔颖达《周易正义》解释说："夬者，决也。造立书契，所以决断万事，故取诸夬也。"大意是说上古以结绳记事的办法来治理社会，后世圣人将结绳换成了书契，就是将事项书写于木，镌刻在旁边，以便其后考合。《庄子》卷四《外篇·胠箧第十》中也说："子独不知至德之世乎？昔者容成氏、大庭氏、伯皇氏、中央氏、栗陆氏、骊畜氏、轩辕氏、赫胥氏、尊卢氏、祝融氏、伏羲氏、神农氏，当是时也，民结绳而用之。甘其食，美其服，乐其俗，安其居，邻国相望，鸡狗之音相闻，民至老死而不相往来。"也是说古帝先王之世，虽结绳而治，但各自独乐其乐，相安无事。这些记载说明，在我国上古时期确曾普遍流行过"结绳记事"之法。我国其他许多少数民族，如云南的傈僳族、独龙族、怒族、佤族、瑶族、纳西族、普米族、哈尼族，西藏的珞巴族，台湾的高山族等，在新中国成立前也曾有过结绳记事或类似结绳记事的时期。外国如伊朗、秘鲁等，也流行过这种方法。

据说古代秘鲁人记事用的绳子非常讲究，他们在一条主要绳索上系上各种不同颜色的细绳，用来记录不同的事物。如红绳代表军队，黄绳代表黄金，白绳代表白银，绿绳代表粮食。绳子上再打结，以代表不同的数目。一个单结代表10，两个单结代表20，一个双结代表100，两个双结代表200。据说古代秘鲁的每个镇上都设有官吏，专门管理结绳之事，并负责对结绳意义的解释，这是现在所知世界上最具体最完整的结绳记事办法。西汉孔安国古文《尚书序》说："古者伏羲氏之王天下也，始画八卦，造书契，以代结绳之政。"什么叫"结绳之政"？从这里我们可以得到较深的理解。据说现代还有人能通晓古代秘鲁人结绳记事的意义。

除结绳记事，在我国少数民族中还流行过刻木记事等办法。云南省博物馆陈列着一件佤族人以前留下来的刻着大小不等锯齿的长木板。木板上的每个锯齿都代表着一件事情。缺口深的，表示事件重大，浅的表示事件较小。如果再发生新的事情，就根据事件的大小再加刻深浅不同的锯齿。每年到吃新米的时候，就由一位德高望重而又通晓锯齿含义的老人，讲解一次木板上每个锯齿所代表的事情。他们就通过这样的木刻，把历年发生的事情一个一个地妥善解决，求得和谐相处。这不正是管理社会的政治吗？德高望重，表示着其自身的权威，也表示着人们对他的信任。吃新米，表示一季新粮的收获。这时该还账、该奉公的粮食都应办理了。此时如果讲解人不秉公办事，而是信口胡说，那就乱套了，就该闹事了，社会也就不稳定了。这岂不是政治？

结绳、刻木之外，古代的人们也还有用数禾秆、数苞谷粒，或者在树皮上、兽骨上、石头上刻点等方法记事的。还有把几种实物拼凑在一起，来表达比较复杂的思想的。在我国苗族的历史上，就曾用一根一尺长的细木棍，一头劈开，夹上鸡毛、火绳和两个辣椒，作为通报紧急情况的信件送出去。对方的人只要一见到这样的信，就知道那里有事，十万火急，会立刻派人赶去相助。这就比结绳、刻木表达的意思更复杂更进步了。

结绳也好，刻木也好，其他的办法也好，都还只是为了加强人们的记忆，从而加强口耳相传的可信程度。特别是当这些办法被约定俗成以后，就能代替传说和语言而传之久远。但结绳和刻木等毕竟还不是文字，也不能代替文字所起的作用。说到底，它们只不过是记忆的辅助物件，还远不是语言的符号。真正能够为人们传情达意、交流思想并具有超时空效用的语言工具，还是文字。但结绳、刻木记事的长期实践，不但在思想上不断促使人们去探索、去创造，在实践上它们也为文字的出现与形成提供了宝贵的经验。

图画是文字的前身，是远古人们交流思想的一种新工具。据考古学家们考证，早在旧石器时代，我们的祖先已经能够在他们居住洞穴的墙壁上画画。有些画画得还很逼真，使人一看就知道是什么意思。例如要打猎，就画出一头鹿或一头牛和一个手持弓箭的人，作为信息公布出去，这样就达到了交流思想、约同狩猎的目的了。所以有人把这种图画就称为图画文字。起初，这些画要画得很复杂、很细致、很逼真，目的是使人一看就懂。待到人们对某些画所代表的意义都熟悉了，画的结构和笔画就开始简化，即用简单的几笔勾勒一个大致的轮廓就行了，于是图画开始向符号演变。比如一头牛，有的勾勒全身，有的只画一头两角。就是画全身，所取的角度与侧重也不完全相同。这表明，从图画演进到符号，再从符号演化为文字，又要经过一个漫长的过程。

1987年，河南省舞阳县城北贾湖新石器时代遗址考古发掘出距今约八千年前的甲骨契刻符号。这些契刻符号，刻在随葬于墓中的龟甲、骨器和石器上。比以往发现的西安半坡仰韶文化陶器上的刻画符号和山东大汶口陶器上的文字年代要早一两千年。其中个别契刻符号的形体，与河南安阳殷墟甲骨上的某些字很近似。这说明早在八千年前的新石器时代，中国的汉字可能已由图画向符号演变了。翌年，中国考古学者在西安的国际性考古学术会议上说，汉字出现于龙山文化时代的晚期，即黄帝时代及夏代初期，并向出席会议的中、美、英、日、苏、法、加、德等国的同行们展示了十余枚刻画兽骨、骨器的拓片和幻灯片。这些形体小如蝇头、笔画细若蚊足、刀法古拙、字迹清晰的符号和原始文字，其形体结构很多与殷墟甲骨上的文字近似，说明在五千年以前，中国的汉字已经由图画经契刻符号演化而生了。到殷商时代的甲骨文字，则已经是比较成熟的汉字了。此和前边所讨论书籍产生的时代上限十分契合。

## （二）文字的形成

关于汉字的出现与形成，古人有种种说法。有的说是圣人造的；有的说是伏羲氏始画八卦，造书契；而《荀子》《吕氏春秋》《韩非子》等，就都说是仓颉造字了。把造字的功劳归于某一个人肯定不符合历史事实。文字一定是古代劳动人民共同创造的，而由某些人或某个人加以整理、规范和统一，则是完全可能的。《荀子》卷十五中说："故好书者众矣，而仓颉独传者一也。"古人对这句话的解释是："仓颉，黄帝史官。言古亦有好书者，不如仓颉一于其道，异术不能乱之，故独传也。"清惠栋《周易述》卷二十谓："荀子言一而后精。后出古文云'惟精惟一，先精后一'，非古义也。"都是说要"一于其道"，才能求精。后来有人做了新解，说是古来喜好文字的人很多，为什么都不能传下来，而唯独仓颉的字能够流传开来呢？其原因就是仓颉对纷繁不一的文字，做了整理和统一的工作。这虽不是古人所解释的原义，但也不无道理。因为能将纷纭复杂、众体不一、写法各异的文字统一起来，首先要求自己要专一此道，精于此学，否则是绝对统一不起来的。

到公元前9世纪的周宣王时，对文字又进行过一次大规模的整理，结果产生出了"籀书"，也称为"古文"，又称为"大篆"。公元前3世纪，秦始皇灭了六国，建立了统一的封建大帝国，为了加强中央集权的封建专制统治，在全国范围内统一文字、度量衡，实现了所谓"书同文，车同轨"的局面。这次文字整理和统一的工作，是由秦始皇的左丞相李斯主持进行的。整理的方针是以秦国通行的字体为标准，对周宣王时定型的籀文大篆加以简化和统一。整理出来的文字称为

"篆书""秦篆"或"小篆"。与此同时，为了更便于书写，适应各级政府及军队公文往来的需要，又在小篆的基础上加以改革，字体改圆为方，笔画删繁就简，这就又产生了"隶书"。到了汉代，隶书变成了通行的文字，小篆也就慢慢退出了通行文字的历史舞台。到公元前1世纪西汉元帝时，史游又作草书，称为"章草"。后来刘德升又创造了"行书"。三国时钟繇又创造了"楷书"，从而奠定了汉字的基本形体。直到今天，楷书仍然是规范的通行字体。

当然，文字的产生，并不意味着马上就产生书籍，但书籍则是由文字构成的。所以孔安国古文《尚书序》说："古者伏羲氏之王天下也，始画八卦，造书契，以代结绳之政，由是文籍生焉。"孔安国给《古文尚书》作注写序，历来虽有真伪之辨，但就书籍的产生而言，孔安国说书籍产生于文字，应是确然无疑。

文字不但承担着书籍的构成任务，也影响着书籍的物质形态。如汉文方块字的特点，就使得中国书籍既可从右向左直行竖写、竖雕、竖排、竖印，并因此而形成中国书籍的右侧装订、书脊居右的特点；也可以从左向右横写、横雕、横排、横印，并因此而使中国书籍又具有可左侧装订、书脊居左的特点。而有些少数民族文字及英、法、俄、德等外国文字，就只能是从左向右横写、横排、横印，因而也就只能左侧装订、书脊居左，而绝不可能是竖写、竖排、竖印和右侧装订。这说明，文字不但是书籍构成的基本要素，还影响着书籍的版面形式和外部形态。

文字除在人们的头脑里可以想象外，只要在客观上一经显现，就一定得有个着附材料的问题，或者说就一定得有个载体问题。而文字的载体，实际就是书籍的制作材料。世界上各个古老的民族在各自书籍（包括初期书籍和正规书籍）的发展演进中，都曾经采用过不同的制作材料。外国人先后采用过纸草、树叶、树皮、砖刻、蜡版、铜叶、铅叶、金叶、亚麻布、羊皮、犊皮，乃至于人皮；中国人则先后采用过龟甲、兽骨、人的头盖骨、青铜器、石头、石片、玉片、摩崖、竹简、木牍、缣帛等。到人类普遍使用纸张来制作书籍，那已经是很晚以后的事情了。

由于文字的载体不同，或者说书籍的制作材料不同，影响到书籍的制作方法，或者说是书籍的生产方法也不同。从刀刻、笔写、雕印、泥活字排印、木活字排印、金属活字排印，直到全人类共同使用铅活字排版印书，中间经历了一个漫长而曲折的演进过程。在纸张成为书籍的制作材料以前，不能想象书籍会用印刷的方法生产出来。同样，在以甲骨、石片、玉片为书籍制作材料的情况下，恐怕也只能用刀刻的方法来生产出来，而无法采用印刷的办法。古印度及南亚、东南亚一带以贝多树叶为文字载体来制作书籍，也只能用铁笔将文稿刻画在贝多树叶上，也不可能用印刷的办法生产出贝叶材料的书籍。可见不同的书籍制作材料，相应就有不同的书籍制作方法。

由于书籍的制作材料、制作方法不同，影响到书籍的形式，或者说是书籍的外部形态也不同。片片不甚规则的甲骨，其装订形式只能是中间钻孔串联；片片有规则的竹木简，便可以用绳子串联或编联；缣帛是丝织品，柔软坚韧，自身相连，可以卷起，也可以折叠；纸张兼具缣帛的柔软而更易成型，因而先是效仿简策，成为简策装，又效仿缣帛而成为卷子装，后又出现经折装、旋风装。待到书籍的制作方法发生巨大变革，由手写转换为雕印，则影响到书籍的装帧形式彻底过渡到册叶式的蝴蝶装、包背装和线装。所有上述这些，都是书籍构成的要素，或者说是由这些要素综合起来，构成了书籍的物质形态。研究书籍的意识形态、物质形态以及这两者之间的相互作用和内在联系，揭示它们的内涵与外延，总结它们发展演变的规律，不但是中国书籍史要完成的任务，也是古书版本鉴定中不可或缺的知识。特别是其中书籍的制作材料和制作方法、书籍的装帧艺术等，则更是古籍版本鉴定必备的知识。知道竹木简书的编联卷收办法，就很容易了解帛书卷子装、纸书卷轴装的始末由来；知道竹木简书编绳形态与条简状态，就很容易理解帛书、纸书栏线行格的产生渊源；知道竹木简书赘简上标篇名下注书名的格局，就很容易理解某些宋版书卷端题名为什么仍然有小题在上大题在下的现象；知道书籍制作材料的演变过程，特别是知道书籍用纸的前后变化，就很容易掌握从用纸特点上鉴别版本的门径；知道什么时期盛行什么书籍装帧形式，就会从装帧上另辟鉴定版本的蹊径；知道中国书体源流及各时各地所宗所尚，也能获得鉴定写本、抄本、印本的佐证；知道雕版印刷与活字版印刷的不同特点，就很容易获得鉴别一书是雕版印制还是活版印制的诀窍；知道中国书籍插图版画的插图形式、时代特点、地区风貌，也能获得区分版本的经验。凡此种种，不胜枚举。总之一句话：关于中国书史的知识越多，鉴定版本也越得心应手。

# 三　正规书籍的产生与历代书籍的创作

书籍可以分为初期书籍和正规书籍，本书对初期书籍不做深入探讨，原因是离版本鉴定太远。而早期的正规书籍虽距版本鉴定也不近，但它却是版本鉴定所必须掌握的知识，所以正规书籍的起源、演进及其制作材料、制作方法、形制演变等，一定要预做交代。

所谓正规书籍是指以传播知识、介绍经验、阐述思想、宣扬主张等为目的，经过有意的创作或编制，用文字书写、刻、印在一定形式材料上的著作物。按照这一尺度来探讨中国书籍的起源，有如下一些说法很值得注意。

## （一）正规书籍的产生

西汉孔安国古文《尚书序》云："古者伏羲氏之王天下也，始画八卦，造书契，以代结绳之政，由是文籍生焉。"意谓上古没有文字，社会生活靠结绳记事进行管理。到伏羲氏王天下时，才开始画八卦，造书契，由此产生了文籍。

这篇序中还说："伏羲、神农、黄帝之书，谓之《三坟》……少昊、颛顼、高辛、唐、虞之书，谓之《五典》……八卦之说，谓之《八索》……九州之志，谓之《九丘》……言九州所有，土地所生，风气所宜，皆聚此书也。"进一步论证早在三皇五帝时期，中国即已产生了书籍。

孔安国也许觉得他所说的那些书怎么到现在一种也见不到，因而会被别人质疑，于是在古文《尚书序》中又进一步加以解释："先君孔子，生于周末，睹史籍之烦文，惧览之者不一，遂乃定《礼》《乐》，明旧章，删《诗》为三百篇，约史记而修《春秋》，赞《易》道以黜《八索》，述《职方》以除《九丘》，讨论《坟》《典》，断自唐、虞以下，讫于周。芟夷烦乱，剪截浮辞，举其宏纲，撮其机要，足以垂世立教。典、谟、训、诰、誓、命之文，凡百篇，所以恢弘至道，示人主以轨范也。"原来那时产生的书籍经过他的"先君"孔子"芟夷烦乱，剪截浮辞"，而形成了《礼》《乐》《诗》《春秋》《职方》等足以"垂世立教"的六艺。典、谟、训、诰、誓、命之文凡百篇，皆弘扬至道，成为人主治世之轨范。

孔安国，字子国，西汉鲁（今属山东）人。有说他是孔子十世孙，有说他是孔子十一世孙、十二世孙者，大概都是计算上的出入，本质是孔子后人，所以他称孔子为"先君"。受《诗》于申培公，受《尚书》于伏胜。以治《尚书》，武帝时为博士，官至谏大夫、临淮太守。相传得孔子旧宅壁中古文《尚书》，遂作《尚书孔氏传》，开"尚书古文学"之先河。

几乎与他同时，司马迁所撰《史记·孔子世家》亦云："孔子晚而喜《易》，序彖、系、象、说卦、文言。读《易》，韦编三绝。"又说："孔子之时，周室微而《礼》《乐》废，《诗》《书》缺。追迹三代之礼，序《书传》……故《书传》《礼记》自孔氏。"还说："古者《诗》三千余篇，及至孔子，去其重，取可施于礼义……以备王道，成六艺。"还说："子曰：'弗乎弗乎，君子病没世而名不称焉，吾道不行矣，吾何以自见于后世哉！'乃因史记作《春秋》。"这段话的意思与上述孔安国所说大同小异，都是说上古所传《三坟》《五典》《八索》《九丘》等后世之所以不见了，是因为经过孔子"芟夷烦乱，剪截浮辞"，而成了《易》《书》《诗》《礼》《乐》《春秋》六艺，并用来当作"垂世立教"的教科书了。孔安国、司马迁是同时代人，两人从不同角度得出了几乎同样的结论，虽然不敢完全遽信，但他们毕竟去古未远，可能还是有一定根据的。当然，孔安国为《古文尚书》作传、写序，历来就被怀疑。因为《古文尚书》本身就有伪造之说，何况其"传"其"序"！而司马迁可是一位公认的史学家，他的《史记》不虚美，不隐恶，秉笔直书，真实记录，向被推为信史，更被鲁迅誉为"史家之绝唱，无韵之离骚"。所以他笔下的文字通常情况下应该是可信的，但若较起真来，有时也会有出入。如《史记》谓"古者《诗》三千余篇，及至孔子，去其重，取可施于礼义"者而成三百之说，就未必那么合乎逻辑。南宋吕祖谦《吕氏家塾读诗记》卷一："欧阳氏曰：'周南、召南、邶、鄘、卫、王、郑、齐、豳、秦、魏、唐、陈、曹，此孔子未删之前周太师乐歌之次第也。'季札观乐于鲁，次序如此。"意思是说吴国季札到鲁国观乐时，鲁国为之所奏之《诗》，其次第已经如此。清陈启源《毛诗稽古编》卷六亦曰："季札观乐时，《诗》未经删定也，然已先歌魏后歌唐，则晋之称唐，唐之继魏，非仲尼笔也。"亦说的是吴国季札观乐时，《诗经》的次第已经如此，并不是孔子删定后才有的篇章次第。而史载季札到鲁国观乐之年在周景王元年（前544），这一年孔子才只有八岁，也可以证明《诗》

三百未必是孔子所删。但孔子登上历史舞台是以教育家身份出现的,在他整理旧有古籍时,对已有之《诗》不可能不加删润,删润的目的在于收录那些可以施于"礼义",而于旧有篇章次第,未必需要更动。简单以季札观乐于鲁时所奏之《诗》的次第,来判断孔子是否删过《诗》,恐过于武断。

孔子曾出游列国,向许多诸侯宣传自己的政治观点和执政主张,只是都遭到冷遇,不被采纳,"故西观周室,论史记旧闻,兴于鲁而次《春秋》"(《史记·十二诸侯年表序》)。这里的"次",应当就是编次。既是编次,就说明在孔子之前《春秋》也久已成书,否则孔子也就无所谓编次了。事实上,鲁国早有国史,名字就叫《春秋》,孔子不过是就此加以增删编次罢了。

上述这些史实可以充分证明,早在孔子生活的春秋末年之前,书籍的确已经产生,只是经过孔子整理加工,形成了可以"垂世立教"的六艺而已。所以孔子生活的春秋末年,的确可以成为我们探讨中国书籍产生的时代下限。

下面我们再来探索正规书籍产生的时代上限。《史记》卷二《夏本纪》记载:"帝启,禹之子,其母涂山氏之女也。有扈氏不服,启伐之,大战于甘。将战,作《甘誓》。"宋陈经《尚书详解》卷七《甘誓》篇名之下小注曰"夏书",可知夏启时已有关于在甘这个地方与有扈氏作战前所写的誓师记录,表明早在夏启时已有了《甘誓》这样的单篇文章。

《汉书》卷二十三记载:"夏有乱政,而作《禹刑》;商有乱政,而作《汤刑》;周有乱政,而作《九刑》。"关于夏、商的《禹刑》《汤刑》,唐孔颖达的《春秋左传正义》解释说:"夏商之有乱政,在位多非贤哲,察狱或失其实,断罪不得其中,至有以私乱公,以货枉法,其事不可复治,乃远取创业圣王当时所断之狱,因其故事,制为定法。"可知《禹刑》乃是夏禹时代法律方面的著作。

《吕氏春秋》卷十六《先识览第四》记载:"夏太史令终古,出其图法,执而泣之。夏桀迷惑,暴乱愈甚,太史令终古乃出奔如商。汤喜而告诸侯曰:'夏王无道,暴虐百姓,穷其父兄,耻其功臣,轻其贤良,弃义听谗,众庶咸怨,守法之臣,自归于商。'殷内史向挚见纣之愈乱迷惑也,于是载其图法,出亡之周。"这当中的"图法"是什么?图法大概指的就是图写成的法度。《皇王大纪》卷六《商成汤》记载:"夏桀凿地为夜宫,男女杂处,三旬不朝。太史终古执其图法,泣谏不听,终古出奔商。"看来"图法"确是一种法治类的书籍。《汉书·艺文志》著录有"《孔子徒人图法》二卷",可知"图法"是一种书。表明夏桀之前已有了约束国王行为的法度,到夏桀乱政时太史令便以此为尺度规劝其改正,夏桀不听,太史令只得出奔到商,以躲避灾难。

《尚书·多士篇》也说:"成周既成,迁殷顽民,周公以王命诰……惟尔知,惟殷先人,有册有典,殷革夏命。"什么叫"成周"?孔安国解释说"成周"即"洛阳下都",实则即洛阳的别称。"殷大夫士,心不则德义之经,故徙近王都教诲之。"唐孔颖达《尚书正义》解释说:"顽民,谓殷之大夫士从武庚叛者,以其无知,谓之顽民。"又说:"民性安土重迁,或有怨恨,周公以成王之命诰此众士,言其须迁之意。"意思是说殷的一些士大夫仍站在商纣的立场,不与周王朝合作,甚至反周,所以要把他们迁到靠近王都的地方,以便进行教育。他们故土难离,心存怨恨,牢骚满腹,所以周公出来以成王之命向他们训话。南宋吕祖谦撰、其门人时澜增修的《增修东莱书说》卷二十四解释说:"以其父祖之旧闻而开谕之也。……尔先人典册所载殷革夏命之事,历然可考。我周之革商,正如是耳。"这里的"有册有典",宋王应麟的解释就是"册书典籍"。证明商汤革夏命之后,也曾迁移夏代顽民,此事在殷代先人的册书典籍中有明确记载。现在周革殷命,要将殷代顽民迁到王都洛阳附近,不过是在做殷代先人早已做过的事情而已。

综合上述这些记载,我们有理由认定早在夏王朝,中国正规书籍已经产生。只不过那时的正规书籍只具备理性的编辑创作意识,而书写在什么载体上,载体有无基本固定的形制,尚缺乏文献证明和实物验证,所以尚不能说它们就是完整的正规书籍,而仅是原始状态的正规书籍,或称为早期状态的正规书籍。这样我们就可以找到正规书籍产生的时代上限,即夏王朝。而夏王朝所居的历史时期,约是公元前21世纪至公元前17世纪,因此我们说中国正规书籍大约在距今三千五百至四千年之前即已产生,应该是可信的,这可与中国文明探源工程得出的结论相印证。

正规书籍的产生,意味着人类文明的进步,意味着知识更加广泛更加普遍地传播。所以到春秋后期便出现了"天子失官,学在四夷"的局面。过去少数人垄断知识的局面逐渐被打破,一种新的思想在社会内部孕育着、萌生着。待到孔子以教育家的身份登上历史舞台,进一步响亮地提出"有教无类"的口号时,表明知识已突破少数上层人物的桎梏，向更广泛的人群飞去，从而使更多人掌握知识，成为知识分子，壮大了士阶层。而士阶层的壮大，意味着书籍创作要进一步发展。

## （二）历代书籍的创作

《隋书·经籍志》总序云："夫经籍也者，机神之妙旨，圣哲之能事，所以经天地，纬阴阳，正纪纲，弘道德。显仁足以利物，藏用足以独善。学之者将殖焉，不学者将落焉。"

这段话的大概意思是说：经籍者，也就是书籍，乃机智神思产生出来的睿意妙旨，是先贤圣哲特有能力的物化表现，所以可用以经天地，纬阴阳，正纪纲，弘道德。其仁道显扬时十分有利于天地万物，潜藏其功用时，亦可以保持个人的节操，独善其身。坚持不断学习这些经籍的人，将会增长知识，提高修养，传扬道德；若不学习这些经籍，就会停止自己的修为而落后。足见经籍的社会功用是多么重要。

创作是书籍生产流程中的首要环节，没有创作或编纂，永远不会有书籍。而创作者则是历史上各个时期的知识分子。而知识分子虽然都是社会的自然人，但他们生活在不同时代、不同地域、不同地位、不同经济环境和文化环境中，因而他们的思想、他们的感情、他们的意识，乃至他们认识世界的角度和立场，改造世界的能力和方法，都会受到他们的处境或者说他们所处社会阶层的影响，所以历代的书籍创作，不仅反映着创作者的阶层意识，也反映着相应的时代气息，还反映着不同创作者的不同倾向和不同风格。

孔子之后，特别是进入战国时期以后，奴隶制社会急剧向封建制社会转化。奴隶制的堤岸已被冲决，但还没有全线崩溃；新型的封建制社会已经萌生，但还十分脆弱，极不健全，极不成熟。如何维护旧的营垒，使之苟延残喘，或东山再起，这是奴隶主阶层及其代言人终日思考和要解决的问题；如何培育新型封建社会这棵幼苗，如何塑造这个社会的形象，则是新兴地主阶层及其代言人终日思考和要解决的问题。两军对垒，各自都想按照自己的世界观改造世界，于是在思想界便形成了一种非常活跃的局面，大家各抒己见，各申主张，这就是所谓战国时期的"百家争鸣"。

战国时期的百家争鸣,其实质是不同阶层不同政治路线的论争,是思想战线上不同哲学观点的论争。在论争中,为了适应某一阶层的需要,彼此之间都极力宣传各自的观点和主张,以便战胜对方,弘扬自己,争取掌权者的采纳,以实现自己的治世理想。正是这种活跃的论争,产生了大批私人著述,从而使我国正规书籍的创作进入了一个崭新的历史时期,出现了书籍生产的第一次高潮。例如早期的儒家、道家、墨家;战国中叶以后儒家又有孟子、荀子;道家又有尹文子、慎子、庄子;还有新生的法家商鞅、吴起、申不害、韩非;名家公孙龙、惠施;阴阳家邹衍、邹奭等,他们都有自己及自己学派的著述。与此同时,科技方面也出现了医书《内经》(汉以后称为《黄帝内经》)、药物书《本草》(汉以后称为《神农本草》);文学方面则出现了不朽的名著——屈原的《离骚》。此外在天文、历法、农业、畜牧、历史、地理等方面也出现了专著。

这时期的著作,特别是诸子作品,一般都长于思辨,这是百家争鸣局面所决定的。《孟子注疏》卷六下公都子问孟子曰:"外人皆称夫子好辩,敢问何也?孟子曰:'予岂好辩哉!予不得已也。'"汉赵岐注曰:"公都子,孟子弟子。外人,他人,论议者也。好辩,言孟子好与杨墨之徒辩争。"意思是公都子问孟子,别人都说你好与杨墨之流争辩,为什么?故孟子答曰:"予岂好辩哉,予不得已也。"为什么不得已?赵岐注曰:"欲救正道,惧为邪说所乱,故辩之也。"这完全是战国时代社会剧烈变革在知识分子思想、立场上的鲜明表现。这两句话,可以代表先秦诸子的一般心境。就连文学作品,像屈原的《离骚》,也带有这种长于思辨的时代气息。可见,书籍的创作一开始就和社会的政治、经济、军事相联系。

秦虽统一了六国,建立了第一个封建帝国,并实行书同文、车同轨,统一度量衡,推动中华文化继续发展。但其焚书坑儒,严刑峻法,不仅很快失去了政权,在书籍创作上也未能留下不朽的篇章。

汉初,吸取秦朝迅速灭亡的经验教训,采取了"与民休息"的政策,使经济很快得到恢复和发展。文化政策也比较开明,曾一度遭受秦王朝严酷压制的几个重要思想流派,如黄老学派、刑名学派,以及儒家学派等,也都不同程度地得到提倡,出现了一批有见地的政治家和有成就的文学家。像贾谊、贾山、晁错、枚乘、邹阳、庄忌等，都是这时期有名的政治家和文学家，他们写下了不少政论文章和文学作品，表明这时期的书籍创作，又趋于复苏。

到了西汉武帝时期，社会情况发生了很大变化。汉武帝本人，又是个文治武功都大有作为的人，这就与藩王出于政治目的而继续提倡黄老之学的"无为"政治发生了龃龉。汉武帝则以自己所掌握的政权力量，实行了"罢黜百家，独尊儒术"的政策，使战国以来出现的百家争鸣的局面彻底结束，使经过董仲舒改造和解释的儒家思想和儒家作品，成了官方哲学和经典著作。从此以后，在两千多年的封建社会中，儒家思想虽然也经受过各方面的挑战，但始终处于统治的地位。因此，书籍的创作也受其影响，常常围绕经学打转转。例如经注、经疏、经解、经书名物考证、地理考证、人物传记、释音、释名、释义等有关经学的著作，层出不穷，此后历朝都有。所有这些我们都可以到汉武帝"罢黜百家，独尊儒术"政策中找到最初发展的源头。

"建安风骨"是文学创作和文学发展史上光辉的一页。究其形成的原因，也有其特定的历史背景。这就是汉末、三国的统治者大都亲历了黄巾大起义，目睹了人民的威力，加之他们出身都不高，因而更多地代表了中小地主阶层的利益。特别是占据北方的曹操和他的集团，不但政治上代表中小地主阶层的利益，文学思想上也体现了这一阶层的艺术趣味。曹操和他的儿子曹丕、曹植都是诗歌的创作者和提倡者，在他们的周围又聚集了许多著名的文人。他们共同向乐府民歌学习，创作了许多优秀的作品，打破了两汉以来辞赋独盛的局面。曹氏父子及追随他们的文人又都是汉末军阀混战的目击者，他们对战争给人民带来的灾难，都有很深的感慨和同情。他们的作品就植根于此，不但反映了人民的疾苦，也表现了他们想改变这种社会现实的抱负和才能。南朝齐刘勰在《文心雕龙》之《时序篇》中评论这个时期的文学作品时说："观其时文，雅好慷慨，良由世积乱离，风衰俗怨并志深而笔长，故梗概而多气也。"指的就是这一时期的作家敢于正视现实、反映动乱而又富于忧国之思和拯世济物的宏愿。这就是建安作家的特点，也是建安作品的风骨。后世凡属文学创作上反对浮华，提倡注重现实，言之有物，多以建安风骨为典范。表明此期的书籍创作，特别是文学书籍的创作，是反映了当时的社会现实和时代特色的。

李唐王朝，是中国封建社会发展的鼎盛时期。建立之初，李唐王朝借鉴了隋朝来去匆匆的失败教训，在一系列重大问题上采取了一系列较为开明的政策，使国民经济很快得到了恢复和发展，政权建设也很快在全国确立并得到巩固。

李唐王朝，特别是它的前期，各种思想、各种流派、各种宗教都可以自由发展和传播。佛教尤盛，玄奘西游、鉴真东渡都是佛教盛行的象征。佛经翻译规模更大，水平更高，佛教典籍突飞猛进地得到发展。唐王朝的最高统治者姓李，于是又追认老子李耳为他们的鼻祖，并追封老子为太上玄元皇帝。而老子是先秦道家学派的创始人，于是他们又尊奉道家，崇尚道教。唐王朝的科举考试，就曾一度把老子的《道德经》和庄周的《庄子》列为必读之书。因而道家与道教著作也得到了整理和创作。唐王朝从皇帝开始就提倡文学，尤其崇尚诗歌，甚至发展为以文学取士的科举制度。所以唐代诗人辈出，诗篇大量涌现，成了诗歌发展的黄金时代。光收入《全唐诗》的就有三千二百多位作家，近六万首诗作。散文在陈子昂、韩愈、柳宗元等人的改革提倡下，也有辉煌成就，开唐宋古文之先河。适应诗歌创作的需要，供查检典故的类书和供查检韵字的韵书也先后被增补、编纂出来。小说也由以前的志怪、灵异、琐语、逸事等笔记小说发展为唐人传奇式的短篇小说。唐朝还非常重视数学，国家专门开有学习数学的太学堂，因而对自古流传下来的数学著作，如《周髀算经》《九章算术》《五曹算经》《缀术》等，都悉心加以整理，成书数十种，作为教材课读。对于儒家经典的整理更是不遗余力，由政府组织孔颖达等一批经学家，对五经加以疏证，成《五经正义》，颁行天下。所有这些，都说明鼎盛的唐王朝，反映在书籍创作上也是十分兴盛的。

宋朝李攸的《宋朝事实》卷三《圣学》，记载太宗皇帝诵读《道德经》曰："朕每读至'兵者，不祥之器，圣人不得已而用之'，未尝不三复以为规戒。王者虽以武功克敌，终须以文德致治。"这可以说是宋太宗对历来统治经验的高度概括和深刻总结。基于这种认识，所以宋朝的文治政策较以前就更加显得突出。到宋真宗时，在御撰《崇儒术论》的同时，又御撰《崇释论》。提出佛教与儒学"迹异而道同"，提倡儒、佛、道三教一义，相辅相成。因而对儒家经典的整理、释家经典的整理、道家著作的整理，都达到了空前的水平。加上宋代鼓励科举仕途，又刺激了社会各阶层读书应考、考取做官、做官显贵的热情，烘托起了整个社会各阶层知识分子倾心学术、潜心文章、崇尚文化的浓重氛围。因而在诗、词及散文的创作上，也出现了极为繁荣的景象。加上宋代雕版印刷业的普遍盛行，更为书籍创作和生产提供了有利的条件。所以宋代关乎儒家经典、佛藏、道藏、史书、政书、类书、丛书、诸家文集、笔记杂著、诗词歌赋、医书、药书、兵书、历书、法律、条格等方面的著作，大量地被创作编纂出来并版行于世，创造了中国书籍发展史上的鼎盛时代。

元朝是以蒙古贵族为主建立起来的封建王朝，开国之初他们只谙弓马，未遑文事。但在建立全国政权之后，却实施了尊经崇儒、招贤纳隐、兴学立教、科举取士、保护百工等一系列文治政策，社会文化气氛很快浓重了起来。在这种社会氛围之下，官修私撰之书却也为数不少。官修之书，如典章制度、法律条格、地理志书、宋辽金史等，与其前其后封建王朝大同小异，无须一一列举。私撰之书，属儒家解经之作也比其前其后无大不同。

元代史学，比起其前其后，都欠发达。特别是私人著述中的史撰之作，都不如宋、明人多且深。但元朝政府的修史任务比任何一个封建王朝都重。他们之前，曾有宋、辽、金三朝存在。如果再加上西夏，等于有四朝存在。其史怎么修，以谁为正统，争论了好几十年，一直到元顺帝至正三年（1343）才"诏修辽、金、宋三史"（《元史》卷四十一《顺帝本纪》），并决定将这三朝均视为正统，"宋、辽、金各为一史"。于是由丞相脱脱和阿鲁图先后领衔主持修撰，完成了最重的三史修撰任务。

元代是杂剧和散曲创作的黄金时代，作品极为丰富。明代著名剧作家汤显祖酷爱元人院本，自言："'箧中收藏，多世不常有，已至千种。'……长兴臧懋循家藏杂剧多秘本，又从麻城刘延伯家得抄本杂剧二三百种，刘氏录之御戏监，与坊本不同。臧氏参伍校订，摘其佳者百种，分前后集刊行，通称《元人百种曲》，或称《元曲选》。"（张秀民《中国印刷史》）已可表明元人杂剧著述之盛。关汉卿的《窦娥冤》《大都新编关张双赴西蜀梦》《新刊关目诈妮子调风月》《古杭新刊的本关大王单刀会》《新刊关目闺怨佳人拜月亭》《杜蕊娘智赏金线池》《赵盼儿风月救风尘》《望江亭中秋切鲙旦》《温太真玉镜台》《刘夫人庆赏五侯宴》《邓夫人苦痛哭存孝》《钱大尹智宠谢天香》《山神庙裴度还带》《包待制三勘蝴蝶梦》《尉迟恭单鞭夺槊》《状元堂陈母教子》等，都是很有名的杂剧作品。其他如马致远的《新刊的本泰华山陈抟高卧》《新刊关目马丹阳三度任风子》《孤雁汉宫秋》

《吕洞宾三醉岳阳楼》《江州司马青衫泪》《半夜雷轰荐福碑》《开坛阐教黄粱梦》，王实甫的《四丞相歌舞丽春堂》《吕蒙正风雪破窑记》，也都很有名。还有王伯成、宫天挺、郑廷玉、尚仲贤、石君宝、张国宾、郑光祖、孔文卿、孟汉卿、杨梓、狄君厚、高文秀、范康、岳伯川、武汉臣、金仁杰、费唐臣、白朴、郑德辉、李文蔚、史樟、秦简夫等一大批作家，都有杂剧作品行世，使杂剧创作成了一时的时尚、一代的风气。这是元代特有的著述，是有元一代文学的主流。中国国家图书馆所藏元刻本《古今杂剧》三十种，明抄本《古今杂剧》二百二十四种，明万历刻本《元曲选》一百种，是这方面代表性的出版品。元杂剧对明代的戏剧创作有着深远的影响。

有明一代书籍创作和书籍出版的数量，几乎是它以前各个时代书籍生产的总和。究其原因，大概与洪武元年（1368）八月公布的免除书籍税的政策紧密相关。但明初纂修的《永乐大典》，则仍是出于政治目的。《永乐大典》的修纂，开始于明成祖朱棣永乐元年（1403）的七月。为什么朱棣一登皇位就立刻提议修撰这部大型类书？这有深远的政治背景。明太祖朱元璋死后，因太子朱标早卒，依据明初确定的帝王传位继承制度，就把皇位传给了长孙朱允炆。朱允炆就是建文帝。《明史》卷五《成祖本纪一》记载允炆即位时"诸王以尊属拥重兵，多不法"，于是"帝纳齐泰、黄子澄谋，欲因事以次削除之"。但"惮燕王强，未发，乃先废周王橚，欲以牵引燕。于是告讦四起，湘、代、齐、岷皆以罪废"。眼看废到自己的燕王朱棣，先是"佯狂称疾"。建文元年（1399）六月索性"下诏让王"，并遣中官到王府抓人。在此生死存亡之际，燕王朱棣于七月上书天子，"指泰、子澄为奸臣。并援《祖训》：'朝无正臣，内有奸恶，则亲王训兵待命，天子密诏诸王统领镇兵讨平之。'书既发，遂举兵。自署官属称其师曰'靖难'"。建文四年（1402）攻入南京，建文帝下落不明，朱棣自己做了皇帝，历史上称为明太宗，嘉靖时又重上庙号为成祖。这次事变是叔侄之间的帝位之争，依照正统观念，有点"大逆不道"，为此引起了一部分士大夫的反抗和舆论谴责。朱棣便想到利用朱元璋想做而未来得及做的事——编纂大型类书，炫耀文治，笼络人心，消弭朝野间的不平之气。当时还传说建文帝藏匿在寺院里，故《永乐大典》重修时，还把僧人姚广孝请了出来，并征召了不少僧人、道士参加。这就是《永乐大典》纂修的实际背景。《永乐大典》共二万二千九百三十七卷，一万一千零九十五册，约三亿七千万字。一律端楷誊录而成，是当时世界上最大的百科全书。1900年八国联军侵入北京，全书掠毁殆尽。迄今全世界只存四百余册，仅是原书的百分之三多一点。当然，明初官修之书何止《永乐大典》！凡涉典章制度、礼仪乐制、法律诏诰、地理志书，也多渐次修成。

备一代之史，以垂鉴戒于将来，是历代开国之君都十分重视的问题，朱元璋也不例外。明洪武元年（1368），即元朝灭亡当年的十二月，朱元璋便下令纂修《元史》。并指示："文辞勿致于艰深，事迹务令于明白。苟善恶了然在目，庶劝惩有益于人。"（洪武二年八月李善长《进元史表》）第二年二月，以李善长为监修，宋濂、王祎为总裁，赵壎等十六人为纂修，在南京天宁寺开局纂修。仅用一百八十八天的时间，便修成除元顺帝一朝以外的本纪三十七卷、志五十三卷、表六卷、列传六十三卷、目录二卷，总为一百六十一卷。"至若顺帝之时，史官职废，皆无实录可征，因未得为完书。上复诏仪曹遣使行天下，其涉于史事者，令郡县上之。又明年春二月乙丑开局，至秋七月丁亥书成，又复上进。"（宋濂《元史》目录后识语）凡续修本纪十卷、志五卷、表二卷、列传三十六卷，然后"合前后二书，复厘分而附丽之，共成二百一十卷"（同上）。因知此书纂修乃分两个阶段进行，然两个阶段总共用时亦只有三百三十一天，大概是中国二十四史中修撰时间最短的一部史书。书成之后，立即付梓，"今镂板讫功，谨系岁月次第于目录之左，庶几博雅君子相与刊定焉。洪武三年十月十三日，史臣金华宋濂谨记"（宋濂《元史》目录后识语）。因知至洪武三年（1370）十月雕版也已完成，用时只有三个月，此在中国刻书出版史上速度也是最快的。

明朝中叶，资本主义在社会内部萌芽发育。而随着资本主义的萌芽和发育，城镇不断增加，城镇平民不断涌现。城市平民不全同于封建社会的乡村农民，他们在衣食饱暖之后，对精神文化生活就有新的要求。为满足这一阶层的文化需求，戏曲和小说的创作便日益加多。明神宗万历皇帝朱翊钧，是生活在资本主义萌芽状态下的封建皇帝。他既有封建帝王的绝对权威，又有这种社会状态下骄奢淫逸生活的特性，嗜酒、贪色、恃财、尚气，是有名的酒色财气四毒俱全的封建皇帝。而在封建社会，上有所好，下必甚焉，一些地方官绅、富商大贾、作坊把头等，也十分骄奢。为适应这些人的口味，一些无聊文人便创作色情小说。这就是明代小说中有一批黄色作品的社会原因。

当然明代社会戏曲小说创作的主流，还不是那些黄色作品。适应上述资本主义萌芽，城镇人口加多的需求，适应官员不得嫖娼的制度限制，适应分封诸王不得当官、不得参与科考、不得经商的规定，社会上戏曲小说才有了产生的温床。大批的写史小说、言情小说、神话小说，以及不可胜数的戏曲，构成了明代文学的一大特色。

清代书籍创作的突出特点，是考据学大兴，古籍整理及研究古籍的著作层出不穷。究其原因，也有它们产生的社会背景。第一，清代学术是由明末遗民顾炎武、黄宗羲、王夫之等人开创的。他们在明王朝灭亡之后，痛定思痛，怀念故国，于是深刻总结明朝灭亡的原因。其中有一条，他们认为明朝之所以失败，是学术空泛，不能经世致用造成的。于是他们躬自实践，重学问、重考据、重实证、重应用，这对后来清代的朴学大兴，朴学作品的创作影响极大。第二，康熙、雍正、乾隆三朝连续大兴文字狱，弄得文人谨小慎微，不敢涉及时政。于是大钻故纸堆，以不厌其烦的考据逃避现实。所以清代考据学著作的创作，一是清初顾炎武等人为学求实的积极导向，一是清初文字狱消极影响的结果。

清代乾隆时期有一项书籍创作上的浩大工程，这就是《四库全书》的编纂。乾隆皇帝提倡编《四库全书》，旗号是要弘扬古代文化，实际也是想借着编纂《四库全书》，广泛征集天下书籍。而后对征集来的历代书籍，分别以三种情况进行处理：对直接反映抗清思想的书籍，一律加以销毁；对拒不投降清朝，或触犯清朝政治等人的作品及黄色狎邪的书籍，一律禁止流通；对主要内容尚可而个别段落、字句有碍满族尊严的书籍，则实行删改。所以有人说清代编纂《四库全书》是"寓禁于征"，是"功魁祸首"，有一定道理。《四库全书》是一部巨大的丛书，收书三千四百六十一种，七万九千三百零九卷，分为经史子集四部。当时共抄写七部，分藏于文渊、文源、文溯、文津等北四阁；后又以江南乃人文渊薮之地，人文荟萃，人才辈出，故组织力量缩小规格又抄写三部，分贮于扬州天宁寺大观堂旁的文汇阁、镇江金山寺左侧的文宗阁、杭州圣因寺的文澜阁，供江南士人阅读。七阁名称有六阁带三点水，意思是以水克火，免除灾患。但镇江的文宗阁，宗字没有三点水。据说是因为这里发生过水漫金山寺的缘故，已经水满为患，不能再添水了。各部收书种数不完全相同，册数也不完全相同。以文津阁一部为例，共三万六千三百零四册，九亿多字。迄今仍是全世界最大的丛书。许多当时收入《四库全书》的典籍，原书后来失传，赖《四库全书》得以传世。从这个角度说，《四库全书》的编纂对于继承保存文化，是有很大功绩的。但在编纂过程中，大量禁毁图书，随意删改典籍，又大大破坏了文化，犯有罪过。

由上不难看出，历代书籍的创作，都是各个相应时代政治、经济、文化状况的曲折反映；是时代精神、人文崇尚、具体政策的产物；是各个时代书籍创作者物化出来的思维、凝固下来的意识。今天则成了重要的文化遗产，是宝贵的精神财富。

书籍是一种特殊的社会产品，它既具有物质形态，又具有意识形态。凡是书籍，无论是初期书籍，还是正规书籍，都是人的某种意识的物化。而人在无阶级的原始社会，以氏族部落相划分；进入阶级社会以后，人就以阶级、阶层相划分了。我们知道，在阶级社会中，每一个人都在一定的阶层地位中生活，各种思想无不打上阶层的烙印。这就是说，在阶级社会里，各个阶级及各个阶层的人，不管他承认也好，不承认也好，其思想感情、意识形态、观察社会、理解人生以及解释社会现象、解决社会问题等，都不可避免地要带上阶级阶层的色彩。这种客观存在于人们头脑里的阶级阶层意识，反映在书籍里，也就使书籍带上了阶级阶层特色。

在阶级社会里，人们的意识形态除了受阶级阶层制约，还要受时代制约。中国古代各个不同时代有不同的时代特色。夏、商、周是奴隶制时代，固然与其后的封建时代呈现着不同的时代特色。同是封建时代，由于朝代的更迭，也分为若干不同的历史时期。而在各个历史时期，由于统治者推行的政治、经济、文化政策的不同，也呈现出许多不同的时代特点。这些不同的时代特点，反映在人们的头脑中，折射在书籍里，也就使书籍带上了时代特色。

当然，同是一个阶级，甚至同一个阶层，又生活在同一个时代的人们，由于平生际遇的不同，对世态炎凉的感受也不尽相同。甚至同是一位著作家，由于前后地位的变化，或是前后所从事的社会实践不同，也会表现出不同的人生态度、不同的思想情绪。所有这些，反映在作品里，折射在书籍中，也就使书籍带上了个人的特色。

所以有人概括说，书籍一经产生，就会凭借其物质载体从人的主观意识中游离出来，异化为一种客观存在。从这个意义上讲，我们可以说书籍是一种物化了的思维、凝固了的意识。这就决定了书籍的内容，不管是唯物的还是唯心的，是美妙的还是丑恶的，是真实的还是虚伪的，是正确的还是错误的，其所包含的意识都具有各自的形态。这是书籍构成的另一个方面，即书籍的意识形态。

意识传播的媒介不外两个方面，一个是靠说、唱、演、讲传扬开去，一个是靠著书立说物化出来。所以当人们的某种意识，无论是自然科学的、人文科学的，还是社会科学的，只要物化成一种独立的意识形态，同时也就具备了相应的物质形态，这是书籍构成的另一个方面。

## 四　书籍的生产材料与生产方法

### （一）书籍的生产材料

书籍构成的物质形态包括文字、文字载体、载体材料、材料形制及装帧形式等。

前边已说书籍有两种形态，一种是它的意识形态，一种是它的物质形态。而当意识形态要用文字加以表述时，就有个着附材料的问题。而文字的着附材料，或者说是文字的载体，从广义上说，就是书籍的生产材料，或者叫作书籍的制作材料。

书籍的生产材料，或者说是书籍的制作材料，不是一开始就用纸张来书写或刷印、排印的。纸书的出现在书籍发展史上具有划时代的意义。所以我们应当以纸书的出现划一界限，分两段讲述书籍的生产材料。

**1. 纸书出现前的书籍生产材料**

前边已经说过了，书籍有自己特定的概念和构成要素，不是所有的文字记录都可以称为书籍。但书籍是从最初的文字记录，经过后人整理、总结、规范、系统和逻辑加工逐渐演变而来的。所以要谈书籍的生产材料，也还需要追根溯源地从最初的文字记录谈起。

《墨子·贵义篇》中说，古圣贤王为了将他们的治世之道传遗后世子孙，以便后世子孙有所遵循、有所效法，就将他们的治世之道"书之竹帛，镂之金石"。这里的所谓"书之竹帛"，就指的是书写在竹简或缣帛上；所谓"镂之金石"，指的就是雕刻在金属的器皿上或石质材料上。

《墨子·尚贤篇》中说："古者圣王既审尚贤，欲以为政，故书之竹帛，琢之盘盂，传遗后世子孙。于先王之书、吕刑之书然。"这是说古者圣王既懂得礼贤下士的道理，就把记载这种道理的书，像先王之书、吕刑之书那样书写在竹简、缣帛上，或者雕琢在盘盂上，以便传给后世子孙法鉴。

《墨子·天志篇》中说："爱人利人，顺天之意，得天之赏者也。不止此而已，书于竹帛，镂之金石，琢之盘盂……憎人贼人，反天之意，得天之罚者也。不止此而已，又书其事于竹帛，镂之金石，琢之盘盂，传遗后世子孙。"这是说古人将"爱人利人"的优秀品德，及"憎人贼人"的恶劣品质，都要书于竹帛，镂之金石，琢之盘盂，以供后世子孙弃恶扬善。

《墨子·非命篇》中说："先圣王之患之也固在前矣，是以书之竹帛，镂之金石，琢之盘盂，传遗后世子孙。"

《墨子·明鬼篇》中说："古者圣王必以鬼神为，其务鬼神厚矣。又恐后世子孙不能知也，故书之竹帛，传遗后世子孙。咸恐其腐蠹绝灭，后世子孙不得而记，故琢之盘盂，镂之金石以重之。"这是说古圣贤王是很敬信鬼神的，对鬼神的侍奉祭祀是很丰厚的。恐怕后世子孙不懂这些道理，所以要将这种事情书写在竹简、缣帛上，以便传给后世子孙。又担心竹简、缣帛容易腐朽或被虫蛀而灭绝，后世子孙无从知晓，于是又将这些事镌刻在金属器具或石质材料上，或是雕琢在盘盂器皿上，以便传之久远。可见古人将什么事情书写在竹帛上，什么事情雕刻在金、石、盘盂上，是有区别的。

《墨子·兼爱篇》中说："何知先圣六王之亲行之也，子墨子曰：'吾非与之并世同时，亲闻其声，见其色也，以其所书于竹帛，镂于金石，琢之盘盂，传遗后世子孙者知之。"这是墨翟谈自己的感受，现身说法，申明自己并未与先圣六王生在同时，更未亲聆其声、亲见其颜，但怎么会知道他们的贤德懿行呢？没有别的，就是靠阅读他们那时书写在竹简、缣帛，雕刻在金石盘盂上的文字记载所知道的。

《墨子》中的这些说法，虽然是墨翟站在他所生活的时代追述以前、描绘当世，但他这种深刻的总结，亦未尝不是纸书出现以前书籍制作材料的高度概括。

的确是，在墨翟生活的春秋战国之际以前，中国文字的载体，中国书籍的制作材料，曾经有过金、石、竹、帛并行的时期。而随着书籍的产生和发展，竹、帛逐渐成了书籍生产的主要材料，并流行了相当长的历史时期。

汉王充《论衡·量知篇》中说："竹生于山，木长于林，未知所入。截竹为筒，破以为牒，加笔墨之迹，乃成文字。"还说："断木为椠，析之为板，力加刮削，乃成奏牍。"这是说要把竹子截成一段一段的圆筒，再劈成若干竹片，才能制成可以写字的竹简。木料也要截成段，开成板，才能制成可以写字的版牍。新竹带有青皮，不易着墨，含有水分，容易生虫朽蠹，需要经过加工处理才能使用。西汉后期刘向曾在他所作的《别录》中说："新竹有汁，善朽蠹。凡作简者，皆于火上炙干之……以火炙简，令汗去其青，易书复不蠹，谓之杀青，亦曰汗简。"（吴树平《风俗通义校释·佚文十一》）可见古人在以竹木作为书籍制作材料时，不但懂得整治刮削，便于书写，而且懂得如何防虫避蠹，以利于书籍的保护。

现在"简牍"已成为一个专用名词，竹、木简也常相提并论。但实际上，竹简之用于文字载体要早于木牍。或者说在竹简行用的启发下，没有竹子或不便于用竹简的情况下，木牍便以竹简替代物的身份充当书籍的制作材料，并与竹简同时流行。这种情况，我们不但从上述的文献中已经得到证明，从历来出土的实物也可得到验证。

西晋武帝太康二年（281），有人在汲郡（今河南省北部）盗发魏襄王墓，发现了大批简书，共计十六种。内容涉及史地、占卜、故事等。今所传《竹书纪年》《穆天子传》等，就是从这次盗发出来的竹简整理而成的，并流传了下来。可惜这次出土的竹简书籍实物没能保存下来，但却足以证明竹简曾是中国书籍的制作材料。

南朝宋顺帝昇明三年（479），在今湖北襄阳附近的楚墓中也曾经出土过一批竹简书籍，文字是蝌蚪文，大约是公元前505年至公元前278年之间的书籍遗存。可惜这批竹简书籍也没能流传下来。现存的古简都是近年发掘出土的。

1952年，五里牌出土竹简三十七枚。1953年，仰天湖出土公元前4世纪竹简四十三枚。1954年，长沙杨家湾出土公元前3世纪竹简七十二枚。1972年至1973年，长沙马王堆两座西汉墓先后出土竹简近千枚。1975年，湖北云梦睡虎地秦墓出土秦昭襄王元年（前306）至秦始皇三十年（前217）的竹简一千一百多枚。1977年，安徽阜阳西汉开国功臣夏侯婴之子夏侯灶墓中出土了《仓颉篇》《诗经》《周易》以及《年表》《大事记》《作务员程》等十多种竹简书籍。1978年，湖北随州战国早期曾侯乙墓出土竹简二百四十多枚。1983年，湖北江陵张家湾墓出土西汉初期竹简一千一百多枚，是西汉文帝至武帝时期的遗籍。所有上述这些出土的竹简，都以实物的身份，雄辩地证明竹简确曾是书籍普遍使用过的制作材料。

木牍的出土除中原外，以西北地区为最多。1901年，英籍匈牙利人斯坦因第一次来中亚考察，在和田境内的尼雅古址发现一批东汉时期的木牍，大约四十枚。1906年至1908年，斯坦因又先后两次来中亚考察，在敦煌附近废墟及稍东的酒泉，又得简牍千余枚，约为公元前98年至公元153年之间的遗籍，内容涉及文学、数学、历书、占卜及天文资料等。1930年，中国西北科学考察团在居延（今内蒙古额济纳）进行发掘，得到大批的汉代简牍。先后来这一地区进行考察的还有帝俄时期地理学会的科兹洛夫及英国的斯坦因等。在破城子处发现木牍五千二百余枚，在红城子等处发现木牍三千五百余枚，约为公元前102年至公元30年之间的遗籍。1959年，甘肃省博物馆在武威郊区东汉墓中掘得三百八十五枚简牍，其中大多数是云杉木牍。1972年，武威旱滩坡东汉墓中又发现医药简牍九十二枚，多是松木和杨木制成。1972至1976年，甘肃额济纳河流域的居延地区，又先后发现王莽新政时期的简牍近两万枚，其中绝大多数是木牍。1978年，青海省大通县上孙家寨西汉晚期墓中出土简牍四百余枚，大多数也是云杉木制成。1979年，甘肃敦煌马圈湾汉代烽燧遗址中，发掘简牍一千二百一十七枚，是公元前65年至王莽新政时期的遗籍。此外在楼兰地区（今新疆若羌一带）也先后出土过不少简牍。所有上述这些，又说明在竹简用来制作书籍盛行的同时，木牍也先后盛行，而且主要是在我国的西北地区。这大概是因为西北地区少竹而多木的缘故，而且多是松、杨、桎柳。这类木材生长在本地，色白质松，易于吸墨，所以为中原及西北地区普遍采用。

关于竹木简书籍的尺寸规制，过去的说法与实际并不完全相符，甚至是完全不相符。归纳起来，过去大体有如下几种说法。经书：儒家经典用简长为二尺四寸；法律书用简长为三尺（或者说是二尺四寸），原因是周代一尺，相当于汉尺八寸，故古有"三尺法"之谓。"诸子尺书"，就是说诸子著作用简长一尺。其实这些说法都有些以偏概全，以汉代书籍的用简规制概括为先汉书籍的通制。实际并不完全如此，甚至是完全不如此。例如晋代汲冢出土的《穆天子传》，简长约合汉尺二尺；南齐时襄阳出土的《周礼·考工记》，简长约合汉尺的二尺四寸；定州西汉中期墓出土的《论语》，简长则不足汉尺的一尺；阜阳双古堆西汉早期汝阴侯墓出土的《诗经》，其简长只有汉尺的九寸五分；《仓颉篇》，简长则是汉尺的一尺一寸。这些书都是后世所说的经部书，其简长并不都是二尺四寸，而是参差不一，看不出一定的规制。近年出土的诸子书，简长有二尺的，有一尺二寸、一尺一寸，甚至还有五寸的，也不合"诸子尺书"之制。而银雀山西汉中期墓出土的《历谱》，简长竟达汉尺的三尺。大通上孙家寨西汉中晚期墓出土的军规、军法简，长度只有汉尺的一尺一寸。云梦出土的《秦律十八种》简，长度也只有二十几厘米，约合汉尺不过一尺。张家山出土汉简中的汉律简，长度也只是一尺左右。这些情况表明，无论周制、秦制还是汉制，法律书用简都没有三尺的长度，都不符合"三尺法"的古制。所有这些现象表明古人写书用简，长度没有绝对的定制，只是约定俗成。既是约定俗成，就有很大的弹性。特别是民间写书，用简长短的弹性更大。所以我们不能以偏概全，冒说哪一类的书一定用多长的简。大概古人写书用简的长度，也跟财力和崇尚有关。财力充裕，又尊崇某家某书，写时用简就长，写来字大行疏，阅读历历在目。财力羞涩，又非所崇之人和所崇之书，只是写来实用，则用简就短。雕版印书出现以后，其开本版式、行格字数，也只是约定俗成，没有定式。宋代国子监官刻儒家经典，多取八行十六字的款式，这已经是相当考究了。而南宋吴革刻朱熹《周易本义》，则每半版取五行款式。这就是因为崇尚朱熹，财力又充裕。直到今天，书籍出版也还是这样，内容重要，作者地位又高，出版社又有财力，书出得开本就宏朗，版面就铺陈，印纸就精良。反之，就一般化了。

　　在竹木简书盛行的同时，丝织品中的缣帛也用来制作书籍，这在我们前边所谈到的《墨子》书中已不止一次提到"书之竹帛"。《论语·卫灵公》中说"子张书诸绅"。这里的"绅"就是丝织品，也就是子张将孔子的一些话书写在丝织品的大带上。《风俗通义》说："汉刘向为孝成皇帝典校书籍二十余年，皆先竹书，改易刊定，可缮写者以上素。"这里的"素"指的也是丝织品。就是说刘向校订书籍，去其重复，校其异同，撮其旨义之后，先都抄写在竹简上，待进一步改易刊定之后才誊写在缣帛上以进呈。《后汉书》记载东汉末年董卓作乱，国家图籍横遭破坏，士兵将帛书拿来作帐篷、提囊。《隋书·经籍志》记载晋荀勖整理《中经簿》时谈到当时的书籍，仍说是"盛以缥囊，书用细素"。所有这些记载，都说明从春秋到东晋上千年的时间里，缣帛和竹木简一样，是书籍普遍采用的制作材料。这是文献方面的记载，历年出土的实物也验证了这一事实。

1908年，英人斯坦因在中国敦煌发现两件帛书，一件9厘米见方，一件长15厘米、宽6.5厘米。内容是内地与边疆的通信，大约是公元15年至56年之间的遗籍。1942年，长沙战国时代楚墓出土过帛画。1949年，长沙另一座楚墓再度出土帛画。1973年，在1942年发掘的楚墓遗址中，再度出土人物帛画。1972年，长沙马王堆汉墓出土彩色帛画。1976年，山东临沂银雀山西汉墓出土了长幅帛画。1973年，长沙马王堆西汉墓出土了二十多种帛书，十余万字，其中许多书的内容文字与现今通行本不同。如《老子》，出土了两种帛书写本，均是德经在前，道经在后。甲本卷后与乙本卷前，均有四篇近三万字今本没有的佚文。《战国策》有一万二千多字，大部分内容为今本所没有。《易经》比今本多出四千多字。《战国纵横家书》二十八篇，一万一千多字，是久已失传的遗籍。这批帛书的出土，提供了较为完整的帛书形象，并以实物身份进一步证明，缣帛的确曾是中国书籍的制作材料之一。

帛书的形象仍然是模仿竹木简书。用来制作书籍的缣帛，一般都要在上面画出或织出行格，称为界行或栏线。黑色的叫作"乌丝栏"，红色的叫作"朱丝栏"。而两道栏线之间形成的条状行格，则完全是条条竹木简形象的模仿和再现。《后汉书·襄楷传》记载汉顺帝时，琅邪人宫崇曾经到宫门呈献一部他师傅干吉在曲阳泉上得到的道家作品《太平清领书》，共一百七十卷，"皆缥白素朱介青首朱目"。描绘的就是在洁白的缣帛上写着乌黑的文字，在行行文字之间画着朱红的界行。卷首接着青色的绫子，绫子上再用红笔写上划分段落的小标题。遥想当年这部帛书该是极为赏心悦目、朱墨灿然！可见中国古代的帛书，其卷面设计已是相当精美了。但帛书出现之后并没能取代竹木简书，而是和竹木简书同时作为书籍的制作材料一并流行，最后同为纸书所取代。而纸书的出现，不仅是书籍制作材料的重大变革，也为人类文明开创了新纪元。

**2. 纸书的出现与流行**

现代人关于纸的概念，是指将植物纤维捣碎，做成纸浆而后抄造的纸。用造纸技术的专门术语讲，就是经过帚化过程的纸，这才是现代科学概念的纸。历年出土的实物证明，早在蔡伦改进造纸技术以前，中国已有了这种植物纤维经帚化而抄造的纸。

1957年，西安灞桥砖瓦厂工地出土了西汉武帝时（前140—前87）的文物，其中有古纸碎片，质地粗糙，未写文字，是当时用来包裹随葬的铜镜的。后来有学者用现代方法化验，测定是用麻类纤维所造的纸。近年又有人化验、分析纸质纤维的化学分子结构，认为不是纸，而是麻织物经多年压平而形成的薄片。但前者不服，又取样拿到国外，进一步用现代科学手段再度进行化验，结果仍证明是纸，而绝非麻织物。

1978年，又发现了西汉宣帝时（前73—前49）的古纸，纸质粗糙，未写文字，也是麻类纤维所造。

1933年，中国西北科学考察团在新疆罗布泊发现过一片残纸，长10厘米，宽4厘米，白色，质地粗糙。经用现代手段化验，认定也是麻类纤维所造，纸面尚存有未捣碎的麻筋。同墓出土的还有西汉宣帝黄龙元年（前49）的木简，因而被测定为公元前49年前后的遗物。

1942年，在内蒙古额济纳河附近发现了写有文字的纸团，经化验测定，也是用植物纤维所造的纸。根据同时出土的东汉和帝永元年间（89—105）的若干木简判断，当是公元93—98年左右的纸。

1973年，在甘肃旱滩坡工地又发现了东汉时代的古纸，纸上写有隶体字。经化验证明，也是麻类纤维所造的纸。纸的质地较灞桥纸要精细得多，表明造纸技术在不断进步。

上述实物证明，中华民族早就造出了纸，但最初造纸目的是不是作为书籍的新型制作材料，没有充分的证据加以肯定或否定。但经过两百多年的实践，到东汉蔡伦，却从书籍制作材料的角度，敏锐地发现了纸张的新用途及其广阔的前景，因而在造纸原料及造纸技术上刻意加以改进，于是造出了好纸，并逐渐推广，直到在全世界采用，为人类文明与进步做出了伟大贡献。

《后汉书·蔡伦传》曰："自古书契，多编以竹简；其用缣帛者，谓之为纸。

缣贵而简重，并不便于人。伦乃造意用树肤、麻头及敝布、渔网以为纸。元兴元年奏上之。帝善其能，自是天下莫不从用焉，故天下咸称蔡侯纸。"这是迄今为止完整描述造纸技术的最早记录。蔡伦所处的时代是东汉，即公元1世纪的后半叶至2世纪的上半叶。他所生活的时代，正是竹木简书与缣帛书并行的时代，其时纸张，特别是麻类纤维纸张，也已产生了三四百年，用纸来写字也有了实践和先例。这就给蔡伦改进造纸技术，从而逐渐扬弃笨重的竹木简和贵重的缣帛以构思的前提。所以蔡伦明确指出自古书籍多用竹木缣帛制作的弊端，因而才刻意用树皮、麻头、破布（那时的布是麻织品）及旧渔网（当时渔网也用麻绳编织）等原料造纸，以便取代竹简、缣帛。这里有个特别值得注意的问题，就是蔡伦除了沿用麻类纤维造纸，还开辟了用树皮造纸的新原料和新技术，这就是我国后世大量行用的皮纸。所以蔡伦造纸技术于元兴元年（105）奏上之后，深得皇帝赞赏，从此天下莫不从用，故咸称"蔡侯纸"。

到东汉末年，左伯再度改良造纸技术和工艺，使纸的功用更加拓展。左伯是山东东莱人，东莱一带成了造好纸的地方。徐陵《玉台新咏》序曰："五色花笺，河北、胶东之纸。"可以证明，河北、胶东历史上是生产好纸的地方。

当然，从纸张出现，到最后完全取代竹木简及缣帛而成为制作书籍的主要或唯一的制作材料，也还是有一个过程的。

清王先谦《后汉书集解》卷七十九上《儒林列传》六十九上载："初，光武迁还洛阳，其经牒秘书载之二千余两，自此以后参倍于前。及董卓移都之际，吏民扰乱，自辟雍、东观、兰台、石室、宣明、鸿都诸藏，典册文章，竞共剖散。其缣帛图书，大则连为帷盖，小乃制为滕囊。"清王先谦在此作集注曰："惠栋曰：《风俗通义》云'载素、简、纸凡二千两'。"清严可均《全上古三代秦汉三国六朝文·全后汉文》卷三十七亦载："光武车驾徙都洛阳，载素、简、纸经凡二千两。"所有这些记载，都是说东汉光武帝刘秀登基之后将都城从长安迁往洛阳。在迁都运物过程中，搬运书籍的车，据说是"载素、简、纸凡二千两（辆）"。这里的"素"指的当是写在缣帛上的书，"简"当指写在竹简上的书，而"纸"指的是什么？"纸"应该不再指缣帛制作的书籍，因为前边已经有了"素"字，这个"素"已经指的是缣帛书了，所以这里的"纸"推想应该就是用纸来制作的书籍了。古人确曾把缣帛谓之纸，但这里已把素、简、纸加以区别，可见这里的纸不该再指的是缣帛，而应是地地道道的纸书。我们知道，东汉立朝就在公元25年，因此这些运往洛阳的书都应该是在这一年以前制作成的书籍。而这一年以前就是王莽新政时期及西汉时期。可见西汉或西汉后期，已经懂得用纸来书写书籍了，而且成为政府的正式藏书。当然，这只是字面的理解，还可以再讨论。

《东观汉记·贾逵传》中曾记载汉章帝刘炟在建初元年（76）命博士贾逵（29—101）给学生讲授《春秋左氏传》。为了使贾逵所用的教本有所参照，特赐给他"简、纸经、传各一通"。汉章帝是东汉立朝之后的第三位皇帝，他赐给贾逵的竹简本《春秋经传》和纸本《春秋经传》也是有制作材料上的区别的。可见东汉初期也用纸来制作书籍了。

晋人袁宏所撰《后汉纪·和帝纪》，说邓贵妃于永元十四年（102）下令禁止万国进贡珍丽之物，只要求"岁时但贡纸墨而已"，可见当时对纸张的需求已胜过珍丽之物。

待到蔡伦改进造纸技术，特别是山东东莱左伯再度改进造纸工艺以后，用纸来制作书籍就更日渐频繁了。《北堂书钞》卷一〇四引崔瑗写给葛元甫的信说，送给你《许子》十卷，"贫不及素，但以纸耳"。崔瑗是贾逵的学生，基本生活在同一时代。贾逵接受过皇帝赐给的纸写本《春秋经》和《左氏传》，他的学生送给葛元甫《许子》，因缣帛太贵，买不起，只好用纸来书写。可见东汉时用纸来制作书籍已显出了它在成本上的优势。

《后汉书·延笃传》注引《先贤行状》说，延笃打算自己抄写一部《春秋左氏传》，因为没有纸，他的师傅唐溪典就送给他一些废笺记，让他用这种纸的背面抄写。结果是这种纸的背面无法写字，延笃只得向别人借一部来读。

汉末赵岐的《三辅决录》引证韦诞（179—253）奏言说："工欲善其事，必先利其器。用张芝笔、左伯纸及臣墨，皆古法。兼此三具，又得臣手，然后可以尽径丈之势，方寸千言。"韦诞是东汉末至三国中期的人，他已将左伯纸、张芝笔和他自己造的墨相提并论，成为早期的文房三宝了。当时的纸墨究竟好到什么程度，5世纪时的萧子良在答王僧虔的信中曾说："子邑（左伯）之纸，研妙辉光；仲将（韦诞）之墨，一点如漆；伯英（张芝）之笔，穷神尽意。"这里的所谓"研妙辉光"，无非是形容"左伯纸"造得洁白、精细、光滑，宜于书写。可证造纸经左伯改进工艺之后，其质地已经可以笔走龙蛇，穷神尽意了。

《后汉书·蔡琰传》曾记载曹操欲使十吏到蔡琰（字文姬，蔡邕之女）处抄写书籍，文姬"乞给纸、笔，真、草唯命，于是缮书送之，文无遗误"。曹操、蔡邕以及他的女儿蔡文姬，都是左伯的同时人，曹操令十吏抄书之纸，说不定也是这种"研妙辉光"的左伯纸。

进入三国两晋，造纸的原料进一步扩大，造纸的地域进一步扩展，造纸的设备进一步改进，造纸的工艺进一步提高，纸张的生产量也大幅度增加。晋代造的纸，有的帚化程度达到70%，几乎接近后世的机制纸了。由于纸质精美，所以纸张也成了诗人骚客吟诗作赋的歌咏题材。如晋代傅咸就作有《纸赋》，称颂纸张"夫其为物，厥美可珍。廉方有则，体洁性真。含章蕴藻，实好斯文。取彼之弊，以为己新。揽之则舒，舍之则卷。可屈可伸，能幽能显"。这段文字的前半部分，显然是对当时纸张质量的一种描绘，后半部分是说纸张可屈可伸，能舒能卷，具有缣帛同样的优点。南朝梁元帝萧绎专门写有《咏纸诗》，形容当时的纸张"皎白如霜雪，方正若布棋。宣情且记事，宁同鱼网时"（《初学记》卷二十一《文部》）。这显然是与蔡伦用麻头、渔网等所造之纸比较而言的。"宁同鱼网时"，是说此时造的纸，其质量岂能和蔡伦时同日而语！三国时魏文帝曹丕曾经用缣帛书写他自己的文学理论著作《典论》和诗赋送给东吴的孙权，又用纸张同样抄写一部送给东吴大臣张昭。可见那时纸张已较普遍地用来制作书籍，并且显然要比缣帛便宜。进入晋代，纸已逐渐成为支配地位的书写材料，简牍、缣帛已处在被取代的前夜。《太平御览》卷六〇五引征《语林》中记载王羲之曾为会稽谢安请赐笺纸，库中只剩下九万张，结果都送给了他。《初学记》卷二十一引述晋人虞预《请秘府纸表》，说秘府中有纸三万多张，请求四百张给著作吏，用来撰写起居注。从这些记载中，我们可以想见当时纸的生产量已相当可观，而用纸的数量也十分可观。从当时政府藏书数量上也可以看出这种趋势。三国时曹魏官府藏书只有四千五百六十二卷，西晋初年官府藏书就达到了二万九千九百四十五卷；到东晋孝武帝时，官府藏书就多至三万六千卷。与此同时，私人藏书也逐渐多了起来，还出现了职业的抄书人和抄书机构。日常公私文件也经常用纸来书写。到东晋末年，豪族桓玄（369—404）窃据朝政大权。据《太平御览》卷六〇五所引《桓玄伪事》记载，桓玄在辞世的那一年曾下令："古无纸，故用简，非主于敬也。今诸用简者，皆以黄纸代之。"这道法令的意思是说，古时候没有纸，所以文件书籍都用竹木简书写，并不是对什么古圣先贤表示敬重。现在纸张盛行，过去凡用竹木简所写的文件，今后全都要以黄色纸张替代。这是政府第一次明令规定停止用简而代之以纸的记载。表明从东晋元兴三年（404）起，行用一两千年的竹木简宣告退出书籍制作材料的历史舞台，而纸张在几百年渐用的过程中正式成为主要的或者说是唯一的书籍制作材料了。《桓玄伪事》二卷，《旧唐书》卷四十六著录，应德詹撰。今佚。20世纪初，在甘肃敦煌莫高窟发现大批纸质遗书，也以实物证明了这一点。敦煌遗书中年代最早的是《陀罗尼神咒经》，写于西晋咸宁四年（278）。南北朝至唐五代时期的遗籍最多，而这一段时间，即公元3世纪至10世纪，正是我国手写纸书的鼎盛时期。进入北宋以后，雕版印制的书籍大兴，纸张则成了制作书籍的唯一材料。

当然，纸张的品类、名目极多，但就纸的质料讲，无非是麻纸、皮纸和竹纸等几大类。潘吉星先生在其所著《中国造纸技术史稿》中，对其检验过的23件敦煌石室写经造了一张明细表。这张表表明其检验取样起于北凉神玺三年（399）写的《贤劫千佛品经》第十，迄于五代写的《佛说无量寿经》，时代跨度也有五百年左右。这23件释、道两家的经卷中，麻纸写造者为18件，皮纸为5件，可见这一时期书籍的制作材料主要是麻纸，其次是皮纸。宋代实行崇文抑武的基本国策，科学文化进一步发展，书籍创作及整理也空前繁荣。加之此期雕版印书大兴，故书籍的社会生产量也空前增加。书籍生产量的加大，对纸的需求量也就空前增多。还像过去那样，仍采用麻纸来制作书籍，显然无法满足这种出版需求，因为麻类植物纤维毕竟是有限的。因此，进入宋代以后，我国书籍的用纸主要是皮纸了。特别是南方，桑树皮、楮树皮、青檀皮、藤皮等许多种树皮，都能用来造纸，故南方出版的书籍多数都采用皮纸印造。而北方可用来造纸的树种韧皮较少，相对来说麻科类植物较多，造纸仍以麻纸为盛，故书籍出版仍多以麻纸印造。进入南宋以后，中国南方，特别是闽北武夷山区，又盛产竹纸，故南宋中叶以后一直延续到元、明、清，中国南方，特别是闽北地区出版的书籍又多采用竹纸印造。明清两代，造纸业更为发达，纸的品类名色也更为繁多。但纵观这两代遗存的书籍，其用麻纸者绝少，皮纸、竹纸各占其半。可见书籍制作材料采用纸张以后，各时代各地区所用的纸料也还是有所不同的。

## （二）书籍的生产方法

书籍的生产方法，或者称为书籍的制作方法，同书籍的制作材料一样，前后经历过若干不同的阶段，方式方法也有过很大的不同。书籍的制作方法，不是一开始就用雕版印刷或是活字排版印刷的。印刷术的出现，在书籍生产史上具有伟大的划时代意义，所以我们应当以印制书籍的出现划一界限，分两段讲述书籍的生产方法。

**1. 印制书籍出现前的书籍生产方法**

我国印制书籍大约起于唐，成于五代，盛于两宋，旁及辽、金、西夏，沿衰于元、明、清。但在唐以前，我国书籍的制作方法大抵是依书籍制作材料的不同，先后有过刀刻、铸造、笔写等不同的方法。

从现存的甲骨文片看，其上面文字都是用刀刻的。为什么非要用刀刻？这大概取决于这种材料的质地。我们知道，骨头是有一定硬度的，而吃墨的能力却不怎么好，如果用笔写，可能不会留存久远，因而只好用刀刻。用刀刻可能还有另外的原因，那就是刀刻的笔道纤细匀净。如果用笔写，那时有没有那么细的笔还是个问题。一片龟甲或一块兽骨，没有多大的平面。除掉占卜时形成的卜兆裂纹，能承载文字的地方所剩无几，如果笔尖稍粗，根本写不下几个字。这大概也是采用刀刻的原因之一。刀刻的字迹既能保持久远，又能笔道匀整，又适应甲骨的仅有空余平面，又有一定的硬度，所以我们见到的甲骨文片都是用刀刻的。有的甲骨字迹刻得十分纤细，如陕西周原地区出土的西周甲骨，其字迹要用五倍放大镜才能看清，可见那时的微雕技术已经相当精熟。

青铜器铭文，以及后世的铜铁器物文字，据现在所知道的，其上面的文字有两种形式：一种是凸出来的阳文文字，一种是凹进去的阴文文字。凹进去的阴文文字比较好理解，那就是在事先设计制作好的青铜器上，如果什么时候想在上面镌刻文件或事件，都可随时请人操刀镌刻就是了。这种用刀在青铜器上直接镌刻阴文文字，比在青铜器上铸造阳文文字要方便得多，自由得多。在青铜器上铸字，事先就要有周密的计划。有的在设计时大概就不想当作器具用，而是想铸造文件，以文字意义为主要目的而铸造的。例如郑国、晋国铸造的刑鼎，就是为了公布法律，晓谕全国。这类青铜器物上面的文字，在制作浇铸模子时就要考虑周详。一份文件，一个事件，一共有多少字，如何布局，乃至每个字的馁锓，都要精心设计，精心制作。而且模子内壁的阴文字迹必须是凹进去的反字，浇铸出来的才是凸起的阳文正字。这就牵涉到模子内壁上阴文反字究竟是怎么弄上去的问题。正写反贴双勾再馁锓，自然是我们现代人的想象。古人是不是这样做，不敢肯定。考古学界有人根据青铜器铭文中常用虚字的酷似，推测青铜器铸模内壁的阴文反字，可能是一个一个事先做好的阳文正字挤压出来的。这种推想十分大胆，假如这种推想能够成立，那就表明我们的祖先早就懂得制造活字的原理了。当然这种活字绝不是为了排版印刷，而是为了铸造青铜器铭文。

我国自周秦以来，以玉片、石片、石鼓、摩崖、碑、碣、套帖等形式刻、写的石质文书，也可以说是浩如烟海。归纳起来，往石质材料上着附文字，就现在所知也有两种方法：一种是书写，一种是刀刻。书写者最集中的见于侯马盟书。1965年在山西省侯马春秋晚期晋国遗址出土的盟书，都是以朱色或墨色书写在玉片或石片上的。其中最大的长32厘米，宽3.8厘米，上尖下方，形态规整，显然是经过有意设计的。这种盟书为什么要用笔写而不用刀刻？道理说不清楚。也许因为侯马盟书是社会急剧变化的产物。在中国古代，大凡需要发誓定盟，总是事有急需，发于义愤。并且盟书要一式两份，一份留作证据，藏于盟府，以备查验；一份沉于河底或埋于地下，以示永不背盟。事急，又需要两份，刀刻可能不适应，故采用手写。不过这只是一种推测，不能算是科学结论。除侯马盟书以外，传世的所有石质文书，包括摩崖刻石、碑、碣，及历代所刻儒家石经、释家石经、道家石经等，全都是用刀刻的。这些刀刻的石质文书，不同于侯马盟书的一份要藏于盟府，一份要沉于河底或埋于地下，而是要立在光天化日之下，或本来就是依山刻石，风吹日晒自是难以避免。在这种情况下，如果是用笔在石头上写字而不是用刀在石头上刻字，时间一长，或经过雨水的冲洗，字迹就会模糊不清，甚至是字迹全无。所以古代的石质文书绝大多数都是用刀刻成的。

随着书籍的不断发展，以前的甲骨、金属器具、石料等都不再适应需要，于是竹木简便广泛地被采用为书籍的制作材料。这种材料不同于甲骨、金属器具和石头，究竟采取什么办法将文字着附在竹木简上，这是书籍生产方法上的重大课题。历来出土的大量竹木简，证明了竹木简书都是用笔写成的。过去有所谓"刀笔吏"的说法，谓竹木简书是用刀刻成的，否则怎么叫"刀笔吏"呢？这是将刀理解为笔，将"刀笔"理解成一种工具所造成的，其实这完全是一种误解。事实上刀、笔、墨、砚要预备齐全，才能书字于竹木简上。笔、墨、砚的功能不言而喻，谁都知道。唯有刀的用途，过去说法不一。一种说法，刀就是笔，用刀笔在竹木简上刻字。这种用刀刻的简书一是谁也没见过；二是早已被大量出土的用笔写的竹木简书所推翻，故刀刻简书之说不能成立。还有一种说法道破了刀的用途。大家知道，我国古代有个成语，叫作"信口雌黄"，形容某人不讲信义，说话不负责任，出尔反尔，随意修改。为什么"信口雌黄"就是不讲信义呢？原来雌黄是一种矿物质，柠檬黄色。纸张产生之后，为了延长纸的寿命，防虫避蠹，同时使纸张色泽符合官方崇尚的颜色，于是对纸张要实行"入潢"工艺的加工。所谓"入潢"，就是以黄檗汁染纸，使纸色微黄。古人在这种黄纸上写字，难免有写错的时候。写错了怎么办呢？写错了就用这种雌黄去涂盖，然后再把正确的文字写上去。宋代沈括在其所著《梦溪笔谈》中说："馆阁新书净本有误书处，以雌黄涂之。尝校改字之法：刮洗则伤纸；纸贴之又易脱；粉涂则字不没，涂数遍方能漫灭。唯雌黄一漫则灭，仍久而不脱。古人谓之铅黄，盖用之有素矣。"可证上述解释是正确的。那么用竹木简制作书籍时的"刀"到底是干什么用的呢？原来就相当于后世的雌黄，是用来刮削改写竹木简上错字的。还可以进一步做更通俗的解释。我们大家都知道，现在的小学生，甚至包括初中学生，每天上学，他们书包里所带的文具盒中，必带有铅笔、笔刀及橡皮等，目的是当写错了字时，就用橡皮将错字擦掉，而后改写上正确的字。竹木简书盛行时期，之所以要把刀、笔、墨、砚同时备齐，同样是各有各的用途。其中这刀的用途就类乎今天中小学生所用的橡皮。当在竹木简上写了错字时，就及时用刀子刮去，然后再写上正确的文字。过去人将"刀笔"连读，释为"刀子笔"，进而说竹木简书也是用刀子刻的，是完全没有根据的。事实上竹木简书都是用笔写成的。

在竹木简书盛行的同时，丝织品中的缣帛也是书籍的制作材料之一。用这种材料制作书籍，就无法像甲骨、青铜器、玉、石那样，其文字可以刀刻，可以铸造，而只能是用笔书写了。这道理很简单，用刀在缣帛上刻字，那根本是不可想象的。同样，像后世印制纸书那样，将文字印在缣帛上，也是不可想象的。当然现代也有用丝织品印书的，但那是一种特殊的印制工艺，古人还做不到。所以帛书只能是用笔书写而成,不可能用其他的办法将文字着附上去。事实上,历来出土的帛书,也确实都是用笔书写而成的。

纸张取代竹木简、缣帛而成为书籍的普遍制作材料之后,不但避免了竹木简的笨重及缣帛的贵重,而且由于纸张比竹木简、缣帛更易于着墨和吸墨,所以自东汉至五代近千年的时间里,纸书都是用笔抄写而成。又由于纸张柔软,具有特殊的吸墨能力,不但宜于书写,也适于印刷,所以又承担起自唐代开始的印制书籍的任务。中国采用雕版印刷的办法制作书籍自初唐开始,中经五代的缓慢发展,至两宋而极盛,标志着书籍的生产方法发生了划时代的变革,人类文明也跨进了新的历史时期。

**2. 印制书籍的出现与发展**

我国用雕版印刷的办法来印制书籍,大概在初唐已经开始。中国印刷术发轫于初唐,张秀民先生的唐贞观十年(636)梓行《女则》说和玄奘以回锋纸印《普贤像》说,因为学界有争议,姑置勿论。1906年在中国新疆吐鲁番发现版印的《妙法莲华经》卷五《如来佛寿品第十六》残卷及《分别功德品第十七》全卷,最初归于清末新疆布政使王树楠,不久易手于日本人江藤涛雄,最后由中村不折购得。20世纪50年代初,由日本著名版本目录学家长泽规矩也做出鉴定。因经文中有武则天时推行的制字,遂定为中国武周时期的雕印本。这个结论是科学的,它有力证明武周时期(684—704)中国的确有了佛经印本。1966年10月,韩国庆州佛国寺释迦塔内发现的印本《无垢净光大陀罗尼经》,同样有武周时期特有的制字,韩国部分学者却不顾史实地认为是韩国历史上的雕版印制品,并以此导出雕版印刷术韩国起源说,这是毫无根据的。30年后,中国学者潘吉星、李致忠、邱瑞中等先后发表文章,用确凿的证据论证了这件《无垢净光大陀罗尼经》也是中国唐代武周时期的印刷品,并具体将其考定为武则天圣历三年至长安元年(700—701)洛阳地区刻本(参见潘吉星《印刷术的起源地:中国还是韩国?》,原载1996年11月17日《中国文物报》;李致忠《中国是印刷术的发源地——〈无垢净光大陀罗尼经〉刊印考》,原载《中国印刷》1997年第2期;李致忠《〈无垢净光大陀罗尼经〉译刻考》,原载《文献》1997年第2期;邱瑞中《〈无垢净光大陀罗尼经〉为武周朝刻本辨》,原载

1997 年 10 月 14 日《光明日报》)。

唐司空图《司空表圣文集》卷九收有一篇司空图为东都敬爱寺讲律僧惠確化募欲行雕印律疏而写的奏疏。疏文说："今者以日光旧疏，龙象宏持，京寺盛筵，天人信受。□迷后学，竞扇异端。自洛城罔遇时交，乃焚印本，渐虞散失，欲更雕锼。惠確无愧专精，颇尝讲授。……永资善诱之方，必期字字镌铭。……敢期福报之微，愿允标题之请。"其中"自洛城罔遇时交，乃焚印本"，指的当是洛阳没遇到好时运，而遇到了唐武宗会昌五年（845）的灭佛运动，故将许多佛经印本当场焚毁。会昌五年秋七月，"上恶僧尼耗蠹天下……乃先毁山野招提兰若，敕上都、东都两街各留二寺。每寺留僧三十人。天下节度、观察使治所及同、华、商、汝州各留一寺，分为三等，上等留僧二十人，中等留十人，下等五人。余僧及尼并大秦穆护、祆僧皆勒归俗。寺非应留者，立期令所在毁撤。……财货田产并没官，寺材以葺公廨驿舍。铜像、钟磬以铸钱"。至八月壬午，"凡天下所毁寺四千六百余区，归俗僧尼二十六万五百人，大秦穆护、祆僧二千余人，毁招提兰若四万余区。收良田数千万顷。……寻又诏东都止留僧二十人，诸道留二十人者减其半，留十人者减三人，留五人者更不留"（《资治通鉴》卷二百四十八《唐纪》六十四）。这次灭佛简直势如破竹，摧枯拉朽，一月之间毁那么多寺院，还俗那么多僧尼，可谓暴风骤雨。这种如火如荼的灭佛运动，佛像遗经自然在凌替之中，很多印制的经像付之一炬。司空图乃唐懿宗时进士，颇具才名。唐懿宗又非常信佛，能手持梵夹，自唱经，并在大内亲自为僧尼授戒。这样一来，佛教再度抬头，有了对废像遗经重新雕印的社会环境，所以惠確借重司空图，呈疏请允重新雕印律疏。并在注文中声明，只请求雕印八百纸。这说明在武宗灭佛以前，洛阳曾刻印过不少佛经，否则就不会发生"乃焚印本"的举动。这证明一个历史事实，即洛阳在唐高宗、武周直至武宗时期，当是译刻佛经的圣地，也是中国在雕版印刷术发明之后出现的第一次印刷高潮。

日本学者神田喜一郎曾写过《有关中国印刷术的起源》一文，分上下两篇连载于台北《故宫文物月刊》1988 年 6、7 两期上。神田喜一郎用大量的篇幅，回顾表述了关于中国雕版印刷起源问题上的种种说法，及其无以立说的原因。随后他又引据唐代高僧法藏在《华严五教章》和《华严经探玄记》中讲经借喻的说法，提出了印刷术中国初唐发明说。

神田喜一郎在他的《有关中国印刷术的起源》文章中说："有关中国印刷术实施的证据，至目前为止仍缺乏确实的文献和实物。但在最近我发现一件足以作为证据的文献，这就是中国华严宗有名的唐朝时代的法藏（643—712）亦即贤首大师，在其所著《华严五教章》（《大正大藏经》第四十五卷所收）中的'教起前后，是故依此普法。一切佛法并于第二七日。一时前后说，前后一时说，如世间印法，读之则句义前后，印文则同时显现。同时前后，理不相违，当知此中道理亦尔，准以思之'。又，同为法藏所著之《华严经探玄记》（《大正大藏经》第三十五卷所收）卷二说：'二摄前后者有三重，一于此二七时。一于此二七时，即摄八会。同时而说，若尔何故会有前后？答如印文，读时前后，印纸同时。'"此中"一切佛法并于第二七日"，当指释迦讲述《华严经》之佛法，是在他成道之后的第二十七日。"一于此二七时，即摄八会"，当指释迦于成道之后二十七日讲述《华严经》时，其场所和分座有七处八会。而第八会即是舍卫国的祇树给孤独园。祇树给孤独园是有名的祇园精舍，是舍卫国的有钱人须达施舍奉献给释迦的，奉献的时间要晚于释迦成道后的第二十七日，这表明释迦讲述华严佛法盖始于其成道后的第二十七日，其后场所有七处八会，讲经也当延宕一定时日。法藏是《华严经》的传人，他以华严宗独特的教理普法，以一即一切，一切即一的道理解释经义。为了阐明这种玄深的教理，他常常深入浅出，借助社会生活中普遍存在的事物来比喻，从而达到让听者理解的目的。神田喜一郎引证这两段话，就是这样的比喻。讲授佛经教义，"一时前后说，前后一时说"，都是为了阐明经义佛法。人说话讲学，语言总有前后顺序，不可能将所有的经义和所有的话同时说出，可是其佛法真谛却能同时完整地表达出来。为了说明这种道理，他便借喻世间雕版印刷事物："如世间印法，读之则句义前后，印文则同时显现。""同时而说，若尔何故会有前后？答如印文，读时前后，印纸同时。"其意是说讲述佛法时有前有后，如同世间雕版印刷文稿一样，读它的时候句义上总有前后之分，可是印制它的时候，印文印纸却是同时刷印出来的。让人听来一下就明白了。所以恰如其分的比喻，确能解释深奥的玄理。

法藏，字贤首，俗姓康，康居人。生于唐贞观十七年（643），圆寂于太极元年（712），享年七十岁。宋释赞宁的《宋高僧传》卷五说他"风度奇正，利智绝伦，薄游长安，弥露锋颖……属奘师译经，始预其间。后因笔授、证义、润文见识不同而出译场。至天后朝，传译首登其数。实叉难陀赍《华严》梵夹至，同义净、复礼译出新经。……帝于圣历二年乙亥十月八日，诏藏于佛授记寺讲大经，至《华藏世界品》讲堂及寺中地皆震动。……推藏为第三祖也"。日本人松原恭让所撰写的《佛书解说大辞典》中说法藏的《华严经探玄记》撰写在他四十五至五十岁之间，如此则被神田喜一郎推定在唐中宗嗣圣四年（687）至嗣圣九年（692），其实即是武则天垂拱三年（687）到天授三年（692）。但据华严宗的专门家日人汤次了荣所撰《华严五教章讲义》所说，法藏撰写《华严五教章》是在写《华严经探玄记》之前。据此神田喜一郎则推断《华严五教章》当完成在唐高宗仪凤二年（677）前后，那时法藏不过三十来岁。在唐高宗时代的世间印书之法就能被引来作为解经的比喻，让佛弟子们能听懂，显然在此之前和在此之际，这种雕版印书活动一定是比比皆是、司空见惯的现象了，否则就无资格被借喻而为人释惑解疑了。如果真是这样，则中国雕版印书始于初唐，更当毋庸置疑了。而如果初唐就普遍行用着这种印刷技术，则印刷术的发明当要大大早于唐初了。这是谁都应该接受的事物逻辑，无论从文献记载或实物留存都能得到证实。但印书之始，绝不意味着雕版印刷技术这时才发明。按照事物发展的一般法则和科学技术进展的普遍规律，到了能够印制整部书籍的时候，应该说雕版印刷的技术已经是进一步地发展了，而绝不是技术的刚刚发明。所以唐代开始印制书籍，反而可以证明这种雕版印刷的技术可能早就出现了。但长期以来，参与讨论中国雕版印刷术发明问题的中外学者，却多以印书之始来论证雕版印刷术的发明，结果在时代上不是提前，就是靠后，始终得不出一致的意见和科学的结论。早的有东汉发明说，东晋咸和（326—334）发明说，六朝（222—589）发明说，隋朝（581—618）发明说，唐朝（618—907）发明说；晚的有五代（907—960）发明说，北宋（960—1127）发明说，等等。时代跨度近千年。这些说法，有的因论据不足固然不能成立；有的以留存至今的雕印书籍为据，但不符合事物发展的自然法则，因而也不能成立，好在我们这里无须讨论印刷术的发明，我们要阐述的是用这种技术生产书籍在唐朝则是有确凿记载和实物证明的。

明朝有位史学家叫邵经邦（1491—1565），他写了一部通史性的史学著作叫《弘简录》。在《弘简录》卷四十六《长孙后传》中记载："太宗后长孙氏，洛阳人。……遂崩，年三十六，上为之恸。及宫司上其所撰《女则》十篇，采古妇人善事……帝览而嘉叹。以后此书足垂后代，令梓行之。"这段文字是张秀民先生据清人郑机《师竹斋读书随笔汇编》的提示引证的，意在证明雕版印书在唐初即出现了。张先生在《中国印刷术的发明及其影响》中说："唐太宗认为她（指皇后）的作品对维持封建道德有好处，并为纪念他们夫妇俩的爱情，所以就把这部遗著'梓行'了。'梓行'两字，即是雕版印行，意义是十分清楚的。长孙后卒于贞观十年（636），可见此书的印行就在这年或稍后。这可说是最早的内府刻本，而第一部印本书是妇女的作品。"张先生的这个发现，并由此得出雕版印刷术唐初发明说的结论，影响是很广泛的，也是很深远的。张先生的说法如果是正确的，则说明在7世纪的上半叶，中国已经懂得用雕版印刷的办法来生产书籍了。不过张先生此说，学界迄未接受，并有诸端异议。最早提出异议的是胡适。

冯贽的《云仙散录》（又称《云仙杂记》）卷五《印普贤像》记载："玄奘以回锋纸印普贤像，施于四众，每岁五驮无余。"其下自注此条来自《僧园逸录》。我们知道，唐玄奘到印度取经出发的那一年是贞观三年（629），贞观十九年（645）取经回国，前后经历了十七年。再过十九年，即麟德元年（664），玄奘圆寂。所以他用回锋纸印普贤菩萨像施于四众，应当在贞观十九年他取经回国之后，麟德元年圆寂之前。这段文字曾被很多人引用，事实也十分可信，但这里也有两个问题值得研究，一个是玄奘印普贤像，其法究竟是捺印还是刷印；一个是回锋纸究竟是什么纸。捺印就跟手戳压印一样，是蘸好印色之后用手按捺于纸，这种方法古印度时已有，玄奘蜚声天竺十七年，深谙印度佛学及与之有关的技术。取经回国之时将此法也带回中国，捺印普贤像，也是很有可能的。捺印是将墨色涂在雕刻好文字或图像的木板上，然后反转过来按捺于纸上，印出文字或图像。与雕版印刷还不完全相同，还不能算是印刷术的范畴。

回锋纸到底是什么纸，无从稽考。中国古时有所谓还魂纸，其实就是废旧纸回池再泡打成纸浆抄造成的纸。明代宋应星《天工开物》卷中《造竹纸》一节曰："其废纸洗去朱墨污秽，浸烂入槽再造，全省从前煮浸之力，依然成纸，耗亦不多。南方竹贱之国，不以为然，北方即寸条片角在地，随手拾取再造，名曰'还魂纸'。"当然，即或"回锋纸"就是"还魂纸"，唐代恐怕也还是麻纸的还魂。唐玄奘印普贤像施于四众，每岁五驮无余，其数量在当时已相当可观。而当时政府、军队、民间用纸量都很大，生产供不应求，因而废纸也还要回池再造。

唐西川樊赏家雕印的历书

回锋纸是不是就是这种还魂纸？这有很大的可能。总之，玄奘印普贤像，在书籍制作方法上，在版画研究上，在佛画雕印史上，都是很值得研究的课题，也是很有趣的一件事，但它是捺印，尚不是刷印。

此后，关于唐代雕印历书、字书、韵书、文集、道书、阴阳杂记等书的记载，层出不穷，屡见不鲜。流传于世的实物也不止一件两件。如唐懿宗咸通九年（868）王玠为父母二亲祈福而雕造普施的《金刚经》、西川成都府樊赏家雕印的历书、成都府成都县龙池坊卞家印卖的梵文《陀罗尼经咒本》等，就都是唐代雕印的至今还留存于世的印刷品。特别是那件被斯坦因携走、现藏大英图书馆东方部的《金刚经》，可以说是世界上现存最早最完整而又相当成熟的印刷品。它用七张纸粘连而成，全长十六尺，完整无损。卷首有释迦牟尼佛在祇树给孤独园坐莲花座上对长老须菩提等僧众说法的故事。释迦牟尼妙相庄严，胸藏万法，栩栩传神。经文字体端庄凝重，刀法稳健。印纸精细，墨色清纯，古朴大方，赏心悦目。说明9世纪中叶，我国的雕版印刷技术已经进入相当成熟的时期，印制的书籍也已经相当精美。

进入五代以后，雕版印制书籍的方法已被中央政府正式采纳，并且用来印制儒家经典。从后唐长兴三年（932）起，到后周广顺三年（953）止，中原地区四个不同朝代唐、晋、汉、周，在二十二年的时间里，由国子监赓续不断地完成了《九经》的校勘和雕印工作。这是儒家经典第一次用雕版印刷的办法生产出来。或者说是儒家经典的第一代版本，就是五代时期国子监出版的，监本之称即滥觞于此。

与此同时，《五经文字》《九经字样》以及解释儒家经典的《经典释文》，也先后用雕版印制出来。郓州须昌（今山东东平）人和凝，不顾别人指责，自己出资自己主持雕版印制了自己的文集，开创了版本学史上"自刻本"的先河。后蜀宰相毋昭裔，不但倡导主持雕刻了《蜀石经》，还主持雕版印制了《九经》，还让自己的门人句中正、孙逢吉主持雕版印制了《文选》《初学记》《白氏六帖》等。

地方政府以及民间雕印的佛经、佛画更多。道家的某些作品也被雕版印制出来。整个书籍的生产方法，已处在全面革新的前夜。

进入宋代以后，雕版印刷成了书籍生产的主要方法。南北两宋刻书之多，雕镂之广，规模之大，流通之宽，版印之精，都堪称前所未有、后世楷模。上自中央各殿、院、廊、司、局、监；下至地方各府、州、军、县，各路茶盐司、安抚司、提刑司、转运司、公使库，各府学、州学、军学、郡斋、郡庠、学宫、泮宫、学舍、县学、县斋、各地书院，私宅、家塾、书棚、书坊、书肆、书籍铺；各地寺院、道观、祠堂等，都竞相刻书，形成了广泛的书籍生产出版网络，使书籍生产出现了前所未有的高潮。据不完全统计，两宋三百二十年间刻书有一万多种，印数则当以千百万计。两宋以后，迭经元、明、清，旁及辽、金、西夏，书籍生产多是采用雕版印制，为今天留下了十分丰富的文化遗产。

## （三）活字排版印制书籍的出现与发展

雕版印制书籍比起用手抄写，有无可比拟的优越性。只要雕刻一套版，你想印多少，都可以分次随心所欲地印刷。但这种技术必须是每一种书雕一套版，每套版只能印一种书，只能在部数上增加，不能在种数上生新，若要生新，就只能再雕一套版。这显然工本极大、劳师费时。雕版印书这种与生俱来的先天缺点，在两宋雕版印制书籍充分发展的同时，也充分暴露无遗。能否克服这种弱点，使之既省工本，又能随意生新，这是摆在当时书籍生产者面前的新课题。北宋庆历年间（1041—1048），平民毕昇用自己的天才和实践圆满地回答了这个问题，这就是活字印刷术的发明。

### 1. 泥活字印书法的发明与发展

关于毕昇发明泥活字印书法，北宋沈括在他所著《梦溪笔谈》卷十八《技艺》中有较为翔实的记载：

板印书籍，唐人尚未盛为之。自冯瀛王始印五经，已后典籍皆为板本。庆历中，有布衣毕昇又为活板。其法用胶泥刻字，薄如钱唇。每字为一印，火烧令坚。先设一铁板，其上以松脂蜡和纸灰之类冒之。欲印，则以一铁范置铁板上，乃密布字印，满铁范为一板，持就火炀之。药稍熔，则以一平板按其面，则字平如砥。若止印三二本，未为简易。若印数十百千本，则极为神速。常作二铁板，一板印刷，一板已自布字，此印者才毕，则第二板已具，更互用之，瞬息可就。每一字皆有数印，如"之""也"等字，每字有二十余印，以备一板内有重复者。不用则以纸贴之，每韵为一贴，木格贮之。有奇字素无备者，旋刻之，以草火烧，瞬息可成。不以木为之者，文理有疏密，沾水则高下不平；兼与药相粘，不可取。不若燔土，用讫再火，令药熔，以手拂之，其印自落，殊不沾污。昇死，其印为予群从所得，至今保藏。

这段记载，将毕昇泥活字印书的制字、排版、常用字的储备、生僻字的临时制作、不用时的收贮方法，以及不用木料制字的原因等，都讲得清清楚楚。我们从中可以认识到，毕昇发明的泥活字印书法，在今天看来除了稍显原始古朴外，其余关乎现代排版印刷的基本原理，那时几乎都已具备了。这是书籍生产方法上的又一次重大革新，闪现了现代书籍生产方法的最早火花，比德国人谷腾堡用活字排印书籍要早四百年。只可惜，关于毕昇的里贯生平，沈括只字未提。

安徽博物院历史人物展区有毕昇一栏，除介绍他发明泥活字印书法，还说他是歙县人，杭州刻字良工，这引起我本人的极大关注。

1990年7月，湖北省英山县草盘镇信访干部黄尚文，在睡狮山东麓一处田地中发现一圆形墓碑。碑高113厘米，宽约65到70厘米。中间阳刻两行大字："故先考毕昇神主，故先妣李氏妙音墓。"两边阴刻"孝子毕嘉、毕文、毕成、毕荣；孙男毕文显、毕文斌、毕文忠（或和）"。因年久风化剥落，年款字迹模糊不清，经多次冲洗，反复摹拓，深入研究，最终判定为"皇祐四年二月初七日"。遂据丧俗推定毕昇当卒于北宋皇祐三年（1051）。而毕氏墓碑出土地附近，迄今仍有毕家坳、毕家铺、毕家畈等地名，相传此地向为毕、李、肖三姓聚居处，故毕昇妻子为李妙音。这表明毕昇的里贯当为今湖北省英山县。

英山县位于湖北省东北部。东北与安徽岳西、太湖、霍山、金寨四县毗邻，西南与湖北罗田、浠水、蕲春三县接壤。古为皋陶部落，汉为英布封地。南宋咸淳三年（1267），由沿江制置使段朝立表奏朝廷，请立英山县，六年（1270）获准，割罗田县东直河乡置英山县。因知英山在立县之前实属罗田。立县之后，迭经元、明、清，直至民国，均属安徽六安领属。而六安于北宋政和八年（1118）由县升军，地处安徽西南，这个地方距歙县没有太远的路程。毕昇当年也许学艺于歙，或寓居于此，或乔迁于此，死后只是神主回葬祖茔，故墓碑在英山发现。设若此说符合历史事实，则毕昇的祖籍当是湖北英山县。为此，国家文物鉴定委员会原副主任史树青先生还曾赋诗四首，予以肯定。其一云："名姓昭昭见梦溪，千年行迹至今遗。英山考古有新获，识得淮南老布衣。"其二云："神主毕昇伴妙音，模糊岁月尚堪寻。半边皇字仍留白，一字分明值万金。"其三云："一颗摩尼不染尘，双圆日月字轻分。皇权年号同仇忾，斧凿还应是义民。"其四云："一石广招万口传，披荆斩棘共跻攀。读碑我慕杨观海，雕字分明是宋刊。"这四首诗从不同角度，确认碑主是毕昇，而毕昇是今湖北英山人。

设若毕昇真是湖北英山人，而又由皖西南至皖南歙县学习刻字技艺，后又由歙县到杭州刻字谋生，路程确实不远，水路从新安江下富春江到钱塘江，亦有舟楫之便。杭州乃宋代刻书最著名的地方，毕昇由歙来杭，从事雕版印刷工作是完全有可能的。可惜的是，毕昇用这种泥活字排印过什么书，不见记载，更无实物流传。但按照毕昇泥活字排版印书的原理，仿制泥活字，用它来实践印书，却是代有其人。

毕昇发明泥活字印书法以后，不久便传到了西夏。西夏人以自己的聪颖，不但以泥活字印书，还用木活字印书。南宋周必大在南宋绍熙四年（1193），于潭州（今湖南长沙）仿毕昇之法，制造胶泥活字铜版排了自著的《玉堂杂记》。此事在《益国周文忠公全集》卷一九八周必大给朋友程元成的信中有记载："近用沈存中法，以胶泥铜版移换摹印，今日偶成《玉堂杂记》二十八事。"这是迄今所知最早的泥活字印本书，可惜也没能流传下来。但这段文字记录，却雄辩地证明毕昇是活字印刷术的伟大发明者，并且由后人根据沈括的记载，实践了毕昇泥活字印书的技术，进一步证明毕昇的创举是成功的，是原理性的发明，是中华民族对人类文明进步的又一伟大贡献。

元灭金绝宋过程中，延汉人，贵儒生，讲求立国之道。姚枢就是蒙古族高层十分器重的汉儒。事世祖于潜邸长达十年，而左右宸极又十有九年。蒙古太宗十三年辛丑（1241）"赐金符，为燕京行台郎中。时牙鲁瓦赤行台惟事货赂，以枢幕长分及之。枢一切拒绝，因弃官去"（《元史》卷一五八列传第四十五《姚枢传》）。"遂携家来辉，垦荒苏门，粪田数百亩，修二水轮。诛茅为堂……又汲汲以化民成俗为心，自版《小学》书、《语孟或问》、《家礼》；俾杨中书版《四书》；田和卿版《尚书》《声诗折衷》《易程传》《书蔡传》《春秋胡传》，皆脱于燕。又以《小学》书流布未广，教弟子杨古为沈氏活版，与《近思录》《东莱经史论说》诸书散之四方。"（姚燧《牧庵集》卷十五《中书左丞姚文献公神道碑》）这里的所谓为"沈氏活版"，指的就是沈括《梦溪笔谈》所记载毕昇发明的泥活字排版。说明早在元人定鼎之前姚枢亦曾教他的弟子杨古依沈括《梦溪笔谈》所谈毕昇发明的泥活字印书法又制造了泥活字，用来排版印制《小学》之类的书，散之四方，使人读书识字，化民成俗。只可惜姚枢主持用泥活字印制的书一种也没能流传下来。但这件事表明，北宋布衣毕昇发明的泥活字印书法，后人是不断践行采用的，且都能获得成功。姚枢主持制造泥活字印书，发生在公元1250年以后，人虽属元臣，时间却仍届南宋理宗淳祐十年（1250）以后，上距周必大在潭州制造泥活字印书，不过五六十年。地域则一为江南，一为河南。说明毕昇的活字印书事业后继有人。直到六百年后的清朝，仍有人仿照此法制字印书。

　　清道光十二年（1832），苏州人李瑶在杭州用胶泥活字排印了《校补金石例四种》。其自序称："济南潘氏《金石例》十卷，当元之世版已三锓，向来操觚家之奉为矜式也，审矣。明初，长洲王氏推广其意，别著《墓铭举例》四卷，发明表里，以津逮后学。世仅传抄，名几湮阙，此也是翁《敏求记》中之所以弗详也。迨后四百年来始有金匮王秉诚者为之雠校，并合姚江黄氏《要例》一卷刻之，遂名之为《金石三例》也。聿自《三例》出，而金石之道尊。金石之道尊，而具见吾人立言传信之非易为也。……此书原刻精当，而微嫌夹注丛列，坊本则鱼豕之病杂陈矣。余乃慨然思广其传，即以自治胶泥版，统作平字捭之。且以近见吴江郭氏祥伯之《金石例补》补之……因别署其编曰《校补金石例四种》，都十七卷。庶使操觚家之有志于古者，如获指南车焉。"我们在这里应该注意其"即以自治胶泥版，统作平字捭之"一语。今传世的李氏泥活字印本《校补金石例四种》，其内封镌有"七宝转轮藏定本，仿宋胶泥版印法"长方牌记两行。进一步表明李瑶的泥活字仍然是仿照宋代毕昇泥活字的方法制造出来的。中国国家图书馆藏有此本，看上去纸白墨莹，布字排版都很精心。说明自北宋毕昇发明泥

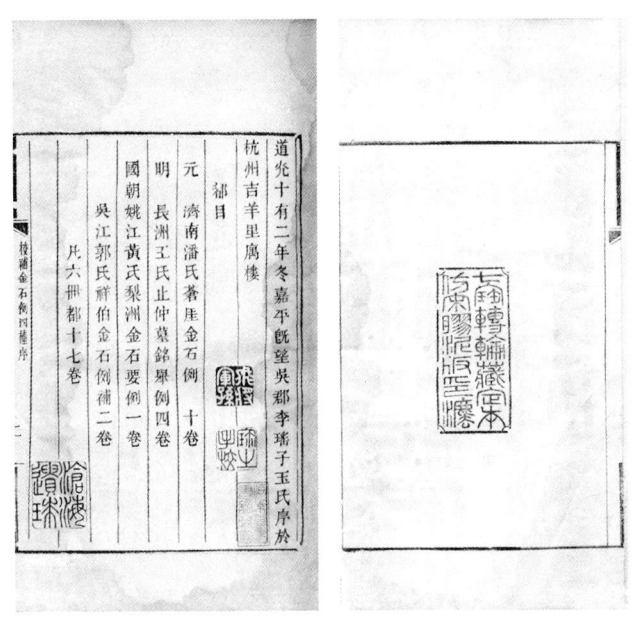

李瑶泥活字排印本《校补金石例四种》

活字印刷技术之后,又有李瑶做了实践,使这种技术又有所发展。

李瑶制造的这套泥活字,不但排印了《校补金石例四种》,还排印了《南疆绎史勘本》。中国国家图书馆亦藏有此书。将两书比勘,其印纸字迹、行款版式等如出一辙,堪称是李瑶泥活字刷印的姊妹书。这两部书的印制技术,不但是宋代泥活字技术的实践和继承,也为后世留下了实物,因而显得尤为珍贵。

较李瑶用泥活字印书晚十二年,即清道光二十四年(1844),安徽泾县的翟金生及其子侄发增、一新、一杰、一棠等,以三十年的心力刻意寻研毕昇遗法,仿制泥活字十万余个,用它排版印制了《泥版试印初编》《水东翟氏宗谱》《仙屏书屋初集》等书。皖南泾县翟氏历来多奇巧之人,例如宣纸的创制就是翟氏的祖上人。翟金生字西园,是安徽泾县西南水东村的一个秀才。以教书为生,能诗善画,颇有艺术才能。他不顾"家徒壁立室悬罄"的艰难困苦,发动子侄,根据沈括的记载,刻意仿制毕昇的泥活字。且分大、中、小、次小、最小五个型号,凡十万有奇。道光二十四年,翟金生的这套泥活字试制成功,他自己也到了古稀之年,所以他便用其子翟一棠、一杰、一新等同造的泥活字,命孙子翟家祥、内侄查夏生等检字,学生左宽等校字,外孙查光鼎等归字。而本人亲自动手,采用连

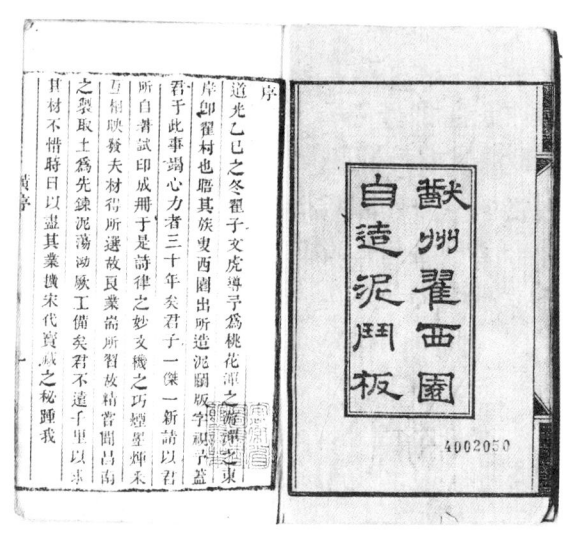

翟金生泥活字排印的《泥版试印初编》

史纸，首先排印了自己的诗集《泥版试印初编》。此书纸墨精良，字画均匀，又是一部泥活字成功的印刷品。中国国家图书馆珍藏一帙，书中有五言绝句诗四首，现移录于下，可见其制字刷印书籍的良苦用心：

**自刊**

一生筹活版，半世作雕虫。

珠玉千箱积，经营世载功。

**自检**

不待文成就，先将字备齐。

正如兵养足，用武一时提。

**自著**

旧吟多散佚，新作少敲推。

为试澄泥版，重寻故纸堆。

**自编**

明知终伏瓮，此日且编成。

自笑无他技，区区过一生。

这几首诗，论艺术，没有什么动人的生花之笔。但就其内容而言，则确是翟金生的生活写照。三十年心力，唯在研究制作泥活字，诗中所谓"一生筹活版"，似不为夸张。翟金生制造的泥活字，还用来排印过其友黄爵滋的诗集《仙屏书屋初集》及《水东翟氏宗谱》。这又是一次毕昇泥活字印书的成功实践。

从北宋毕昇发明泥活字印书法，中经西夏及南宋周必大、蒙古时期姚枢，一直到清李瑶、翟金生，都能将泥活字仿制成功，并将之付诸实践，排版印书。可这种不争的事实，竟被某国别有用心的学者歪曲，抓住沈括《梦溪笔谈》中"其法用胶泥刻字，薄如钱唇"的描述，重新制造出一套薄如钱唇的字印，排起版来无法施印，遂断定毕昇当年所制之字也是不成功的，旨在从根本上否定毕昇发明了泥活字印书法，从而抬高该国铜活字排版印书才是活字发明的可信度。对此，中国人不但也制造了泥活字，并且用它们排版印出了文本，以事实予以有力的驳斥。同时，撰文进一步训释"胶泥刻字，薄如钱唇"的真正含义，也是十分必要的。

前引北宋沈括的《梦溪笔谈》卷十八《技艺》中关于毕昇发明泥活字印书法的记载，是一篇笔记性的著述，十分简明。由于是信笔写来，层次上不太讲究，但记载的内容翔实，程序全面，品评鲜明，是一份难得的关于中国活字印刷术发明的珍贵材料。此文完全是白描，通俗易懂，本无须加以训释。可是近年来国际上有少数学者蓄意曲解，混淆视听，以图达到不可告人的目的。既然有人想从字句含义上作文章，我们也只能以其人之道而还之，遂不惮琐碎，对这篇短文中的有关字句逐一加以解释，以正视听：

* **"板印书籍，唐人尚未盛为之。自冯瀛王始印五经，已后典籍皆为板本。"**
板印书籍，指用雕版印制而成的书籍。"板印"一词，唐人已用之。《全唐文》卷六二四有一篇冯宿禁板印时宪书奏，称"准敕禁断印历日板。剑南两川及淮南道，皆以板印历日鬻于市。每岁司天台未奏颁下新历，其印历已满天下，有乖敬授之道"。这里已提到政府应禁断民间私自雕版印制历书。冯宿（767—837），字拱之，行十七，婺州（今浙江金华）人，郡望冀州长乐（今河北冀州）。唐贞元八年（792）登进士第。大和九年（835）出为东川节度使，在赴任的路上见到剑南两川及淮南道市场上有"板印"的历书在出卖，故奏请禁断。"唐人尚未盛为之"，是说用雕版印制书籍，唐朝人还没有广泛地采用。"自冯瀛王始印五

经"，冯瀛王，即冯道。冯道（882—954），字可道，自号长乐老，瀛州景城（今属河北）人。唐末帝李柷天祐中（904—907）为刘守光幽州椽。守光败，遁归太原为巡官。后唐同光元年（923）为翰林学士，迁中书舍人、户部侍郎。天成元年（926）拜端明殿学士。翌年，迁中书侍郎、刑部尚书、平章事。改门下侍郎、户部尚书、吏部尚书、集贤殿弘文馆大学士，加尚书左仆射，封始平郡公。后晋时，守司空、同中书门下平章事，加司徒，兼侍中。少帝时加守太尉，进封燕国公。以后又曾事契丹、后汉、后周。后周广顺（951—953）初拜太师兼中书令，显德元年（954）卒，年73岁。追封为瀛王，谥文懿。当时诸经文字舛谬，冯道委任学官取郑覃所刊《开成石经》加以校正，雕为印版，流布天下，为《五经》雕版印刷之始。《资治通鉴》卷二九一《后周纪二》谓："唐明宗之世，宰相冯道、李愚请令判国子监田敏校定《九经》，刻板印卖。朝廷从之。丁巳，板成，献之。由是，虽乱世，《九经》传布甚广。"这是版成之后追记的话，其实说的就是冯瀛王于后唐明宗时倡雕《五经》之事。由于是政府采用了唐朝就已有的雕版印刷技术印制经书，带有表彰推广作用，故"已后典籍皆为板本"。

按：要记录毕昇的泥活字印书法，不一定非要写上前边的这几句话，但沈括却写了，这也有他的道理。什么事物和技术都不可能凭空产生，凡产生必有条件和背景。雕版印书法自唐代产生以来，经五代政府的采用推广，进入宋代不但技术已经十分成熟，而且刻书出版事业也极为繁荣昌盛。什么事物都一样，发展越充分，其自身固有的优点和缺点表露得也就越充分。雕版印书比起手写手抄书有无可比拟的优越性。刻一套版，想印多少部可以随心所欲地印刷，这对于知识的传播有巨大的推动作用。但一套版只能印一种书，它只能在部数上增加，不能在种数上生新，要生新，就只能再刻一套版，劳师费时，工本极大。能否克服雕版印书的这一缺点，而又保持其随意增加印数的优点，这是摆在北宋人面前的一个需要创新的技术课题。能否回答这一课题，是对北宋人技术创新能力的考验。沈括在记述毕昇创造泥活字印书法之前先交代这么几句，显然是要先布置一个背景，从而使毕昇的出场更有立体感，使他创造的泥活字印书法更有力度和厚度。

*"庆历中，有布衣毕昇又为活板。"

庆历，是北宋仁宗赵祯的年号之一，时间在1041—1048年之间。《宋史·仁宗本纪》赞曰："仁宗恭俭仁恕，出于天性。一遇水旱，或密祷禁庭，或跣立殿下。有司请以玉清旧地为御苑，帝曰：'吾奉先帝苑囿，犹以为广，何以是为？'……在位四十二年之间，吏治若媮惰，而任事蔑残刻之人；刑法似纵弛，而决狱多平允之士。国未尝无弊幸，而不足以累治世之体；朝未尝无小人，而不足以胜善类之气。君臣上下恻怛之心，忠厚之政，有以培壅宋三百余年之基。"可见仁宗之世，北宋政治比较清明，社会生活比较安定。正如范仲淹《岳阳楼记》中所说"政通人和，百废俱兴"。这又是一个背景。政通人和，社会安定，文化才能发展，技术才能创新。"有布衣毕昇又为活板"，布衣，平民的代称。《吕氏春秋·行论》中说"人主之行与布衣异"；《史记》卷八十七《李斯传》云："今秦王欲吞天下，称帝而治，此布衣驰骛之时而游说者之秋也。"此两处之"布衣"，都是平民百姓的代称。布衣毕昇，是说毕昇的身份为一介平民，不是官员。为活板，制作了活字版。

按：庆历中，正是11世纪的上半叶，前距五代政府采用雕版印书法印制《九经》已逾一百多年。雕版印书法的优缺点都已充分显现，长期接触实际的毕昇，应该是既看到了雕版印书法的优长，也深知其自身所固有的短处，经过长期琢磨，最后才创制了活字排版印书法。

\*"**其法用胶泥刻字，薄如钱唇。每字为一印，火烧令坚。**"

胶泥可以雕刻各种造型，这是人所共知的常识，无须详解。用来刻字，无论是潮湿时刻，还是晾干后再刻，都不存在问题。"薄如钱唇"，这句话本不费解，国际上有的学者却有意进行曲解。关键是如何理解这"薄如钱唇"。要做活字借以排版印刷，这个字就必得有个字身，而字身必得有一定的高度，其高度又必得与其四周的围框高度相一致，否则就无法施印。字身高于围框，印出来会只有文字而无四周边线；字身低于围框，四周边线和版中文字都印不出来，成不了版叶。所以不论用什么材料制字，其字都得有字身，其身都得有高度，其高度都得与四周围框相一致。可见承认不承认活字每字都得有字身，便成为如何理解"薄如钱唇"的关键。承认有字身，那么"薄如钱唇"就是指在字身一端刻字时其笔画深浅刻得"薄如钱唇"；不承认、不明白活字得有字身，就会将那个活字理解为"薄如钱唇"，照着这种思路去试验，去仿制，最终都得失败。因为"薄如钱唇"的无身活字，特别是泥活字，根本就无法成形，成形了也无法拣排，拣排了也无法加围固版，且框也没有那么低的，所以沈括所谓的"薄如钱唇"，实际指的是刻字的笔画深度"薄如钱唇"。钱唇者，即铜钱之边缘也。北宋钱币有铜铸有铁铸，根据面值大小，钱也有大小不同，分量轻重也不同，钱唇厚薄也不同。丁福保1940年编辑出版了《历代古钱图说》，其中著录有大钱"太平通宝"，释文曰："《宋食货志》：太宗改元太平兴国，更铸'太平通宝'钱。此钱有铜、铁二种。又有大铁钱，背上星。《玉海》：太平兴国八年三月，奚屿请于建州铸大铁钱，文曰'太平通宝'。"今观其图样，仍能想象其钱唇厚度怎么也得有1毫米。此书还著录有宋徽宗时的"大观通宝"，其中四百元者已大如烧饼，更可以说是"宽缘肉厚"。沈括只说是字画之刻其深浅"薄如钱唇"，可并没有限制薄如什么样的钱唇。若是这种大钱的钱唇，则笔画深度已经不薄不浅了。"每字为一印"，因为是活字，只能是一字一颗。沈括未用"一颗"来表述，而用了"一印"来形容。"印"有两重意思：一是这些活字都是要用来印书的，所以称"每字为一印"。二是说这些活字每字都似是一颗印。印是什么？印就是玺印、印章。而历来的玺印、印章，都有印文和印身，甚至带有印纽。这也反回去证明，活字一定具备字身，没有字身的活字世界上是不存在的。"火烧令坚"，是指将刻好了的胶泥活字拿到火上去烧炼，以便使字和字身都坚硬起来，最后才能用来拣排印刷。

按：国际上有人故意曲解"薄如钱唇"，蓄意否认毕昇泥活字印书法的成功，在上述事实面前应该向科学举手了。

* **"先设一铁板，其上以松脂蜡和纸灰之类冒之。"**

"先设一铁板"，即事先预备好一块平面铁板，以便依文稿层次顺序拣字排列其上。"其上以松脂蜡和纸灰之类冒之"，即在铁板的平面上撒上一层松脂蜡和纸灰的混合物，这是为了固字用。松脂蜡，是松树分泌的胶汁而形成的一种半透明体的块状物，也称为松膏、松肪、松胶、松香。可入药。《本草经》："松脂，味苦温，主疽、恶疮、头疡、白秃、疥瘙、风气，安五藏，除热，久服轻身不老延年。"亦可燃以照明。熔点低，其粉末燃火烘烤即化，但冷却成为固体状也快，故有凝结固物的作用。早先的毛笔，笔头与竹制笔管的装接，就用这种松脂蜡。有时笔头脱掉，或用小尖状物伸进笔槽，疏松原有松脂，或再添加一些松脂粉于槽内，用火烤化，然后迅速将掉下的笔头插进去，用力对接一会儿，笔头就会重新固定在笔管内。可见松脂蜡易熔易凝的特点可以用来固物，久已为人们所熟知。毕昇正是利用了它的这种特性，将这种松脂蜡的粉末与纸灰混合，均匀地撒在预备拣字的铁板平面上，以便固字。

* "欲印，则以一铁范置铁板上，乃密布字印，满铁范为一板，持就火炀之。"

"欲印"，即打算印刷了。就是说在打算拣字排版印刷之前，得先在平面铁板上装置一个能够固定位置的铁范。这个铁范实则就是圈规活字的框围。这个框围，其形状、大小一定会跟雕版印书的四周边框相类，这样印出的印纸才会有四周边栏。同时也只有具备这个框围，才能使框内文字具有版式，成为书叶。铁范装置固定好之后，就可在这个铁范内依次依行地拣排布字了。待铁范内字布满，这一版就算排完了，然后将这种布满活字的铁板端持到正燃着火的两垛低矮的灶墙上，令火加温铁板，即所谓的"持就火炀之"，目的是使铁板上活字下的松脂蜡着热熔化。

* "药稍熔，则以一平板按其面，则字平如砥。"

药即指松脂蜡，前边已介绍松脂蜡可入药，所以这里说"药稍熔"，实则即指松脂蜡稍稍熔化。为什么要稍熔而不是大熔？大熔了会自动流淌，既会造成各处积聚不均，每个字所得固力不等，也会使凝固时间延缓，影响固字固版时间，所以只能是"稍熔"。"以一平板按其面"，即用一平板放在布满活字的版面上，然后用手均力下按，则活字的另一端会嵌到熔化了的松脂蜡里面，落实在平铁板上，使字身最下部分周围充满熔化了的松脂蜡，待其冷却凝聚后固定住字身。同时，由于是平板下压，底下铁板也是平的，等于两平夹力，于是逐字等高的版面便会"字平如砥"。砥，砥石，即磨石。磨石有两种，粗者为砺，细者为砥，引申为平、均。"字平如砥"，也就是字面平得像一块细磨石。也只有这样，印刷时着墨才匀，刷出来的印纸字迹才清楚均匀。

* "若止印三二本，未为简易。若印数十百千本，则极为神速。"

这是经验之谈。确实，若印数极少，只有两三本，那么从选土、和泥、刻字、烧坚，到预备底版、铁范、松脂蜡粉与纸灰，到拣字按平，还不够麻烦的呢！真是"未为简易"。若是印数十百千本，也就是印数很大，就显出了它神速的优点。

按：沈括这段话说得比较含混，好像是在讲某种书的印数。如果真是说某种书的印数，那活字版未必如雕版。一套版只要雕完，每次印数都可随心所欲，不一定非要活字版才神速。所以他这里所说的"三二本",应当指的是"二三种",已经有点类乎我们现代人的口头语,一种书也常常说成是一本书。"三二本"的含义也只有是指"二三种"时,才是在评说活字印书的短长。的确,如果只为二三种书而制一套活字,那的确"未为简易";若是为"数十百千种书"而制一套活字,那比起雕版来不但可以大大节约工本,也显得"极为神速"。因为每种书只是重新排一次版即可,比起雕一套版要神速得多。

\* "常作二铁板,一板印刷,一板已自布字,此印者才毕,则第二板已具,更互用之,瞬息可就。"

供作拣字排版用的铁板,通常预备两块,目的是提高效率。一版拣字排版停当,开始印刷,另一版已在拣排下一个版面,前一版印刷刚完,第二版已经全部完成了排版工序,两块版更排叠用,排版、印刷都可很快完成。

\* "每一字皆有数印,如'之''也'等字,每字有二十余印,以备一板内有重复者。"

"每一字皆有数印",即每个字都同样地预刻烧制数颗,目的在于提供一版、两版同时拣排时同字重出重用。至若"之""也"等在古汉语中常用的代词、虚词,则每字预刻预制二十多个,以备在每版内重出重用。

按:这段话似可放在前边刻字制字中一道说,显得层次逻辑更为严密。放在排版印刷之后又说制字,似乎有点想到哪儿就说到哪儿。可是仔细一琢磨,如此安排,可能有沈括的逻辑道理。放在排版印刷前,跟制字一道说固无不可,但那好像是在写文章,而不是制字、排版、印刷之后自然萌生的思路。拣字、排版、印刷程序之后,自然有了实践体会,尤其是两版更互用之,会使实践体会更深。由此再引出每字预制多少颗,虚词虚字预制多少个,似乎更为自然。

\* "不用则以纸贴之,每韵为一贴,木格贮之。"

这几句话是说那些活字不用时怎么贮存,贮存之后又怎么样利于拣排。古时的文字是依韵列类,依声列序的。即每个字都有韵可分,而在每韵中的每个字也都依声有序可置。至于以什么韵书为准,估计当是《广韵》而不是《集韵》。《集韵》修于仁宗朝,书成奏进已是英宗朝了,较庆历中毕昇发明泥活字印书法时要晚十五六年,所以不可能用《集韵》,而只能是《广韵》。此处之"不用则以纸贴之,每韵为一贴",指的当不是贴字而指的是贴韵。贴字不好理解,刻有文字的一端不可能贴上，也无须贴上，贴上了再需要排版印刷时怎么揭下去呢？除非是字面朝下放置，而在其上端贴上与字面相同的文字，以便检索排版时方便。但字面朝下放置也有问题，那就是容易磨损字的笔画，再拣排印刷时笔道容易变肥，甚至笔画短缺。因此推断其贮放时，字面还应当朝上，然而朝上了就无法以纸贴之，所以其贴必贴的是韵头字。每格一韵，其格板上各贴韵头字，将每韵所属之字依声依序排在韵格中，故称"木格贮之"。清乾隆时武英殿金简刻制的木活字，就是这么个存贮法，盖不失毕昇泥活字存贮的传统做法。

* "有奇字素无备者，旋刻之，以草火烧，瞬息可成。"

有特殊生僻的文字在排版时没有，也就是平素没有预备，立即可以镌刻，刻成了就放在草灰中埋烧，很快就成。看来毕昇的泥活字不一定是在活火中烧成的，似乎是在死火中烧制的。

* "不以木为之者，文理有疏密，沾水则高下不平；兼与药相粘，不可取。"

这是经过实践之后的经验之谈。"不以木为之者"，是说为什么不用木材作为活字的制字材料，其原因是说木料的纹理有疏有密，一沾水则因吃水的能力不同，纹理疏者吸收水分多且快，纹理密者吸收水分慢且少，这样就会造成每个字的膨胀程度不同，因而不但会造成版面高下凹凸不平，甚而造成胀版鼓版，无法印刷。那么水从何来？水就从墨中而来。中国古代的写字、印刷，都采用水墨，印刷时每印一叶都要敷一次水墨，所以不论是雕版和木活字印版，都有个不断吃水问题。雕版是一块整版，纹理相近，吃水均匀，胀一块儿胀，缩一块儿缩，问题不大。木活字版则不行。此为毕昇不以木材制活字的原因之一。原因之二是毕昇活版的固字方法造成的。前边说过，毕昇活版的固字方法是用松脂蜡易熔易凝原理焊住每只活字，这样要求活字就得光滑，就得不吃任何水分，泥活字（实为陶字）能达到这一点，木活字就不行了。木活字吃水且易粘，仍用松脂蜡凝聚力固字，则拆版时极难，即每只木活字都会粘连上一些松脂蜡及纸灰的混合物，很不容易弄掉，即"兼与药相粘"。有了这两个原因，毕昇扬弃了以木制字的取向，所以说"不可取"。这一条可以证明，毕昇是先制成过木活字，只是在拣排印刷之后，发现了上述弱点，所以弃而不用，最终选取胶泥制字。

* "不若燔土，用讫再火，令药熔，以手拂之，其印自落，殊不沾污。"

燔，烧也。《诗·小雅·楚茨》："执爨踖踖，为俎孔硕。或燔或炙，君妇莫莫。"唐孔颖达正义曰："燔者，火烧之名；炙者，远火之称。"《诗·大雅·行苇》："醓醢以荐，或燔或炙。"唐孔颖达正义曰："言王燕族人，于献酒之时则用醓醢并韭菹以荐进之也。又复或燔其肉，或炙其肝以为羞。"可见燔乃为火烧，炙乃为离火远一点儿烤。故此处之"燔土"，仍是前边所说对胶泥字"火烧令坚"之同意。"不若燔土"，是针对木活字前述的两大弊病而言的，说是不如烧制泥活字。因为泥活字排版印刷之后，可以"用讫再火"，也就是印刷完了准备拆版时，可以将字版端在火上再烧而加温，使固字的松脂蜡着热再熔，然后以手一拂，其活字自然就掉下来，一点不沾污。拂，挥也，掸也。

\* **"昇死，其印为予群从所得，至今保藏。"**

沈括（1031—1095），字存中，杭州钱塘人。北宋仁宗嘉祐八年（1063）进士。神宗熙宁年间（1068—1077）参与王安石变法。元丰五年（1082）以徐禧失陷永乐城（今陕西米脂西），连累坐贬。这一年他才五十一岁，便退居润州，筑梦溪园（今江苏镇江市东郊），举平生见闻，撰著《梦溪笔谈》。这就是说《梦溪笔谈》是在他退居润州的元丰五年以后，直到他下世的绍圣二年（1095）之间写的，前距毕昇发明泥活字印书法的庆历年间不过三十余年。杭州钱塘是宋代刻字良工聚集、出版家荟萃的地方，不但中央的某些官书下此付梓，连高丽的有些书籍也奉准来此雕印，可以说此地是当时中国雕版印书最兴盛最考究的灵性之地。毕昇有可能是身临其境之人，也可能是当地的刻字良工，也可能是一位出版家。故能深悉雕版印书的利弊得失，从而才能有针对性地加以改革创新，发明泥活字印书法。因此，毕昇故去后，其活字才有可能被沈括的"群从"所得。所谓"群从"，指诸子侄辈。"为予群从所得"，也就是为沈括的子侄辈人所得。"至今保藏"，即到沈括在《梦溪笔谈》中写记这件事时，他的子侄们还将毕昇的泥活字视为珍宝而收藏之。

按：任何一位敢于承认事实、承认科学的人，如果能悉心将沈括《梦溪笔谈》中这段文字释读下来，都会认为毕昇发明的泥活字印书法，环节是全面的，原理是科学的，技术是成功的。后世南宋的周必大、蒙古时期的姚枢，直至清代的李瑶、翟金生，都是根据沈括的这段记载，仿制出了泥活字，排版印制了书籍，也都是成功的。何以抓住一句"薄如钱唇"而加以曲解，就断言毕昇泥活字印书法是失败的呢？您不怕这个结论"薄如钱唇"吗！

清雍正末年或乾隆初年，即18世纪的前半叶，中国还出现过活字泥版印制书籍的方法。这在中国印刷术中是个很别致的技艺，它类乎现代印刷中排版之后所打的纸型，刷印时再浇铸铅字版。此法是由吕抚创造而成的。

吕抚（1671—1742），字安世，号逸亭，新昌（今属浙江绍兴）人。早年丧父，事母至孝。十五岁入县学，视书如命，手不释卷。兄弟分家，舍广厦肥田，独检遗书。筑逸亭，藏书其中。博通经史百家，却屡试不第，遂绝意仕进，广结名流，以著书立说为事。所著有《圣学图》《三才一贯图》《心图》《正修乐天图》《格言家教箴》《文武经伦》等，《精订纲鉴廿一史通俗衍义》乃其著述之一。

清雍正八年（1730），吕留良案发，吕留良其时已身故，被扒坟锉尸，其子吕葆中亦被斩决，并尽焚其遗作。齐周华却上《救晚村悖逆凶悍疏》，赞扬吕留良（号晚村），指责朝廷对此案处置不当，并徒步上京投于刑部。于是被捕投杭州大狱。虽受尽酷刑，却始终坚持己见。并在狱中著文写诗，编成《风波集》。乾隆元年（1736）得救出狱，但弃儒归道，漫游五岳名山，浪迹山水之间。乾隆三十二年（1767）浙江巡抚熊学鹏至天台查仓，齐周华又将所著《名山藏》副本请之作序，同时递交《为吕留良事独抒意见奏稿》，于是旧案复发，被押至杭州凌迟处斩。齐周华，字漆若，号巨山，浙江天台诸生。因病跛不谐于俗。有奇才，工诗善文，议论宏深。长书法，擅丹青。性耿介，求是去非，不惜生命。民国时期故宫博物院文献馆所编《清代文字狱档》载"又查齐周华书内所载'为作齐巨山序之新昌县人吕抚'"语，浙江巡抚熊学鹏又奉敕详查吕抚。查得结果，并未发现吕、齐之间有什么往来，更无酬唱诗文，只查得吕抚有"《圣学图》一张、《一贯图》一张"，查阅其所刻图说"虽无狂悖语句，但如所称'四大三际'等语，多摭拾杂书，附会穿凿。又列无稽国名于《一贯图》之下，怪诞不经。其《一贯图》所称'六年穰，六年旱，十二年一大饥大熟'等语，乃系妄言祸福。设使吕抚尚在，应行按律治罪。今吕抚既经病故，应请追革职衔（朱批：何必），追板销毁（朱批：应当），以维正学"。因知吕抚死后还有过这么一段遭遇。

《精订纲鉴廿一史通俗衍义》第四十二回（卷二十五）《说鬼神》之后，《录格言》之前吕抚写有如下文字："抚少年最喜读史，独恨其词义颇深，不能通俗。康熙甲子三岁，借读《三国志》于旷轩，因恨三国前后无有如《三国志》者，遂欲将古今事迹汇为通俗演义，以便观者。乃购求《开辟演义》《盘古志》《夏禹王

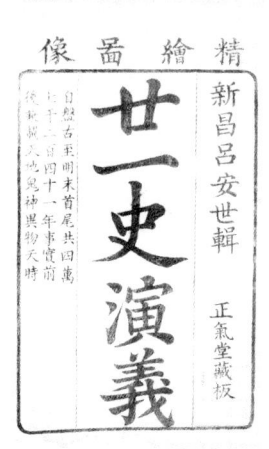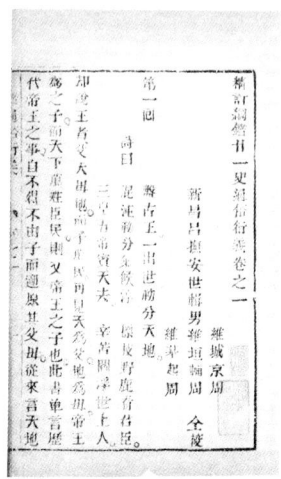

清吕抚活字泥版印本《精订纲鉴廿一史通俗衍义》

治水传》《列国志》《西汉传》《东汉传》《三国志》《两晋传》《南北史》《艳史》《隋唐演义》《唐传》《残唐传》《北宋志》《南宋志》《岳王传》《辽金元外史》《英烈传》《新世弘勋》等书,严加删辑,去其诬讹,补其遗漏……凡越十寒暑而成。"这是吕抚撰写《精订纲鉴廿一史通俗衍义》之缘起、动机与经过。书成,"凡二百四十二卷,六百八十五回"。虽"早欲将是书问世,以工价繁重,未能也,藏之笥箧者几三十年"。至康熙末年,吕抚始率其子侄,制造活字泥版印制此书。又"计其印刷纸张之费,非二金不能成一部",遂"将旧本毁弃,删多为少","共四十四回,凡二十六卷",从而形成今天所能见到的规制。

关于制活字泥版的方法,又有如下文字:"抚因思一法,以秫米粉和水捻成团,如梅子大,入滚汤内,煮令极熟,去汤,用小木槌练成薄糊,待牵丝不断,以大梳梳弹过新熟棉花和匀,乃和漂过燥泥粉,放厚板上,用斧杵千百下,宁硬无软。用两开方铜管,借他人刻就印板,或照《字汇》,将要字另刊挤印,造成字母,如图书状,阴干待燥,照《字汇》分行分格排定,面写本字,以便寻印;背写行格马字,以便退还。然后以熟桐油练漂过细泥,用斧杵千百下,宁燥勿湿,待极粘腻,屈丝不断,将油泥打成薄薄方片,用飞丹刷格板,以泥片印成细格,乃用木板刷薄油一层,以泥片切齐铺板上。先做方外线,撮字母,依书样用尺用线照格逐字印之。其字母有高者,用砖略磨平之,印以平直为主。每印一行,用刻字小刀割清一行。若有歪斜,用字母套移端正,再用平头小竹针于空处筑实,用笔再涂桐油做圈点,待坚燥讫,用沙纸沙平刷印,价甚廉而工甚省。因与儿维垣、维城、维基,侄维藩、维封、维荣,及亲邻俞说再等,姑试为之,坚于梨枣。"

从上述文字不难看出,吕抚活字泥版印书法主要有两大工序。

第一道工序是材料准备和泥字母制造。首先,用秫米(黏高粱米)粉和水捻成如梅子大小的米粉团,然后下锅煮得极熟,捞出去掉水分,用小木槌反复捶打成薄薄的黏糊,待成牵丝不断状,再掺以弹过的棉花,搅拌和匀,再将燥泥粉掺进和匀,放在厚板上,用斧头捶捣千百下,宁硬勿软。然后将和好捶匀的秫米、细棉、燥泥粉混合物挫成泥条,装入两开的方铜管,再借来他人使用过已雕好的书籍版片,上一个一个地按压出阴文正字的字母;若不敷使用,照《字汇》将所需要的字另行刻出,再用铜管内所装泥条挤印,制造出同样的阴文正字。待这些阴文正字的字母阴干后,将它们照《字汇》顺序分行分格排列起来,正面旁边标识出本字,以便寻检;背面写明行格的标码,以便用完时归放。

第二道工序是制版和刷印。先将熟桐油练漂过的细泥,以斧头捣杵千百下,使之十分黏腻,拉丝不断,再将这种油泥打成方薄片,宁燥勿湿;而后用刷有红色的格板在泥片上印格,再将泥片四周切齐,铺在刷有一层薄油的木板上,在泥片四周加置竹片或木片,固定,作为边栏;然后将阴文正字字母朝下检排,依照书的样子用尺用线照格逐字压印。如果字母高下不平,则用砖将高出的部分磨平,取得平直为准;每印完一行,就要用刻字小刀割清一行,如果印出来的阳文反字出现歪斜,即再用相应的阴文字母套移端正。一行字制好了,再用平头小竹针将每字上下左右的空隙处筑实,以固定每字。如此一行一行做完一版,一叶书的文字就算排成。再用笔涂桐油,用刻好的阴文正向各种符号,扣印在各自的相应之处,这样可用来印刷书籍的一块整泥版就算制作完成。刷印则与雕本印刷无异。

吕抚在此书卷二十五末除了上述说明文字外,还对漂泥法、煎桐油法、两开方铜管总形、放字格子形、界方、线、清字小刀、刮铁、撮字手格、放字板等,均有详明介绍,所以他这套活字泥版印书法,是个完整的系统,是个全新的创意,只可惜,费九牛二虎之力制造出的这套活字泥版,只印了他的《精订纲鉴廿一史通俗衍义》，且因开印的纸张太贵，又不得不将二百四十二卷、六百八十五回的篇幅，大幅度删削，最终只剩二十六卷四十二回的规制。此书天津图书馆原藏有一部。2001年嘉德国际拍卖公司又从浙江绍兴新昌县访到一部此书，竟以21万元高价拍出，今藏中国印刷博物馆。

**2. 木活字印书法的发明与发展**

木活字印书法发明在我国历史上的什么时期？过去一般都说是元朝，发明人是王祯。其实王祯未必是木活字的发明者，他应该是木活字印书术的改进者，或者说是木活字印书术的实验成功者。何以这样说？我们在前面曾引述沈括《梦溪笔谈》描述毕昇制造泥活字时的话："不以木为之者，文理有疏密，沾水则高下不平；兼与药相粘，不可取。不若燔土，用讫再火，令药熔，以手拂之，其印自落，殊不沾污。"这段话说明在北宋毕昇制造泥活字之前，或者是在制造泥活字的过程中，确曾制造过木活字，而且用它来做过排版和刷印实践，否则是说不出上述那段话，指不出木活字所存在弱点的。但毕昇经过实践，觉得有缺点，故扬弃了。事隔二百五十余年，即元朝元贞元年（1295）至大德四年（1300），由王祯将木活字印书技术再度试制成功。

王祯，字伯善，东平（今属山东泰安）人。元贞初，以承事郎知旌德（今安徽宣城）。山斋萧然，终日清坐。每岁教民种桑若干株，凡麻苎禾黍牟麦之类，所以莳艺芟获，皆授之以方。又图画所为钱镈耰耧耙枷诸杂用器，使民为之，名其书曰《农器图谱》《农桑通诀》。大德四年，调任江西永丰县尹，仍购买桑苗、木棉子等，劝人树艺。所以两地人民对他都很爱戴，口碑载道。

王祯之所以要造木活字以排版印书，有其具体原因。清乾隆武英殿聚珍版丛书本王祯《农书》卷二十六《农器图谱》二十后有《造活字印书法》一节，这一节的最后附有《造活字印书法》缘起："前任宣州旌德县县尹时，方撰《农书》。因字数甚多，难于刊印，故用己意命匠创活字，二年而工毕，试印本县志书，约计六万余字，不一月而百部齐成，一如刊板，始知其可用。后二年，予迁任信州永丰县，挈而之官。是时《农书》方成，欲以活字嵌印，今知江西，见行命工刊板，故且收贮，以待别用。然古今此法未见所传，故编录于此，以待世之好事者为印书省便之法，传于永久。本为《农书》而作，因附于后。"说明王祯制造木活字，开初只是为了解决自己《农书》的付梓问题，并未想到普遍和深远的意义。

王祯在《造活字印书法》中说："有人别生巧技，以铁为印盔，界行内用稀沥青浇满，冷定、取平，火上再行煨化，以烧熟瓦字排于行内，作活字印板。为其不便，又有人以泥为盔，界行内用薄泥，将熟瓦字排之，再入窑内烧为一段，亦可为活字版印之……今又有巧便之法，造板木做印盔，削竹片为行，雕板木为字，用小细锯锼开，各作一字，用小刀四面修之，比试大小高低一同，然后排字作行，削成竹片夹之。盔字既满，用木掮掮之，使坚牢，字皆不动，然后用墨刷印之。"这是王祯改革制字材料、排版办法，试制成功木活字印书法的忠实记录，也是王祯对木活字印书法的简明概括。其具体则分为六个步骤：一是写韵刻字法；二是锼字修字法；三是作盔嵌字法；四是造轮法；五是取字法；六是作盔安字刷印法。每道工序王祯都有通俗明白的解说。

**写韵刻字法**："先照监韵内可用字数，分为上平、下平、上、去、入五声，各分韵头校勘字样，抄写完备。择能书人取活字样制大小，写出各门字样，糊于板上，命工刊刻。稍留界路，以凭锯截。又有语助词'之''乎''者''也'字及数目字，并寻常可用字样，各分为一门，多刻字数，约有三万余字，写毕一如前法。今载立号监韵活字板式于后，其余五声韵字，俱要仿此。"

**锼字修字法**："将刻讫板木上字样，用细齿小锯每字四方锼下，盛于筐筥器内。每字令人用小裁刀修理齐整。先立准则，于准则内试大小高低一同，然后另贮别器。"

**作盔嵌字法**："于元写监韵各门字数嵌于木盔内，用竹片行行夹住，摆满用木掮轻掮之，排于轮上，依前分作五声，用大字标记。"

**造轮法**："用轻木造为大轮，其轮盘径可七尺，轮轴高可三尺许，用大木砧凿窍，上作横架，中贯轮轴，下有钻臼，立转轮盘。以圆竹笆铺之，上置活字板面，而各依号数，上下相次铺摆。凡置轮两面：一轮置监韵板面，一轮置杂字板面。一人中坐，左右俱可推转摘字。

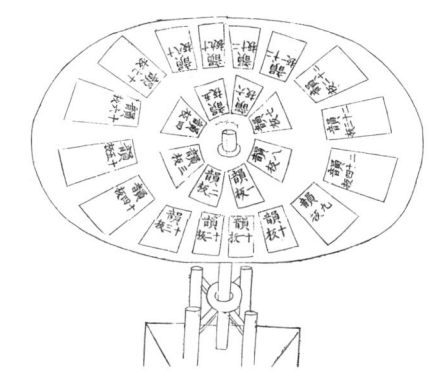

王祯《活字板韵轮图》

盖以人寻字则难，以字就人则易，此转轮之法不劳力而坐致，字数取迄，又可铺还韵内，两得便也。今图轮像监韵版面于后。"王祯所绘的图轮像，名《活字板韵轮图》。其下又分《取字法》和《作盔安字刷印法》。

**取字法**："将元写监韵另写一册，编成字号。每面各行各字俱计号数，与轮上门类相同。一人执韵，依号数喝字，一人于轮上元布轮字板内取摘字只，嵌于所印书板盔内。如有字韵内别无，随手令刊匠添补，疾得完备。"

**作盔安字刷印法**："用平直干板一片，量书面大小，四周作栏。右边空候，摆满盔面，右边安置界栏，以木㨄㨄之。界行内字样须要个个修理平正。先用刀削下诸样小竹片，以别器盛贮，如有低斜，随字形衬垫㨄之，至字体平稳，然后刷印之。又以棕刷顺界行竖直刷之，不可横刷。印纸亦用棕刷顺界行刷之。此用活字板之定法也。"

上述不难看出，王祯创造的木活字印书法，是一套完整的系统工程。从制字、收储、作盔、界行、拣字、排版、刷印等多个环节，阐释了这套技术的特点，在13世纪末叶，占领了木活字印刷技术的高峰。特别是所创转轮拣字法，比后世铅字拣排还要先进。可见13世纪的后半叶，中国不但有了木活字印书法，而且在拣字方法上也做了大胆的创新，标志着中国书籍的生产方法又迈出了新的步伐。可惜，王祯创制的这套木活字印书法，除了用以印过《旌德县志》，亦不知再印过其他什么书，这也是一种历史遗憾。不过，当人类文明进入到某一相应的历史时期，不同地域的人们会在某些技术革新上产生同样的灵感，木活字印书法中就有这样的现象。

几乎与王祯创制木活字印书法同时，甚或更早一点，即12—13世纪，我国西北地区就出现了回鹘文、西夏文等少数民族文字的木活字。其中以回鹘文木活字发现得最多，总计大约有一千一百五十二枚。这些回鹘文木活字多数发现敦煌莫高窟北区第118窟（今敦煌研究院编号第464窟）。最早的发现者是法国的伯希和。1907年伯希和在此窟率先发现了刻有文字的木块，起初他认为是蒙古文，后纠正为回鹘文，所得凡九百六十八枚，携往法国，今法国巴黎吉美国立亚洲艺术博物馆藏九百六十枚，日本东洋文库藏四枚，美国纽约大都会博物馆藏四枚。1914年，俄国人奥登堡率探险队也在此发现一百三十枚回鹘文木活字。敦煌研究院亦曾收集到六枚回鹘文木活字，近年又在北区二百四十八个洞中先后发现回鹘文木活字四十八枚。此外今新疆维吾尔自治区博物馆、中国国家博物馆也有珍藏。

对于这些回鹘文木活字有专深研究成果者，乃中国社会科学院研究员雅森·吾守尔。他所撰写的《中国活字印刷术的发明和早期传播——西夏和回鹘活字印刷术研究》，已正式出版，并获得中国社会科学院第四届优秀成果一等奖及郭沫若中国历史学奖荣誉称号。这些活字所表示的文字符号分为七类：分别是以字母为单位的活字；以词为单位的活字；以动词词干为单位的活字；表示词缀的活字；以不表示词义或语法功能的语音组合为单位的活字；表示叶面版框单栏或双栏的活字；表示标点符号和附加符号的活字，显得已经十分完备。美国印刷史专家卡特1925年所著的《中国印刷术的发明和它的西传》首次发布了四枚回鹘文木活字，并在书中断言："迄今也没有发现过字母活字的物证，敦煌发现的活字，仍然仿照中国的方法，不是字母，而是一个个拼成了的字。"卡特仅见到四枚回鹘文木活字，便以偏概全，断言中国敦煌所出回鹘文木活字是以词为单位的活字，没有以字母或音节为单位的活字。因而使早在西方懂得用活字板进行印刷前二百年中国就已出现的回鹘文木活字，始终未得到西方人的承认。雅森·吾守尔的研究成果还事物的本来面貌，令卡特的结论不攻自破。回鹘文是拼音文字，其单字由字母匹配而成，长短不一，在排版上较方块汉字要复杂得多，凸显了古代中国少数民族的创新精神，为西夏、回鹘等少数民族的书籍制作，提供了崭新的方法。

进入明、清两代，木活字印刷技术行用日益普遍，江南各省的祠堂，就常用木活字来排印家谱、宗谱。崇祯十一年（1638）以后，朝廷发行的"邸报"也改用木活字排印了。清代木活字印书更为普遍，不论官署、私家、坊肆，都会采用木活字印书。如雍正三年（1725）木活字排印的《后山居士文集》六卷、《正集目录》一卷、《后山先生逸诗》五卷、《逸诗目录》一卷、《诗余》一卷，字用软体，排版整齐匀平，没有行斜字扭的现象。同年，归安汪亮采南陔草堂也用木活字排印《眉山诗集》十卷，其文字书写、木字锲修、单字拣排，乃至于边栏界行，也都十分精致。表明此期木活字印制书籍的技术已经相当精熟。到雍正十年（1732），内府已经采用木活字排印《朱批谕旨》，其间文用墨印，批用朱印。纸质莹洁，朱墨灿然。

清代内府大规模采用木活字大批量地印制书籍，是在乾隆年间。乾隆三十八年（1773）下诏广征天下遗书，开馆编纂《四库全书》。在编纂过程中，选择世所罕见而又足资考镜之书，打算先予雕版印行，嘉惠学林。三十八年四月，先将《易纬八种》十二卷、《汉官旧仪》二卷、《补遗》一卷、《魏郑公谏续录》二卷、《帝范》四卷，交武英殿雕版印行。当时管理武英殿刻书事务的是四库馆副总裁金简。他考虑到这种书刻印既多，消费必大，且耽延时日，故由他设计并建议，改用木活字排印。他的建议，被皇帝认为既不浪费梨枣，又不久淹岁月，用力少，而程功速，故速即准敕施行。金简主持，仿照王祯之法，制造了25万多个大小木活字。从乾隆三十八年十月起，改用木活字排印。乾隆皇帝以活字之称不雅，特赐名"聚珍"。又因由武英殿董其事，印的书版式行款又完全相同，故通称为《武英殿聚珍版丛书》。到乾隆五十九年（1794）金简辞世，前后共用这套木活字排印了一百三十四种书，可谓我国书籍出版史上最大的木活字印刷工程。此后各地书院、私宅、坊肆用木活字印书者屡见不鲜。如乾隆五十五年（1790）婺源书院木活字排印的《婺源山水记》，乾隆五十六年（1791）程伟元萃文书屋木活字排印的《红楼梦》，乾隆五十七年（1792）再版排印的《红楼梦》等，就都是有名的木活字印本书。表明木活字印刷的技术越来越普遍，越来越精熟。

**3. 铜活字印书法的发明与发展**

铜活字印书法发明于何时，有人做过探讨，但极难说得清楚。最早的说是始于宋代，但又缺乏文献记载，更无印制的书籍流传，尤无铜活字的实物留存，所以迄今仍无明确的说法。

2018年春，有文物收藏者从日本购回一批原为罗振玉旧藏的古代铜活字，并邀请李致忠、周卫荣、艾俊川、谢冬荣、赵前、宋平生、韩琦、翁连溪、施继龙、杨君、辛德勇等文献学、版本学、金属学、钱币学、印刷史等方面的研究者，于3月8日在北京召开"中国早期青铜活字重大发现学术论证会"。与会研究者初步认定，这批活字是中国古代的青铜活字，制作年代在宋元时期，遂使长期难以研讨的课题有了新的探究转机。

1912年，罗振玉携所藏"商龟骨文片"及"宋铜铸字"两件文物，到东京帝室博物馆出售。商洽过程中，物留博物馆，故由和贺瞕次郎开具一纸临时凭证，以便事若不成，凭证索回。凭证云："美工第七号假预证。一、商龟骨文片，六十八片；一、宋铜铸字，九十七个。计贰点。清国大学士罗振玉携入石本馆买上出愿，愿付预候也。大正元年十二月三日，东京帝室博物馆。和贺暲次郎殿。"末钤阴文篆字"和贺氏印"，顶部亦钤此印。表明九十七枚"宋铜铸字"乃罗振玉旧藏。

罗振玉（1866—1940），初名宝钰，应童子试时改名振钰，入县学后改名振玉，字式如，又字叔言、叔蕴，亦作叔醖、叔韫，别署叔坚，号雪堂，晚号贞松老人、松翁等。祖籍上虞（今属浙江）永丰乡，出生于淮安府（今属江苏）山阳县。其曾祖罗敦贤于清代嘉道间历佐盐河幕，流寓江淮。父罗树勋，字尧钦，尝为江宁县丞、海州州判、徐府经历、清河县丞，始定居淮安。

清光绪七年（1881），罗振玉十六岁，同家兄返故里应童子试，榜发，罗氏以第七名入县学，是为秀才。学使张霁亭尝阅罗氏试卷，因勉之曰："予历试诸郡，未见才秀如子者。然子年尚幼，归家多读书，以期远到，不必亟科名。"（罗继祖《罗振玉年谱》，下文有关引文多出此书，不再一一注明）就在这一年，罗振玉在杭州谒郡庠，观南宋高宗御书《石经》，并于堂壁见阮元所摩天一阁本《石鼓文》手墨一本，始生金石之趣。翌年，即光绪八年（1882）秋，罗振玉十七岁，与长兄同应乡试，结果落第。光绪十四年（1888）秋，二十三岁的罗振玉遵父命再应乡举，仍名落孙山，"始悟中式之难，盖科名得丧全操之于人也"，遂弃举子业。光绪十六年（1890），二十五岁的罗振玉，由邱于蕃推介，馆山阳刘家，束脩年二万钱。十九年（1893），罗氏二十八岁，又馆于山阳邱于蕃家。邱于蕃字崧生，号蒿庵。邱氏自清初以来，代有闻人，以政事、文学名当世。于蕃时年方盛，先世遗产足以自瞻，故莳花种竹，日与友朋研讨辞章、金石、书画为乐，与罗氏声气相投，故定交为友。溥仪《我的前半生》说罗振玉在邱家任教的第三年，东家谢世，罗表现得十分悲痛，遂自免一年束脩，以作奠仪，使得女东家很受感动，并认为这位先生心眼好，欲有所赠，以示谢意。罗氏则提出愿得东家的旧书字画以作纪念。女东家则请他自己到藏书楼上挑选，罗氏因得百余卷唐人写经，五百多件唐宋元明人字画。此事虽遭罗继祖批驳，但苍白无力，世人疑虑未能尽消。辛亥革命前日本人曾借罗振玉一百多件字画在东瀛展览，这些字画的来源，就很令人生疑。溥仪说得不准确，不可全信，但也绝非空穴来风。若真有此事，罗振玉所得第一桶金乃连蒙带骗而来，不太光彩。

罗振玉的中年，恰逢20世纪初东方文明四大发现的历史时期。北京故宫内阁大库档案、河南安阳殷墟甲骨档案、敦煌莫高窟鸣沙山藏经洞经卷档案及居延汉简的先后被现，震惊九州，轰动世界，不仅使甲骨学、敦煌学很快成为显学，也为罗振玉的搜集、整理、研究、撰著、出版提供了前提条件和用武之地，并使之成为近当代中国的金石学家、农学家、考古学家、敦煌学家、古文字学家、校勘学家、版本目录学家、教育家。

清宣统二年（1910），罗振玉四十五岁，作《殷商贞卜文字考》一卷，五月石印出版，此为罗氏考究甲骨文字之始。他认为"宝物之幸存者有尽，而骨甲固脆，易就澌灭，出世十年，世人尚不知贵重。不亟亟搜求，则出土之日即澌灭之期；且考释之事，有赖多见，时见才数千，巾笥所储才七八百枚耳。于是遣厂友祝继先、秋良臣大索于洹水之阳，一岁之间，数达两万。汰其赝作，得优异者三千余。胞弟子经及妇弟范兆昌相助拓墨，几案充斥，积尘满襟。拟类次其文字为《殷商书契》前编，《考释》则为后编"。这是罗氏对甲骨文片的一次大规模的搜集。此时罗正在北京学部做参事，其官阶地位盖与司长近似。罗氏家境本很窘迫，靠家庭出钱收购甲骨，不可想象；靠部发俸禄，亦难奏其成；一下收购两万块甲骨，还要汰除将近五分之三的赝品，若无其他交易所得，不可能实现。所谓"遣厂友祝继先、秋良臣"者，则指的是北京琉璃厂的古董商人。其实罗振玉不止一次托祝继先、秋良臣、范子衡以及他的弟弟罗振常赴河南安阳收集甲骨，共得两万块有余。1912年他在东京要出卖的"商龟骨文片"，当仅是他所藏甲骨文片中的一小部分。而"宋铜铸字"，则是他收购古物而又倒卖文玩的一例。

辛亥革命前，罗振玉的思想并不保守。1840年帝国主义列强用坚船利炮敲开中国大门，中国逐步沦为半殖民地半封建社会，积贫积弱，备受欺凌。一些仁人志士提出教育救国、实业救国、科学救国、民主救国等种种口号，唯有罗振玉提出农业强国的方略。他认为农乃中国邦本，今日理财，利远易兴者，莫若为农。然长期以来，中国文人不愿务农，以农为贱业，故农业之衰，在于农不通学，士不习农。遂一洗积习，创办了农学社，编辑出版农学报。他的思想和理论，深得两江总督张之洞赞赏，被聘为湖北农务局总理兼农务学堂监督。罗还大胆入股中国第一家农业股份公司——通海垦牧公司，兼任京师大学堂农科监督。京师大学堂农科，乃中国农业大学前身，罗振玉被认为是中国农业大学第一任校长。为借鉴日本兴农成功经验，罗振玉不止一次赴日考察，并创办东文学社，学生虽只六人，王国维乃其中之一。东文学社旨在培养人才、翻译农学作品。这些举措，透露罗振玉非但不保守，且很务实而又富远见。

但到宣统三年（1911）七月，"先生目击时局阽危，以为祸且不远，不忍闻，不忍见。欲谋出京，而长物累累，行资无措。会日本友人有借所藏书画百件赴东展览者，拟售之充行资而久不得报"。八月十九日，武昌首义，大局陡变。知交中唯王国维在京充学部国学馆图书馆编译，遂相约"两家各备米盐，万一有变，为效死勿去计"。一日，日本本愿寺教主大谷光瑞遣僧来劝罗东渡，并答应可住吉驿二乐庄。与此同时京都大学内藤、狩野、富冈等亦来信劝驾，且言藏书可寄存大学图书馆，寓舍即行准备。"先生乃以十月初请假出都，携眷赴天津待船。……时先生与王、刘三家上下约廿余人。……七日乃达神户。"此即所谓罗振玉的东渡，开始了八年的研究撰著生活。所谓罗振玉与"王、刘三家"者，王，指王国维一家；刘，指刘季缨一家。刘季缨，乃刘铁云长子，娶罗振玉长女为妻；王国维乃罗振玉知交，其长子王潜明，娶罗振玉三女孝纯为妻，又是姻亲。透露出罗振玉在学术上勇于创新，而在政治上却日趋保守，特别是在他晋见逊帝溥仪，并被召为南书房行走之后，则完全堕落为保皇派，且进一步陷入策划伪满复辟的泥潭。

从1911年东渡，至1919年返国抵沪，罗振玉寓居日本凡八年。这八年，是他学术建树最辉煌的八年，也是他出版著述最丰富的八年，当然也是他倒卖文玩字画比较集中的八年。纵观其在东瀛出卖文玩字画，似乎有一个从生活所需、学术研究所需、出版著述所需，到有意倒卖、交易成习、发财致富的演进过程。

1912年2月，罗振玉在日本京都。"三家眷口多，屋不能容，先生乃别赁宅以居王、刘两家；弟子经客……亦寄资接其眷属来东。初居田中村，后移神乐冈。……秋，以寓舍隘，藏书又权寄大学，检读不便，乃谋之藤田剑峰，拟别筑新居。日本国制，外国人居国内有建筑权，无购地权，乃假剑峰名，于市内净土寺町购地数十坪，建楼四楹，半以栖眷属，半以祀先人、接宾友。门侧构小榭，植松杉十余株，杂卉木数百本。取颜黄门《观我生赋》语，颜曰'永慕园'。寻又增建书仓一所，箧中旧藏北朝初年写本《大云无想经》残卷，为梵汉两藏俱逸之秘籍，日本松博士录其文入日本《续藏经》者，颜曰'大云书库'。"一个外国人在日本买地建房，人工、物料成本不会很低。但它是生活所必需，必须筹措构资，完成家庭的基本建设。1912年12月罗氏携带那些"商龟骨文片"和"宋铜铸字"到东京帝室博物馆出售，大概就跟他购地建房有直接关系。另外，还有三家二十余口的日常消费，也不是一个小数。所以他卖古物文玩，有相当部分是满足三家生活所必需。

叶德辉《书林清话》卷九《都门书肆之今昔》一文，在"近贪玉简利"之下注云："罗振玉在日本卖书，颇获利市，所刻《玉简斋丛书》甚精。"对此罗继祖亦要进行辩解："先生祖遗薄产推让庶弟，京曹清俸罄于访古，避地海东不得不借鬻长物以代采薇；辛苦著书，不无赢利，然此自与贾贩本一利万者不能同日语。且先著后卖，叶氏不言'著'，而独标一'卖'字，岂非著书遂与逐利伍邪？"罗继祖这段话，不全是虚说，罗振玉在日本出卖文玩，确实有一部分是为了养家糊口及治学著述出版，但后来他有意识、大量倒卖南宗画，其性质就不完全是满足自家生活及治学所需，而是投机倒把，堕入贾贩之列。

罗继祖《罗振玉年谱》载"中华民国五年丙辰（1916），先生五十一岁。……本年先生仍殚心著述，每月必成书一或二三种不等。正月一种，曰《南宗衣钵》"，表明罗振玉在1916年以前就已有相当数量的古画收藏，否则是写不出这类著述的。《南宗衣钵》，全称《南宗衣钵跋尾》，取欧阳修《集古录跋尾》、赵明诚《金石录》体例，先录画目，而后再为每幅画撰跋。"先生以为山水画虽导源于魏晋，实启宇于李唐。开元之际，王、李挺生，两宗并峙，而南宗孳乳独繁。因取南宗古今名迹，约为四期：六朝隋唐迄五代为上古；宋元为中古；明为近古；清嘉道以前为今代。按期摩印，遴选务严，一洗十年来谱录糅杂无纪之弊。"正月完稿，6月印刷、发行，版出大阪。日人长尾甲为之题字并写序。序称："昔者吴杜村每年始下雪之日，以所藏王摩诘、刘松年、盛子昭、文衡山、恽南田五家雪图并陈儿上，衣冠拜之。有'一时卧看五朝雪，顷刻论交千古人'之句。君（指罗振玉）抗心希古，固过杜村，而其好尚相似，亦已奇矣。顷汇其雪图及唐宋名画，景印以颁同好。并著《南宗衣钵跋尾》，上溯六朝而以右丞为大祖，北苑为次祖，蒯关为宗，备论画法薪传，了若指掌，世之考究南宗画者，以此为津筏，则讨源不难矣。"故罗氏此书一出，蜚声日本，一时成为南宗画鉴赏权威，深得日本古画爱好者崇信，为其倒卖古画打开了市场。

罗振玉与王国维，既是学术同道，又是姻亲，关系非同寻常。旅日期间，罗振玉不止一次提醒王国维，要更多地编纂藏画目录，以便推进南画的销售。1916年10月1日，他曾函告王氏，说是已经查验了自己的全部藏画，"尚有六百余帧，较未售以前所藏有过之无不及。其尤精者三之一，尚得二百帧，足以娱老矣"（王庆祥、萧文立校注《罗振玉王国维往来书信》）。他也曾坦言"购书画本买卖事也"。而从事专项的南宗画收藏，是既盈利又充满风险的买卖。但他愿意借钱而投资古画和别的古董。他收购古画，靠上海汲修斋的一些画商，1916年1月已经回国的王国维，甚至也卷入了他买卖古画的旋涡。1916年8月27日王国维致罗振玉的信中兴奋地向他报告："现此二幅（一幅为元末方从义手笔，一幅为清初恽寿平手笔）已令渠寄东，俟公信收到后，此间即付款也。此二画到东大约有可售之望，则维算见一面耳。"这笔生意卖出后，王国维还得到十六元佣金。足见罗振玉在日本的八年，一方面学术成就辉煌，一方面文玩字画的交易也风生水起，这是历史事实，不容置疑。

　　前边用了大量笔墨考论罗振玉东渡及在日本研究、著述、出版及文玩古物的交易活动，旨在说明1912年12月他所要出卖的"宋铜铸字"，的确是经罗振玉鉴定或认可的罗氏旧藏。而凿实是罗氏旧藏，自然就是他从中国带过去的，这就为它是中国的故物奠定了坚实的基础。

　　当然，只在这种逻辑上判断事物，尚缺乏说服力，还必须要将之与朝鲜各时期所铸铜活字进行对比，然后才可确定它不是朝鲜的铜活字。这一点，已经有赵前、翁连溪等诸君悉心做了比较，排除了它们是朝鲜铜活字的可能性。大概在中国明代后期，日本也制造过铜活字，翁连溪见过，也进行了严肃认真的对比，认为两者截然不同。所谓"宋铜铸字"是日本铜活字的可能性也被排除。剩下的就是它们是否为中国明代的铜活字，赵前等人也进行了对比，证明它们也不是明代的铜活字。既不是朝鲜的铜活字，也不是日本的铜活字，亦不是中国明代的铜活字，这样我们再说这批铜活字确是当年罗振玉从中国带到日本，其后又卖给了日本人，今又由中国收藏家购回中土，就是一个凿实可信的结论了。

　　这批铜活字，有的字带有穿孔，有的字身下体有凹槽。有凹槽容易理解，那就是既省材质，又易排版固字。但带穿孔就较难理解。元人王祯在他的《农书》附记中尝言："近世又铸锡作字，以铁条贯之作行，嵌于盔内，界行印书。"一语道破了其中的奥秘：带孔原来是为了拣字排版而用。古人明白以泥、木制造活

罗振玉旧藏的宋铜铸字

字,因为它们自身质量较轻,拣字排版之后容易固版界行,敷墨覆纸刷印出来的叶面,文字不至于产生大面积的歪斜。金属则不同,金属字,包括铜活字,每字质量要比泥、木字重得多,若直接拣排入槽归行,难以因固定不住而产生凸起歪斜,所以在字身上穿孔,"以铁条贯之作行",然后"嵌于盔内,界行印书"。说明早在七百年之前,中国的金属活字已经具有穿孔,拣字时用铁条将一列按逻辑拣出的活字穿起,防止它们左右移动,造成行歪字斜,无法刷印。朝鲜学者李圭景(1788—1856)在《铸字印书辩证说》(《五洲衍文长笺散稿》卷二十四)一文中对比中国和朝鲜的铸字印刷技术时亦说:"中原活字,以武英殿聚珍字为最,字背不凹而平,钻孔贯穿,故字行间架,如出一线,少不横斜矣。我国字式,则或大或小,或厚或薄,又凹字底,不钻不贯,故字行龃龉。"现存朝鲜古活字均"不钻不贯",益证带有穿孔是中国活字的独有特征。所以带有穿孔及凹槽的活字,亦可进一步确定是中国古代的铜活字。

光是确定它们是中国的故物,还只是鉴定的开始,远非鉴定的深入。要深入,尚需做技术检测、考古判定及其他文献考定。

这批铜活字凡九十七枚,均有不同程度的锈蚀。按照形状、规格、大小等可分为五种类型。

活字装在一个带两层屉板的小木箱内,每层屉板分为五十格,每格内安放一枚活字。木箱外贴有白纸签条,墨书"北宋官铸铜活字"。箱内附有1912年东京帝室博物馆就此批铜活字开具的"假预证"及信封,说明铜活字原确为罗振玉所有。

鉴于铜活字的文物属性,对其检测适合采用 X 射线荧光表面无损分析方法。我们使用中国钱币博物馆配置的美国尼通(Niton)XL3t-800 手持式合金分析仪(激发源:X 射线银阳极射线管。X 射线束直径:3 毫米。最大激发电压:50 千伏。信号收集时间:30 秒)。检测几枚金属活字样品的合金成分,结果见下表:

| 活字名称 | 合金成分(%) | | | |
|---|---|---|---|---|
| | 铜(Cu) | 铅(Pb) | 锡(Sn) | 铁(Fe) |
| "高" | 36.8 | 18.2 | 41.6 | 0.8 |
| "旬" | 15.6 | 49.3 | 25.7 | 6.2 |
| "坛" | 33.0 | 34.7 | 29.4 | 1.6 |
| "苦" | 26.8 | 15.1 | 51.6 | 3.1 |

X 荧光无损检测的深度只有金属表层几十微米,如果金属表层没有锈蚀,该检测相对准确;如果金属锈蚀严重,检测出的成分就是表层锈蚀产物的成分,与金属本体合金有很大差异。该样品检测数据,应是铜活字表层的合金数据,因锈蚀严重,作为合金主体的铜含量明显偏低,作为配料的铅、锡含量则偏高。其中,微弱的铁含量不是铸造合金时有意添加的,而可能是铸件在后天使用条件或埋藏环境中有铁元素沾染所致,当然也不排除冶炼铜料本身夹杂。虽然该数据是铜活字铸件表层的合金成分,仍可对铜活字合金进行定性,即是铜、铅、锡三元合金青铜。这与历史上中古时期铜钱的合金配比相似,可以与中国钱币博物馆藏相似锈蚀状态的钱币进行合金比较。

馆藏两枚相似锈蚀状态的元代"至正之宝"钱合金情况:

| 钱币名称 | 合金成分(%) | | | | 检测部位 |
|---|---|---|---|---|---|
| | 铜(Cu) | 铅(Pb) | 锡(Sn) | 铁(Fe) | |
| 至正之宝(伍分) | 47.3 | 22.6 | 26.4 | 2.2 | 表面绿锈层 |
| | 67.9 | 16.6 | 14.1 | 0.5 | 裸露金属本体 |
| 至正之宝(壹钱伍分) | 32.6 | 12.3 | 45.7 | 6.3 | 表面锈蚀层 |
| | 55.9 | 16.9 | 24.7 | 1.0 | 裸露金属本体 |

这两枚钱是元代江西地区铸行的"至正之宝"权钞钱，一枚面值"伍分"，一枚面值"壹钱伍分"，都是表层灰绿色锈蚀，且有深度，表面也有氧化锈蚀层剥落情况，有些剥落的地方由于磨损还露出了青铜的金属光泽。我们对表面锈蚀层和裸露出青铜光泽处分别进行了 X 荧光检测，发现这两枚钱的氧化锈蚀层合金含铜偏低，含铅、锡偏高，与该批铜活字表层检测情况相一致；钱币青铜本体裸露处的检测，如背"伍分"钱，含铜 67.9%，含铅 16.6%，含锡 14.1%，含铜量很高，正好反映了这枚钱币铸造的合金比例。据此，推知该批铜活字也应是以铜为主体，以铅、锡为配料的铜基三元合金，具有中国古代青铜合金的特点，且与古代青铜钱币合金具有很大的相似度。

中国古代铜钱合金铸造分前期的青铜铸币和后期的黄铜铸币两个阶段，二者之间的时限在明嘉靖年间（1522—1566）。明代嘉靖以前的铜钱基本都是铜、铅、锡三元青铜合金，嘉靖开始，逐渐用锌矿石和提炼的单质锌为最主要配料铸造铜锌黄铜合金钱币。中国古代铸钱是铸铜业最主要的活动，其合金配比、铸造工艺对其他铸铜行业有直接影响，从存世铜合金文物看，明代铸钱采用黄铜铸钱以后，大量的铸铜行业也逐渐用黄铜合金代替青铜合金，铜活字也应不例外。因而，大致推定，该批青铜活字铸造的下限应在嘉靖朝所处的明朝中期以前。

这批铜活字的外观基本都是灰绿色，表面有层皮壳，铜活字角部和边缘多有磕碰，破损处表层脱落，露出鲜艳的灰绿色氧化肌体，脱落层是深度矿化层，如铜活字的"年轮"，是该批铜活字锈蚀氧化历程的产物。剥落的表层下，还有不均匀的矿化物，再其下才是青铜合金的金属本体，能从矿化层剥蚀最多的地方看到青铜合金的金属色泽。说明该批铜活字并未全部矿化，仅限于一定厚度的表层，铜活字的核心仍是青铜本体。

这种坑口是典型半干半湿坑，即埋藏条件随着季节的变化，地下水位下落或上升，导致埋藏的青铜活字频繁被淹没又露出，从而加速青铜活字的氧化锈蚀。半干半湿坑比干坑和湿坑锈蚀氧化状态更重，俗语说"干千年，湿万年，不干不湿就半年"，就是对主要坑口锈蚀状态的形象表述。

比照存世青铜实物，尤其是古代青铜钱币，对了解该批青铜活字的坑口和锈蚀年份有借鉴意义。因为古代青铜钱币和铜活字都是小铜件，锈蚀氧化情况具有可比性，且古钱币铸行从先秦到近代一直延续，出土地域广阔，坑口丰富，可以作为一个坐标系对该批青铜活字的出土地域和氧化年份进行大致的标识。从存世青铜钱币的坑口看，中国长江中下游和华南地区较容易出土该种灰绿色半干半湿坑的青铜钱币，这批青铜活字出土于长江中下游和华南地区的可能性较大；从出土该种坑口的青铜钱币看，明代前期的"洪武通宝""永乐通宝"等是最晚的具有该种特点的青铜铸币，推想该批青铜活字的入土时间大致在明代前期及以前。

从该批青铜活字的存世状态分析，该批青铜活字系出土品，不是传世品；出土锈蚀矿化状态与中国南方出土的一些青铜钱币及其他青铜文物相似，推测该批青铜活字出土于中国长江中下游和华南地区的可能性较大；其锈蚀矿化状态显示与明代前期及以前的青铜钱币类似，推测该批青铜活字最晚入土时间在明代前期。

中国古代有范铸法、失蜡法和翻砂法等铸造工艺。其中，范铸法，尤其是陶范铸造技术，在世界独树一帜，创造了灿烂的夏商周青铜文化，但在南北朝时期被新的铸造技术取代，基本退出了历史舞台。失蜡法不是中国本土发明的铸造技术，是在佛教传入我国后，失蜡法铸造佛像的技术也逐渐传入我国，存世唐代佛像就有失蜡法铸造的。翻砂法是中国古代的伟大发明，是中国古代铸钱业的重大创造，大致中国在南北朝时期发明了翻砂铸造工艺，被中国铸造业普遍采用。在北宋毕昇发明泥活字及其以后的时期，范铸法已经基本退出了历史舞台；失蜡法需要先行制作蜡模，成本很高，主要用来制作复杂的器物；翻砂法型砂可以反复使用，成本低，铸造技术相对简单，是铸造青铜活字的理想选择。

观察这批铜活字的制作痕迹，发现正面和背面基本都是铸造态，表面颗粒感非常强，比范铸法和失蜡法的铸造面都明显粗糙，应是砂型表面粗糙态的反映；文字笔画有明显的拔模斜度，利于脱模。从制作形态看，基本认定是翻砂法铸造而成。铜活字形制较为简单，与古钱币相似，在铸造上难度相当，极有可能二者采用一致的铸造技术和工艺流程。

青铜活字采用翻砂法铸造，流程与铸钱相似，当与《天工开物》记载无异。若有不同，就是母模问题，《天工开物》记载的翻砂铸钱采用精铸铜质母钱做母模，该批青铜活字的母模应是何种形态？理论上讲，木料、铜料和泥料等都可刻作字模。其中，木模虽不需要烘干，但表面光洁度不如抹光的泥模，又重量轻，舂型脱模不如泥模便利；铜模刻制不易，成本很高，难以推广；泥模容易修整，表面光洁，晾晒烘干后强度增大，可反复使用，且容易脱模，应是首选。考虑到中国古代从新石器时代就有发达的制陶技术，陶拍、陶印等一直被广泛使用，泥陶质的字模很可能作为古代铸青铜活字的母模。

翻砂法铸造青铜活字在浇注完成后，打开砂型，取出铸件，把活字从铸枝上掰下，再磋磨修整边缘和底部，方才制作完成备用。据此，检测专家们一致认为这批铜活字，应是中国宋元时期所制造。

更多学者指出，虽然尚未发现宋元时代用铜活字排印的书，也未发现明确的文献记载，但从社会和技术背景看，其时使用铜活字印刷的条件已经成熟。早在北宋庆历年间（1041—1048），毕昇就发明了胶泥活字；中国国家博物馆、新疆维吾尔自治区博物馆、敦煌乃至法国都藏有不少回鹘文木活字，表明毕昇发明的泥活字印书法，很快就传到了新疆和西夏；元人的著作中已有对木活字、锡活字印刷的明确记载；说明活字印刷此时已普遍应用；明代用铜活字印制的古书，更是屡见不鲜。明代金属活字印刷技术之所以陡然成熟，始终令人费解。任何一种技术，都不可能凭空而出，必定是前有借镜，普遍流行，而后才逐渐趋于成熟。这批铜活字的出现，使明代铜活字印书，找到了更早的技术源头。

不同领域的研究结论都指向了共同的年代和地域——宋元时期的中国。这让参加"中国早期青铜活字重大发现学术论证会"的学者一致认为，这批活字可初步认定为宋元时期的青铜活字。这是中国早期铜活字实物的首次被发现，具有重大的文物价值和学术价值，填补了印刷史研究中的空白。围绕这批青铜活字的深入研究，应该尽快展开。

由于缺乏早期铜活字印书的文献记载和实物证明，因而对明代有无铜活字印书，自20世纪80年代起，总有些学者始终持否认态度。有的撰文，有的著书，反复论证中国明代没有铜活字印书。而论据多是"活字铜板""范铜为板，铸锡为字"的理解之争，少去在文献上下功夫挖掘。其实明代有无铜活字，不仅有大量的印书实物存世，用明朝人自己的著述也能将之说得清清楚楚。

明代陆深《金台纪闻》（又称《俨山外集》）卷下记载："近时毗陵人用铜铅为活字，视板印尤巧便，而布置间讹谬尤易。夫印已不如录，犹有一定之义，移易分合，又何取焉？兹虽小故，可以观变矣。"

陆深（1477—1544），初名荣，字子渊，号三汀，晚号俨山，上海人。自诸生即素性刚介，不能容人过。明弘治十四年（1501）发解南畿，弘治十八年（1505）登进士第，改翰林院庶吉士，散馆授编修，历司业，晋祭酒。正德时以不附逆珰刘瑾，遭罢黜。瑾诛，召还，历官至詹事。卒谥文裕。善真草行书，俱法赵孟𫖯，亦能诗。陆氏《金台纪闻》写于弘治十八年至正德三年（1508）之间，因知文中所说"近时"，应当指的是弘治正德时期。陆氏这段文字是为了抒发感慨，在他看来，雕版印书已不如手自抄录，但犹有一定的意义。活字摆版移易分合，极易出错，不可取。毗陵乃常州的旧称，江阴、溧阳、武进、宜兴、无锡都曾是它的属县，无锡华、安两家弘治正德间用铜活字摆版所印之书，迄今仍有传世者。陆深所说的"毗陵人"，实际指的应当就是无锡人。"铜铅为字"，指的可能就是铜与铅的合金，也就是青铜。那时可能尚无"合金"之说，故言"用铜铅为字"。

与陆深同时还有一位叫唐锦的，他在自己的《龙江梦余录》卷三中说："近时大家多镌铜活字铜印，颇便于用。其法盖起庆历年间，时布衣毕昇为活字板法，用胶泥刻字，火烧令坚，作铁板二，密布字印，一板印刷，一板布字，更互用之，瞬息可得百本。其费比铜字则又廉矣。"唐氏所说的"近时大家多镌铜活字铜印"，其中"大家"，应该指有钱的大户人家；"多镌铜活字铜印"，指的是大户人家多镌制铜质活字；"铜印"，指的是铜制活字，每颗各称一印。北宋毕昇制造的泥活字就已说到"每字为一印"，"其印为予群从所得"。所以唐锦所说的"铜活字铜印"指的也应当是一颗颗的铜活字。可知明朝已经有人将无锡华、安这类"大家"所制造的活字称为铜活字了。

艾俊川同志最近又从明万历三十五年（1607）燕贻堂刊本之利玛窦《天主实义》卷上发现利氏有过如下议论："又观铜铸之字，本各为一字，而能接续成句，排成一篇文章。苟非明儒安置之，何得自然偶合乎！因知天地万物咸有安排一定之理，有质有文而不可增减焉者。"显然利玛窦是亲自观察过用铜活字排版印书的，否则他就无法说得这么具体。表明到明万历年间（1573—1620），铜活字印书还在延续着，发展着。所以明代有铜活字印书，是个不争的事实。

陆深出言不虚，实物证明他说的完全是事实。现存弘治三年（1490）华燧《会通馆印正宋诸臣奏议》一百五十卷，版心上镌"弘治岁在阏逢阉茂"，下镌

"会通馆活字铜板印"字样。"阏逢阉茂"是庚戌，即弘治三年。又有明弘治三年仲冬既望古吴华燧序，曰："书行岁久，板浸湮讹，吾邑大夫荣侯躬实欲重锓梓而重民费，乃就会通馆活字铜板翻印，以续其传。始燧之为是板也，将私便手录之烦，今以公行天下，使山林泽薮之间亦得披览全文，吾侯之举也。且是书之初成于宋淳熙庚戌，再成于淳祐庚戌，今又值皇明弘治庚戌，是岂偶然哉！"证明此书确是明弘治三年华燧会通馆活字排印而成。然长期以来，多忽略"荣侯躬实"的角色作用，而将华燧确认为是此书的出版者，其实这完全是一种误解。"荣侯躬实"当指的是荣华，字躬实，蓝田人，成化十七年（1481）进士，弘治三年为无锡令。在任期间，欲将《宋诸臣奏议》重新雕印，但书的部帙太大，授之梨枣，深恐加重财政负担，遂委托华燧会通馆用铜活字排印行世。所以此书的出版者当是荣华，承印者乃华燧会通馆。

明弘治五年（1492）华燧会通馆又用铜活字排印《锦绣万花谷》四十卷《后集》四十卷《续集》四十卷。版心上印"弘治岁在玄默困敦"字样，下印"会通馆活字铜板印"字样；弘治七年（1494）又用铜活字重行排印《锦绣万花谷》，版心上印"弘治岁在阏逢摄提格"字样，下印"会通馆活字铜板印"字样；弘治八年（1495）华燧会通馆又用铜活字排印《容斋随笔》，版心上印"弘治岁在旃蒙单阏"字样，下印"会通馆活字铜板印"字样；弘治十年（1497）该馆又用铜活字排印《音释春秋》，版心上印"疆圉大荒落"字样，下印"会通馆活字铜板印"字样；弘治十一年（1498）又用铜活字排印《会通馆集九经印览》，版心上印"弘治岁在著雍敦牂"字样，下印"会通馆活字铜板印"字样。这些书都可作为实物证明陆深前边那段话确实是可信的。

华燧，字文辉，无锡（今属江苏）人。少多涉猎经史，中岁好校阅异同，且为辨正，手录成帙，遇老儒先生持以问难。甚或广坐通衢，高诵不辍。既而"范铜板锡字"，凡遇到难得的书，订正排印以行。并说："吾能会而通之矣。"乃名其所曰"会通馆"。其家有田若干顷，本地称富，后以喜书藏书印书，不复以经纪为务，故家道少落，而华燧淡然处之。

较华燧略晚，还有名华珵者，在弘治十五年（1502）也用铜活字排印陆游的《渭南文集》五十卷。《渭南文集》的最早刻本，乃其幼子陆子遹任溧阳知县时所刻。"弘治壬戌，致光禄署丞事锡山华珵汝德得溧阳本，因托活字摹印而传之。

长洲吴宽、吴郡祝允明并为序。"（丁丙《善本书室藏书志》卷三十）华珵字汝德，无锡人。以贡授大官署丞，称疾归。其家窖粟万钟，辟地千顷，为德于乡，受其泽者每元朔叩谢满户庭。平生多聚书，所制活版甚精密，每得秘书，不数日而印本出。

较华燧稍晚，还有他的侄子华坚兰雪堂也制造铜活字排版印书，如正德八年（1513）兰雪堂用铜活字排印的《白氏长庆集》，目录后有"正德癸酉岁锡山兰雪堂华坚活字铜板印"刊记；十年（1515）又排印《元氏长庆集》，版心印有"兰雪堂"三字，目录后有"锡山"图记，各卷卷末有"锡山兰雪堂华坚活字铜板印"刊记；同年，又排印《蔡中郎集》十卷《外集》一卷，目录后有"正德乙亥春三月锡山兰雪堂华坚允刚活字铜板印行"刊记；同年又排印《艺文类聚》，版心上印"兰雪堂"字样，下印"乙亥冬锡山兰雪堂华坚允刚活字铜板校正印行"刊记；正德十一年（1516）又排印《春秋繁露》，版心上印"兰雪堂"三字，或"活字印行"四字，卷后有"正德丙子季夏锡山兰雪堂华坚允刚活字铜板校正印行"刊记。

无锡不仅华氏制造铜活字排版印书，还有安国家也制造铜活字排版印书，如唐徐坚等辑《初学记》三十卷、唐颜真卿《颜鲁公文集》十五卷、宋魏了翁《重校鹤山先生大全文集》一百一十卷、宋谢维新辑《古今合璧事类备要》前集后集续集及宋虞载续辑之别集外集，凡三百六十卷、元熊朋来《五经说》七卷、明廖纪正德年间所修《东光县志》六卷等，都是铜活字排版刷印的。嘉靖三年（1524）活字排印之《吴中水利通志》十七卷，卷后还有"嘉靖甲申锡山安国活字铜板刊行"题记。凡此种种，进一步证明明代弘治、正德、嘉靖，即15世纪下半叶以后，无锡不止一人创制铜活字排版印书。安国（1481—1534），字民泰，号桂坡，无锡胶山堠村里人。其人质貌魁梧，广博开朗。被服儒术，涉猎群书，警敏多远略，通《资治通鉴纲目》。言诗发藻，迥出侪辈。性耽山水园林，好古书画彝鼎。饶于资，富几敌国，却能赡宗党，惠乡里，乃至平海岛，浚白茅河，泽被一方。故有实力制造铜活字，用以印书。

除了上述几家之外，还有常熟杨仪尝以五川精舍名义用铜活字排印过《王岐公宫词》。南京张氏用铜活字排印过《开元天宝遗事》。正德十二年（1517）浙江庆元学教谕琼台韩袭芳用铜活字排印过《诸葛孔明心书》。闽建芝城，即建宁，嘉靖三十年（1551）用铜活字排印了《通书类聚克择大全》。嘉靖三十一年（1552）芝城又用铜活字排印了《墨子》十五卷。万历元年（1573），建阳游榕用铜活字排印了徐师曾的《文体明辨》，翌年，又排印了一千卷的《太平御览》。

此外还有一家金兰馆，于弘治十五年（1502）也用铜活字排印过宋范成大的《石湖居士集》三十四卷，版心镌有"弘治癸亥金兰馆刻"一行。弘治十六年（1503）金兰馆又排印了《西庵集》，字体秀丽，笔画挺拔，版式疏朗，印制精良。与华、安两家印的书，字体风格迥然不同。《中国版刻图录》疑此馆为昆山顾恂家的堂号。因知明代铜活字印书已经相当普遍。

上述所举无锡华燧、华珵、华坚、安国等用铜活字排印的各书，版心、目录、卷后所印刊记，多署"会通馆活字铜板印""锡山兰雪堂华坚活字铜板印""嘉靖甲申锡山安国活字铜板刊行"字样，现代人很容易就字面理解为"活字"指的是一回事，"铜板"指的又是一回事，意即将活字拣排在铜制的版盔之内，然后固版刷印，所以那活字未必就是铜活字。这种理解其实并不始自潘天祯，应当是始自叶德辉。叶氏在其《书林清话》卷八《明华坚之世家》一节中谈到会通馆华燧时说："既乃范铜板锡字，凡奇书难得者，悉订正以行，曰吾能会而通之矣。"已有"范铜板锡字"之语。20世纪80年代，潘天祯又重新拾起这个问题，论证明代无锡华氏所印之书不是铜活字，而是范铜为版，镂锡为字。近年更有人发表长文，继续附议其说，弄得说了多少年的明代铜活字印书好像一时真要化为乌有。此次"宋铜铸字"的回归再现，从根本上找到了中国铜活字印书法发明的源头，乃在宋代，这很符合事物发展演变的规律。北宋庆历年间（1041—1048），杭州刻字名工毕昇针对雕版印书的弊端，发明了泥活字印书法。但泥活字拆易分合，到底能使用几次，不得而知。故当泥活字印书法传到今新疆、宁夏之后，很快便被回鹘文、西夏文木活字所代替。而在华夏中州，则以金属中的青铜铸造铜活字，用以排版印书，以替代毕昇发明的泥活字印书法。这是事物发展的自然法则，承认也罢，不承认也罢，这是铁的事实。

清代官、私用铜活字排印的书种数也不少，知道的传本中有康熙二十五年（1686）吹藜阁用铜活字排印过《文苑英华律赋选》，康熙五十二年（1713）用铜活字排印了陈梦雷的《松鹤山房诗文集》，道光年间（1821—1850）用铜活字排印了顾炎武《音学五书》中的《音论》上中下三卷,《诗本音》十卷。当然,清代最大的铜活字印书工程还是排印陈梦雷的《古今图书集成》。

陈梦雷,字则震,号省斋,晚号天一道人、松鹤老人,侯官(今属福建福州)人。生卒年说法不一,有说生于明崇祯十三年(1640),卒于康熙五十一年(1712)者;有说生于清顺治七年(1650),卒于乾隆六年(1741)者;有说生于顺治八年(1651),卒于雍正元年(1723)以后者,一时难以考辨。不过很多材料都说他康熙九年(1670)登第,时年二十一岁,以此倒推其生年,当是顺治七年。登第后被选为庶吉士,授翰林院编修。与之同一年中进士的还有一位福建安溪人李光地。康熙十二年(1673),陈梦雷、李光地同年回闽省亲,翌年,三藩作乱,靖南王耿精忠举兵叛于福建,分三路进兵,同时又拉拢社会名流,强授伪职,胁迫士人同反。在福州省亲的陈梦雷,被关押在寺庙里,迫其加入耿幕,陈梦雷托病拒受。此时李光地密访陈氏,两人商定由陈氏留闽继续"离散逆党,探听虚实,借光地在外,从山路通信军前……请大兵乘虚直下"。"讵意李光地犹怀观望,挨延半载,始肯遣人,则尽易臣疏,削去臣名。"待"大兵入境,犹假意归功于臣",而"背地遣人四面布陷下石,臣遂坠其术中。及李光地补学士,闻臣已被逆党诬告,遂赖前言"(陈梦雷《松鹤山房诗文集》卷一《四十四年五月疏》)。因此,陈梦雷系狱论斩。幸赖刑部尚书徐乾学申辩援救,免去死罪,却于康熙二十一年(1682)被流放到奉天尚阳堡(今属辽宁),因此父母则先后亡故,妻子亦死在戍所。然陈氏仍手不释卷,一面课徒,一面著述,在戍所十七年,先后有《周易浅述》《盛京通志》《承德县志》《海城县志》《盖平县志》问世。康熙三十七年(1698),圣祖东巡盛京,陈梦雷献诗称颂,被召回京师。翌年,入康熙第三子诚亲王府,侍奉胤祉读书。由于能够恪尽职守,深得胤祉好感。

《古今图书集成》的纂修缘起,陈梦雷说是诚亲王胤祉"聪明睿智,于讲论经史之余,赐之教诲。谓三通、衍义等书,详于政典,未及虫鱼草木之微;类函、御览诸家,但资辞藻,未及天德王道之大,必大小一贯,上下古今,类列部分,有纲有纪,勒成一书,庶足大光圣朝文治"。陈梦雷"闻命踊跃,喜惧交并。自揣五十年来,无他嗜好,惟有日抱遗编,今何幸大慰所怀",于是"不揣蚊力负山,遂以一人独肩斯任,谨于康熙四十年十月为始,领银雇人缮写"。又"蒙我王爷殿下颁发'协一堂'所藏鸿编，合之雷家经史子集，约计一万五千余卷"，作为文献支撑。至康熙"四十五年四月内书得告成"，遂"先誊目录、凡例为一册上呈，伏惟删定，赞修上圣之事"。并谓全书"分为汇编者六，为志三十有二，为部六千有零。凡在六合之内，钜细毕举；其在十三经、二十一史者，只字不遗；其在稗史子集者，十亦只删一二。以百篇为一卷，可得三千六百余卷，若以古人卷帙较之，可得万余卷"。雷"三载之内，目营手检，无间晨夕，幸而纲举目张，差有条理"（陈梦雷《松鹤山房诗文集》卷二《进〈汇编〉启》）。进书启呈上之后，康熙帝赐名《古今图书集成》。

陈梦雷《进〈汇编〉启》仍谓书进之后"仰待我王爷裁酌，或上请至尊圣训，东宫殿下睿旨，何者宜存，何者宜去，何者宜分，何者宜合，定其大纲，得以钦遵检校；或赐发内府之藏，广其所未备，然后择于江南、浙江都会之地广聚别本书籍，合精力少年，分部雠校，使字画不至舛讹，缮写进呈，恭请御制序文，冠于书首，发付梓人刊刻"。可知陈梦雷对书稿进御之后，是有一套完整设想的。然进呈《进〈汇编〉启》连同目录、凡例后，未见有什么正式答复。翁连溪所编《清内府刻书档案史料汇编》所载雍正元年（1723）《臣蒋廷锡、臣陈邦彦谨奏为请旨事》有助于了解此事："雍正元年正月初五日，臣蒋廷锡奉旨：'《古今图书集成》皇考费数十年心力方成是书，今刷印之工尚未完成，特派尔为正总裁、陈邦彦为副总裁，尔等务期竭心尽力，将通部重行校看。凡讹错字句及有应删应添之处，必逐一改正，以成皇考未成之书。钦此。'"蒋、陈接旨后三天，"遂于初八日到馆，同在馆人员先将通部卷数查明。查得《古今图书集成》共一万卷，已刷过九千六百二十一卷，未刷者三百七十九卷。臣廷锡、臣邦彦将已刷之书，每人先各分校十卷，一卷之中必有十余叶错误应改印者，是虽名为将完之书，其未完之工实有十分之四也。臣等一面将未刷之书，令在馆人员详细校对刷印，一面将已刷之书，令在馆人员分卷重校，臣廷锡、臣邦彦再加总阅，务期改正错误，仰副皇上命臣等至意"。且称"又查康熙五十九年，奉先帝御旨，《古今图书集成》刷印六十部。今查得六十部之外，馆中分刷六部，亦应归入官书之内"。由此折的字里行间不难推知，康熙四十五年（1706）《古今图书集成》编纂初成，至雍正改元这十六年中，设有《古今图书集成》馆，否则就不会有"初八日到馆""令在馆人员详细校对刷印""令在馆人员分卷重校""馆中分刷六部"等说法。雍正三年（1725）十二月蒋廷锡的另一奏折中又称"查康熙五十八年四月，诚亲王折奏《古今图书集成》馆纂校人员，经署包衣昂邦事海张等议奏，有书完之日比寻常修书之人加等分议等语"，正式出现了"《古今图书集成》馆"之名，因知《古今图书集成》成书后，既未藏之册府，也未"发付梓人刊刻"，而是在诚亲王府设立了《古今图书集成》馆，组织力量负责编校和制字排印工作。

从现存康熙后期至雍正初年用铜活字所排印的《星历考源》《数理精蕴》《律吕正义》《钦若历书》《松鹤山房诗文集》等书看，在《古今图书集成》设馆之后，陈梦雷的精力除继续编校书稿外，主要是放在铜活字的研制试印上了。而自己的《松鹤山房诗文集》，便成了试印载体。取两书核对发现，印制《松鹤山房诗文集》的铜字与印制《古籍图书集成》的铜字并不完全相同，进一步证明，《松鹤山房诗文集》确属试制铜活字过程中的试印品，意图是由此得出理想的改进方案，再开展大规模的制字排印活动。而活动地点，并不在武英殿，而当在畅春园的蒙养斋。《清内府刻书档案史料汇编》还载有《户部侍郎在内阁学士里行走臣蒋廷锡谨奏为请旨事》，其中有"今雍正三年十二月（《古今图书集成》）纂校已竣，除进呈本已装潢外，尚有六十三部现在折配，俟完日交与武英殿收管"。表明到雍正三年年底，蒋廷锡、陈邦彦接手校理的《古今图书集成》全部告竣。

《古今图书集成》馆到底制作了多少铜活字，有人说一千多万，绝不可信。据中国第一历史档案馆所藏奏销档内所载，乾隆十八年（1753）五月二十九日，和硕庄亲王奏为武英殿官员滥行开销余平银两事内所言："再查乾隆十一年查奏过铜字一百一万五千余个，无字铜子十八万八千四百余个，于乾隆九年经和亲王奏准，将铜字并铜盘七百个，交铸炉处应用。其无字铜子并未交发铸炉处，现今并无存库，且前项铜子并无收发档案可查。"该档又载："据革退库掌崔毓奇称：'此项铜字原系姚文彬经管，我于乾隆六年派管铜字库，我接收之时，大小铜字一百一万五千四百三十三个，大小铜盘七百个，饰件条线重九百八十斤，连字大秤称得二万九千八百斤有零。又有何玉柱家交来铜子三万八千五百二十个，重七千五百斤。'"由此可知，乾隆六年（1741）崔毓奇接管铜字库时所说的大小铜活字数，与乾隆十一年（1746）再查时的数字并无太大出入，只是乾隆九年（1744）经和硕庄亲王奏准，已将铜活字及字盘交到铸炉处。乾隆六年距雍正四年《古今图书集成》印完不过十五年，即便有损失，谅亦不会太多，因可推想为印制《古今图书集成》所造之大小铜活字应该在一百零一万五千个以上，另备无字铜子三万八千多个，字盘七百多个，规模之大，十分惊人。《四库全书》本《雍正上谕内阁》卷二亦谓："陈梦雷处所存《古今图书集成》一书，皆皇考指示训诲，钦定条例，费数十年圣心，故能贯穿古今。"亦说明《古今图书集成》在雍正继位之前大部已经印制成书，否则怎么说"陈梦雷处所存《古今图书集成》"？

而就在蒙养斋如火如荼刷印《古今图书集成》即将藏事之际，康熙六十一年（1722）康熙帝驾崩，事态发生预想不到的逆转。此后，康熙四子胤禛继位。其同父异母之三兄胤祉在陈梦雷协助下，博学多才，堪称康熙帝的得力助手。康熙帝亲征噶尔丹时，曾令二十一岁的胤祉领镶红旗大营，并封其为诚郡王，三十二岁晋封为诚亲王。如此一位兄长，胤禛继帝位之后的嫉妒心及对动摇自己帝位的担心日益增加，遂对之下手，先是令他守护乃父景陵，雍正八年（1730）更进一步夺其爵位，并将之投入大狱，两年后死于狱中。"诚王夙以文学著称，梦雷日侍左右，世宗忌之。"（民国黄鸿寿《清史纪事本末》卷二十四《兄弟猜忌及大臣之逐戮》）至此即被流放到黑龙江，证明了上述的事实。不仅如此，为进一步清除陈梦雷影响，胤禛还"特命尚书蒋廷锡等董其事，督率在馆诸臣重加编校"。并在御制序中大言不惭地说"穷朝夕之力，阅三载之勤，凡厘定三千余卷，增删数十万言"。

清吴长元《宸垣识略》卷二所谓："武英殿活字板处，在西华门外北长街路东。长元按，活字板向系铜铸，为印《古今图书集成》而设。"清庆桂《国朝宫史续编》卷一《训谕》小注谓："康熙年间编纂《古今图书集成》，刻铜字为活版排印，蒇工储之武英殿。"清吴翌凤《灯窗丛录》卷二亦谓："《古今图书集成》当时唯大臣得以颁赐。……武英殿铜板活字印行。"这些说法，都是雍正四年印完《古今图书集成》字存武英殿以后的事，并非雍正元年（1723）胤禛继位之前的事。

至于《古今图书集成》印完以后这些铜活字的下场，《乾隆三十九年御题武英殿聚珍版十韵》诗注则曰："历年既久，铜字或被窃缺少，司事者惧干咎，适值乾隆初年京师钱贵，遂请毁铜字供铸。从之。所得有限，而所耗甚多，已为非计。且使铜字尚存，则今之印书不更事半功倍乎！深为惜之。"（清于敏中《日下旧闻考》卷十三）这是一个比较流行的说法。也有人说据档案记载，这批铜活字主要用来铸造了北京雍和宫的铜佛。总为三万多斤的铜字、铜子、铜盘，完全有可能既铸了铜钱又铸了铜佛，从此这套铜活字就再未能继续发挥作用。

该书用铜活字排版之后，选用洁白如玉的连四纸和微黄似箔的太史连纸印造。翁连溪《清内府刻书档案史料汇编·内务府奏销档案》载，乾隆四十年五月十五日，《四库全书》副总裁金简"奏为热河文津阁陈设《古今图书集成》装潢事"言："查武英殿现存《古今图书集成》五部，内竹纸四部，连四纸一部。此一部，系鄂尔泰家交回之书，残缺八十余本，虽经奏明，补写齐全，但书内原有虫蛀之处，难以陈设。现今装潢三阁陈设，应请统用竹纸书三部。"由此可知，文溯阁、文源阁、文津阁三阁所配陈之《古今图书集成》，都是那种微黄的竹纸。这些书楮墨精良，装潢富丽。自雍正四年开始续印，至雍正六年蒇事，凡三年，共印六十四部。这是铜活字印刷史上最大的工程，也是活字印刷史上最大的工程。标志着我国用活字排版印制书籍的技术，到18世纪前半叶已经达到了时代的巅峰。

**4. 套版印制书籍的出现与发展**

要探讨套色印制书籍产生的历史技术原因，既要到中国书籍发展史中去追寻，也要到早期丝漏彩印花布等相关技术中去追寻。中国书籍，如果从初期的甲骨文书算起，已有三千五百多年的历史了。而在这些殷墟甲骨文字的契刻中，已发现有朱红颜色的文字记录，也有尚未镌刻的朱色字迹。山西侯马春秋晚期晋国遗址出土的"侯马盟书"，除墨书之外，绝大部分也是朱书。进入正规书籍阶段，采用缣帛和纸张制作书籍之后，朱墨套写的现象更是屡见不鲜。《隋书·经籍志》卷一著录有汉代贾逵所撰的《春秋左氏经传朱墨例》，大概是朱墨套写书籍的最早记载。东汉建初元年（76），汉章帝曾命贾逵给学生讲授《左传》，并"与简、纸经、传各一通"。盖是讲授过程中，贾逵为了使经、传分明，又能读一书而经、传俱见，才用朱色写经、墨色写传。当然也可能经是经，传是传，并非经传合一套写。但为求经、传分明，以两色分写，则是事实。6世纪初，有人将《神农本草经》与陶弘景的《本草经集注》合抄为一书，也是用朱色录写《本草经》原文，墨色抄录陶氏注文。7世纪初，唐陆德明撰《经典释文》，经文墨书，音注朱书。为什么要这样区分呢？该书《条例》中说："先儒旧音，多不音注。然注既释经，经由注显。若读注不晓，则经义难明，混而音之，寻讨未易。今以墨书经本，朱字辨注，用相分别，使较然可求。"可见《经典释文》的最初写本，应是经注分明，朱墨判然。敦煌莫高窟藏经洞所出唐写本《道德真经疏》，也是朱书经文，墨书疏语的。宋代周辉《清波杂志》卷十二记载宋太宗"淳化五年，翰林学士张洎献重修《太祖记》一卷，以朱墨杂书。凡躬承圣问及史官采摭事，即以朱别之。神宗正史……厥后删改，亦有朱墨本传于世。"所有这些记载，表明中国古书远在手写本时代，就有套色合写的传统。

　　到书籍的制作方法发生变革，即印刷术出现以后，能否继承这种朱墨套写的优良传统，在技术上是个难题。唐末、五代时期雕版印刷的版画，现存的佛画，已有墨印施彩的办法。北宋初年，四川民间流通的"交子"，即纸币，就是"制楮为券，表里印记，隐密题号，朱墨间错。私自参验，书缗钱之数，以便贸易，谓之交子"（明曹学佺《蜀中广记》卷六十七《交子》）。这种纸币已是套色印制，但详情无以稽考。山西应县木塔发现的辽代彩印的《南无释迦牟尼像》，释迦牟尼扶膝端坐于莲台，披红色衣。头部光圈内红外蓝。肉髻之下微见白毫相。顶部华盖饰宝花，帛幔下垂。华盖两旁饰以天草，其外印"南无释迦牟尼佛"七字，字左反而右正。其印制方法属于丝漏印刷，当是两套版印制。先漏印红色，后漏印蓝色。字地上的黄色则是用笔刷染的。这和我国民间镂孔印染花布的方法基本相同。由于漏印方法不容易印出精细的线条，因此以笔勾画眉、眼、口、鼻、手、足和服饰，而身形穿着显得不甚清晰。这件作品可认为是我国现存最早的套版印刷品，但属丝漏印法。1973年8月，陕西省文管会修整《石台孝经》，在碑身背面与中心石柱连接处发现了女真文本残叶及《东方朔盗桃版画》，即坊间印卖的年画，浓墨、淡墨、浅绿色套印，类似山西平水系风格，很像是单版敷彩印刷的作品，为宋金时物。上述这些事例，说明我国雕版印书兴起之后，人们并不满足单调的一色墨印，而是在不断摸索套印途径，以期印出色彩斑斓的印刷品。

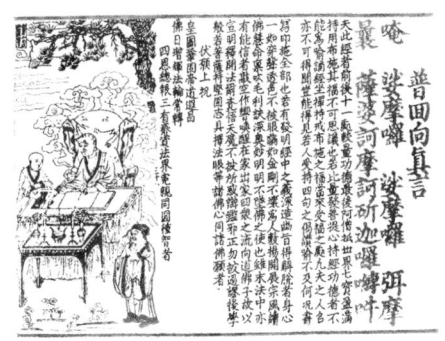

元至元六年刘觉广刊经所套印本《金刚经》

到了元代，雕版印书越发普及和兴盛，套印技术终于施于印制书籍，印出了如同以前手写图籍时朱墨灿然、经注分明的佛典。其代表作，也是举世孤罕、海内外知名的作品——元至元六年（1340）中兴路（在今湖北江陵）刘觉广刊经所刻印的无闻和尚注释的《金刚经》。这部《金刚经》于1947年为南京中央图书馆购藏，后携往台湾。原式为经折装，经文大字，印以朱丹，注文双行小字，印以墨色。圈发、句读符号，亦多印以朱色。卷首释迦牟尼说法图、卷尾无闻和尚注经图及韦陀像，也都印以朱色。后有至元六年刘觉广跋文，称："师在奉甲站资福寺丈室注经，庚辰四月间，忽生灵芝，茎黄色，紫艳云盖。次年正月初一日夜，刘觉广梦感龙天聚会于刊经所赞云。"今观无闻和尚《注经图》，确是地生四茎灵芝，信刘氏跋语不诬。这是迄今为止我国现存最早的利用印书的普通版片套色印出来的书籍。它的问世虽然大大晚于辽代用丝漏方法套色印制的《南无释迦牟尼像》，但在技术上却跳出了墨印彩绘及移用民间印染花布技术的窠臼，使雕版套色印刷获得了成功。不过这件印刷品尚不是多版分色套印，而是一版先印墨色后印朱色。说明我国早期套版印刷，实际只是一版而分色套印，但这已标志着我国传统的雕版印制书籍的技术又进入了一个新的阶段。

距资福寺无闻和尚《金刚经》被套印出来之后二百六十五年，即明万历三十三年（1605），安徽歙县程大约滋兰堂雕版印成了精致绝伦的《墨苑》，把中国的版画技术推向了高峰。传世的程氏《墨苑》，墨印本并不稀见，彩印本便世所罕传。中国国家图书馆藏有《墨苑》彩印本，其中的《天姥对庭图》《巨川舟楫图》等，有红色、黄色的凤凰，有绿色的竹子。还有的用五种颜色分饰不同器物、花、鸟等，多至数十幅。仅比程氏滋兰堂彩印《墨苑》晚一年，即万历三十四年（1606），新安黄一明雕印了《风流绝唱图》，除墨印本外，也有彩印本行世。其中彩印的人物衣履、房饰、窗帏，乃至于肤色、目光，都印得很精彩。中国国家图书馆还藏有彩印《花史》残册，其中的各种花卉都是彩印的，粉红色的荷花，绿色的荷叶，看上去比单纯的墨荷要好看多了。

这些彩印本，比起元代套色印刷的《金刚经》，在技术上要复杂得多。元时只是套色印书，无非是经朱注墨，且行款分明，经文字大如钱，注文字清划朗，分起色来比较容易。上述明代这几种彩印本，都印的是画。画的结构，无论是山水人物、花草树木、鸟兽虫鱼、房屋器具，都比文字版面要复杂。构图精细的画面，操刀镌刻已属不易，再分色套印就更难上加难了。当然，元、明前后的这种彩色套印技术，尽管有这种简单与复杂之分，但就性质而言，却仍属同一范畴，即都是在同一块雕好的版片上，根据不同的需要，可分别涂饰不同的色彩，然后敷纸印刷。这种技术仍是套色印刷，或者用行话术语讲，叫作敷彩印刷。这说明，从元代始有套色印书，直到明万历时期，即14世纪中叶至17世纪初，大约二百五六十年间，套印技术只演进到一版分色套印的阶段。真正分版分色的套版印刷，则是在改进敷彩印刷的基础上才出现的。这当中的早期代表人物，就是闵齐伋和凌濛初。

闵、凌两家是姻亲，都是吴兴的富户，家蓄资产。闵齐伋首创套版分色印刷技法，始印的大概就是《春秋左传》十五卷，卷尾镌题："万历丙辰夏，吴兴闵齐华、闵齐伋、闵象泰分次经传。"丙辰为万历四十四年（1616）。翌年，又刻成三色印本《孟子》。到万历四十八年（1620），闵氏便套版印出了九十一卷二十四册的《史记钞》。此本墨印原文、朱印评点，纸质莹洁，朱墨灿然，十分精美。所以陈继儒序评此书，称雕版、活版及闵氏朱评，为印刷史上的"三变"。

凌家从凌迪知起便在朝为官，后从常州同知任上罢归，著书林下达三十余年之久。同时日校群书，雕版印行。凌迪知的弟弟凌稚隆，虽生华胄，却独好书籍，丹黄铅椠未尝一日去手。到凌迪知的儿子凌濛初，非但富有文学才华，而且占有家传刻书技法，主持镌版印制了不少书籍。

凌、闵两家刻印过很多书籍，经史子集四部咸备。而他们套版印制的书籍，

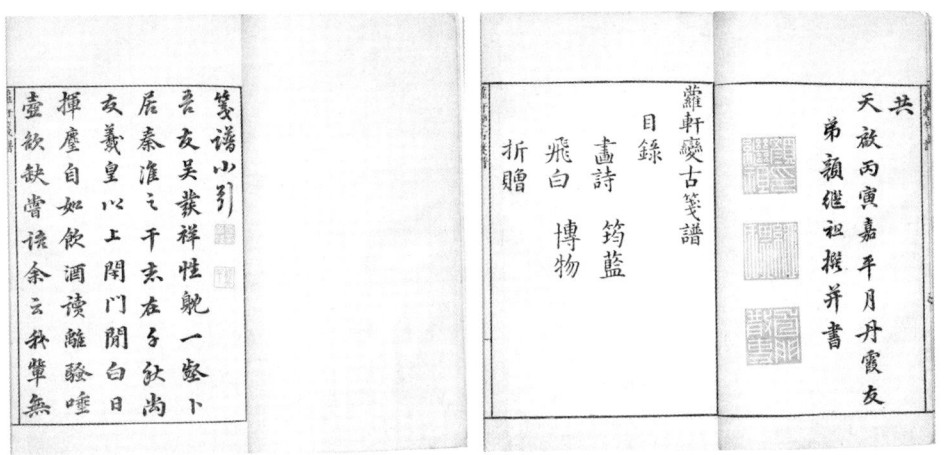

明天启六年吴发祥饾版拱花印制的《萝轩变古笺谱》

以朱墨两色套印的为多。但有一些书竟是朱、墨、黛、紫、黄的五色套印，每种颜色代表一家的批注或评点。其版式一般多印四周边框，而无竖直界格。这样设计，目的是便于在行字旁套印不同颜色的评点批注。每叶虽然经过数版套印，但不同颜色之间却很少参差互湮，表明此期套版印制书籍的技法已经相当精熟了。加之印纸洁白如玉，色彩斑斓，展卷生辉，令人欣羡。凌、闵两家还合作刻版套印了一些书籍，如朱墨两色套印本的《韩非子》《吕氏春秋》《淮南子》，三色套印本的《古诗归》《唐诗归》等。凌汝亨刻过朱墨本《管子》，凌启康刻印过带有精美插图的戏曲小说，如《西厢记》《琵琶记》《红拂记》《虬髯客传》《玉茗堂摘评王弇州先生艳异编》等。总计凌、闵两家所刻墨印本、套印本各书大约有一百三十多种，已是十分可观。

凌、闵两家的套印技术，不仅是在印刷工艺上精彩，其价值还在于它使中国早已产生的套色印刷发生了一次质的飞跃，使单版分色套印演进到了多版分色套印，并由此又催生了饾版、拱花印刷技术的相继产生。明末江宁吴发祥、休宁胡正言吸收这种分版套印的技法，再加以大胆地创新，便创出了"饾版拱花"的印刷技法。

明天启六年（1626），江宁吴发祥在金陵率先用饾版拱花的技法印刷了《萝轩变古笺谱》。吴发祥，江宁（今江苏南京）人。其人"志在千秋，尚友羲皇"，既不"趋今而叛古"，亦不"是古而非今"，能以平和的心态、创新的技法传古之

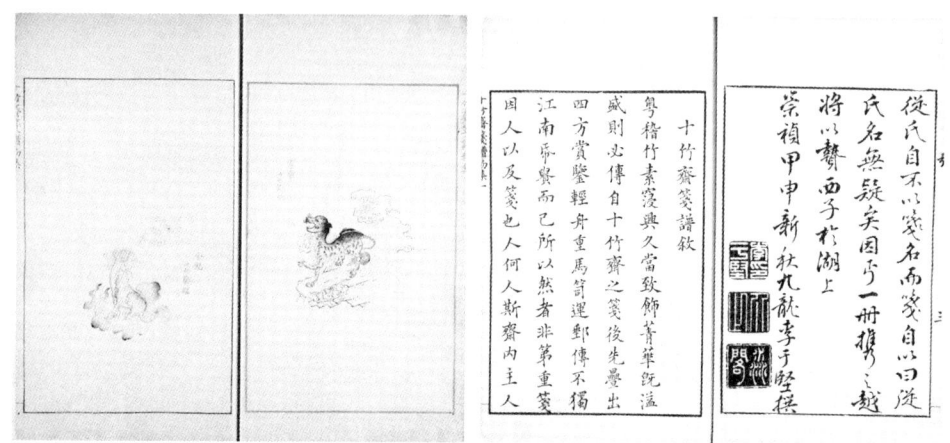

明崇祯十七年胡正言饾版拱花印制的《十竹斋笺谱》

精华,从而将中国固有的雕版印刷技术推向了极致。

胡正言(1580—1671),字曰从,休宁(今属安徽)文昌坊人,大约在万历三十年(1602)以后移居南京鸡笼山侧。其人聪颖,精研六书,长于篆籀。所摹历代篆文、法帖、印存、画谱不下数百卷。生性爱竹,故于院中种竹十余竿,因颜其室曰"十竹斋"。胡正言一生刻印过很多书籍,但最有代表性的作品,是他用饾版印制的《十竹斋画谱》和用饾版、拱花两种技术套印的《十竹斋笺谱》。所谓饾版,是将彩色画稿按不同颜色分别勾摹下来,而后每种颜色刻成一块小木板,然后依次逐色套印或叠印,最后形成完整的彩色画面。因为这一块块镌雕的木板形似饾饤,故称饾版。用这种技法印制出来的画面,其色彩的浓淡深浅、阴阳向背,几与原作无异,形神俱肖,艺术效果令人叹为观止。今天北京荣宝斋的木版水印,就是这一技法的继承和发展。所谓拱花,是用阳纹凸版挤印出来,它能使天际的行云、江上的流水、禽类的翎毛、虫类的须腿、花朵的轮廓、器物的边线等,都一一突现在纸上,很有立体效果,大有呼之欲出之感,将雕版印刷技术推向了巅峰。

清代的套版印刷,在明末的基础上有长足发展,但再无质的飞跃。我们可以这样说:雕版印制书籍的技法,到此已登峰造极。

## 五　书籍的装帧艺术

古往今来书籍的装帧都是一门艺术。其内容大体包括书籍的版式设计、插图设计、封面设计以及装订形式的确定等。这些设计与实践的完美统一，便构成了书籍的装帧艺术。

### （一）古代书籍的版式设计

中华民族的祖先是很有艺术眼光和审美观点的。他们常常把物质的实用与艺术审美巧妙结合，从而创造出许许多多既实用又美观的物质产品。在书籍装帧艺术的设计上，同样体现了我国古代先民的无穷智慧与创造能力。

甲骨文书，其造型美和装帧艺术自然无从谈起。青铜器本身就是古朴高端的艺术品，铸、刻在青铜器上的铭文，当然也随之而有美的感染力。秦国的石鼓文，是古代有名的用石头制成的书，它为什么要制成鼓形？恐怕除了增加载字面积外，也有美的含蕴在里边。竹、木简书，由于都要削制成一条条片状，平面有限，自然难以装饰。但它编联成册之后形成的编联状态和根根狭长的条状，却为后来手写帛书、纸书，乃至于印制书籍所效法和继承。

手写帛书，绝大多数都织、画有边栏界行，初意应是对竹木简书的模仿。边栏，指的是行行文字四周圈画或圈织的栏线，也称边框。界行，指的是文字行与行之间织或画的界线，也称为栏线或界格。古人在缣帛上织、画边栏、界行，固然与写出文字容易齐整、端庄有关，但追根溯源，恐怕还是对编联好的竹木简书的模仿。试想，打开一卷制好的帛书或纸书，其上下两端平行的栏线，岂不是竹木简策上下两端编绳形成线条的遗意吗？而文字行与行之间的界线，岂不是竹木简简与简之间所形成间缝的仿效吗？可以这样说，直到印版书籍出现以后其版面形成的版框与界行，仍带有竹木简及手写帛、纸书边栏界行的遗意。但前者是自然形成的状态，后者则是模仿过程中的艺术再现。这种事物演变过程中继承与发展的关系，是自然界和人类社会常见的规律。书籍装帧艺术的演变同样有着这样的规律。

我们在前边曾经引证过《后汉书》卷三十《襄楷传》的说法："顺帝时，琅邪宫崇诣阙，上其师干吉于曲阳泉水上所得神书百七十卷，皆缥白素朱介青首朱目，号《太平清领书》。"其下唐章怀太子李贤注曰："缥，青白也。素，缣也。以朱为介道。首，幖也。目，题目也。《太平经》曰：'吾书中，善者悉使青下而丹目，合乎吾道，乃丹青之信也。青者，生仁而有心。赤者，太阳，天之正色也。'"可知这《太平清领书》之所以分色套写，首先是合道，然后才是省目和美观。唐李肇《唐国史补》卷下记载"宋亳间有织成界道绢素，谓之乌丝栏、朱丝栏"。《书史》亦称"黄素《黄庭经》是六朝人书……黄素缜密，上下是乌丝织成栏，其间以朱墨界行"。《广川书跋》卷十称"唐许浑用乌丝栏书其诗为集"，足见在帛书行用时期，人们是注意卷面的装饰美化的。这种装饰既考虑到实用意义，又照顾到艺术效果，是美与用的结合。

纸书盛行之后，仍画有边栏界行。唐五代以前的手卷纸书，其边栏界行的颜色几乎都是灰黑色，习惯仍称为乌丝栏，这明显是借用帛书时的称呼。但这些手卷纸书的边栏界行究竟是用什么笔画的，历来说法不一。但从现存的大量敦煌遗书看，有相当数量是用毛笔淡墨画的，这从它的颜色和曲直匀称程度，就能直观地看出来。但也有不少其边栏界行的匀直和颜色，绝不像是墨笔画的。它们的颜色近于黑灰，笔道硬直而匀称，很像是现代铅笔的颜色和笔道。这就提出来一个问题，即唐以前究竟有没有铅笔。如果有铅笔，是否和现代铅笔是同样质料？这是个很值得研究的问题。

大家知道，金属铅和铅粉是能够写字画道的。因为铅本身既具有黑灰的颜色，又质地松软，并且中国人很早就懂得利用矿物质铅了。贾谊《吊屈原赋》谓"莫邪为钝兮，铅刀为铦"，用以形容利钝颠倒、是非混淆、良莠不分。可知西汉以前早已有金属铅了。晋葛洪的《西京杂记》卷三说："扬子云好事，常怀铅提椠，从诸计吏，访殊方绝域四方之语，以为裨补辀轩所载，亦洪意也。"扬雄也是西汉人，是《辀轩使者绝代语释别国方言》的作者。此书是扬雄做了很多调查才写成的。"怀铅提椠，从诸计吏，访殊方绝域四方之语"，正反映了作者调查的艰难。这里的要点是"怀铅提椠"四个字。椠是方木板，是当时常用的书写载体，可以看成是扬雄用来记录各地方言的笔记本。那么铅又是做什么用的呢？从文意上看，显然是用来书写记录方言的笔。

《东观汉记》卷十八称:"曹褒,字叔通。笃学有大度。常慕叔孙通为汉礼仪,昼夜研精沉思,寝则怀铅笔,行则诵文书。"曹褒是东汉山东薛邑人,与叔孙通是同乡。叔孙通是西汉高帝时人,对制定汉朝礼仪颇有贡献,深得刘邦赏识,因此被曹褒尊为同乡先贤而倾慕之。而曹褒亦笃学有大度,很想像叔孙通那样有所作为,故"昼夜研精沉思",乃至"寝则怀铅笔,行则诵文书"。为什么睡觉还要怀揣铅笔呢?显然是为了思考成熟,心有所得,便随时记录下来。这里明白无误地提出来曹褒使用了铅笔。

问题是这时候的铅究竟是金属铅,还是后来的石墨铅笔? 1986年我曾从破碎的敦煌遗书中取样做过科学检测和化验,证明这些类似铅笔描画的边栏界行,绝非金属铅所画。剩下来的问题就是到底是什么了。我推想很可能是石墨。石墨产于我国北方,中国人很早就懂得利用它。很可能因其画出痕迹的颜色类乎金属铅,故被古时人们通称为铅。今天的铅笔,本是石墨所为,可是仍称为铅笔,盖来源于此。如果上述理解和分析能够成立,则中国古人老早就会用铅笔来描画边栏界行了。这在书籍装帧艺术史上,也应描绘一笔。

版印书籍出现以后,特别是宋代以后,由于书籍生产方式的变化,书籍的版面设计与形式随之发生变化。手写纸书、帛书乃至于竹木简书,随意性都很大,可以根据文章的长短,随意剪裁。版印书籍可就不同了。一版古书的文字长短,没有那么大的随意性,它不受文章篇卷段落的制约,而必须受版面大小的限制。简单地说,就是印制书籍是以每一版为基本的构成单位,所以它的边栏界行、书口、鱼尾等,也就只能在版片上下功夫。版印书籍的边栏界行,对于手卷纸书和帛书来讲,仍带有继承和模仿的意味。雕印书籍不要边栏界行,本来也可以做到端庄整齐、行直字正,后世印版书籍就有不带边栏界行的。但总不如有边栏界行显得更端庄、更整齐。这就有美的用心在里边了。从宋到清,版印的书籍,除一部分没有边栏界行外,绝大多数都镌有边栏界行。大致分为四周单边,左右双边、四周双边几种情况。所谓四周单边,是指版面文字的上下左右四围被一条粗黑的墨线所圈围。所谓左右双边,是指在左右粗黑的边栏内,再各镌印一条细墨线,实际又形成一版第一行文字右边的界行线和末行左边的界行线。所谓四周双边,是指在粗黑的边栏之内侧,再环版面文字的四周镌印一条细墨线。几种不同形式反映着书籍刻印精粗的不同的质量,也构成了中国古代版印书籍版面的基本

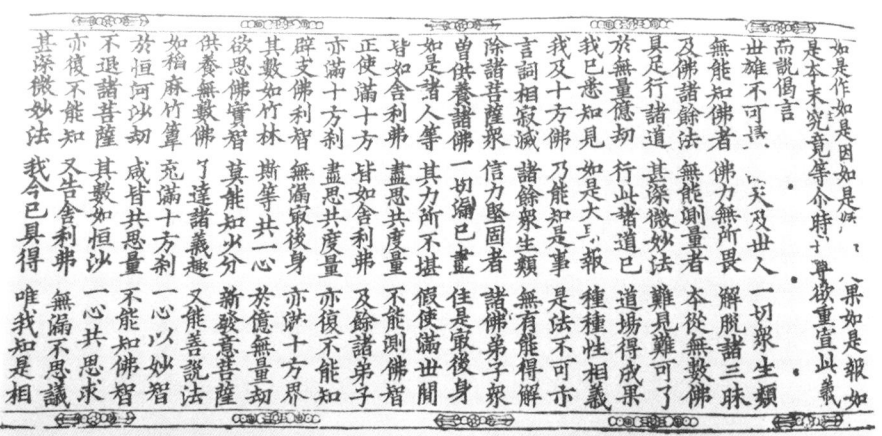

辽刻《妙法莲华经卷第三》

形式。这些形式端庄大方，整肃古朴，给人一种端庄美。

到了明代，特别是明代后期的书铺子刻印的戏曲、小说，为了形式与内容更加协调，赢得读者欢欣，达到易售和盈利目的，他们不仅根据书中内容，雕印多寡不同、形式多样的插图版画，还在边栏和版面上尽量精心设计，又出现了所谓的花栏。所谓花栏，指的是四周边栏不再是一条简单粗黑的墨线，而是把一条粗黑的墨线变为有一定距离的两道平行的细线，然后在这两道细线中间雕饰各种花纹，就现在所见到的，花栏中的纹饰也各种各样，有光草纹，有竹节纹，云龙纹，有博古纹等。有墨色单印的，也有蓝色单印的。看上去耳目一新，别具特色。这就纯粹是艺术装饰，美的蕴含了。如果这种形式就是花栏，其出现的时代要前推到辽代。山西应县木塔所出辽代刻印的经卷就有雕饰莲花、金刚杵的花栏。

所谓点板，指戏曲著作中标示声调的符号。明许宇在《昆腔原始》中说："元魏良辅，昆山州人。瞽而慧，以师旷自期。先为丝竹之音，巧绝一世。继则定曲腔点板，发古人未有之心思。海内宗之。"明程明善《啸余谱》卷八《石榴花》《冤家债主》传奇说："守、受、苦，俱去、上声，俱妙。贤字若不点板，只点一板在'也'字上，亦可。"同书卷四《南曲谱》又说："细考之，黛眉句，亦当作玉芙蓉，但点板当在'懒'字头及'昼'字下耳。'黛'字'昼'字二板不

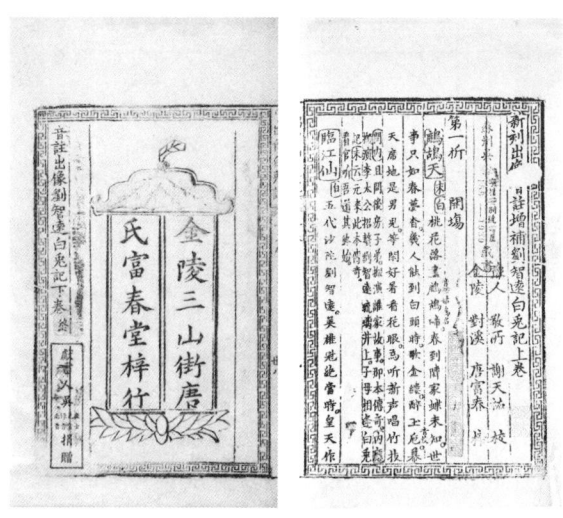

明万历金陵书坊唐富春《新刻出像音注增补刘智远白兔记》

同。"清卢见曾《雅雨堂文集》卷二《旗亭记序》说："又引梨园老教师为点板排场，稍变易其机轴，俾兼宜于俗雅间。"这种戏曲著作中的点板，是用以指导说唱时某字的读音，与版面设计无直接关系，但书铺刻这样的书，也常在书的题名上特意予以标出，以吸引读者，促销其书。所以中国古代的书籍，包括某些手写纸书、帛书，它们首先是书籍，具有思想内容和学术、资料价值，同时也是艺术，蕴涵着美。

版面当中还有书口，也称为版口、版心，这是印制书籍所特有的东西。书口是指一版的中缝，为折叶时取作标准。如果简单处理，刻印一道细线完全能起到同样的作用，也未尝不可。但古人没有采取简单从事的态度，而是将实用与艺术结合起来，精心设计版口的形象。

书口，有白口、黑口之分。黑口又有粗黑口、细黑口之分。粗黑口又称为大黑口，细黑口又称为线黑口。宋代刻书多是白口，南宋后期出现了线黑口。元代刻书将细黑口夸张，成为粗大黑口。明代正德以前，刻书仍仿元制，仍是大黑口者多，特别是内府司礼监所刻之书，几乎都是大黑口。嘉靖以后，伴随文学上的复古运动，刻书也复宋之古，又多为白口。清代刻书，黑口、白口兼而有之，但仍以白口为多。白口是刻书精细的表现。宋本书，很多在白口处（指上鱼尾以上部分）又有所谓象鼻。象鼻指上鱼尾以上至上端栏线，于中缝处又镌印一道细墨

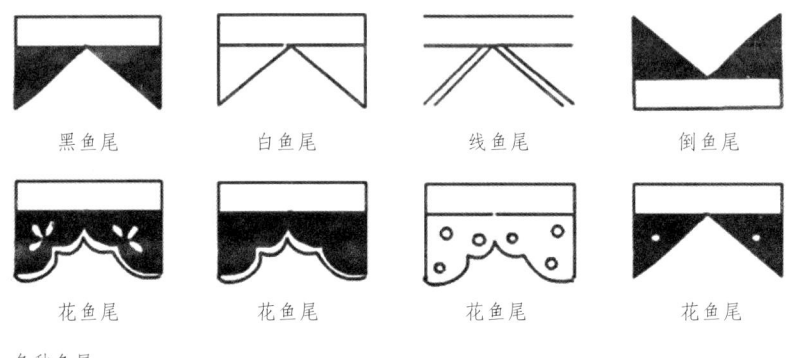

各种鱼尾

线。沿着这道黑线连同鱼尾整体观看，确似象鼻下垂，故称象鼻。也有不带象鼻的。象鼻旁边常常镌刻本版大小字数。下鱼尾下方部分常常镌刻刊工姓名。这是为了分清责任，计件偿给工钱。变成粗黑口以后，大小字数及刊工姓名就无处刻记了，这层意义也就不复存在了。

鱼尾，也是书口里边的构成部分，有单鱼尾、双鱼尾之分；更有顺鱼尾、对鱼尾之别。其形象为鱼尾的用意，大概只是标识中缝线，折叶时容易取准，古人则把它设计成鱼尾形象，既实用，又美观，还增添了书籍版面的活力。上下鱼尾之间常常镌印简化了的书名、卷第、叶码。因此，有人又把这种刻有文字的书口称为花口。

版面上还有书耳，或称为耳题、耳记，宋本书常有这种现象。所谓书耳，系指在一版左侧边栏外边上角又镌印出与左边栏上下平行的约半厘米宽、二厘米长的空格，其形象如同书又长了一个耳朵，所以称为书耳。书耳中常常镌印简单的题记，如《春秋左氏传》标记"僖公""隐公""哀公"，《诗经》则标记"关雎""豳风""鹿鸣"等，使人易于检索，所以又称为耳题、耳记。

美国哈佛大学的哈佛燕京图书馆藏有两种明版书，其书口有彩绘的画。那是书籍装订之后，将书口捻成平面绘画上去的。平整放置时看不出有画，捻开来就画面跃然。这虽不属于镌刊版面时的设计，但也是一种美化书口的尝试。

总之，中国古代书籍的版面设计，既端庄又美观，既实用又艺术，加上后世藏书家钤盖的闲章雅印，看去不啻为艺术品。

## （二）古代书籍的插图版画

中国的版画，多缘于书籍的插图，至今人们仍把图、书并称，大概就是由于自古以来中国的书籍就有图。清徐康《前尘梦影录》中曾说："古人以图、书并称，凡有书必有图。……而兵书略所载各家兵法，均附有图。《隋书·经籍志》礼类，有《周礼图》十四卷……是古书无不绘图。"

待雕版印书盛行以后，这种有书有图的风气不但被继承了下来，而且大大地向前发展了，这就是中国古代书籍中的插图版画。书籍的插图，是对文字内容的形象说明，它能给读者以清晰的形象，从而加深人们对文字内容的理解。因此，插图版画随着雕版印制书籍的发生与发展，也就逐渐兴盛了起来。

我国采用雕版印刷术印制书籍，大约始自初唐。而当这种崭新的技术刚一兴起，其优点和长处一下就被最富宣传能力的佛教徒看中。他们用这种技术雕印经文佛像，以达到做功德、传教义和争取信徒的目的。王国维先生在五代后晋开运四年（947）雕印的独幅佛画《大圣毗沙门天王像》题记中说："古人供养佛菩萨象作功德，于范金、刻石、绘图外，兼有雕板。……雕板之事，肇于有唐。"鲁迅先生在《木刻纪程小引》中亦说："中国木刻图画，从唐到明，曾经有过很体面的历史。"又在《全国木刻联合展览专辑序》中说："木刻的图画，原是中国早先就有的东西。唐末的佛像、纸牌，以至后来的小说绣像、启蒙小图，我们至今还能够看见实物。"这说明当雕版印刷术刚刚兴起的时候，雕印的佛画随之就产生了，这可以说是我国木刻版画的滥觞。

关于唐代雕印佛教版画的文献记载和实物留存，论者各举其例，不一而足。下面也举几例，亦可以反映出唐代佛教版画的雕印情况。

1944年，成都东门外望江楼附近的唐墓中，出土了成都府成都县龙池坊卞家雕印的《陀罗尼经咒本》，约有一尺见方。中间镌佛像一尊，四周刻古梵文咒语，周围又刻小佛像数尊，是一幅构图完整、图文并茂的木刻版画。成都原称蜀郡，唐至德二年（757）升蜀郡为成都府。此咒本右首行印有"成都府成都县龙池坊□□□□卞家印卖咒本"一行，昭示约在8世纪中叶佛教独幅版画的雕印已在西南地区流行了。

到9世纪中叶以后，即唐咸通九年（868），王玠为二亲祈福而印造普施的

唐咸通九年王玠雕造的《金刚经》卷首扉画

《金刚经》，开了经文卷首配镌扉画的先河，是早期插图版画主要形式之一。这幅插图版画描绘的是释迦牟尼佛坐在祇树给孤独园经筵上说法的故事。长老须菩提，正是经文中所说之褊袒右肩，单膝着地，合十恭敬而向佛言的形象。佛的左右，屹立着两员护法天神，周围环立着许多贵人施主和僧众。经筵的前面，卧着两头勇猛的狮子，用来表现佛法无边，连猛兽也足以渡化降伏。图的上部，在微风吹拂的幡幢上，两位仙女驾着祥云飘然而来。整个构图中心突出，错落有致。释迦牟尼佛妙相庄严，胸藏万法；长老须菩提虔诚聆听，神态恬然；天神尚武，护法坚贞；众僧垂目，凝神恭听；雄狮欲出，但又囿于佛法，无可奈何。各种形象都有自己的特点，但都栩栩如生，生动传神，呼之欲出。不但在绘画技法上表现了中国画传神的特点，在雕刻刀法上，在线条描摹上，也能与绘画相辅相成，融为一体。所以这幅作品，不但表明在9世纪中叶，即唐代晚期，我国的木刻版画已进入一个相当成熟的时期，而且在书籍插图版画的形式上也具有划时代的意义。此后佛经，包括单经大藏，其插图版画多取卷首扉画的形式，盖缘此而通行。此经原出敦煌莫高窟藏经洞，20世纪初被斯坦因携往英国，今藏大英图书馆东方部，是现存最早而又相当成熟的印刷品。

进入五代之后，不但政府组织力量校刻儒家经典，远在西北边陲的地方节度使也主持刻印佛经、佛画。五代后晋开运四年（947），西北瓜沙、敦煌地区的归义军节度使曹元忠便请人雕印了《大圣毗沙门天王像》《大慈大悲救苦观世音菩

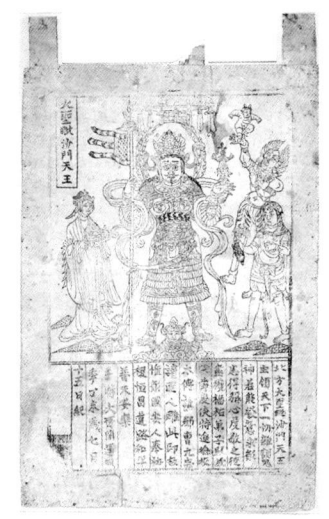 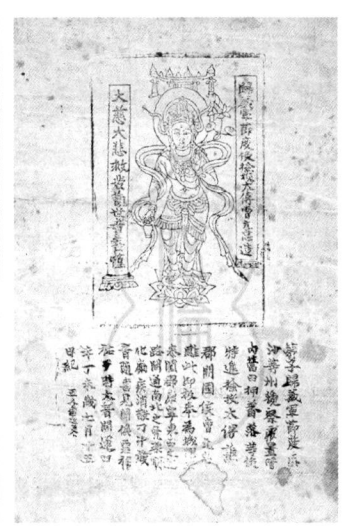

左：五代后晋开运四年曹元忠刻《大圣毗沙门天王像》
右：五代后晋开运四年曹元忠刻《大慈大悲救苦观世音菩萨像》

萨像》等，使版画雕印艺术更前进了一步。《大圣毗沙门天王像》描绘的主人公毗沙门天王，在佛教中是护法的天神，是所谓四大天王中的北门天，神通广大。传说在唐天宝元年（742）不空三藏作法，请毗沙门天王显圣，因此平息了外乱，所以毗沙门天王在唐代被奉为军神，影响深广。版画的结构很紧凑，一个健壮的地神，从地下露出半个身子，用他的双手擎住毗沙门的双足。毗沙门右手执附旗长戟，左手托着供奉释迦牟尼的宝塔，头戴宝冠，旁附羽翼，双肩喷射火焰。腰间紧窄，横佩长剑，肩披长甲，铠片鳞鳞，目光炯炯，胡须上翘，充分表现了毗沙门天王的尚武精神、剽悍性格和无穷的威力。辩才天女手捧花果侍立于左，童子与罗刹侍立于右。面目狰狞的罗刹右手高举着一个婴儿，这是借讲述西域于田国王，自认为是毗沙门天王的后裔，国王耆老之后，没有子嗣，祈请毗沙门天王。毗沙门天王大显神通，从额头幻出婴儿，国家才能传承不息的故事，表现毗沙门天王能随时变化婴儿、普度众生的神通。整个构图中心突出，结构严谨。刻画线条刚劲而不呆板，人物神态各具特色。图案下面分界刻印题记十行。上图下文，图文并茂，开了书籍上图下文形式的先河。

《大慈大悲救苦观世音菩萨像》，是曹元忠在刻印《大圣毗沙门天王像》的同时刻印的。唐代的节度使集军、政、财、法大权于一身。作为军人，他负有保

北宋开宝八年吴越国王钱俶刻《一切如来心秘全身舍利宝箧印陀罗尼经》卷首扉画

境安民的职责，所以首先崇信军神，这大概是他主刻《大圣毗沙门天王像》的原因。作为地方行政长官，他又负有为民祈福的职责，所以又崇信在东土颇有影响的观世音，这大概又是他主刻《观世音菩萨像》的原因。两幅佛画刻于同年同月同日，又都是上图下文的形式。可见五代时期已初步奠定了中国书籍插图版画的又一种形式——上图下文，图文并茂。这些珍贵的印刷品，现藏大英图书馆东方部。

中国国家图书馆藏有吴越国王钱俶于北宋开宝八年（975）雕印的《一切如来心秘全身舍利宝箧印陀罗尼经》，也称为《雷峰塔经》。这是吴越国王为宠妃黄氏祈福而镌雕供奉在杭州雷峰塔的佛经。从五代后周时开雕，一直延续到向北宋投诚纳土之后。中国国家图书馆所藏此卷，也是卷首镌印扉画。内容是描绘吴越国王宠妃黄氏礼佛的故事。线条简练，构图及环境布置很紧凑。

此后宋代雕印的《开宝藏》，辽代雕印的《契丹藏》，金代雕印的《赵城藏》等，也都是卷首扉画的形式。原因是这些藏经都是卷轴装，这种装帧形式的书籍，其插图便以卷首扉插最显要、最醒目，也最方便。但在宋代雕印的佛经版画中，插图形式又有许多创新，出现了在经卷中间插图或连续插图的新式样。有的上图下文，有的左图右文，有的内图外文，有的不规则插入，形式多样。但目的都是为了形象通俗地解释经中故事。如北宋崇宁年间（1102—1106）江苏地区刻印的《陀罗尼经》就是这种形式。一幅图版，分数段描写故事内容；如皇祐元年（1049）刊印的高克明绘画的历史故事《三朝训鉴图》十卷；嘉祐八年（1063）刊印的相传为顾恺之补图的《列女传》八卷；崇宁二年（1103）刊印的将作少监李诫撰绘的《营造法式》三十四卷；大观二年（1108）刊印的《经史证类大观本草》；南宋乾道年间（1165—1173）刊印的《六经图》以及其后陆续

《赵城藏》卷首扉画

出现的《群书类要》《博古图》《梅花喜神谱》《忘忧清乐集》等，都是书中带有连续插图或多幅插图的实例。

与宋同时，北方先后有辽、金峙立，西北有西夏雄踞。它们都先后创造出不可磨灭的历史与辉煌的文化。山西应县木塔出土的辽刻佛经，有七件带有卷首扉画，大约都刻于当时的析津府——今天的北京。金代的山西平水，也称为平阳，就是今天的临汾，是金代的刻书中心。这个地区于大定二十六年（1186）由书轩陈氏刻印《铜人腧穴针灸图经》五卷，明昌三年（1192）平水地区刻印《新刊图解校正地理新书》十五卷，蒙古定宗四年（1249）平水晦明轩张氏刻印《重修政和经史证类备用本草》三十卷，贞祐二年（1214）高州福昌孙夏氏书籍铺刻印《经史证类大全本草》三十一卷。这些书籍也都带有精美的插图版画，说明辽、金与宋代一样，在书籍插图版画方面同样做出了贡献。西夏虽偏居西北，但他们雕刻的佛经插图版画也十分精细，在中国插图版画史上也应占有一席之地。

特别值得提及的是当年沙俄地理学会组织的以科兹洛夫为首的探险队到中国西北进行所谓探险，从黑水城西夏旧都遗址发掘携走许多西夏书籍。其中有一幅我国现存最早的招贴画，叫作《随朝窈窕呈倾国之芳容图》，也称为《四美图》，是金代山西平水地区姬家刻印的作品。其内容是描绘我国历史上有名的四位美人。一位是汉成帝时宫中女官婕妤，后来立为皇后，体态轻盈、能歌善舞的赵飞燕；一位是怀抱琵琶出塞和亲的王昭君；一位是汉成帝的妃子，才华出众的班婕妤；一位是晋代石崇的爱妾绿珠。画面构图富于变化，人物形象生动自然。赵飞燕、绿珠居前，王昭君、班婕妤在后。绿珠面左朝正，其余三人均面右朝正。但衣裙都向左飘斜，仿佛都在微风中款步徐行，静中有动，动中有静，动静结合，跃然纸上，颇有呼之欲出的效果。人物的背后又布置有玉阶、雕栏、假山、牡丹，并细饰花边、鸾凤。线刻精致入微，敷墨协调自然，是我国木刻版画中带有划时代意义的杰作。

12世纪初叶，金代山西崔法珍断臂募刻的《赵城藏》，每卷前也都镌印卷首扉画，描绘如来佛褊袒正坐，头肩圆光，妙相肃然，与佛弟子说法。左右侍立弟子十人，一人仰首合十，聆听佛法，其余亦各具神态。两角分别侍立一戎装金刚，以示护卫。整个构图和线描严整有力，代表了北方雄浑豪放的风格。

元朝是以蒙古族贵族为首建立的封建帝国，元代的刻书事业有自己独特的风格，插图版画也有不少杰作，可惜流传下来的并不多。现存插图最丰富的《事林广记》、上图下文的《虞氏全相平话五种》、卷帙较大的《全相成斋孝经直解》、铺陈考究的《博古图》、精巧别致的《绘像搜神前后集》以及《竹谱详录》等，其绘画与雕印亦均极精湛，堪称元朝版画的代表作，足资珍重。

《新刊全相成斋孝经直解》是元朝上图下文的插图本之一。前有"至大改元孟春既望宣武将军两淮万户府达鲁花赤小云石海涯北庭成斋自序"。小云石海涯就是贯酸斋主人贯云石的别名。《新刊全相成斋孝经直解》根据十五篇的内容，构图十五幅。始于"仲子居，曾子侍"，终于"卜其宅兆，而安措之"。整个插图刀法浑厚有力，人物形象比例适度，位置布列颇具匠心，环境配景也极为协调。插图中连环的风格也相当成熟。

建安《虞氏全相平话五种》是元代小说带有插图的代表作。每一对页一图，每图各有小标题。在绘画技巧上，人物形象生动传神，富于变化。环境布置主次得体。构图连续有序。雕刻的刀法圆润爽朗，韧而有力，婉丽中又显出浑朴。印制精细，敷墨有度，黑白分明。整个插图，画面生动，变化无穷。这一上图下文连续形式的插图版画，继承了唐、五代、两宋优良的传统经卷插图版画的风格，又独创新意，把经卷插图形式和技法加以发扬，奠定了其后明代版画的根基。

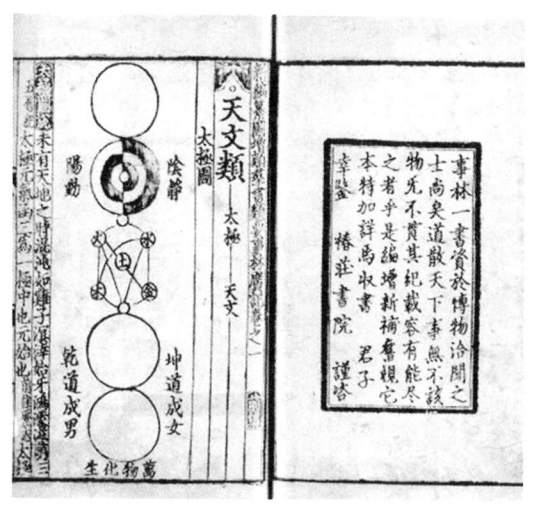

元建安椿庄书院刻《事林广记》插图

建安椿庄书院刻印的《事林广记》四十二卷，开本宏朗，书品考究，插图繁夥。台北《故宫周刊》合订本第十六册曾刊印过两幅《事林广记》的插图。一为两位贵官对坐，做双陆之戏。床后侍立二人，一捧仗，一捧盉。旁陈一几，上列酒茗杯箸。人物背后，以屏风为衬景。屏风上绘牡丹、孔雀。一只黑色的猎狗正由屏风后面转出。另一幅亦是两位贵官，分左右而坐，侍者跪地献酒果。床后侧是乐队，正在拨弦吹奏。床左右各立一只黑白猎狗。整个画面描绘的是蒙古族达官贵人的生活场面。刀法浑厚古朴，黑白对照鲜明。人物的面形神态、衣着陈设，布置得都很合理，且都有猎狗出现。既反映了蒙古族游牧生活的习惯，也表达了蒙古贵族的作风，代表了当时蒙古族上层社会的生活面貌。惜此本大陆无存，北京大学图书馆藏有元后至元六年（1340）郑氏积诚堂刻本。

明初久经战乱之余，社会经济、文化生活都曾十分困难，反映在雕版印书和插图版画上也都有所反映。如明洪武初年民间雕印的《天竺灵签》，经折装，小开本，以厚黄纸双面印刷。构图较粗，人物也仅具形象。这完全是兵戈初定、物力维艰的折射。

到永乐元年（1403），明王朝已经经过三十多年的恢复，社会经济、文化都呈现出繁荣的景象。此期三宝太监郑和刊印、姚广孝为之作跋的《佛说摩利支天经》扉画，富丽精工，堪称永乐时版画的代表作。永乐十八年（1420），又刊印

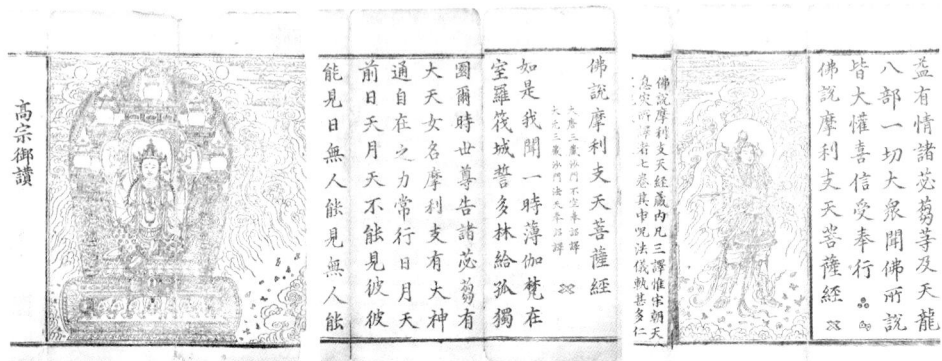

明永乐郑和刻本《佛说摩利支天经》

了道家的《天妃经》。其扉画以天妃像为主,侍从诸人,冠履显赫,气象森严,刻印极为工整。其他如《观音经普门品》《鬼子母揭钵图》《佛说阿弥陀经》《礼三十五佛忏悔法》等,亦都是明初版画或插图版画的名作。与此同时,其他书籍的雕印与版画插图,也出现了不少好的作品。如《考古图》《全相二十四孝诗选》《道学源流》《濂溪集》《老子道德经》《广信先贤事实录》《阙里志》《吴江志》《石湖志》《安骥集》《武经总要》《云庄集》《欣赏编》等,就都带有多寡不同的版画。所有这些明代前期的版画作品,都表现了一个共同的特点,这就是自然而奔放。其原因就是这时的画工与刻工还多为一人兼任,因为上述这些书籍的插图版画,其人物的须眉、衣服的皱褶等线条刻画,还有极为明显的以刀代笔的痕迹。特别是阴刻的线条,刻工信手刻画的迹象更为明显。但正是这些特点,使明初版画在发挥线描、强调阴刻及版面的黑白对比上,都有大胆的创新,使版画艺术迈出了新的步伐。

明代中叶以后,社会经济和社会结构都在不断发生变化。特别是伴随着资本主义出现萌芽,城镇居民急剧增加,促使手工业和商业进一步发展。作为文化活动的刻书事业,也进一步商业化。适应城镇居民精神文化生活的需要,小说、戏曲作品层出不穷。为了使这些戏曲、小说更加富于形象化,根据小说、戏曲中人物、场景和情节描写绘制镌刻的相应的插图也越来越丰富多彩。弘治十一年(1498)金台岳家书籍铺刊印的《奇妙全相西厢记》,卷尾镌印了一幅广告性的推销说明:"本坊谨依经书重写绘图,参订编次大字魁本,唱与图合,使寓于客邸,行于舟中、闲游坐客,得此一览始终,歌唱了然,爽人心意。"这张广告表明书商为了推销自己的出版物,很会揣摩各类读者的心理;另一方面也说明那时的闲游坐客、来往客商已成为社会的重要组成部分,他们也正需要有这类书籍来满足精神文化的需求。因此,明代中期,特别是嘉靖、隆庆以后,带有丰富插图版画的戏曲、小说,不但数量多,质量和艺术水平也有很大的提高。《西厢记》《水浒传》《三国演义》《琵琶记》《牡丹亭》《玉玦记》《汉宫秋》《拜月亭》《荆钗记》《白兔记》《金瓶梅》《西游记》《燕子笺》《一捧雪》《邯郸梦》《四声猿》《七十二朝人物演义》《仙媛记事》等,无不带有精美的插图。仅以《西厢记》为例,就有弘治金台岳家刊本、李卓吾评本、万历起凤馆刊本、闵振声刻本、徐天池评本、崇祯汇锦堂刊本、金陵萧腾鸿刊本等多个版本,都有多寡不同的插图版画。张生待月西厢,翘首企望,景物浴月,花木扶疏,偶然花影摆动,便疑即莺莺的急切神态与心情,表现得淋漓尽致,惟妙惟肖。这无疑是张生与莺莺爱情故事的形象说明,比光读文字更会吸引读者。戏曲的插图更多,仅就郑振铎、赵万里等所编的三集《古本戏曲丛刊》来看,所收明代插图版画就有三千八百余幅,足以说明明代中叶以后版画之盛。这些插图在构图布局、插图形式、镌刻刀法等方面也充分发挥了中国绘画和雕版印刷的特点,并且大胆进行革新,使版画的艺术造诣更臻完美。

万历以后,版画艺术更加突飞猛进地发展,并且创造了新的方向与新的道路。北京、金陵、徽州、杭州、建阳等地刻书和插图版画的镌印,一方面百花齐放,争奇斗艳;另一方面同一地区的刻书和版画风格又逐渐趋于一致,于是又出现了以地域划分的不同流派,如徽州派、金陵派、建阳派等。待到徽州虬村黄氏刻工出现,徽派形成,则一改往时粗枝大叶的刀法和结构松散的构图,形成了婉丽细致的风格。徽州刻工主要集中在歙县和休宁两地,著名的出版家和刻手主要是黄、汪两家。其余如程氏、方氏、陆氏、吴氏等,也都很有名,并分别创造出很多不朽的作品。如万历十年(1582)黄铤刊印的《新编目连救母行孝劝善戏文》插图,笔致章法尚属豪放有力。到万历三十年(1602)黄玉林刊印的《仙媛记事》插图,便变得清秀婉丽,是徽派插图版画由豪放向婉丽转变的划时代作品。到万历三十年(1602)至万历四十四年(1616),黄应光刊印、陈继儒选编之《乐府先春》,徐文长评本《西厢记》,李卓吾评本《玉合记》,以及《琵琶记》

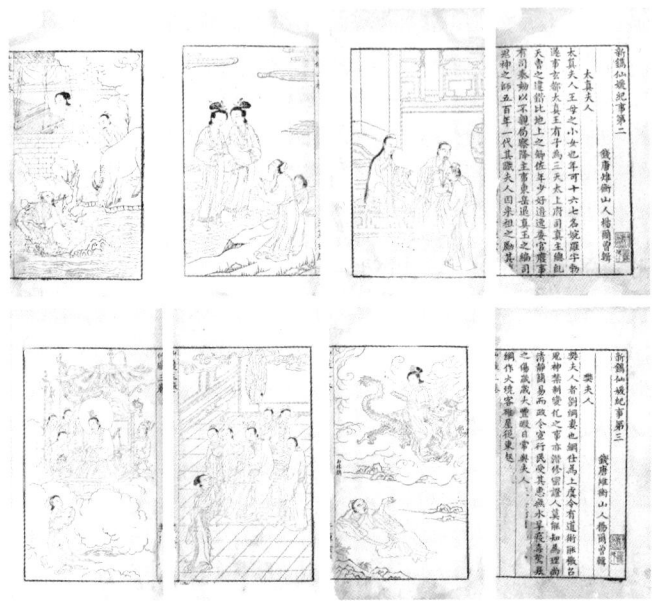

明万历三十年草玄居刻本《仙媛记事》插图

《小瀛洲社会图》《昆仑奴》《元曲选》等插图，均已工致异常。这些插图版画，以独具匠心的构图方式、栩栩传神的人物形象、巧妙协调的场面和布景、隽秀流畅的刀法、墨色匀净对比鲜明而又自然的印工，把插图版画的艺术推向了高峰，把中国书籍的印制工艺也推向了新的水平。

清初，无论是官刻书籍的插图版画，还是民间坊刻书籍的插图版画，在吸取明末版画的艺术技法基础上，继续向前探索和发展，也留下了不少杰作，为中国书籍的制作工艺继续增色。如钦天监五官正焦秉贞手绘、鸿胪寺属班朱圭付刻的《耕织图诗》，王翚、宋骏业、冷枚、王原祁等创作的《万寿盛典图》，乾隆时两江总督总理河防大臣高晋集辑的《南巡盛典图》，以及《圆明园诗图》《避暑山庄诗图》《八旬万寿盛典图》《皇朝礼器图式》《皇清职贡图》《棉花图》，还有西洋郎世宁等绘制的乾隆《十六战功图》等，都是此期官刻书籍带有插图版画的名著。这些版画虽然在取材和构图等方面都受到统治者的钳制，但从反映当时的社会生活来讲，却都有重要的参考价值。特别是清初一些供奉内廷的画家深受西洋画法的影响，在写实、构图等方面，与中华民族的传统画法相结合，创造出许多形象逼真、透视科学、布局清晰的好作品。这些都是清初官刻版画不同于传统版

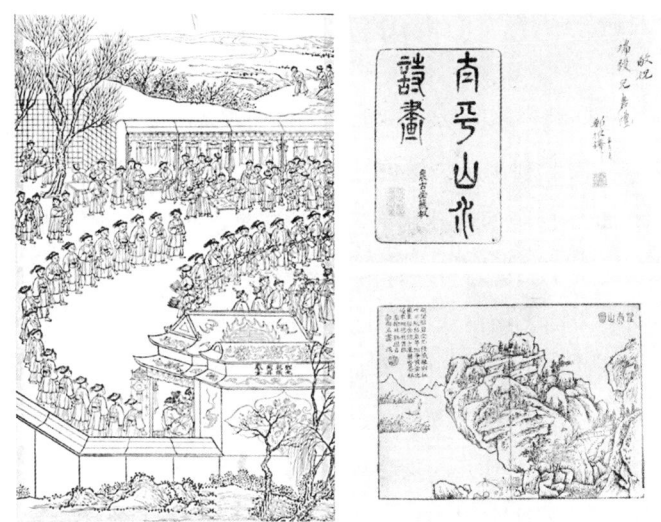

左：清康熙五十六年内府刻本《万寿盛典图》
右：清顺治五年怀古堂张万选刻本萧云从《太平山水图》

画的独特之处。

　　清初除了官刻版画大有发展外，民间版画更有长足的进步。如大画家萧云从顺治二年（1645）刊绘的《离骚图》、顺治五年（1648）刊绘的《太平山水图》，在人物表现方面，继承了前代优秀的传统技法，在置陈布势中又创出了新的风范，显示了独特的风格。

　　在清初这种官私版画大力发展的同时，插图版画在戏曲小说中更有别具风范的发展。如长洲四雪堂主人褚人获重编的《隋唐演义》中，就有古吴赵澄绘，王祥宁、郑子文手刻的插图百幅。其他如《封神演义》《东西汉演义》《东西两晋志传》《西游真铨》《唐书志传通俗演义题评》《水浒后传》《玉娇梨》《平妖传》《三国志演义》《忠义水浒传》《秦楼月》《桃花扇》《长生殿》，以及附有大幅对版插图的《天马媒》等，都有艺术水平很高的插图版画。

　　总结中国书籍插图版画的发展规律，探寻这门艺术发展的光辉道路，能更深刻地了解中国书籍发展的特点和灿烂的历史，从而更加珍惜这份文化遗产，为今后书籍发展提供宝贵的借鉴。

## （三）古代书籍的装帧形制

中国古代书籍装帧形制的演变规律，总是和书籍的制作材料、制作方法的发展变化，及便于翻阅、利于保护等方面的要求紧密相关。例如甲骨文书的装订，据考古学家们考证，是中间钻孔用绳串联。这是由甲骨这种材料的特质所决定的。舍此，似乎也想不出更适合这种材料的装订办法。正规书籍产生之后，其制作材料先后有过竹木简、缣帛和纸张的变化；其制作方法先后有过刀刻、手写和印刷的不同。受这两大因素的影响与制约，中国书籍的装帧形制也呈现出不同特点和不断地演变。就迄今的研究所知，中国古代书籍的具体装订形式或形制，先后大概流行过简策、帛书卷子装、纸书卷轴装、经折装、旋风装、梵夹装、蝴蝶装、包背装、线装、毛装等十种形式。而其中每种装帧形制的形成、流行与流变，又几乎都有各自不同的历史背景或文化背景。探讨它们的演变规律，研究描绘它们具体的装订形式，是个妙趣横生、引人入胜的课题。

### 1. 简策

简策，最简明的诠释就是编简成策。"策"是"册"的假借字。古代有些字有音无字，行文时只好依声托事，借用同音的字加以表示。这种现象，文字学上就称为同音假借，也称为古音通假。用"策"字，直观上看不出编简成策的形象与含义。如果是"册"字，就比较容易理解了。"册"是象形字，像是绳穿、绳编的竹木简。所以《说文解字》解释"册"字曰："象其札一长一短，中有二编之形。"《仪礼·聘礼》中说："百名以上书于策，不及百名书于方。"郑玄注《论语》说："古者曰名，今世曰字。"这句话的意思是说古人写东西超过一百字者，方板上写不下，就要写在编联好的竹木简策上。如果文字内容短小，不到一百字，就可以写在方木板上。关于此处的"简策"一词，唐代贾公彦疏曰："简谓据一片而言，策是编连之称，是以《左传》云'南史氏执简而往'，是简者未编之称。此经云'百名以上书之于策'，是其众简相连之名。"《附释音春秋左传注疏》卷第一亦云："大事书之于策，小事简牍而已。"疏云："单执一札，谓之为简，连编诸简，乃名为册。"其实就是一根一根写了字的竹木片就称为"简"，将若干根简依文字内容的顺序编联起来就成了"策"（册）。可见简策的确切含义的确是编简成策的意思。

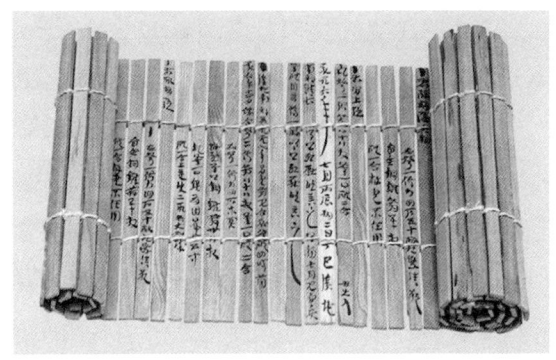
简策

古人编简成策有两种方式：一种是在竹木简上端钻孔而后单绳串联；一种是视竹木简的长短，用两道绳、三道绳编联。汉代刘熙在《释名》中说："札，梬也，编之如梬齿相比。"意思是说在写好的竹木简上端钻孔，然后用绳依次串联，其上边好像梳子背，下边诸简垂挂，如同梳子的梬齿相比。宋朱熹《资治通鉴纲目》卷三十二在"春，正月，梁安成妖人作乱。三月，江州司马王僧辩讨平之"之下注文中谓"《集览》'射不穿札，札，甲札也。编之如梬齿相比，射之不能穿，言其无力也'"。意谓竹片可以编成甲胄，射不能穿。而甲胄的编法，只能串联上端，层层包裹前心后背，才不影响挥枪左劈右刺。如果上下两道编绳编联竹片，再裹以前心后背，会大大影响人的灵活性，何谈打仗！此可以反证前边我们所解释的《释名》中"札，梬也，编之如梬齿相比"的含义。可惜，这种简书的装帧形式，未见过实物，也未出土过实物，没法得到实证。另一种是用麻绳或丝线绳，像编竹帘子一样地编联竹木简。编绳到底需要几道，完全取决于某种书籍所用竹木简的长短。短简两道编绳即可，长简也有用三四道编绳的。甘肃出土的《永元器物簿》就是两道编绳。至于是先写后编，还是先编后写，可能两种情况都有。

为了保护正文不致磨损，古人编简时常在正文简前边再加编两根不写文字的空简，叫作赘简。今天书籍的封面，就仍然带有这种赘简的遗意。赘简的背面上端常常书写书籍中的篇名，下端书写所属书籍的书名。这是因为古人著书于简，不能无限制地写下去，那样编简太长太大，不易检阅和收藏，所以必须写到一定长度就得结为一篇。而用书的人也常常要先查找篇名，然后才能找到自己所要检索的内容。可是古代书籍也往往是一书包括很多篇，例如《论语》就有学而、为政、八佾、里仁、公冶长、雍也、述而、泰伯、子罕、乡党、先进、颜渊、子路、宪问、卫灵公、季氏、阳货、微子、子张、尧曰，凡二十篇。《孟子》也有梁惠王、公孙丑、滕文公、离娄、万章、告子、尽心，凡七篇，每篇再分上下，就成为十四卷。如果所要查找的内容不知道在哪一篇，那就无从下手了。所以古人很重视篇名，把篇名写在赘简上端，以示醒目。而把书名反倒写在赘简的下端，以示该篇所属之书。这种格局虽然是仅适应简策而出现的特定形式，但对后世书籍形式的影响却是极其深远的。直到雕版印书盛行的宋代，特别是北宋时代，卷端题名还常常是小题在上，大题在下，这就仍然是简策格局的流风余韵。

一篇文章的简编完，或一编编好的简写完，便以最后一根简为轴心，像卷竹帘子一样从尾向前卷起。《永元器物簿》出土时，就保持原来卷起的形态。武威旱滩坡出土的医简，出土时有的也保留着卷起的原型。武威出土的《仪礼》简，篇题和篇次并写在第一、二简的背面，卷起后正好露在外面，这也证明其原型是从尾向前卷起的。卷起的简需要捆好，而后放人布袋和筐箧。居延出土的简中就有"书箧一"的记载。《汉书·贾谊传》中也有"俗吏之所务，在于刀笔筐箧，而不知大体"的说法。唐颜师古注曰："刀所以削书札，筐箧所以盛书。"这些盛装简策的布袋，就称为帙，而一帙通常包含十卷。盛装帙简的筐箧，就相当于后世的书箱。简策书籍这种编联卷起的做法，也只是适应竹木简的特质而形成的特定形式，但对后世书籍的装帧形式也产生了极其深远的影响。帛书卷子装、纸书卷轴装的出现及长期流行，完全可以说是对简策卷起收藏形式的模仿和再现。

**2. 帛书卷子装**

中国古代在竹木简书盛行的同时，丝织品缣帛也作为文字载体纪录知识。这种以缣帛为材料制作的书籍，就称为帛书，也称为缯书。又因其色白，所以也称为素书。缣帛柔软轻便，幅面宽广，适于绘图和书写文字。帛书的存放方式有两种，一种是将整幅的帛书折叠成若干叠幅，一种是将适当宽窄的帛书卷在2—3厘米宽的竹、木条上，成为帛卷。这种帛卷，就是帛书卷子装的造型。帛书收藏的这两种形式，尤其是以竹、木条为轴心卷起收藏的帛卷，固与其自身的柔软特性有关，但也有对与之同时并行竹木简书简策装帧形式的效法有关。长沙马王堆出土的帛书，有的写在整幅帛上，难以卷收，故折叠之后随葬在一个漆盒内。有

帛书卷子装

的写在半幅宽的缣帛上，则以一条 2—3 厘米宽的竹片粘于帛书的末尾，然后以此为轴心将帛书从尾向前卷成帛卷，这既是帛书卷子装的实物证据，也是其后纸书卷轴装的雏形。

清代著名的史学家、目录学家章学诚在《文史通义·篇卷》中说："古人之于言，求其有章有序而已矣。著之于书，则有简策。标其起讫，是曰篇章。"还说西汉刘向、刘歆父子受命整理国家藏书，"著录多以篇、卷为计，大约篇从竹简，卷从缣素，因物定名，无他义也。而缣素为书后于竹简，故周、秦称篇，入汉始有卷也"。这两段话的意思是说，篇、章是竹木简书籍的计量单位和名称，卷则是缣帛书籍的计量单位和名称。周秦时盛行竹木简书，故多以篇章称之。入汉以后，缣帛为书普遍流行，卷便成了广泛使用的计量名称。刘向、刘歆父子整理国家藏书，凡是整理完毕正式誊录进呈的书，都是用缣帛书写的。吴树平《风俗通义校释·佚文十一》说："刘向为孝成皇帝典校书籍二十余年，皆先书于竹，为易刊定，可缮写者以上素也。"意谓刘向为国家整理藏书，每书在敲定篇目之后，就要校定文字。在文字校定之后，皆先誊录在简策上，再经过改易刊定，才能缮写在缣帛上进呈给皇帝。表明章学诚所说的"入汉始有卷也"的说法，基本上是符合事实的。

### 3. 纸书卷轴装

用纸来制作书籍，至晚东汉已发其端。纸具有缣帛的轻软，但较之缣帛则更易成型。所以纸书出现以后，它的装帧形式便远绍简策，近仿帛书卷子装，而慢慢发展成普遍流行的纸书卷轴装。这无论是从文献记载，还是实物留存，都能得到有力的证明。

晋代傅咸在他的《纸赋》中，除了赞美纸的方正洁白，很便于书写之外，还形象生动地说它"揽之则舒，舍之则卷"。这两句话既是对纸的性能的夸赞，也是对卷轴装书籍特点的形象描绘。纸张有一定的弹性，卷久了就有自动回卷的惯性，所以用手揽之便舒展开来，可是一撒手就又收卷回去。这是卷轴装书籍固有的现象，也是这种装帧形式的弊病之一。可见晋时的纸质书籍已是卷轴装了。

唐释道宣《续高僧传》卷二《译经篇二》记载"沙门明穆、彦琮重对梵本，再审覆勘，整理文义。昔支昙、罗什等所出《大集》，卷轴多以三十成部。及耶舍高齐之世出月藏经一十二卷，隋初复出日藏分一十五卷，既是《大集》广本，而前后译分，遂使支离，部帙羁散"。说明早在隋朝以前，纸写的佛教《大集经》已装潢成了"卷轴"。

《续高僧传》卷二十八记载隋朝另一位沙门法泰，他自己精勤写得《法华经》一部，多次显现灵瑞，所以要把它带到成都去进行装潢。遂令一人挑，一头以笼盛钱二千，束缚经置钱上，一头是衣服。担行至莋桥，桥忽断，法泰在后，挑担人担俱坠水中。人浮游得出，担子却没不见。急得法泰在岸上捶胸号哭。遂高声唱言：谁能捞得者，赏钱两贯。因有人跳入水中，数度出没，也只捞得钱和衣物，经不得见。法泰转悲泣，巡岸找寻。忽见小洲之上有一小包袱，令人取之，乃是原经。原来，经为草木所擎，宛无湿处。法泰无限欢喜，遂将二千钱赏给打捞者。捞者则言，弟子虽是庸夫，亦知福报，请以此钱充庄严之值。感动得法泰"至成都装潢，以檀香为轴"。可证隋时的书籍不但已是卷轴装，而且所用的轴材有的已是檀香木了。

《续高僧传》卷四记载唐玄奘从印度取经回国之后，又奉皇帝之命在大慈恩寺翻译佛典，当他翻译完毕，装帧完好了之后，曾经上疏皇帝，请求皇上御制一篇序文。谓："所获经论，奉敕翻译，见成卷轴，未有诠序，伏惟陛下睿思云敷……"可见唐玄奘翻译过来的佛经，其装帧形式也都是卷轴装。

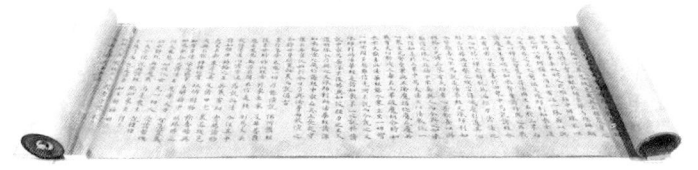

纸书卷轴装

《宋高僧传》卷二十六记载唐开元间沙门玄览,他"以经像为最则,殿前画四像,慈氏为首;铸金铜像三百五十座,弥陀为首;写经二千余轴,金字《涅槃经》为首。如是功德,以顺现报"。所谓"写经二千余轴",也证明唐代书籍的装帧形式,是卷轴装。

所有上述这些都是唐及唐以前关于纸书采用卷轴装的记载。而有唐一代关于这方面的记载,那就更是史不绝书。北宋欧阳修在他的《归田录》卷二说:"唐人藏书,皆作卷轴。"元朝吾丘衍在他的《闲居录》中说:"古书皆卷轴。"清赵吉士《寄园寄所寄》卷八引证明朝都穆《听雨记谈》说:"古人藏书,皆作卷轴。"清朝高士奇在他的《天禄识余》中说:"古人藏书,皆作卷轴……此制在唐犹然。"所有这些说法,也证明自纸书出现,直到隋唐五代,大约近千年的时间内,书籍盛行的装帧形式,的确是卷轴装。

20世纪初,敦煌莫高窟藏经洞出现了大批遗书,其中主要是写本佛经,现在分藏在世界各国,其中主要分藏在英国、法国、中国、俄罗斯、日本、印度等国,总计大约四万多件。这些敦煌遗籍产生的时代,大约上起南北朝,下迄五代,即公元420至960年这五百多年的历史跨度内。此时正是手写纸书的高峰期。这些遗籍,有的就是简单的一卷,有的木轴犹存,进一步以实物的资格,证明唐五代及唐五代以前,纸书的确普遍流行卷轴装。

古时历代纸张的大小规格不尽相同。晋代纸高大约23—24厘米,长26—27厘米。唐代纸高25—26或26—27厘米,长40—43或44—51厘米。五代时纸张的规格大小不等。内容多的书,一张纸容纳不下,只好写完一张再接写一张、两张、三张……可能是几张、十几张、几十张,乃至数百张,直到写完为止。一部用多张纸写完的书籍,按顺序粘接成一幅长条。长条可以先写后粘接,也可以先粘接好后写。写完的长条书籍,即可以从左向右,或者说是从尾向首卷起。为使纸卷不至于折皱或损坏,在长条纸书最后一纸的末尾粘上一根圆木棒,然后以木棒为轴心从左向右搓卷,所以称作卷轴。轴的长度比纸的高度略长,纸书卷好后上下两端都有轴头露出,这样有利于书籍的保护。

书籍的卷轴装似乎也有精装、简装之分。简装,只用一根普通圆木棒为轴,甚至连轴都没有,只是从尾向前卷起,也是卷轴装。精装就有不同的讲究了,据记载,王羲之、王献之晚年写的字要比青少年时写得好。他们在缣帛上写的字,要以珊瑚装饰轴头;在纸张上写的字,要以金属装饰轴头;最次的也要以玳瑁、旃檀装饰轴头。可见晋代的卷轴装,有的已经相当精致了。

《隋书·经籍志》说隋炀帝即位之后,秘阁所藏之书,上品的要用红琉璃轴,中品的要用绀琉璃轴,下品用漆轴,表明隋朝政府的藏书,其卷轴装潢已分出不同等级。《旧唐书》卷四十七《经籍志》载:"开元时,甲乙丙丁四部书各为一库,置知书官八人分掌之。凡四部库书,两京各一本,共一十二万五千九百六十卷,皆以益州麻纸写。其集贤院御书:经库皆钿白牙轴,黄缥带,红牙签;史书库钿青牙轴,缥带,绿牙签;子库皆雕紫檀轴,紫带,碧牙签;集库皆绿牙轴,朱带,白牙签,以分别之。"可见唐代皇家的藏书不但裱轴十分考究,而且已经懂得用颜色来类分图书了。

为保证书籍内容不受污损,卷轴装在正文第一纸前边还要粘接一张空白纸,讲究的粘接绫、绢等丝织品。粘接的这张空白纸或绫、绢叫作"褾",也叫作"包头"、"包首"或"玉池"。褾的右端接有不同质料、不同颜色的带。带的右端接有不同质料、不同颜色的别子,叫作"签"。卷子卷好,褾在最外层,用带绕捆,以签别住。卷轴存放的方法是在书架上平放,轴的一端向外,系上不同质料、不同颜色的书签。签上标写书名、卷次,以便于取阅。取阅书籍时依签上所标示的书名卷次抽出卷轴,用毕原位插入,所以称为插架。唐代文学家韩愈的《送诸葛觉往随州读书诗》中说:"邺侯家多书,插架三万轴。一一悬牙签,新若手未触。"描绘的是韩愈五十六岁时为送诸葛觉前往随州写下的一首诗。诸葛觉乃中唐时僧人,法号淡然,越州(今浙江绍兴)人。后又去僧为儒。善诗。与李益、贾岛、韩愈等均有交往,所以当他要前往随州时,韩愈赋诗相送。邺侯,指曾经做过宰相的李泌。唐德宗时被封为邺县侯,极富藏书。为官时升时贬。后来他的藏书全都转给了他的儿子李繁。李繁极为聪颖,读书过目不忘。此时正为湖北随州刺史。所以韩愈诗开头就说"邺侯家多书,插架三万轴"。"一一悬牙签,新若手未触"是颂扬李繁书读一遍就牢记不忘,不用再读,所以"新若手未触"。这里无须过多解释这首诗,而是要用这首诗的开头,说明那时的典籍都是卷轴装。

### 4. 经折装

"摺"字今已简化为"折",因此"经摺装"也就简化成了"经折装"了。其实这样简,会造成歧义,改变意思。顾名思义,经折装应该是从折叠佛教经卷而得名。前边说过了,到唐代为止,最盛行的书籍装帧形式,仍然是卷轴装。但唐代,佛教佛学在中国的发展也达到了鼎盛时期。一方面是僧尼遍于域中,另一方面翻译过来的佛经又普遍以卷轴装的形式流行。僧尼遍于域中,意味着善男信女诵经的普遍;卷轴装盛行,则意味着它对僧尼们诵经造成了极大的不便。因为佛弟子诵经,要打禅入定,正襟危坐,以示恭敬与虔诚。善男信女们诵经时的这种姿态,卷轴装的不方便可想而知。任何一种卷轴,包括佛教经卷,卷久了,都会产生卷舒的困难。由于卷久的惯性,念过去的部分,经卷会由右向左自动卷起,未念到的部分,经卷又会自动由左向右卷起。如果不及时调整镇尺的位置,经卷就会从左右两个方向朝中卷起,令人无法继续念下去。试想,如此麻烦不堪的卷轴装式,怎么能适应佛弟子们那种打禅入定、正襟危坐的念经方式?因此,一场对流行许久卷轴装的改造,首先在佛教经卷中发生了。这就是将本是长卷的佛经,从头至尾地依一定行数或一定宽度连续左右折叠,最后成为长方形的一叠,再在前后各粘贴一张厚纸封皮,一种新型的装帧形式就诞生了,这就是所谓的经折装。正如元朝吾丘衍和清朝高士奇所揭示的那样,经折装的出现,完全是针对卷轴装卷舒之难的弊病而发生的。吾丘衍在《闲居录》中说:"古书皆卷轴,以卷舒之难,因而为折。久而折断,复为簿帙。"高士奇在《天禄识余》中也说:"古人藏书皆作卷轴。……此制在唐犹然。其后以卷舒之难,因而为折。久而折断,乃分为簿帙,以便检阅。"这两位不同时代的古人,揭示了同一个道理,即经折装的确是由改造卷轴装而来。

1975 年香港中文大学出版的美国芝加哥大学教授钱存训先生的《中国古代书史》,披露了一幅唐写本经折本图版,经名为《入楞伽经疏》,共 211 叶,原出

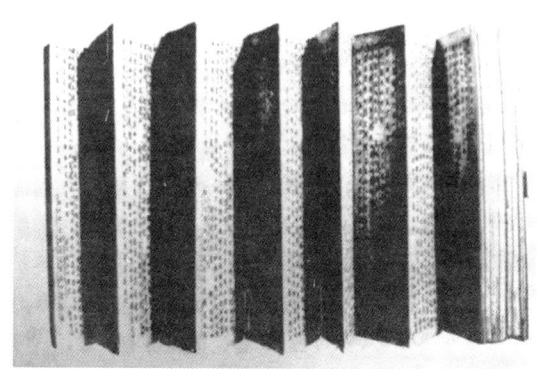

唐代经折装《入楞伽经疏》

自中国敦煌石室。其装帧形式就是左右相连折叠的经折装。这是唐代佛经出现经折装的实物证明。

英人斯坦因在他的《敦煌取书录》中,描绘过一件五代印本佛经的装式,也是经折装。他说:"又有一小册佛经,印刷简陋……书非卷子本,而为折叠而成……折叠本书籍,长幅接连不断,加以折叠……最后将其他一端悉行粘稳。于是展开以后甚似近世书籍。是书时为乾祐二年,即纪元后949年也。"斯坦因看到并描绘的这件实物,表明印刷而成的佛经,在五代时期也有的是经折装了。五代以后,雕印的佛、道两家的单经、大藏,采用经折装的比比皆是。直到清代政府开雕的《龙藏》,仍然采用了经折装式。可见在中国古代书籍的装帧形制中,经折装流行的时间是很长的。

到明清两代,不仅佛典仍常用经折装,一些公务纪录簿,也常用此类经折小册。明汪天锡《官箴集要》卷下《公规篇》的《手册》中载:"每月备小经折三十册,日袖一册坐衙。面写某月某日,以纪一日之事,务要完结,至暮投之柜中。如遇上司按临,亦袖一册,开写紧关事件。如遇分守者,则开钱粮事件;分巡者,则开因犯事件之类,以备顾问不差。"在《簿籍》中又说:"凡有钱粮、军需、户口、词讼一切公务,皆令该房置立簿籍,逐一开写项节。……更置厚纸小经折一本,于上细列该管户口、钱粮,合办大小事件,经该人员姓名、紧关年月日子。常川随身悬带,万一答应上司,发落公事,易为检阅。"明容与堂刻本李卓吾批评《水浒传》第十八回"美髯公智稳插翅虎,宋公明私放晁天王"中说:

"只见何清去身边招文袋内,摸出一个经折儿来,指道:'这伙贼人都在上面!'"足见"经折"之说到明代已家喻户晓,连小说中都用上了。到了清代,连大臣奏书也取这种经折本形式,故称奏折。旧中国童蒙入私塾读书,除背诵课本外,写字练习是每天必有的课程。开始描红模子,然后写影格、写跳格,直到临帖。到大字写得有一定功底,开始练习小楷。这小楷就写在白色狭长的折本上,故也称写白折子,显然也是来自经折装。

### 5. 梵夹装

过去的中国书史论著,常把经折装混为梵夹装。说经折装又称梵夹装,或者说梵夹装就是经折装,经折装就是梵夹装。其实这完全是一种误解。

梵夹装原本不是中国古代书籍的装帧形式,而是古代中国人对从印度用梵文书写在贝多树叶上佛教经典装帧形式的一种称呼。印度是佛教的发祥地,产生在印度的佛教经典,在很长的历史时期内都是书写在贝多树叶上的,所以又称为贝叶经。

我们在前边说过了,书籍的装帧形式,只能视书籍的制作材料和制作方法而采取相应方式。古印度佛教经典既是采用修长硕大的贝多树叶书写,其装帧形式也就只能适应这种材料而采取相应的方式。所谓梵夹装,用最通俗的语言加以诠释,那就应该是古印度用梵文书写在贝多树叶上的佛教经典所采用的夹板式以绳穿订的装帧形式。隋朝杜宝《大业杂记》中说东都洛阳的"承福门即东城南门。门南洛水有翊津桥,通翻经道场。新翻经本从外国来,用贝多树叶。形似枇杷,叶而厚大,横作行书。约经多少,缀其一边,如牒然。今呼为梵夹"。这段描述比较明确地告诉人们,梵夹装是隋朝人对传入中国的古印度书写在贝多树叶上梵文佛教经典装帧形式的一种形象化的称呼。其具体的装订方式是将写好的贝叶经,视经文段落和贝叶多少,依经文的顺序排好,然后用两块比经叶略宽略长一点的经过刮削加工的竹板或木板,将排好顺序的贝叶经上一块下一块地夹住,然后选择一边连板带经穿一个或两个洞。一个洞者,穿绳之前先将绳的一端打上疙瘩,以另一端将夹板及经叶串联,最后以绳绕捆夹板,一个梵夹装书籍就算装帧完毕。两个洞者,则以绳的两端同时串联夹板及经叶,最后绕捆起来,一个梵夹装式也算装帧完毕。这就是杜宝所说的"约经多少,缀其一边,如牒然"的梵夹装。后来大概觉得这种靠边钻洞再用细绳缀连之法,经多次翻阅,容易使贝叶从

梵夹装贝叶经

边缘劈掉，伤及内容，故将洞从边缘向中间移动，使洞绳穿连，不致伤及经叶。所以就变成了现在仍能见到的样子。

用贝多树叶来写经，不仅是古印度如此，中国少数民族中也有用贝叶写经的。中国国家图书馆就藏有僧伽罗文的贝叶经，其装帧形式就是典型的梵夹装。近年中国国家图书馆还入藏一批傣文贝叶小乘经，其装帧形式也是梵夹装。这些实物也印证了古印度梵夹装形式的特点，丰富了中国书籍的装帧形式。

中国以纸张来制作书籍，至隋唐而极盛。书籍的制作材料与贝多树叶不同，当然装帧方式也就不同。但中国的纸制书籍中，包括写本和印本，也有裁成长条而模仿贝叶的，因而也有梵夹装。出自中国敦煌石室、今藏于大英图书馆东方手稿部的《禅门经》，是唐代晚期或五代初期粗厚麻纸写本，双面书字，共十九叶三十八面。书叶为长条状，每叶第三行的界行线上，距上边栏三分之一距离处、距下边栏三分之一距离处，各有一圆孔。这两个圆孔就是当年穿绳串联书叶而后绕捆留下的痕迹。这显然是中国纸写佛经模仿梵夹装的实物留存。

大英图书馆东方手稿部另收藏一件《佛经疏释》，亦是麻纸书写，其书写时间亦不会晚于五代。每面六行，每行字数不等。跟前边说的那件《禅门经》一样，也有两个圆孔，圆孔边缘还有绳磨的痕迹。这显然也是中国纸写佛经仿制梵夹装的遗籍。大英图书馆东方手稿部还收藏一件《唯识三十论要释》，情形与前边说的两件相同，亦是中国纸写书籍仿制梵夹装的遗籍。

中国国家图书馆所藏敦煌遗书中，有一件唐写本《思益梵天所问经》，麻纸书写，长条纸写，形似仿贝多树叶。其装帧是典型的纸书梵夹装，尚有一块夹板留存。夹板与书叶中间有一圆孔，圆孔中尚存一段穿绳。穿绳一端露在夹板外面，打有较粗大的疙瘩。另一端断掉大部分，但尚存的部分仍串连着夹板和书叶。这是迄今所见到的中国纸书梵夹装最典型的实物。

后世纸书梵夹装有所变化，如中国国家图书馆所藏五代时用回鹘文书写的《玄奘传》，虽无穿绳的圆孔，但两端各画有一个红圈，这显然是钻孔的位置。但为什么没钻？是未来得及钻，还是示意性象征？不管是哪种原因，它都是一种变化了的梵夹装。中国国家图书馆还藏有蒙文大藏经和藏文大藏经，以及清朝宫里用泥金书写的佛经。这些佛经都是长条纸叶，显系模仿贝叶，上下都有厚重木板相夹，但绝无钻孔，而是用黄绫相裹或宽带绕捆，这显然也是变化了的梵夹装。上述事实证明，不管是古印度的梵夹装，还是中国纸质书籍仿制的典型的梵夹装，或变化了的梵夹装，都跟经折装毫无相同之处。所以经折装就是经折装，梵夹装就是梵夹装，两者既不相同，也不相通，不应混为一谈。但在事实上，直到今天仍然有人将经折装佛经称为梵夹本，也许经折装在外形上似有梵夹装的遗态，故混而称之。

### 6. 旋风装

过去很长时间里，中外学者对什么是中国古代书籍的旋风装认识并不一致。长期把经折装外粘加一张整纸就又说成是旋风装，或把经折装直接就又说成是旋风装，就是长期认识不清和不一致的明证。事实上，旋风装跟经折装没有任何联系，它与经折装产生的历史背景也不完全相同。两者实际上是在同一个时代里、同在卷轴装的基础上，由于不同的社会文化需求而产生出来的两种完全不同的书籍装帧形式。

唐朝是我国封建社会发展的鼎盛时期，政治、经济、科学、文化都有长足的发展。尤其是文学，诗歌几乎占据了整个文坛，使唐代成了诗歌发展的黄金时代。诗歌的发展，特别是近体律诗的发展，一方面要求有严格的韵律，一方面遣词造句、运用掌故又要求典雅有据。这就促使唐代社会相应地产生并发展两方面的书籍：一方面是备查检掌故使用的类书空前发展；另一方面就是供起韵赋诗、检查格律用的韵书一再被修正、增补、传抄而流布。唐代的韵书类乎现在的辞典，带有工具书的性质，是备随时查检使用的。因此，这类书籍的书写方式和装帧形式，也就都要以方便随时翻检为原则而做相应的改变。

但是，我们在前边说过了，唐代书籍最通行的书写方式和装帧形式，仍是单

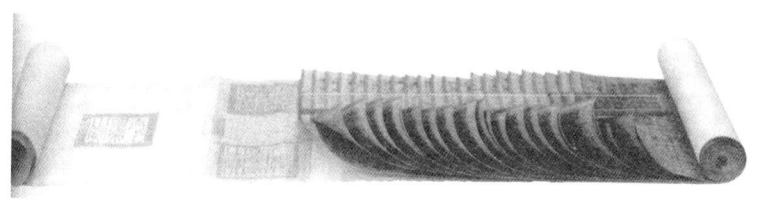

旋风装——北京故宫博物院所藏唐写本《王仁昫刊谬补缺切韵》

面书字的卷轴装。这样，在通行的装帧形式与要方便翻检之间便产生了很大的矛盾。继续采用单面书字的卷轴装，便会给翻检带来极大的不便；突破卷轴装，另外采取更新的装帧形式，一时又难以创造出来。于是便出现了一种既未完全打破卷轴装的外壳，又达到了方便翻检目的的装帧形式，这就是旋风装。

在当今的世界上，中国书籍旋风装的实物留存绝无仅有。北京故宫博物院珍藏的唐写本《王仁昫刊谬补缺切韵》，其装帧形式可以说是现存中国古代书籍旋风装的典型实物留存。此书共五卷二十四叶，除首叶是单面书字外，其余二十三叶均为双面书字，所以共是四十七面。其装帧方式，以一比书叶略宽的长条厚纸作底，然后将书叶粘在底纸上。其粘法是，除首叶因只单面书字而全幅粘裱于底纸右端之外，其余二十三叶，因均是双面书字，故每叶都只能以右边无字空条处，逐叶向左鳞次相错地粘裱于首叶末尾的底纸上。所以从书叶左端看去，错落相积，状似龙鳞。收藏时，从首向尾，或者说是从右向左卷起，捆牢，外表仍是卷轴装式，但打开来翻阅，除首叶因全裱于底纸上而不能翻动外，其余均能跟阅览现代书籍一样，逐叶翻转阅读两面的文字。这种装帧形式，既保留了卷轴装的外壳，又解决了翻检必须方便的矛盾，可谓独具风格，世所罕见。古人把这种装帧形式称作"旋风装"或"龙鳞装"。

北宋欧阳修在他的《归田录》卷二中说："唐人藏书，皆作卷轴。其后有叶子，其制似今策子。凡文字有备检用者，卷轴难数卷舒，故以叶子写之。如吴彩鸾《唐韵》、李郃《彩选》之类是也。"故宫所藏唐写本《王仁昫刊谬补缺切韵》，一直相传就是吴彩鸾书写的。唐兰先生谓审为吴彩鸾书写没有根据，故改称唐写本。欧阳修所见的大概就是这类的东西。他说出了这种装帧形式产生的原因，也描绘了这种装帧像策（册）子的特点，但未说出它究竟叫什么名字。

到南宋初年的张邦基，则在自著《墨庄漫录》卷三引证唐裴铏《传奇》说：

"成都古仙人吴彩鸾善书小字,尝书《唐韵》鬻之,今蜀中导江迎祥院经藏中《佛本行经》六十卷,乃彩鸾所书,亦异物也。今世间所传《唐韵》犹有,皆旋风叶,字画清劲,人家往往有之。"可见南宋张邦基也见过这类的东西,他则把这种装帧形式称为"旋风叶"(这里所谓的《唐韵》,实际指的就是王仁昫所作的《刊谬补缺切韵》,因为孙愐的《唐韵》还尚未问世)。

元朝王恽在他的《玉堂嘉话》卷二中说:"吴彩鸾龙鳞楷韵,后柳诚悬题云:'吴彩鸾,世传谪仙也。一夕书《广韵》一部,即鬻于市,人不测其意。稔闻此说,罕见其书,数载勤求,方获斯本。观其神全气古,笔力遒劲,出于自然,非古今学人所可及也。时泰和九年九月十五日题。'其册共五(疑应作二)十四叶,鳞次相积,皆留纸缝。天宝八年制。"可见元朝王恽也见过这类东西,而且见到的是唐代大书法家柳公权收藏并写下了上述题识的那件东西。王恽记载它是二十四叶,是"龙鳞楷韵","鳞次相积"。与故宫所藏相传吴彩鸾书写的《王仁昫刊谬补缺切韵》之装帧形态完全一样,而且小字脚注"天宝八年制"。

清朝初年著名藏书家钱曾在他的《读书敏求记》卷三中谈到《云烟过眼录》时说:"《录》云:焦达卿有吴彩鸾书《切韵》一卷,其书'一先'为'二十三先''二十四仙'。相传彩鸾所书《韵》散落人间者甚多,予从延陵季氏曾睹其真迹,'一先'仍作'一先',与达卿所藏者异。逐叶翻看,展转至末,仍合为一卷。张邦基《墨庄漫录》云旋风叶者,即此。真旷代之奇宝。因悟古人'玉躞金题'之义。《唐六典》所以有熟纸装潢匠之别也。自北宋刊本书行世,而装潢之技绝矣。余幸遇此《韵》,得觏唐时卷帙旧观。今季氏凌替,此卷归之不知何人,世无有赏鉴其装潢者,惜哉!"可见钱曾所见到的,跟故宫所藏相传为吴彩鸾所写的《王仁昫刊谬补缺切韵》的装帧形式也是一致的。可见我们把故宫博物院所藏唐写本《王仁昫刊谬补缺切韵》的装帧形式认定为中国古代书籍的旋风装,是不乏古人见证的。

且考自然界旋风的形象特征,亦是因某处气压低,四周空气向一处注流而形成螺旋式旋转的风,其中大而强烈者,就是龙卷风。这种风的特点,就是空气分若干层次前后朝一个方向旋转。它的立体形象就仿佛若干张鳞次相积卷起的芦席,像个圆筒。故宫博物院所藏唐写本《王仁昫刊谬补缺切韵》的装帧形式,内中书叶错落相积,朝一个方向卷收,外壳又保留着卷轴装的格局。装帧完毕,卷收起来,内中书叶就很像空气分若干层朝一个方向旋转。因此,我们认定这种形式才是中国古代书籍的旋风装。不是经折装粘上一张整纸就又成了旋风装,更不是经折装又称为旋风装。旋风装有自己的独立形态,但又没有完全摆脱卷轴装的桎梏。它是对卷轴的一种改进,是卷轴装向册叶装转化过程中的过渡形式。经折装则是对卷轴装的改造,已由卷轴装过渡到册叶装。从这个意义上来讲,旋风装比经折装出现得要早。旋风装大约出现在8世纪,经折装大约出现在9世纪。

**7. 蝴蝶装**

我国唐代已有了雕版印书技术,五代已由政府主持雕印了《九经》。宋代统一以后,雕印出版事业更加得到空前的发展。这种书籍生产方式上的巨大变化,必然引起书籍装帧形式的相应变化。清初著名藏书家钱曾在他的《读书敏求记》中曾慨叹"自北宋刊本书籍行世,而装潢之技绝矣",正反映出书籍生产方式的变革,对书籍装帧形式变化的深刻影响。

北宋以后的书籍生产,主要是采用雕版印制。雕版印制书籍与手写书籍有许多不同的情况。手写书籍可以不分任何段落地接连写下去,要写多长都可以随意自裁。雕版印书就不行了,它必须将一书分成若干版,一版一版地雕刻印刷。所以印出来的书实际上是以版为单位的若干书叶。对这些印好的书叶究竟采取什么样的装帧形式?是将它们首尾相接地粘连起来,而后仍然采用卷轴装式,还是采取其他什么方式,这是当时装订工人必须认真考虑和要回答的问题。继续采用已有的卷轴装式、经折装式、旋风装式,不但浪费不必要的粘连、折叠手续,也不适应更加发展了的社会文化需求,于是一种新的装订形式——蝴蝶装出现了。

明万历时岭南学者张萱,在其《疑耀》卷五《古装书法》中说:"今秘阁中所藏宋版诸书,皆如今制乡会进呈试录,谓之蝴蝶装。其糊经数百年不脱落,不知其糊法何似。偶阅王古心《笔录》,有老僧永光相遇,古心问僧:'前代藏经接缝如线,日久不脱,何也?'光云:'古法用楮树汁、飞面、白芨末三物调和如糊,以之粘纸,永不脱落,坚如胶漆。'宋世装书,岂即此法耶!"张萱尝任职中书,多见秘阁旧藏,所见宋版诸书,皆为蝴蝶装,并探讨此种粘背装法数百年不脱落的原因,其说当属可信。

《明史》卷九十六《艺文志》总序称:"先是,秘阁书籍皆宋、元所遗,无不精美。装用倒折,四周外向,虫鼠不能损。"这里虽未直言蝴蝶装,但"装用倒

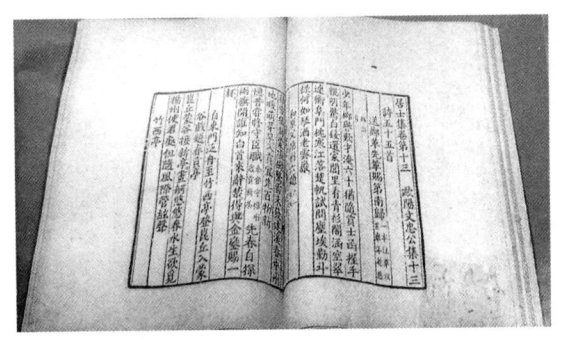

蝴蝶装——宋周必大刻本《居士集》

折,四周外向"的描绘,确也说的是蝴蝶装所固有的特征。

蝴蝶装也简称为蝶装。这种装帧的具体做法是:将每张印好的书叶,以版心为中缝线,以印字的一面为准,上下两个半版字对字地折叠。然后集数叶为一叠,以折边居右戳齐成为书脊,而后再在书脊处用糨糊或其他粘连剂逐叶彼此粘连。再预备一张比书叶略长一些的硬厚整纸,从中间对折出与书册的厚度相同的折痕,粘在抹好糨糊的书脊上,作为前后封面,也叫书衣。最后再把上下左三边余幅剪齐,一册蝴蝶装的书就算装帧完了。这种装帧形式,从外表看很像现在的平装书,打开时版心好像蝴蝶身躯居中,书叶恰似蝴蝶的两翼向两边张开,看去仿佛蝴蝶展翅,所以称为蝴蝶装。

蝴蝶装适应了印制书籍一版一叶的特点,并且文字朝里,版心集于书脊,有利于保护版框以内的文字。上下左三边朝外,则均是框外余幅,磨损了也不至于伤害框内文字,且也好修理。同时没有穿线针眼和纸捻订孔,散了重装也不至于损坏。正因它有这些优点,所以这种装帧形式在宋元两代流行了将近四百年。

### 8. 包背装

蝴蝶装的优点已如上述,但同任何其他事物一样,在充分显示它的优点的同时,往往也就暴露了自身的弱点。蝴蝶装的书叶是反折的,上下两个半叶的文字均相向朝里,这对保护框内文字无疑是有好处的。但这种装帧形成了所有的书叶都是单叶,不但每看一版使人首先看到的都是无字的反面,而且很容易造成上下两个半叶有文字的正面彼此相吸连,翻阅极为不便。并且,蝶装书脊全用糨糊粘连,这种装帧长期作为藏书可以,若是经常翻阅,则极其容易散乱。针对蝴蝶

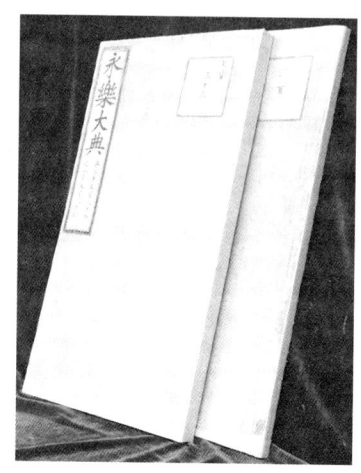

包背装——明《永乐大典》

装的这些弱点,一种便于翻阅而又更加牢固的新的装帧形式出现了,这就是包背装。

包背装的特点,是一反蝴蝶装倒折书叶的方法,而将印好的书叶正折,使版心所在的折边朝左向外,使文字向人。书叶左右两边的框外余幅,由于是正折书叶,故齐向右边而集成书脊。折好的数十叶书叶,依顺序排好,而后以朝左的折边为准戳齐,压稳。然后在右边框外余幅上打眼,用纸捻订起砸平。裁齐右边余幅的边沿,形成平齐书脊。再用一张硬厚整纸,比试书脊的厚度,双痕对折,作为封皮,用糨糊粘包书背(脊),再裁齐天头地脚及封面的左边,一册包背装的书籍就算装帧完毕了。这种装帧由于主要是包裹书背,所以称为包背装。也称为"裹背装"。

包背装出现在何时,有人说出现在北宋,有人说出现在南宋,但都未指出明根据。现存宋刻蝶装《文苑英华》上面虽然出现了"包背臣"字样,但仍然指的是蝴蝶装的包背臣,并非指的是包背装的包背臣。今天所能见到的明清时期政府的官书,几乎都是包背装。如明代的《永乐大典》,清代的《四库全书》,就都是典型的包背装。其实古书的包背装,很像现代的平精装。所不同的是,古书包背装的书叶是单面印刷,合叶装订;现在的平精装书是双面印刷,折配装订。包背装是在书脊内侧竖订纸捻以固定书叶,平精装书则是书脊上横向锁线以固定书叶。从外表看,两者没有多大区别,包背装解决了蝴蝶装开卷就是无字反面及装订不牢的弊病，但因这种装帧仍是以纸捻装订、包裹书背，因此也还只是便于收藏，仍经不起反复翻阅。若是经常翻阅，仍然很容易散乱。为了解决这个问题，一种新的装订办法又在慢慢孕育并逐渐兴盛起来。这就是线装。

### 9. 线装

用线来装订书籍，具体始于何时，很难详考。过去通常的说法是，线装书籍的装帧形式出现在明朝中叶以后，但现存敦煌遗书中，凡成大小不一之册叶本，多为用线缝订。现藏于大英图书馆东方手稿部的中国敦煌遗书中，有几件是唐末五代时期的遗籍，也有少数北宋初年的遗籍。这些遗籍的装订办法，有的是在书脊上端用线横锁书背；有的是在书脊内侧上下端各打一透眼，然后用线绳横锁书背后，再连穿下端透眼横锁书背，最后系扣打结；有的是在书脊内侧上中下打三个透眼，然后逐一横锁书脊，竖向连穿，最后在中间打结系扣。有的订线宛在，装式完整；有的订线虽佚，但穿孔犹存。例如S5534号《金刚般若波罗密经》，粗厚麻纸，双面书字，最后落款为"时天复五年岁乙丑三月一日写竟信心受持老人八十有二"。"天复"是唐昭宗李晔所用的年号，本无五年。依次推算，并以乙丑印证，则天复五年已是唐哀帝李柷天祐二年（905）了。大概是中央已帝祚禅让，改元更号，边陲百姓不知，故仍用旧年号所致。这件东西的右边缝缀的线绳已经佚去，但当年穿线的一排三孔犹存，证明唐末已出现了缝缀之法。又如S5531号，是《佛说地藏菩萨经》《佛说续命经》《摩利支天经》，粗厚麻纸，双面书字。右边沿书脊打有四孔，用丝线绳在书内骑马式竖穿，在书外书脊处横向锁线。这是一件线装书籍的实物留存。其卷尾有"庚辰年十二月廿七日"年款。按"庚辰"，唐大中十四年（860）、五代后梁贞明六年（920）、北宋太平兴国五年（980）都是庚辰。其中最大的可能是后梁贞明六年的庚辰。亦可证唐末五代，中国书籍出现了用线缝订的做法。又如S5536号，是《金刚般若波罗密经》，粗厚麻线书写，五代时作品。其装帧是在书脊内侧上端下端各打一透眼，在眼处用线横锁书脊，在书的外表竖穿，在下端眼处横锁书脊后打蝴蝶结系死。此件装帧完好无损，装线犹存，不啻为五代时期书籍线装的实物证据。又如S5646号，亦是《金刚般若波罗密经》，北宋初年写本，卷尾"于时大宋乾德七年己巳岁四月十五日"年款可证。凡五十二叶，一百零四面，粗麻纸书写。其装帧是在书脊内

敦煌遗书中的缝缋装

侧打三个透眼，用两股拧成的丝线绳横锁书脊，并沿书脊竖穿，最后在中间透眼处打起蝴蝶结系死。此为北宋初年书籍仍用线缝缋的明证。对这些用线缝订的书册，有人不认为是线装，而名之曰缝缋装。

北宋王钦臣《王氏谈录》之《录书须粘叶》中说："公言：作书册，粘叶为上，虽岁久脱烂，苟不逸去，寻其叶第，足可抄录次序。初得董子《繁露》数卷，错乱颠倒，伏读岁余，寻绎缀次，方稍完复，乃缝缋之弊也。尝与宋宣献谈之，公悉命其家所录书作粘法。"此为缝缋与粘叶优劣较早的评论。

南宋初年张邦基的《墨庄漫录》卷四也引证了这段话，但开头却指明"王洙原叔内翰尝云"，因知《王氏谈录》中所谓"公言作书册"之"公"，指的当即是王洙。王洙字原叔，应天宋城（今属河南）人。是北宋嘉祐以前的人物。进士出身。官侍读学士兼侍讲学士。曾于北宋仁宗时参与撰集《集韵》。又曾撰《地理新书》。一生为官，但多与书打交道。他生活的时代，离北宋开国仅有半个世纪左右。他以切身的经验体会，道出了典册缝缋的弊端及典册粘叶的优越。足见他生活的时代之前，典册确曾流行过用线缝订之法。可是经他们这类人物的品评褒贬之后，这类装帧方法终被扬弃，取而代之者，乃是蝴蝶装。不过，张氏在引述王氏之说后，又说："予尝见旧三馆黄本书及白本书，皆作粘叶，上下栏界出于纸叶。后在高邮借孙莘老家书，亦作此法。又见钱穆父所蓄，亦如是。"因知，从王原叔到王钦臣，从王钦臣再到张邦基，他们在三馆或友人家里所见到的藏书，皆舍弃了缝缋之法，而以粘叶之法成装。那么这种粘叶之法，是否就叫粘

线装

叶装呢？不一定。明末清初方以智《通雅》卷三十二在谈到书籍装治时，说"粘叶谓之蝴蝶装"。因为蝴蝶装即由粘叶而成装，这大概是南北两宋，旁及辽、金、元盛行蝴蝶装的根本原因。优胜劣汰，缝缋不如粘叶的蝴蝶装优点更多，所以缝缋被淘汰，粘叶被完善，最终成为册叶装的主流装式。

至若上述敦煌遗书中那些缝缋式的书册，乃是从卷轴装向册叶装演进中的过渡形式。开本大小不一，版式行款不一，钻孔多寡不一，穿绳系扣不一，表面像是各显神通，实则是探讨进程中的试验。这种未成定式、未被广泛认可、未在相应历史时期内普遍流行、未被社会约定俗成为一种书籍装帧制度的个别式样，不宜成为书籍史研究中的书籍装帧形制，只能看成书籍装帧制度演进中的试点式样和过渡形式。从书籍发展演变历史长河的角度看，将缝缋看成是线装书籍的早期试验，亦未尝不可。

到明朝中叶以后，社会文化更加发展。特别是伴随资本主义出现萌芽，市民阶层的精神文化生活也日益提高，书籍的流通翻阅也更加频繁。书籍的装帧形式也要适应这种需要而做相应的改变。蝴蝶装的不牢与不便早已暴露，包背装仍然经不起经常翻阅，容易散裂的状况，也已为更多的人所深知，所以线装书便又重行兴盛了起来。

清储大文《存砚楼文集》卷十三《蒋平川传》说蒋平川"年六岁，嬉于门，见他儿谒师，辄归索衣冠，亟欲往，家人怜其弱，止之不可。农师公讫从之。后游他塾，见他儿诵线装书，辄固请携归，窃诵之"。蒋平川名锡震，字岂潜，自号平川渔者，世称平川先生，康熙时人。足见康熙之前已有了线装书的名称。

王步青《己山先生别集》卷三谓："平淡为绚烂之极，此名甚美，实则非有成法可求。夫文之所以渐老渐熟，乃造平淡者固法老使然。然惟识老气老而后可言法老。多读线装书，古圣贤经世传心之要搜择融洽，意见都捐，精诚冥合……"意谓"多读线装书"，古圣贤经世传心之要就能与你的思想精诚冥合，从而写出不平淡的文章。王步青（1672—1751），清初人，字汉阶，一字罕阶，号己山，金坛（今属江苏）人。一生覃心正学，操持选正，黜浮崇雅，以文名世。他将"多读线装书"，视为法老之要。"线装书"也成了他"古籍""古书"的代名词。

清赵文哲《娵雅堂别集》卷四，在评论明朝诗道还淳，一洗宋元之陋时说："其他学杜、学韩及学宋者，不乏钜制，要皆五古之变，但能读线装书，此种诗可以不学而能，故不具论。"赵文哲是乾隆时人，他所说的"但能读线装书"，不仅反映出那时书籍已多为线装形制，并且也成了"古籍""古书"的代名词。清前期人著作中"线装书"之名已屡见不鲜，并且成为"古书"代名词，表明在他们生活的时代之前，或说是明朝中叶以后出现了线装书，应该是可信的。

线装与包背装在折叶方面没有任何区别，装订之前也要用纸捻固定书叶。封皮纸要裁成与书叶大小一致的两张，前一张后一张，与书叶同时戳齐，再将天头地脚及右边剪齐，用重物压稳固定，最后打眼穿线装订。明代中叶以后又流行起来的线装典册，其装帧形式不是唐末五代时线装形式的简单重复，而是在折叶、打眼、配封皮、装订等方面又有大胆的革新、发展和变化。现在我们仍能见到的大量的古籍线装书，多是四眼装订的形式。这种形式便是在明、清两代定型的。虽然后来又演化出六眼和八眼装订法，但四眼的基本格局却没有改变。这种装帧形式是我国书籍传统装帧技术史集大成者，是最进步的。它既便于翻阅又不易破散，既有美观庄重的外形又坚固耐用，所以流行了几百年。直到今天，若是用毛边纸、宣纸影印古籍，其装帧还常常采用这种形式。看去庄重大方，古朴典雅。

**10. 毛装**

在流通的古籍中，毛装不能算是一种独立的装帧形式。既考不清其悄悄出现的具体时代，也说不清其慢慢消逝的时间，但在实际中又确实存在着毛装这种形

毛装

式。毛装形式的特点，在折叶方法上与包背装、线装没有任何区别，即仍然以版心为轴线，合叶折叠。集数叶为一叠，戳齐书口，然后在书脊内侧打两眼或打四眼，用纸捻穿订，砸平。天头地脚及书脊毛茬自任，不用剪齐，也不用加封皮。这种毛茬参差而又纸捻粗装不要封皮的装帧形式，习惯上就叫作毛装，其实也可以叫作草装。

现知毛装书通常在两种情况下出现：一种是官刻书，特别是清代内府武英殿刻的书，通常都要赠送给满族人的发祥地沈阳故宫、各王府、有功之臣或封疆大吏。这种书送去之后，不知人家想怎样进行装潢，配什么质地的封面，所以就以毛装发送。辽宁省图书馆珍藏不少原沈阳故宫所得馈送之殿版书，其中不少还是当初清朝内府武英殿的毛装。宁波范氏天一阁，《四库全书》编纂过程中进呈书籍有功，乾隆皇帝为了嘉奖天一阁范氏的献书赤诚，下令将雍正时内府用铜活字排印的《古今图书集成》一部赠送给天一阁。天一阁得到此书后，专门做了几个大书橱，将此书庋藏在天一阁宝书楼上。直到今天，你若有幸登楼阅书，还能看到这部卷帙浩繁的大类书。你若有兴趣注意一下它的装帧，你就会发现它还是二百六十多年前清朝内府的毛装。

还有一种情况就是手稿，特别是草稿，作者写完一章一节，为不使其页码章节错乱，也常常自己把它装订起来。有用线订的，也有用纸捻订的，边缘参差，所以也称为毛装。这种情况，在清代乃至民国，在文人学士中还常常出现。如章太炎、罗振玉、王国维、鲁迅、陈垣等人的稿本，也还采用这种毛装形式。

# 绪论篇

本书虽以谈古书版本鉴定为主,但与版本鉴定有关的一些问题,诸如版本之谓、版本之学、版本学功用、版本类型、善本之谓、古籍定级、定级释例、古书版本造伪与辨伪等,都应预先交代。否则开篇即谈版本鉴定,会使鉴定上不着天,下不着地,前无渊源,后无流水,不易说清。是为绪论篇。

## 一　版本之论

版本,又作板本。版本学上的版本之谓,似有狭义与广义之分。狭义的版本,最初是专指用木板雕印的书籍传本;广义的版本,则泛指一切稿本、写本、抄本、雕印本、排印本、影印本等。

"本"的原义系指树根。许慎《说文解字》云:"木下曰本,从木,一在其下。"即树木之在地下的部分,当然是指其根。"本"是树根,与书可谓风马牛不相及。可是后来这个"本"又怎么与"书"发生了关系,并紧紧联系在一起了呢?依叶德辉的解释,盖与书下边亦曰"根"有关系。叶氏《书林清话》卷一《书之称本》云:"书之称本,必有所因。《说文解字》云'木下曰本',而今人称书之下边曰书根,乃知本者因根而计数之词。"这种说法恐怕是靠不住的。"书根"一词起源较晚,叶德辉也并不避讳这一点,所以他说:"今人称书之下边曰书根"。指的当是册叶装书籍的下边。而中国古籍册叶装的出现,至早也要到9世纪以后了,也就是唐末到五代时期。9世纪出现册叶装以后,才可能有"书本""书根"之称，怎么可能与9世纪以前之"书本"的"本"字相匹配、相表里、相训释、相一致呢？这显然是牵强附会、强拉硬扯的解释。叶氏大概也发现了自己解释的毛病，于是又补充说："吾谓书本由卷子折叠而成。卷不如折本翻阅之便，其制当兴于秦汉间。……《太平御览》学部《正谬误》类引《刘向别传》曰：'雠校者，一人持本，一人读折（一作书，又作析），若怨家相对，故曰雠也。'夫不曰持卷而曰持本，则为折本可知。"叶氏引证这段话，显然以为"持本"之"本"就是册叶装之书根。因为在他认为，折叠式的装帧制式早在秦汉间就发生了，所以到刘向奉诏校理群书时，书籍就都是折叠式的书册了，因而才有"持本"之谓。事情当真是这样吗？可以肯定地讲，当真不是这样。中国书籍的经折装，的确是由改造卷轴装而来，但这个改造发生在手写纸书盛行卷轴装的唐代后期，而绝不可能发生在其千年前的秦汉之间，因为那时书籍的制作材料，还是竹木简、缣帛。这种材料制作而成的书怎么折叠成册？所以叶德辉的解释肯定不对，这早已为大量的事实所证明。

那么"一人持本"之"本"到底指什么？吴树平《风俗通义校释·佚文》云："刘向为孝成皇帝典校书籍二十余年，皆先竹书，改易刊定，可缮写者以上素也。由是言之，杀青者竹，斯为明矣。"又云："按刘向《别录》：'雠校，一人读书，校其上下，得谬误为校；一人持本，一人读书，若怨家相对，二人相对为雠。'"对这些文字究竟怎么理解更合理？余嘉锡先生有个说法较有道理。他在《书册制度补考》一文中说："寻《风俗通》之意，'一人持本'者，持竹简所书改易刊定之本；'一人读书'者，读传写上素之书也。以上素之书写自竹简，则竹简之书为原本，故呼曰'本'。其后简策之制既废，写书者借人之书以传录，则呼所借者为'本'。"我们知道，刘向奉诏校理群书有备众本、校异同、订讹脱、条篇目、撮旨意、撰叙录等几大工序。这几大工序都进行完了，就要杀青抄写在竹简上，再经过"改易刊定"，才抄写在缣帛上以进呈。而在进呈给皇帝之前，还要校对一次。这个校对有两种方式：一种方式是一个人操持，即再读一遍已经写好的缣素书，那当然是边读边校。另一种方式就是两人操持，即一人持着"改易刊定"过的竹书原本，一人读念已经写好的缣素书，发现错误，再行改正。可见余氏对"本"字的解释是"原本"之意。而"原本"与"根本"含义上无殊，这样原来只表示是树根的"本"字，便与缣素书所祖抄之原本的"本"字发生了联系。而当这种联系一经发生，其义也就不断演变引申，变成或指书之原本，或指书之传本，或书本互称，或书本连称，或以本代书，或前边加上定性的词语，以区分书本的类型、性质等。

《北齐书》卷四十五《樊逊传》谓天保七年（556）诏令樊逊等校定群书。逊乃议曰："按汉中垒校尉刘向受诏校书，每一书竟，表上，辄言：臣向书、长水校尉臣参书，太史公书、太常博士书、中外书合若干本以相比校，然后杀青。"这里"合若干本"的"本"字显然也指的是书，而且指的是若干不同的传本书。《颜氏家训》卷六《书证篇》谓："《汉书》'田肯贺上'，江南本皆作'宵'字。沛国刘显，博览经籍，偏精班《汉》，梁代谓之汉圣。显子臻不坠家业，读班史呼为田肯。梁元帝尝问之，答曰：'此无义可求，但臣家旧本以雌黄改'宵'为'肯'。元帝无以难之。吾至江北，见本为'肯'。"这段话中的"江南本"，指流传在江南一带的《汉书》传本；"江北本"，指流传在江北一带的《汉书》传本；"臣家旧本"，指刘臻自家先世所收藏的《汉书》传本。进一步证明"本"即指书或书的不同传本。《隋书·经籍志》总序谓："隋开皇三年，秘书监牛弘表请分遣使人搜访异本，每书一卷，赏绢一匹。校写既定，本即归主。"这里的"异本"，指的是书的不同的传本；"本即归主"的"本"，则指的是搜集来的各种书的原本。可见"书"即是"本"，"本"即是"书"。而书是要流通和流传的，否则就失去了意义。所谓流通，指的是一书要流通传看；流传指的是在流通过程中还会相递传抄、刻印、排印等。这样，众书的传本固然各异，一书的传本也常常呈现许多文字上的不同。并且在书籍自身的发展历史长河中，其生产出版方法也很不同，从刀刻、手写到雕印、排印、影印，时间经历了几千年，方法发生了天翻地覆的变化。这些变化给书带来了许多差异，为了区分这些差异，就要在"书"前加限定语和修饰词。可是"书"前加修饰语，如"江南书""江北书""河北书""旧书"，让人看了不但别扭，而且费解。所以不如以"本"代"书"，其义更为明确。《颜氏家训·书证篇》举出过很多本子，如江南本、江北本、俗本、江南旧本、江南古本、江南书本等，说的都是不同传本的书。但由于用了"本"字以代"书"，就显得语义十分鲜明。这还仅是传抄本自身的区别，如果要区别书籍的不同生产方法，那就恐怕要有写本、抄本、碑本、版本等的不同了。

宋代张世南的《游宦纪闻》卷三记载永福县罗汉寺篆书云："余尝见碑本，

字势夭矫，洒落奇妙，枝叶不属，而脉络皆通，信是奇怪。"所谓碑本当即指石本，也就是从石碑上拓下来的书本，我们现在称其为"拓本"。这显然是用来区分写本、抄本的。待到雕版印书出现以后，才又有了版本之谓。

叶德辉《书林清话》卷一《板本之名称》云："雕板谓之板，藏本谓之本。藏本者，官私所藏，未雕之善本也。自雕版盛行，于是板本二字合为一名。"这种解释未必符合事实，但也并非叶氏杜撰。宋叶梦得《石林燕语》卷八云："唐以前，凡书籍皆写本，未有模印之法，人以藏书为贵。人不多有，而藏者精于雠对，故往往皆有善本。学者以传录之艰，故其诵读亦精详。五代时冯道始奏请官镂《六经》板印行，国朝淳化中，复以《史记》、前后《汉》付有司摹印，自是书籍刊镂者益多，士大夫不复以藏书为意。学者易于得书，其诵读亦因灭裂。然板本初不是正，不无讹误。世既一以板本为正，而藏本日亡，其讹谬者遂不可正，甚可惜也。"他这里将板本与藏本相对而言，藏本显系传抄的书本，板本则是雕版印制的书本。可证版本之称当初确实是为了区别于写本、抄本而新生出来的名称。至于写本精善，版本多讹，那倒也未必。书籍靠传抄而生产时，得者不易，故常靠背诵而铭记在心，免得抄写之劳。既得者亦不会很多，故精于校雠，因而多有善本，这恐怕是事实。然雕本亦不无精善，原因是其在写样上版之前也要进行校勘，版雕好之后还要刷印样张，再行校勘。所以雕印本也有精审之本。反过来，写本、抄本也有错误百出者。故版本与写本、抄本之分，不在其精善与讹误，而在于两者生产书本的方法不同。

我国的雕版印刷技术，大约始于唐，成于五代，盛于两宋，旁及辽、金、西夏，沿袭于元、明、清。故版本的确切含义也有个演变过程。《全唐文》卷六二四记载唐文宗大和九年（835），冯宿奉命出使剑南两川，见有私印历日货卖者，他认为有乖敬授之道，于是上疏呈请禁印。疏称："准敕禁断印历日版。剑南两川及淮南道，皆以版印历日鬻于市，每岁司天台未奏颁下新历，其印历已满天下，有乖敬授之道。"疏上之后，很快得到批准。同年"十二月壬申朔……丁丑，敕诸道府不得私置历日版"。这里出现的"历日版"，显然指的是雕版印制的历日。

《玉海》卷五十二记载："自宋太祖平定四方，天下之书悉归藏室。太宗、真宗访求遗逸，小则偿以金帛，大则授之以官。又经书未有板者，悉令刊刻，由是大备，起秘阁贮之禁中。"这里的"未有板者"是指经书未有雕版者，悉令刊刻，指的也是雕印本。

《五代会要·经籍》谓："后唐长兴三年二月，中书门下奏请依石经文字刻《九经》印版。"明宗"令国子监集博士儒徒，将西京石经本各以所业本经，广为抄写，仔细看读。然后雇召能雕字匠人，各部随帙刻印板，广颁天下"。"见在雕印版《九经》，内有《周礼》《仪礼》《公羊》《穀梁》四经未有印本，今欲集学官校勘四经文字，镂版。"这些文字当中的"板""版"，指的都是《九经》的版片。

入宋以后，版印书籍盛行，版本二字始连在一起而成为一个专用名词。沈括《梦溪笔谈》卷十八谓："板印书籍，唐人尚未盛为之。自冯瀛王始印五经，已后典籍皆为板本。"《宋史·邢昺传》谓景德二年（1005）："上幸国子监阅库书，问昺经板几何。昺曰：'国初不及四千，今十余万，经、传、正义皆具。臣少从师业儒时，经具有疏者百无一二，盖力不能传写。今版本大备，士庶家皆有之。'"前引叶梦得《石林燕语》亦谓："然板本初不是正，不无讹误。世既一以板本为正，而藏本日亡……甚可惜也。"这些文字中所提到的"板本"或"版本"，指的都是雕版印刷的书籍传本。可知宋代"版本"的含义已经定型。然宋人所谓版本，尚专指雕版印刷的书本，旨在区分写本、抄本及反映这种书本用木板雕印的特质，还不是版本学上的"版本"概念。

作为版本学上的专有名词——版本，则指同一部书在编撰、传抄、刻版、装帧乃至于流通过程中所产生的各种形态的传本。正如王欣夫所说："所谓版本，并不限于雕版印刷的书籍，而实际上包括没有雕版印刷以前的写本和以后的抄本稿本在内。"实际上还应包括各种活字本及批校题跋本。

## 二　版本学之论

中国的版本学，主要指的是古书版本学。而中国古书版本名学，其来尚矣。但究竟什么是版本学，叶德辉在其《书林清话》卷一《板本之名称》中有过如下的议论："近人言藏书者，分目录、版本为两种学派。大约官家之书，自《崇文总目》以下,至乾隆所修《四库全书总目》提要,是为目录之学;私家之藏,自宋尤袤遂初堂、明毛晋汲古阁,及康、雍、乾、嘉以来各藏书家,断断于宋元本、旧钞,是为板本之学。然二者皆兼校雠,是又为校勘之学。"这段话说得似有道理,却又模棱两可,谁也难从这里归纳出什么是版本学的结论。但他把目录、版本、校勘三者提了出来,并谓"本朝文治超轶宋元,皆此三者为之根柢",则在实际上提出了目录、版本、校勘三者的关系,这对我们研究什么是版本学又不无启发。

其实,目录、版本之学,并不全以公藏、私弆而分成两途。除史志目录外,历代官修书目,如唐代的《开元群书四部录》,北宋的《崇文总目》,南宋的《中兴馆阁书目》《中兴馆阁续书目》,明代的《文渊阁书目》,清代的《天禄琳琅书目》《天禄琳琅书目后编》《四库全书总目》等,每部书目之编制都有其具体的原因,但所著录者则都是各个历史时期的国家藏书,在编制上也都注意到款目著录、分类体系、结构体例等方面的严谨一致,因而带有浓重的目录学性质,不容置疑。但若说这些书目不讲究版本,不是版本学方面的著述,也不符合事实。例如《天禄琳琅书目》及《天禄琳琅书目后编》,论性质,它们著录的都是皇家之书;论编制缘起,它们都是奉乾隆皇帝之命而为,可这两部书目都先依各书的版刻时代分为宋、金、元、明四个时期,然后再按经、史、子、集各归其类,每条款目之下,则大谈特谈版本,不啻版本学专著。所以不能机械地将官修书目就视为目录之学,将私撰,特别是私藏书目录就视为版本之学。

既名版本之学,其确切概念当然应该是起自雕版印书之后,故前人论及版本学,多称始自宋尤袤《遂初堂书目》。的确,自宋代尤袤编制《遂初堂书目》,始在一书之下著录多种不同的版本。原因是进入宋代之后,雕版印制的书籍已蔚为大观,无论是经、史、子、集、佛经、道书,均有许多不同的雕印本行世。版本既多,本与本之间就会产生内容、卷数、文字等诸方面的差异。读书人为了获得真知,就不能不考究版本的优劣,比勘各种版本之间的异同,以便判别是非,寻求真善。为了适应读书人的这种需求,目录学家在编制目录专著时,就要改进编目体例,调整著录内容,增添不同版本的著录,版本学就这样在目录编制的过程中悄然萌芽、成长并慢慢形成了。这是确切概念的起源期的版本学,可见版本学是适应学术发展的要求而率先由目录学家关注并实践的。可是在实践中,上述版本学的这种内涵，则远在雕版印书出现以前，人们讲究传本的风气久已有之。而在雕版印书大兴之后，研究版本的人也绝不仅仅就是研究各种印本，而是把稿本、写本、抄本、批校题跋本等的研究都包容在自己的视野之内。全面研究古书版本的这种内涵与外延，才是中国古书版本学所应承担的使命。

《汉书》卷五十三《景十三王传》第二十三载："河间献王德，以孝景前二年立。修学好古，实事求是。从民得善书，必为好写与之，留其真。"唐颜师古给这句话作注："真，正也。留其正本。"意思是说河间献王刘德是位很重视旧籍传本的人，他从民间得到好书，一定要很好地抄写一部，送还给原书的主人，而把原来的正本留下自己珍藏。同时还"加金帛赐以招之，由是四方道术之人不远千里，或有先祖旧书，多奉以秦献王者，故得书多，与汉朝等。是时淮南王安亦好书，所招致率多浮辩。献王所得书，皆古文先秦旧书。《周官》《尚书》《礼》《礼记》《孟子》《老子》之属，皆经传说记，七十子之徒所论"。这段记载可以说明这样一个问题，即早在西汉景帝时（前156—前141）的河间献王，就已经很注意传本、旧本了。按说，从民间得到"善书"，抄录一部留下自己收藏，就内容而言本无差异，当无不可。可是他偏偏不这样做，却要好好地抄写一部奉还原书主人，而把原来的正本留作自己珍藏，这无疑是考究旧书传本的先例。刘德为什么要这样做？这有他的道理。我们知道，中国古时的师承授受关系极严，一家一派的传承，反映着一家一派的学术观点、思辨能力、理论逻辑以及文字功夫。哪一代传人的写本，反映着哪一代传人的理解程度和角度。第一代传人的整理本，绝不会与第五代传人的整理本完全相同。通常情况下，第一代传人的写本，总比第五代传人的写本更接近原师的面貌。刘德珍视原来的传本、旧本，道理大概就在这里。新抄虽也是旧日信息的媒体，但可信程度不如旧本令人折服。这显然已经有了后世版本学的意涵，只不过那时尚无版印之本罢了。

《汉书》卷三十《艺文志》总序云："至成帝时，以书颇散亡，使谒者陈农求遗书于天下。"从而使群书毕备，为刘向的整理工作提供了先决条件，遂于成帝河平三年（前26），"诏光禄大夫刘向校经传、诸子、诗赋；步兵校尉任宏校兵书；太史令尹咸校数术；侍医李柱国校方技。每一书已，向辄条其篇目，撮其指意，录而奏之"。"会向卒，哀帝复使向子、侍中奉车都尉歆卒父业。歆于是总群书而奏其《七略》，故有《辑略》、有《六艺略》、有《诸子略》、有《诗赋略》、有《兵书略》，有《数术略》、有《方技略》"。可知刘向受命整理中秘之书的程序，大体是备众本、校异同、删重复、订脱讹、谨编次、撮旨意和撰叙录，最终由刘向奏而上之。显然，这位陈农广征天下遗书所备的众本，便成了这次整理工作的首要环节。因为众本不备，就无法校订异同；不校订异同，也就无法删其重复；重复不删，也就无法条其篇目；篇目不定，更无法撮其旨意；旨意撮不出来，叙录也就无从撰写，最后也就无法录而奏之。可知刘向也是十分重视书籍的传本的。重视传本就是为了择善而从，就是为了追求真善。

南北朝时颜之推《家训》卷六《书证篇》云："《诗》云'有杕之杜'。江南本并木傍施大……而河北本皆为夷狄之狄，读亦如字，此大误也。"又谓："《诗》云'駉駉牡马'。江南书皆作牝牡之牡，河北本悉为放牧之牧。"又谓："《诗》云'伐木浒浒'。毛《传》云'浒浒，柹貌也'。史家假借为肝肺字，俗本因是悉作脯腊之脯，或为反哺之哺字，学士因解云：'削哺，是屏障之名'，既无证据，亦为妄矣。"又谓："《诗》云'将其来施施'。毛《传》云'施施，难进之意'。郑《笺》云'施施，舒行貌也'。《韩诗》亦重为施施。河北本毛《诗》皆云施施。江南旧本，悉单为施。"又谓："《后汉书》酷吏樊晔为天水郡守，凉州为之歌曰'宁见乳虎穴，不入冀府寺'。而江南书本'穴'皆误作'六'，学士因循，迷而不寤。"

上述这些，表明颜之推是非常重视一书的各种传本的，目的在于校正异同，寻求真善。所以版本学的起源远不在版印书籍出现之后，而是早在雕版印制书籍出现之前。只不过那时人们看重的尚不是版印书籍，而是手抄的各种传本罢了。

宋江少虞《新雕皇朝类苑》卷三十《江南书籍》条云："雍熙中，太宗以板本《九经》尚多讹谬，俾学官重加刊校。史馆先有宋（南朝宋）臧荣绪、梁（南朝梁）岑之敬所校《左传》，诸儒引以为证。祭酒孔维上言'其书来自南朝，不可案据'。章下有司检讨，杜镐引贞观四年敕：'以经籍讹舛，盖由五胡之乱天下，学士率多南迁，中国经术浸微之致也。今后并以六朝旧本为正。'持以诘维，维不能对。"这段话的意思是说北宋太宗以雕版印制的《九经》尚多讹舛，遂使学官重新加以刊校。史馆原先藏有南朝宋臧荣绪、梁岑之敬所校的《春秋左氏传》，诸儒多引以为证。国子祭酒孔维则上言"其书来自南朝，不可案据"。于是章下有司，检讨杜镐则引唐太宗贞观四年（630）敕谓：经籍讹舛，乃由五胡入华，学士率多南迁，中原经术浸微，南朝经术反盛。所以唐太宗下令"今后并以六朝旧本为正"。这也是讲究传本的事例。

进入宋、元，雕版印书蔚然成风，一书可以有各种不同的刻本、传本，人们对版本的考究也就水涨船高，以便择优汰劣，获取真知。元岳浚校刻《九经三传沿革例》，称以家塾所藏唐刻本、晋天福铜板本、京师大字旧本、绍兴初监本、蜀大字旧本、潭州旧本、抚州旧本、婺州旧本等凡二十本，又越州旧本注疏等合二十三本，专属本经名士，反复参订，最后刊印了相台岳氏荆溪家塾本《九经》。这更是注重不同版本的先例。

从以上简单的几例不难看出，早在雕版印书大兴之前，人们就是非常讲求传本的。其意义与后来的讲求版本没有任何本质的区别，同样是区分优劣，校订异同。不过那时的书籍还是靠手写传抄而流布，尚不是靠雕版印刷而流传，所以不好直接称为版本学。但就其实际意义而言，和后世确切概念的版本学在内容性质上并没有本质的不同。因此，确切含义的版本学概念固然是起自大量的雕版印书之后，但就其内在的真义而言，则是早自公元前2世纪至公元前1世纪的西汉初期就已经孕育萌生了。

同样，雕版印书大兴之后，版本虽已名学，并且逐渐自立于学术之林，那么是不是说人们就只研究版本，而不顾及其他一切写本和传抄本了呢，也不是。即使是再往狭义一点讲，就以版本学中最核心的内容版本鉴定而论，也很难想象只是鉴定版本、印本，而绝不涉及写本或抄本。事实上，虽以版本名学，其内容却外延至对所有的印本、稿本、写本、抄本、批校题跋本的识别与鉴定，甚至包括对朝鲜、日本早期用汉字雕印、活字排印或手写传抄书籍的识别与鉴定。从这个意义上讲，雕版印书大兴之后，版本学的内涵也并没有只是局限在对版印书籍的研究上，而是把各种方式生产出来的书籍传本，都包容在自己的研究范围之内了。

上面是就中国古书版本学的纵向发展讲的。如果要谈古书版本学的横向内容，及其与其他学科的联系和从属关系，则就更不止是版本鉴定问题了，而是有着更加丰富的内涵。

早在版本学自立于学术之林以前，版本学应当是从属于校雠学的，或者说是蕴含在校雠学之中的。西汉刘向受命整理群书，首要环节虽然是备众本，但目的还是通过校雠而订讹脱、去重复、条篇目、撰叙录、写定本。而在校雠的过程中，一书的各种传本，其流别系统、篇目多寡、文字优劣等，自然善俗分明，版本学的固有特质便脱胎而出。可出来之后，仍然是一书的某一两个传本，校雠者优劣在心，版本学却无以自显。刘向校理群书，开初是否有编制目录的思想，这里无须稽考。但将这次校理群书给每书所写的叙录析出而集成一书，就成了《辑略》。待到刘向之子刘歆完成这项事业，并将之排列在其他六略之首时，则中国目录学史上第一部目录专著《七略》便应运而生了。《七略》一出，从内容、体例、分类、著录等诸方面，均奠定了中国传统目录学的基础。《七略》每著录一书，必著其书名、篇什、学派、家数、传本等，这样，版（传）本学又从属于目录学了。所以说，版（传）本学最初属于校雠学，通过校雠，辨别出版（传）本的系统源流及优劣异同，从而脱胎问世，然后再通过编制目录专著而体现出来。可见版（传）本学从其孕育、脱胎之时起，便紧紧地和校雠学与目录学连在一起。故探讨什么是中国的古书版本学，绝不能脱离它所脱胎的校雠学和借以体现自身的目录学。

长期以来，世人多言版本学，但有系统、有体例地论述版本学，始终是个难题。这并不是因为没有这方面的学人才子，也不是因为这门学问多么高深莫测，无法问津，而是由于这门学问有它自身的特殊性及特殊的演进规律。它常在枯燥无味的校勘中，明晰版本的优劣异同和源流系统，而后由人们将这些认识加以整理，撰写成叙录或题跋，编制成书志或书目，再把人们对它的认识和品评表达出来。这种规律是自它产生的那一天起就带上的天然特性。由于它只表现工作过程，而无独立形态去表现自身的结果，表现出来的多为各种不同类型的目录著作，故很不容易为人们所认识和琢磨。试看古今的版本学大家，如晁公武、尤袤、陈振孙、毛晋、钱谦益、钱曾、季振宜、徐乾学、黄丕烈、陈鳣、顾广圻、鲍廷博、瞿绍基、杨绍和、叶德辉、陆心源、丁丙、傅增湘、张元济、赵万里等，他们的版本学功力，无一不是透过撰写题跋识语或编制目录表现出来的。这就是世人多言版本学，而又长期搞不清什么是版本学的根本原因。

版本学的基石靠校雠学奠定，版本学的功用靠目录学实现，因此，其研究的内容自然也就要受到目录学的制约。中国的传统目录学著作，亦可谓浩如烟海，汗牛充栋。但如果从著录的角度来分析，这些目录学著作无非是两大类：一类是簿录式的简单书目，一类是著录内容较为丰富的提要目录。简目的性质似是图书的登录账，姑置勿论。提要目录则要把图籍项目著录得十分翔实。诸如书名的命意、卷数的分合、著者的生平爵里、写作的要义、编撰的体例、版刻的时地、版本的系统等，都要一一加以揭示。提要目录学专著这种著录和编目体例，发端于刘向、刘歆父子的《七略》，而定型成熟于宋代晁公武的《郡斋读书志》和陈振孙的《直斋书录解题》。晁、陈以降，提要目录的著录内容、编制体例等，虽然也有不小的发展变化，但总的来看却未出晁、陈体制。提要目录于图书的这种揭示范围，也就基本上决定了版本学的研究内容，亦无非是从书名的命意、卷数的分合、写作的要旨、编撰的体例、成书的经过，作者的行实、科第爵里，版刻时地、版本源流、批校题跋、递藏关系等诸方面，加以揭示、描述、考订和著录。这样，就又和目录学融为一体了。所以后世有人把版本学又说成是版本目录学，是有一定道理的。

当然，版本学也有自身的脊梁，其核心内容便是版本鉴定，此在宋朝已发其端。只不过那时代流传下来的古刻旧刊较少，多为本朝印本行世，鉴定任务尚不突出。入明以后，特别是入清以后，宋、元都已成为过往的历史，其时所流传下来的写本、印本书也成了古籍而陌生了。所以鉴定古书的版本，开始从目录学家那里向藏书家和书贾的方向游离，并逐渐演变为貌似独立的学问和技能。

中国历史上的明、清两代，特别是清代，藏书家极盛。盛的原因大概有二：一是做学问的需要，特别是清代考据学大兴之后，为了搜集可靠的资料，学者便尽可能地收集众本异书，于是藏书家蜂起；二是社会风尚，公子王孙、王公大臣、封疆大吏、文人墨客，几乎都要收藏一点古刻旧刊、名人字画、古物碑帖，以示高雅，这样便逐渐形成一种社会风气。受这种风气影响，非但城镇名门、乡村豪绅、富商大贾，虽然只是粗通文墨，却也要收藏几本好书、几幅名人字画，以附庸风雅。这种风气一直影响到清末，甚至到民国时期，仍然流风继染。目不识丁的军阀头子也要藏书刻书，经商致富的买卖人居然也插架宏富，四壁图书。这些藏书家，有的为了学问上的需要，不得不再学一手鉴定版本的技能；有的虽无甚学问可作，但为了附庸风雅和茶余饭后的鉴赏，于版本鉴定也得说出个子午卯酉。这样，久而久之，版本鉴定便逐渐独立了出来，沿着藏书家的道路发展。

为了适应藏书家的学问考证需要或风雅鉴赏需要，社会上便又生出一批书贾。这些书贾有的开张立铺，有的行箧为家。为了赚钱牟利，他们不惜频年奔走，南泛苔船，北游厂肆，乃至走乡串户，苦索冥求。一旦得到宋刻元刊、古写旧抄，又不惜望门递送，投其所好，以求善价。这些书贾，对书无论是买进或卖出，于版本非鉴定准确不可，否则就要吃亏上当，蒙受经济损失。这样，古书版本鉴定在书贾行当中也成了独立的东西，又沿着书贾的道路发展。

　　这两条道路发展的结果，便生出了从印纸墨色、字体行款、版式风格、书口鱼尾、刻工讳字、藏印题跋等方面直观鉴定古书版本的新途径。久而久之，再有人出来加以总结，像明代的高濂，清代的孙从添，民国时期的叶德辉、傅增湘、张元济等，都讲过很精到的话。20世纪50年代，北京中国书店更以《古籍版本知识》为名，将这些经验编写成书，油印行世。浙江省图书馆毛春翔先生亦撰写小册子，以《古书版本常谈》为名正式出版。随后不久，又有辽宁省图书馆陈国庆先生撰写小册子，名为《古籍版本浅说》，亦正式出版。到20世纪80年代中期，原北京市中国书店魏隐儒先生，又以《古籍版本鉴定丛谈》为名著成专书正式出版。至此，中国古书版本学，似乎真的离开它脱胎的校勘学和借以表现它的目录学而独立成书成学了。好像只要掌握了上述的那些纸墨行款，就能眼别真赝。于是一书到手，便掐指默算行款字数，并指测帘纹宽窄，甚至横托书册，抖起书叶，审视背面，而后莞尔一笑，默不作声，俨然胸有成竹，却不轻易开口。看去颇似半仙附体，深不可测。待到别人表示了意见，说出了根据，他也念念有词，说出了"真谛"。古书版本鉴定好像至此就算完成了，版本学也就在这种玄妙中独立成学了。

　　其实，版本鉴定绝不是古书版本学的全部内容，且鉴定完全靠直观判断也不行。直观判断只能说出个大概，绝难说得具体，更难依此做出信实的结论。因为直观判断更多的是靠人的眼力去捕捉书籍的表面特点，这就容易在两方面产生问题。一是眼力属于人的主观因素，凡属主观的东西就难免犯经验主义的错误。二是书籍浩如烟海，形形色色，一般说来虽有时代特色和同一时代的近似风格，但特殊的情况也并不少。主观经验和特例相遇，就容易发生错误。所以把这些独立出来，作为版本学的自立体系加以传播，显然是不够全面的，也容易把版本学引入歧途。当然，深悉各个时代、各个地区刻书的风格特点，掌握各个时代、各个地区印书的用纸、敷墨特征，了解各个时代、各个地区刻书版式和字体风格，又是从事版本学的人必须要具备的基本功。我们只是不能将这些当作唯一，当作版本学主体去传扬。过分了就是谬误。

近代以来，世界各国图书馆和图书馆学大兴，过去的许多公私藏书，通过各种渠道向各种类型的图书馆集中。而各种类型图书馆的基本职能，就是通过各种目录的编制来揭示馆藏、介绍馆藏，吸引读者，指导利用。而图书馆目录的编制，特别是关于其中的普通古籍书目和善本古籍书目的编制，便又使古书版本学返璞归真，即一部版本目录专著的问世能把这部目录编制者的版本学思想、知识、水平、功力等全部表现出来。如果是提要目录，就更能表达编制者的版本学造诣。从这种意义上讲，版本学虽则借助目录学著作来实现自我表现，但当一部版本目录编制出来时，版本学也便完成了自己的历史使命。这便是中国古书版本学的实质。试看，自古至今就有版本学，可版本学的自身独立形态是什么？恐怕谁也难以言状。而表现出来的是什么？一是目录，二是题跋。其实集题跋于一书而加以有逻辑的类编，本质还是目录。所以目录著作才是版本学借以表现的惯用载体。

当然，版本学或者说是初期的传本学，从它由校雠脱胎而出的时候起，也就不完全从属于校勘学，时代越往后，它的功能与独立性也越明显，并反转过来，又使校勘学为它所利用。同样，虽然版（传）本学一开始就要借助目录学来完善自身的机制，并借助目录学著作来完成自我表现，但当目录一经形成，也反转过来又为版本学所利用。那么时至今日，中国古书版本学到底怎么论定，概括起来似乎可作如下的表述：中国古书版本学是以中国古代图书为对象，以版本鉴定为核心，以考订为主要方法，凭借多学科知识，借助校勘学，利用目录学来完成全面揭示图书的任务，并忠实地为中国古代社会各学科研究服务的辅助性科学。它的表现方式虽然迄今仍多以目录著作的形式出现，但撰写论文、编写专著，则更可从中寻求广阔的天地。至于利用不同版本之间文字上的变化差异，研究作者的思想倾向、时代色彩、政治变化、经济兴衰、文化风尚等，则是古书版本学更进一步的任务。而当版本学真的进入这一步，则天地不但更广阔了，其价值也就发挥得更充分了。

## 三　版本学的功用

前边说过了，版本学是为中国古代社会各学科研究服务的辅助性科学。这就是说，只要研究中国古代社会的传统学问，几乎都离不开借助版本学。原因是无论研究什么学问，都离不开读书、校书、藏书和用书。而只要一动书，就有个版本择优汰劣的问题。其实版本学的核心内容，无外是别众本之优劣，辨众本之异同，理众本之源流，析众本之脉络，考版印之时地，定版本之善俗。所以从读书、用书、藏书、校书，以及从版本的角度研究一代政治、经济、文化的兴衰变迁，都离不开版本学知识的运用。讲明版本学功用，引起人们客观看待版本学，对于促进学术研究是大有好处的。

凡粗通文墨，乃至有高深文化的人，不管是出于兴趣爱好，还是猎取知识、研究学问首先都要读书。而书浩如烟海，这就要有选择。选择有二：一是选择应读的好书；二是选择应用的善本。张之洞当年课徒，为指导学生有效地读书，曾作《书目答问》，以给学生开列版本目录。他在该书《略例》中说："诸生好学者来问应读何书，书以何本为善。"答曰："读书不知要领，劳而无功；知某书宜读而不得精校精注本，事倍功半。"其实知某书宜读而不得善本，不止事倍功半，还会酿成笑话和错误。为什么？余嘉锡先生在其《目录学发微》中说得好："书籍由竹木而帛而纸，由简篇而卷，而册，而手抄，而刻版，而活字，其经过不知其若干岁，缮校不知其几何人。有出于通儒者，有出于俗士者。于是有断烂而部不完，有删削而篇不完，有节抄而文不完，有脱误而字不同，有增补而书不同，有校勘而本不同。"如此纷纭复杂的传本情况，若是不加选择地拿起一本就读，岂止事倍功半！

宋代朱彧的《萍州可谈》卷一记载北宋哲宗元符（1098—1100）初年，杭州府学教授姚祐有一次从《易经》中出题考学生。由于他误读俗本，题目出成"乾为金，坤亦为金，何也"，参加考试的学生，百思不解，面面相觑，无从下笔。后来有人怀疑教官此题怕是出自麻沙本《周易》，监本并非如此。于是起立质问，教官赶快检查原书，果是麻沙本作此，而监本则为"乾为金，坤为釜"。"釜"字丢掉头上两点，演变为"金"，成了"乾为金，坤为金"。这不成体统，没法理解。于是动手臆改，变成麻沙本的"乾为金，坤亦为金"。教官误读麻沙本，也觉得费解，出成题目，以期学生解答。殊不知学生中有知监本者，故起立质问，出了教官的丑，闹出了笑话。这是一则很古老的读书不注意版本的故事，但它却常被引用为读书应求善本的警示。

明代陆深的《俨山外集》卷八也载有一则故事："金华戴元礼，国初名医，尝被召至南京，见一医家迎求溢户，酬应不闲。元礼意必深于术者，注目焉。按方发剂，皆无他异，退而怪之，日往视焉。偶一人求药者，既去，追而告之曰：'临煎时下锡一块。'麾之去。元礼始大异之，念无以锡入煎剂法，特叩之。答曰'是古方尔'。元礼求得其书，乃'餳'字耳。元礼急为正之。呜呼！不辨'餳''錫'而医者，世胡可以弗谨哉！"这也是读书不讲究版本闹出的事故。明代的兵书、医药书是比较滥的两类。特别是医药书，江湖卖药、走方郎中，也敢编纂医书、药书。其中有刻本有抄本，讹舛百出，不可卒读。那位南京医家大概就是读了这种劣本，将"餳"字的"食"字边讹为"金"旁，而成"錫"。看去又不像字，索性再去掉一横，而成了"錫"字。医家误读这种方剂之书，大言不惭地追出叮嘱，煎药时放进一块"錫"。其实"錫"（今简化为"锡"）乃"餳"（今简化为"饧"）之讹。而"餳"即糖，这是为了减药苦而采取的措施。若改糖下锡，非但是笑话，还可能闹出人命来。所以医药书历来都很注重版本，不能随意传抄翻刻。在宋代，医书则由国子监校刻，以示慎重。

近人叶德辉，可称版本学大家。然其有时竟不注意版本，误读劣本，导致错误解释和错误结论。刘向《别录》云："雠校，一人读书，校其上下，得谬误为校；一人持本，一人读书，若怨家相对为雠。"这段文字中的"一人持本，一人读书"的"书"字，不同版本作不同的字，有作"折"者，有作"析"者。成了"一人持本，一人读折"，或"一人持本，一人读析"。叶德辉误读《太平御览》劣本，从而导出错误结论和错误解释。一字之差，竟被叶德辉导出经折装兴于秦汉间的错误结论。可见读书必讲版本，择善本而读之，才不至于闹出笑话，出错误。否则误读书，读误书，非但劳而无功，还会导出错误结论。所以张之洞号召生徒"读书宜求善本"。

中国自古以来藏书家辈出，且赓续不断，发展日盛。"或有先祖旧书，多奉以奏献王，故献王得书多，与汉朝等"说的是西汉河间献王刘德修学好古，藏书宏富，几与国家藏书相等。"邺侯家多书，插架三万轴"说的是唐朝李泌家插架宏富，堪称册府。两宋以降，藏书成了人们的雅尚，日益风行，至清朝而极盛。藏书家藏书的目的不尽相同，雅好亦有别。清人洪亮吉在其《北江诗话》中对藏书家的评论，值得再次注意："藏书家有数等：得一书必推求本原，是正缺失，是谓考订家，如钱少詹大昕、戴吉士震诸人是也。次则辨其版片，注其错讹，是谓校雠家，如卢学士文弨、翁阁学方纲诸人是也。次则搜采异本，上则补石室金匮之遗亡，下可备通人博士之浏览，是谓收藏家，如鄞县范氏之天一阁、钱唐吴氏之瓶花斋、昆山徐氏之传是楼诸家是也。次则第求精本，独嗜宋刻，作者之旨意纵未尽窥，而刻书之年月最所深悉，是谓赏鉴家，如吴门黄主事丕烈、邺镇鲍处士廷博诸人是也。又次则于旧家中落者，贱售其所藏，富室嗜书者，要求其善价，眼别真赝，心知古今，闽本蜀本，一不得欺，宋椠元椠，见而即识，是谓掠贩家，如吴门之钱景开、陶五柳，湖州之施汉英诸书估是也。"

洪北江将藏书家分成五种情况，实际恐不止此。但不管是哪一等藏书家，他只要藏书，就不能不讲究版本。不可能有那样的藏书家，他苦索冥求，得来的全是俗本、劣本。因为出于考订的目的也好，出于校雠、收藏、赏鉴，乃至于掠贩的目的也好，都是重视珍本、善本，否则就达不到目的。掠贩家已非属学人，但为了经营牟利，更得重视版本，否则就会赔钱折本，无以生存。而要讲究版本，就得掌握版本学知识，所以版本学在藏书家那里更显得重要。

校书是古人的习惯，无论是整理书籍、比勘优劣，还是治学求实、订定谬误，都需要进行校勘。而要进行校勘，也需要懂得版本。这里无须侈谈古人，今天校点、校注、校译古籍也必须懂得一些版本学知识。整理任何一部古书，首先得把该书存世的各种传本搞清楚，即对这种书各种传本的源流系统、篇卷分合、完缺状况、版本异同、前人整理情况等，必须先摸清楚。这些功夫，其实就是版本学功夫。有了这些基础之后，才能进一步确定整理的工作底本。工作底本的确定非常重要，它不仅关乎事半功倍还是事倍功半，而且关乎全部整理工作的成败。如果选择一个讹文脱字很多的俗本、劣本作工作底本，那校补量就太大了，甚至无法进行。相反，如果你选择一个最早的珍本、善本作工作底本，那别的本子就没有资格作校本了。所以确定工作底本的过程，就是调动版本学知识的过程。底本确定了，还需要确定主校本和参校本。而确定主校本和参校本的前提，是基于对版本源流体系、完缺状况等的深刻认识。否则，面对众多的传本，茫然无措，乱点鸳鸯谱，则校点、校注、校译是不可能奏效的。必须是底本选择得当，主校本选择得体，参校本选择得宜，才能使整理工作正确进行，最后获得事半功倍的效果。可见校勘整理古籍，也是需要借助版本学的。

发掘保护文物工作，是我们国家重要的文化工作。而文物并非都指的是甲骨青铜、陶瓷玉器、竹简缣帛、珠宝翡翠等器物，其中也包括古写旧刊的珍善本图籍。近些年由于宣传力度加大，连农村妇孺遇到一部线装书都不敢轻易废弃，恐怕损坏了宝贝。可以前就不行。20世纪60年代，山东巨野某村有一个老妪，篮子里装了一部古书，准备到集市上去卖，以便买点油盐酱醋。路遇一文物工作干部，问她提书作甚，答曰去卖。文物干部打开翻阅，知是《兖州府志》，问取价几何。老妪说给三五块钱即可。文物干部说那就给五块吧，结果买下了这部书。后来有关部门非常重视，前去查访。此书由山东省图书馆拿到北京，经鉴定，是明万历时修刻的《兖州府志》。开版宏朗，行疏字大，书品考究。1979年，这位文物干部将此书正式捐献给山东省图书馆收藏。后来齐鲁书社又将此书影印出版。

20世纪80年代初，山东掖县（今莱州市）文博干部给北京图书馆（今中国国家图书馆）来信，说是文化站收购一册《永乐大典》，请来人鉴定。北京图书馆火速派人前往，经鉴定，确是《永乐大典》真韵中的"门"典。原来它屈居民家，栏外宽大的余幅，早被剪去不知充作何用，剩存的若干叶被用作妇女夹藏花样、鞋样。且多年庋置民屋，烟熏气染，纸已发黄发黑。文化站购后收归县文化馆，一次文化馆与图书馆的工作人员一起开会，闲谈起此书，图书馆工作人员警觉，拿来一看，真赝难断，于是写信到京，最后入藏于北京图书馆，并作为新发现，影印到中华书局的《永乐大典》丛刊中，为国家增添了一份珍贵的文献。

这是两个实际的例子，假使那两位农家藏主有些版本学知识，恐不会提篮贱卖万历《兖州府志》，或剪去《永乐大典》框外余幅。假使万历《兖州府志》不路遇具有一定版本学知识的文物干部，假使掖县图书馆那位工作人员没有一定的古籍版本学知识，文化馆的人说了也只是耳旁风，引不起警觉，则那部《兖州府志》和那册《永乐大典》，还不知会沦为什么下场。可见推广、普及版本学知识，于发掘文献、拯救图籍，也是大有裨益的。

自清末民国以来，珍贵版本书籍屡见影印。改革开放以来，经济发展，文化繁荣，整理出版古籍的成绩超越千古。如《中华大藏经》《藏外道书》《兵书集成》《孔子文化大全》《古本小说集成》《北京图书馆古籍珍本丛刊》《古本小说丛刊》等，相继出版问世。这当中每一书的出版，都需要版本学知识作为支撑。每一书确定收录范围之后，对所收之书都要逐一选定最佳的版本。而要给每一书选定最佳版本，没有丰富的版本学知识是不行的。有些书选目时只注意某一版本的珍贵，不注意版本的体系，结果是支离破碎，显得东一榔头西一棒槌，使人不知选书标准。相反，《古本戏曲丛刊》前五集当时由郑振铎、赵万里等版本学大家遴选，结果从内容到版本都堪称精绝。这样的书出版以后，不少图书馆均将其视为新善本。可见编辑出版古书，同样需要版本学知识。

当今世界图书馆事业都很发达，中国的公共、科研、高校及各个单位的图书馆，也成千上万。其中大中型图书馆多多少少都藏有一些古籍。这些古籍要想编目整理，供人借阅，更需要版本学知识。图书馆工作分采、编、阅、管几大环节，而其中的采、编是最基础的工作。采一般书，照订单勾画即可，采购古籍就不那么容易。图书馆的古籍，无论是购买、受赠、调拨，都有一个掌握版本问题。到古旧书店采购，凡好一点的版本都标价甚高，你对自家藏书要心中有数。比如你家已有明嘉靖时李元阳闽刻《十三经注疏》，再见到明北京国子监刻本《十三经注疏》，要不要了呢？这就需要版本学知识了。如果你知道明北监本《十三经注疏》翻刻自李元阳本，那你就决心不买了。相反，你如果不知道，再买回北监本，那就重复了，而且白花了钱。这种情况在采购、受赠中经常遇到，如果版本学知识不够，就无法胜任采买工作。至于鉴别真赝，那就更需要真本事了。

在图书馆的古籍编目著录中，版本学知识就更显得重要。一部书何人何时何地所刻，非常难以直观判断。有的尽管有刻书痕迹，但如果前人定错，我们也是非常难以订正的。如相台岳氏荆溪家塾刻印的《九经》及《相台书塾刊正九经三传沿革例》，自明万历中张萱《重编内阁藏书目录》将《九经三传沿革例》著录为"宋相台岳珂家塾刊本"以降，几百年来，下自通儒学者，包括钱大昕、张之洞这样的前辈通人，上至四库馆臣，乃至乾隆皇帝，皆人云亦云，以讹传讹。直到20世纪40年代，才由张政烺先生率先提出质疑，并考辨绝非岳珂，而应当是元代的岳浚。

张先生在 20 世纪 30 至 40 年代曾供职于中央研究院历史语言研究所图书馆，负责图书采购。由于工作上的需要，使所购当值，他不得不对图书版本进行深入研究，也写了一些考证性的文字。其中的《王逸集牙签考证》和《读相台书塾刊正九经三传沿革例》两篇，迄今还在产生着影响。1943 年写就的《读相台书塾刊正九经三传沿革例》，1991 年正式发表于《中国与日本文化研究》第一集。现在这两篇文章都已收入中华书局出版的《张政烺文史论集》中。

《九经三传沿革例》开篇总序有言："世所传《九经》，自监、蜀、京、杭而下，有建余氏（仁仲）、兴国于氏二本，皆分句读，称为善本。廖氏又以余氏不免误舛，于氏未为得当，合诸本参订，为最精，板行之初，天下宝之。流布未久，元板散落，不复存。"遂使岳氏搜求众本，延请各经名士，重行校刻《九经》。"不使有毫厘讹错，视廖氏世䌽堂本加详焉。旧有总例，存以为证。"因知岳氏校刻《九经》，乃因廖氏世䌽堂本，并更加详明。张先生产生的质疑，恰就源于此序。

宋末世䌽堂廖氏，指的是廖莹中。廖乃奸相贾似道的门人，尝为贾府刻帖、刻韩柳集及《九经》。事情发生在南宋咸淳年间（1265—1274）。而岳珂（1183—1243）字肃之，号亦斋，又号倦翁，岳霖子，岳飞孙，相州汤阴人，侨居江西江州。累官户部侍郎、淮东总领兼制置使。他的卒年是南宋理宗淳祐三年（1243），早于廖莹中校刻《九经》将近二十年，怎么可能又活过来，反依廖氏世䌽堂本《九经》重行加以校刻，并撰写《九经三传沿革例》呢？此疑问一出，意味着《相台书塾刊正九经三传沿革例》作者为岳珂说法的坍塌。

首先提出"相台岳氏荆溪家塾"之岳氏绝非岳珂者，也是张政烺先生。张先生的意见显然是正确的。但破了岳珂的说法，又该立说是谁呢？张先生没有往下深考。1959 年赵万里先生编辑出版《中国版刻图录》，对张先生之说深表赞同，并努力考证相台岳氏究竟是谁。赵先生根据所掌握的材料，推断其绝非南宋的岳珂，而是元朝的岳浚。

如果将古书版本学进一步深化，则对研究中国古代社会政治、经济、文化的变化，亦不啻为重要的侧面。

任何一部重要书籍的出版，特别是官修重要书籍的刊印，几乎都是政治的产物。例如宋代，是在五代乱离的基础上，利用陈桥兵变，黄袍加身，一夜之间建立的政权。这种政权不是经过长期斗争逐步确立的，这就造成了对旧有十国的政治制度、法律条文、行政格局毫无破坏的状况。而自己一夜之间虽然建立了政权，可管理国家的政治体制、法律规范等，却毫无准备。因此，宋代建国之初的最大政治，就是加强中央集权，强调国家统一，巩固新兴政权。这个政治反映在刻书上，就是急忙统一律令，复位刑事法典，雕印《宋刑统》。据《宋会要》记载："太祖建隆四年二月五日，工部尚书、判大理寺窦仪言：'《周刑统》科条繁浩，或有未明，请别加详定。'乃命仪与权大理寺少卿苏晓、正奚屿、丞张希让及刑部大理寺法直官陈光义、冯叔向等同撰集……至八月二日上之，诏并模印颁行。"这是我国第一部刻印的刑事法典，也是宋代官方刻书的开始。

又如宋太祖赵匡胤是行伍出身，又深受后周世宗限制佛、道教的影响，所以起初对佛、道教的作用并不怎么看重。但五代时期，佛教在一些封建割据的独立王国内却很流行。吴越、南唐、后蜀等政权，朝野就都很崇信佛教，它甚至深深影响着黎民百姓的社会生活。面对如此的社会现实，宋太祖为了收买人心，巩固自己的统治，一反过去的做法，对佛教采取了保护和提倡政策。当时有位河南进士李蔼作《灭邪集》，对佛教表示反对。宋太祖拿他开刀，责难他是"非毁佛教，诳惑百姓"，把他流放到沙门岛。紧接着便于开宝四年（971）派高品要员张从信前往益州（今成都）监雕佛教大藏经十三万版，凡五千零四十八卷，四百八十函。这就是我国雕版印刷史上有名的《开宝藏》，也称为《蜀藏》，是佛教大藏的第一个刻本。

又如清代的《龙藏》，始编校于雍正朝，刊毕于乾隆朝。其编刻完全是政治的产物。大家知道，明朝后期由民间发起雕印的《径山藏》，也称为《嘉兴藏》，前后连亘很多年，直到清初还在续刻。明朝灭亡，满人入关后，很多正统的知识分子感到气愤，纷纷抗清，而清朝统治者则采取高压政策，致使不少明末遗民转换斗争方式。有的隐遁山林，有的充当居士，著书立说，收入《嘉兴藏》，以躲避朝廷的围剿。到雍正时，觉得问题严重，可又不好直接对佛教大藏——《嘉兴藏》大打出手，于是便以朝廷的名义，出面编刻新的大藏经——《龙藏》，也称为《清藏》或《乾隆藏》，用来顶替《嘉兴藏》，消弭《嘉兴藏》当中入藏著述的反清影响。所以《龙藏》雕刻的版本十分考究，印纸也十分精美。可见某一重要书刻的产生，总透露着时代的政治倾向。反转过来，我们研究版本，也能从版本学的角度去研究捕捉时代的政治。

《水浒传》是脍炙人口的古典文学名著之一，其在明代曾经有过许多刻本。如果我们将这些刻本集中到一起，加以系统研究，就会研究出许多有趣的问题。关于如何对待农民起义问题，明代政府前后态度不完全一样，分两个时期。嘉靖以前，国势尚可，对待农民起义主剿派占上风。此时则认为，农民起义十恶不赦，不仅反贪官，也反皇帝，无一是处，无一可取。这时的第七十五回回目提法是"活阎罗倒船偷御酒，黑旋风扯诏谤徽宗"，表明梁山义军不但反贪官，也反皇帝，完全是造反派，十恶不赦，无一可取。而万历以后，国势日蹙，四顾不暇，对农民起义无力弹压，于是主抚派又占上风，认为农民起义只反贪官，不反皇帝，尚有可取之处。这时第七十五回回目则变成了"活阎罗倒船偷御酒，黑旋风扯诏骂钦差"，宣扬的是梁山义军只反贪官，不反皇帝，你看李逵也只是"扯诏骂钦差"，而不谤皇帝。所以研究《水浒传》版本，也能研究出政治倾向和风云变幻。纵观这两个时期《水浒传》的版本，前者多至排座次，顶多加上征方腊；后者则称《水浒全传》或《忠义水浒全传》。前者在于显其十恶不赦，后者则显其可为朝廷所用。表面看，只是版本不同，实则是朝廷政治变幻的晴雨表。

众所周知，明代前一百多年，文坛被公子王孙和达官显宦所把持。内容空泛，辞藻浮艳，死气沉沉，毫无生气。正德、嘉靖时，以李梦阳、何景明为首的"前七子"，扯起文学复古运动大旗，提出"文必秦汉，诗必盛唐"口号，实际是提倡言之有物，朴实无华。这场文学上的复古运动，吹进了社会的各个角落，唤起了社会的新风。与之相适应，此期的刻书出版也随之复古。而刻书复古就是复宋之古，于是无论官刻私雕，都打破了明前期百余年黑口赵字的呆板之风，形成了白口仿宋字的新貌。今天把嘉靖时所刻之书集中到一起，会发现几乎都是横轻竖重方正严整的仿宋字，书口为白，显得雕印精细。可见刻书的风格特点也反映着浓重的时代气息。

万历（1573—1620）初年，由于张居正主政，推出清丈法和一条鞭法，出现过短暂的中兴，社会经济有所复苏。此期所刻之书，多是开本宏朗，字大行疏，显得铺陈考究。天启（1621—1627）以后，连年灾害，哀鸿遍野，农民起义风起云涌，如火如荼。此期刻书，字体由方正变为瘦长，开本变小，版式多狭行细字。这是为了省板省纸，是经济不景气的表现。

清代康雍乾三朝（1662—1796）一百三十余年，堪称盛世。刻书出版多软体写刻，版式舒展，字体神清气秀，刀法剔透爽快，一看便知是盛世的作品。到乾隆后期，国力已露颓势，嘉庆（1796—1820）登台后虽竭力调整，力挽危局，但已无力回天，政治腐败，经济萧条，故自嘉庆时起，清代刻书如刀切一样发生了突变。字体变得团头团脑，完全失去了旧日的风貌，一看便知是经济委顿，紧缩版式行款造成的现象。可见透过版本学研究，还可探窥一个时期的社会经济兴衰状况。

上述从读书、藏书、校书、整理出版、保护文物、图书馆采选编目、治学研究等诸方面，阐述了版本学的功用。可见它虽是一门辅助性科学，但如果研究深透，得其真谛，运用纯熟，不但可以借助它完成各学科的研究，还可透过它，研究古代中国社会的政治风云、经济盛衰、文化导向。足见版本学不是一门可有可无的学问。只要是做中国古代的传统学问，就不能不涉猎一些版本学。事实证明，古今的学问家，只要他是研究中国古代社会某个学科的，无一不懂得版本学，无一不借助版本学。

## 四　善本之论

前边说过了，版本学的功用是多方面的，但版本学的核心，是通过甄别、考证、比勘、分辨，最后得到真的善本，以便做好自己的学问。可是"善本"说了上千年，真要让谁给"善本"下个定义，划定界说，却又感到茫然。所以讲明什么是"善本"也是十分必要的。

"善本"一词的最初概念，应是指经过严格校勘而无有或少有讹文脱字的书本。

宋宋祁《景文集》卷六十一《石少师行状》说少师"讳中立，字表臣……善雠书，不妄下朱墨。凡秘书更公手者，皆为善本"。

宋朱弁《曲洧旧闻》卷四云："穆修伯长，在本朝为初好学古文者，始得韩、柳善本，大喜，自序云'天既饜我以韩，而又饫我以柳，谓天不予饶，过矣'。欲二家文集行于世，乃自镂版，鬻于相国寺。性忼直，不容物。有士人来，酬价不相当，辄语之曰'但读得成句，便以一部相赠'。或怪之，即正色曰'诚如此，修岂欺人者'。士人知其伯长也，皆引去。"

宋江少虞《新雕皇朝类苑》卷三十一载："宋嘉祐四年，仁宗谓辅臣曰：'宋、齐、梁、陈、后魏、后周、北齐书，世罕有善本，未行之学官。可委编校官精加校勘。'"

宋叶梦得《石林燕语》卷八云："唐以前，凡书籍皆写本，未有模印之法，人以藏书为贵。人不多有，而藏者精于雠对，故往往皆有善本。学者以传录之艰，故其诵读亦精详。"

陈振孙《直斋书录解题》卷八说《元和姓纂》"绝无善本，顷在莆田以数本参校，仅得七八。后又以蜀本校之，互有得失，然粗完整矣"。

元延祐六年（1319）陈良弼为《通鉴纪事本末》一书作序，称宋赵与篪"患严陵本字小且讹，于是精加雠校，易为大字，刊板而家藏之。凡四千五百面，可谓天下之善本也"（清吴寿旸《拜经楼藏书题跋记》卷二）。

上述所有这些关于善本的界定，归结到一点，充分说明一个问题，即最初人们关于"善本"的概念，就是指经过精校细勘、无讹文脱字或者少讹文脱字的传本。

但是，校书犹如扫落叶，旋扫旋生。抄写、刻印、排印任何一部书，怎么敢保证一个字不错呢？因而在实践中，人们并未将有关善本书的原初概念与在实际工作中对善本书的遴选等同看待。前边我们提到的河间献王刘德、颜之推、唐太宗李世民、元朝岳浚等，在遴选、运用、入藏利用图籍时，就都很重视传本、旧本。这就和"善本"的原初概念不尽相同。虽然传世的旧本，在文字内容上可能更接近原书面貌，但也并不尽然，传本、旧本也并不一定就皆无讹文脱字，全是善本。可在事实上，不仅上述诸人重视传世旧本，而且越往后世，珍视传世旧本的人越多，心越重。这就在实践上等于又提出了一个概念，这就是"珍本"。"珍本"就是珍贵的版（传）本，虽然珍贵的东西并不一定尽善尽美。龙山文化时期的黑陶罐，谁都得视为珍贵的文物，但今天谁也不会把它当作得心应手的好器皿。敦煌石室的任何一卷写经，谁都得把它视为珍贵的传本，但在文字上却也未必就精就善。可是不管怎么说，珍贵的东西人们还是格外地看重。

在西方人的观念里和词汇中，"善本"就是珍贵的、值钱的、罕见的传本。这实际上是以"珍本"的概念替代了"善本"的含义。时代久远，传世孤罕的书籍，自然珍贵，甚至虽有明显的讹文脱字，仍被视为珍贵传本，这在古今中外都有实例可循。本来"珍"并不等于"善"，罕见的东西并不一定就好，可是谁也不会把珍贵的东西视若粪土。这就在实际上将"珍""善"两个概念又合流了。

清末张之洞为了指导学生读书，曾总结前人经验，并结合自己的体会和认识，提出善本并非纸白版新之谓，而是经前辈通人以数本精校细勘，不讹不缺之本。据此，他给"善本"提出了三条标准：一是"足本"，即无缺残无删削之本；二是"精本"，即精校精注本；三是"旧本"，即旧刻旧抄。张之洞并非刻意要给"善本"下定义，但为了指导学生读书，不得不指点迷津，免读误本，选读善本，于是也就表示了什么是"善本"的态度。其实张氏关于"足、精、旧"的善本三定义，归纳起来还是两条，一是无讹脱，一是传世旧本，与古人关于善本的概念无本质的区别。

在时间上和张之洞差不多，钱塘八千卷楼主人丁丙、丁申兄弟对自己入藏图书也提出过四条标准：一是旧刻；二是精本；三是旧抄；四是旧校。丁氏大概也无意要给善本下定义，只不过根据当时书籍的流传情况，给自己入藏图籍提出了这四条标准。且藏书家常有偏好，以便形成自己的藏书特点。他们的藏书标准，并不等于就是善本的标准。但是旧日藏书家，无论学问家还是鉴赏家，对书籍版（传）本也多有可资借鉴的见地。有些藏书家虽然只是附庸风雅，对版本未必真懂，但其买书也总要有人为其掌眼，因此对什么是"善本"也不无见地。钱塘丁氏兄弟算不上是什么大学问家，但信而好古，视书如命，是清朝后期著名的几大藏书家之一，因而他提出的四条图书入藏标准，也颇有代表性。从正面说，丁氏四条未必为所有藏书家所接受并承认，但从反面说，符合丁氏四条标准的图书，谁能不承认它就是善本呢？所以丁氏的四条入藏标准，在某种意义上也可以视为"善本"概念的具体解释。诚然，丁氏提出的四条标准，也没有什么了不起的超越古人的精到之处，归纳起来，他这四条不过还是传统的两方面的内容，即旧刻、旧抄、旧校，无非还是个旧字，也就是旧日流传下来的写本、抄本和刻本。至于精本，无非是精校、精刻、精抄本。还是一精一旧而已。

总结前人所有这些提法，虽然还不能据此马上提出"善本"的更全面更科学的定义，但对我们进一步考察"善本"的科学概念，却提供了一些思考和借鉴的路径。旧本时代久远，在文字上一般来说是比较接近原书面貌的，视为善本，理所当然。同时，旧本在长期流传过程中，由于兵燹、天灾、虫蛀、鼠啮，幸存下来的实属不易，因此，人们对某一时代流传下来的古刻旧抄，有的尽管在文字的准确性上未必尽善，但作为某一时代产生或写、刻的文献实物，于研究那个时代的政治、经济、军事、文化等各个方面，无疑会被视为具有重要的历史文物价值或学术资料价值。但由"旧本"本身所固有的特性和价值来推敲"旧本"这一提法，又觉得比较含混。一是"旧"没有明确的时代界限，什么叫"旧"，什么时候的传本叫"旧"，缺乏科学的界说。二是"旧"不能反映事物的本质，"旧"的本质，应当是因其产生的时代早、流传少，而更具历史文物价值，因此，我们不如扬弃这种皮毛表面的"旧本"提法，而抓住"旧本"提法的本质，直谓其历史文物性。即对任何一部古书看其是否够得上善本，视其是否具备历史文物价值。这样，我们就可以从长期的"旧本"提法中，抽出一条能够反映"旧本"真谛的"善本"衡量标准——历史文物性或称历史文物价值。

历史文物性或历史文物价值的提法，还能包容"珍本"的概念。古今中外的人们，无一不把传世孤罕的"旧本"目为"珍本"。珍贵的、值钱的传本，其所以珍贵、值钱，并不一定因其文字精确而称善，是因其历史久远，传世孤罕而值钱、而珍贵。所以用"历史文物性"作为"善本"的一方面概括，"珍本"的含义也就自然包括在其中了。

前人提到的"精本"，主要是指精校、精注的书本，这确是"善本"的重要标准。任何刻本、写本或抄本，在刊印之前或抄写之后，都应该经过精审的校勘，否则书中就会讹舛百出，不可卒读，自然就要降低该书的价值。古今通人在考察善本标准或实际遴选善本时，都不能忽略这一点。如果忽略了这一点，把那些脱文断简、错误百出的古书都看成是善本，那就会造成良莠不齐、鱼龙混杂的后果。结果肯定会搞乱善本的标准，实际上就等于没有了善本书的标准。

至于精注，在古书中就更显得重要了。古书成书久远，读起来文字障碍颇多，要想读懂，前人注疏至关重要。至少是自汉代以来，对先秦古籍已注家蜂起。两汉以降，非但给古籍原文作注，给前人注作疏的也代有其人。这些带有前人注疏的古籍，其注释水平并不完全一样。其不一样的原因极其复杂，但归纳起来无非两点：一是学识水平的高低，一是政治偏见。学识水平不高，自然做不出精当的注释；心挟政治上的偏见，孤傲自赏，其注释难免穿凿附会。所以确定善本，其注文的精粗优劣，也是应该特别注意的。

但"精"字的提法，似乎也未反映出事物的本质，实际上其所反映的本质是经过精校细勘和名家精注精疏的抄本、写本、刻本，具有更高的学术价值或资料价值。当然，书的学术价值或资料价值远不是仅看其精校精注，而要看其内容、观点、体例、架构、阐释、文字，但是否经过精校细勘，是否经过精准注解和阐释，也是不可或缺的考量。任何一部书，如果在这两个方面都没什么价值，那么它的存在就成了问题。所以我们不如扬弃"精"的提法，而直接抓住它的本质，提出"学术资料性"，用作考察什么是"善本"书的第二方面标准。

宋代以后，尤其明、清两代的藏书家，对古刻旧刊除了重视它们的历史文物价值和学术资料价值以外，还很考究其印本的字体刀法、印纸墨色、版式行款、封面装帧、印刷技艺等，开了从艺术角度鉴赏古书的风气。

明代张应文《清秘藏》卷上《论宋刻书册》说："藏书者贵宋刻，大都书写肥瘦有则，佳者绝有欧、柳笔法。纸质匀洁，墨色清纯，为可爱耳。"

明代文震亨在其《长物志》卷五《宋板》中亦说："藏书贵宋刻，大都书写肥瘦有则，佳者有欧、柳笔法。纸质匀洁，墨色清润。"

明代高濂在《遵生八笺》卷十四《论藏书》中说："宋人之书，纸坚刻软，字画如写。格用单边，间多讳字。用墨稀薄，虽着水湿，燥无湮迹。开卷一种书香，自生异味。元刻仿宋单边，字画不分粗细，较宋边条阔多一线，纸松刻硬，用墨秽浊，中无讳字，开卷了无臭味。"又说："宋版书刻，以活衬竹纸为佳。而蚕茧纸、鹄白纸、藤纸固美，而存遗不广。若糊褙，宋书则不佳矣。"

清代孙从添在其《藏书纪要》中说："南北宋刻本，纸质罗纹不同。字画刻手古劲而雅。墨色香淡，纸色苍润，展卷便有惊人之处。所谓墨香纸润，秀雅古劲，宋刻之妙尽矣。"清末丁丙在其《善本书室藏书志》中评论明刻本书时说："朱氏一朝，自万历后，剞劂固属草草；然近溯嘉靖以前，刻本多翻宋椠；正统、成化刻印尤精。"近人王国维说宋刻"浙本字体方正，刀法圆润"。张元济说"审别宋版，只看刀法"。

凡此种种，都是从艺术的角度来品评古刻旧刊的，这就从艺术上又为我们提供了一条考察善本的标准。如果我们由此推而广之，从印刷技术、用纸敷墨、装帧艺术等方面加以概括，又可引申出一条考核善本的标准，叫作"艺术代表性"。

总结前人所有这些有益的经验，再加以科学提炼和概括，对什么是善本，我们就可以得出一个比较全面的认识，即对任何一部古书，都应从历史文物性、学术资料性、艺术代表性等多方面进行考察。在现存古籍中，凡具备历史文物价值、学术资料价值、艺术代表价值，或虽不全备而仅具备其中之一之二又流传较少者，均可视为善本。

所谓历史文物性，当有两个方面的含义：一是指古书版印、抄写的时代较早而具有历史文物价值；二是指古书可作为历史人物、历史事件的文献实物见证而具有某种纪念意义。从这样一种理解和认识出发，则所谓古书的历史文物性，首先就需要有个时代概念。也就是说，什么时代以前刻印、抄写的古书，才因具备历史文物价值而被视为善本。不明确这一点，在浩如烟海的古籍中确定什么是善本，就会茫然失措，无从下手。当然，在工作实践中又不能完全拘泥于时代界限，完全拘泥这一点，呆板地以时代划线，既可能把时代界限以前的古书不分青红皂白、优劣精粗地一律视为善本；又可能把时代界限以后的古书一律视为俗本劣本而扔下不管。我们应该全面考察，辩证掌握，有时限，又不唯时限。在这样的前提下，才能大体上划定时代界限。

关于时代界限也有很多不同的划法。关于中国古书历史文物价值的时限划法，中国人的传统观念，大体是划在明正德年间（1506—1521）。日本人亦大体遵循此说。也有人划在明嘉靖年间（1522—1566）。《中国古籍善本书目》编委会则把时限划在明末（1644）。也就是说，在这些时限以前产生的中国古籍，一般都被视为具有文物价值的善本。这些并不是没有道理，但道理过于陈旧，反映的还是清朝人的观点。须知，斗转星移，昔人视为今者，今人已视为古了。同样，今人视为今者，后人也就视为古了。也就是说，历史时限不是一成不变的概念，随着历史的延伸，划定善本历史文物价值的历史时限也应适当后移，否则我们就不能唯物地看待历史问题了。所以我们在考虑时限划定问题时，一定要站在历史长河的制高点，瞻前顾后，讨源探流，既注重于过往，亦着眼于未来，把这些都考虑进去之后，再来划定时限，可能于古于今于后都更有好处。《中华人民共和国文物保护法》规定，凡乾隆六十年（1795）以前出品的文物和出版的图书，都在国家法律保护之内，不得走私出口。这虽然不是给善本划定时代界限，却划出了古书是否具有历史文物价值的时限特征。因此，我们在讨论古书是否具有历史文物价值时，完全可以和国家法律一致起来，以乾隆六十年为时代界限。对这一年以前产生的古籍，无论是稿本、写本、抄本和印本，着重从历史文物性的角度考察其是否为善本。在通常情况下，这样处理，一般不会产生什么大问题。至于有些书虽然产生在这个时限以前，但内容平淡无奇，刻印粗制滥造；或残缺过甚，校勘不精，又世不罕传，则亦不必胶柱鼓瑟，生搬硬套。这样，我们就能在实践上做到有时限，又不唯时限。

所谓学术资料性，除了指经过精校细勘，文字上脱讹较少和经过前代学人精注精疏的稿本、写本、抄本、印本以外，还应包括古书中那些在学术上有独到见解，或有学派特点，或集众说较有系统，或在反映某一时期、某一领域、某一人物、某一事件的资料方面，比较集中、比较完善、比较少见的稿本、写本、抄本、印本。这些书，如果是刻印抄写在乾隆六十年以前，自不待说；就是抄写刻印在乾隆六十年以后，也要视其学术资料价值，选为善本。如乾隆刻本的《徐霞客游记》，是徐氏后人参酌众本刻印而成，无论在学术性上还是资料性上都很有价值。嘉庆二十一年（1816）宜兴稚春堂刻印的《双溪物产疏》，为清陈经撰，是研究宜兴地区物产及社会经济状况的重要参考书，《八千卷楼书目》卷八史部著录此书。咸丰四年（1854）刻印的《畿辅水利议》，是林则徐的一部很有见地的著作。书中提出应该大力开发北方的水利资源，提高北方的田亩产量，就地解决赋粮，改变南粮北运的历史状况，其学术价值不言而喻。清抄本的《天一遗书》，是清都水监靳辅治水的得力助手陈潢所撰。陈潢字天一，他总结几千年治理黄河的经验，认为下游水患，是中上游水土保持不好，河水所含泥沙淤积所致；中上游水患，是下游河道堵塞不通造成的，因而提出上中下游同时治理的治河理论。这种理论在清王朝虽然根本不可能实现，但其科学价值是显而易见的。所有这类的图书，有的虽然刻印抄写在乾隆六十年的时限之后，我们也不能因其历史文物价值略低，而将其拒之善本之林以外，而是从学术资料价值的角度，将其同样目为善本。这就是"学术资料性"在善本遴选中的作用。

所谓艺术代表性，主要是指那些能反映我国古代各种印刷技术的发明、发展和成熟水准；或是在装帧形制上能反映我国古代书籍各种装帧形式的特点和嬗变关系；或是用纸特异，印刷精良，能反映我国古代造纸工艺的进步和印刷技术水平的古书。这些书，如印刷的时代早，固不必说，印刷的时代晚，也可以从工艺技术的角度，选为善本。如15—17世纪的版画，主要是指书籍的插图版画，把我国传统的木版雕印技术推向了高峰。那时著名的画家与著名木刻家紧密合作，特别是与著名的徽派和金陵派木刻家合作，创造了大批艺术造诣高超的珍贵作品，在中国古老的雕印技术园地中开出朵朵艺术奇葩。如著名画家丁云鹏作画，徽派著名木刻家黄辚、黄应泰精雕细镂的《程氏墨苑》；陈老莲作画，黄子立雕刻的《博古叶子》；萧尺木作画，汤尚、汤义等合刻的《太平山水图画》《离骚图》等，都是构图巧妙、刻印精良的代表性作品。而明末吴兴凌、闵两家的套印技术，胡正言、吴发祥、李渔的饾版拱花技法，以及由他们手中产生的《十竹斋画谱》《十竹斋笺谱》《萝轩变古笺谱》《芥子园画传》等，则更是中国传统雕印技术结出的艺术硕果。至于康熙五十八年（1719）泰安徐志定用磁版刷印的《周易说略》，道光十二年（1832）苏州李瑶在杭用泥活字排印的《南疆绎史勘本》《校补金石例四种》，道光二十四年（1844）安徽泾县翟金生用自制泥活字排印的《泥版试印初编》《水东翟氏宗谱》《仙屏书屋初集》等，虽然在艺术上说不出什么特质，但在印刷技术上，却都是某一方面的代表作。凡此种种，论它们产生的时代，都不算早，有的甚至很晚。但它们所具备的技术、艺术方面的价值，谁都无法否认它们跻身"善本"之列的资格。这就是"艺术代表性"在善本遴选中的作用。

  总之，对什么是"善本"，通过前边的阐述，应该说已经可以得出完整的清晰的概念。而在实践中，对任何一部古书都应从历史文物性、学术资料性、艺术代表性等多方面出发，从不同的角度加以全面考察。要把古书抄写印制的时代早晚，同它的学术资料价值和艺术代表水平综合起来加以考察。有时侧重某一面，有时取其某一点。全面中有重点，重点中不忘全面。这样，我们就可以从旧日的一些说法中，归纳出更深入、更本质、更科学的提法，给"善本"概念以充实的内容和比较稳定的界定，使人在理论上容易掌握，在实践上容易操作，从而进一步科学化。

## 五 版本类型之论

中国古籍的版本类型与版本称谓是极其复杂的。从大的类型上分，可分为印本与写本。印本中还可区分为刻印本、排印本、套印本；写本中也还可区分为稿本、写本和抄本。这两种类型合起来，有时按时代区分为唐本、五代本、宋本、辽本、金本、西夏本、元本、明本、清本，而各个时代中还可以依年号细分为乾德本、开宝本、雍熙本、淳化本、至道本、咸平本、天禧本、天圣本、明道本、庆历本、皇祐本、嘉祐本、熙宁本、绍圣本、崇宁本、政和本、宣和本、绍兴本、乾道本、淳熙本、绍熙本、庆元本、嘉泰本、嘉定本、绍定本、端平本、淳祐本、咸淳本等。各个时代中还可按地区分为浙本、蜀本、闽本、江西本、湖广本、河北本、山西本等，而各省之下还可以细分为杭州本、越州本、明州本、婺州本、成都本、眉山本、建阳本、崇化本、麻沙本、三山本、赣州本、吉州本、筠州本、潭州本、江陵本、解州本、平水本等。按出资情况可区分为官刻本、家刻本、自刻本、坊刻本、募刻本。按印刷类型可分为刻本、影刻本、写刻本、重刻本、翻刻本、覆刻本、重修本、递修本、活字排印本、套印本等。按书品可分为袖珍本、巾箱本、大字本、中字本、小字本、朱印本、蓝印本、插图本、祖本、初印本、后印本、百衲本、丛书本、邋遢本、节本、残本、焦尾本、批校本、过录本、两节版等。名目繁多，情况复杂。可是要鉴定版本，还非一见便知不行。否则，一书在手，反复玩味，结果连其版本类型的称谓都说不上来，那不就成笑话了吗？

**稿本：**古书版本称谓或著录中关于稿本的概念大约有四种情况：一是指作者的手稿本，二是指作者的修改稿本，三是指清稿本，四是指版样稿本。

手稿本，指的是由作者亲笔书写自己作品而形成的稿本，判断这个不是很容易，没有绝对把握不敢运用手稿本的概念。中国国家图书馆所出的古籍善本书目，凡著录为稿本者，皆是手稿本。上海图书馆著录的稿本则分为手稿本、修改稿本和清稿本。

修改稿本，指的是誊清之后由作者再行修改的稿本。誊清有两种情况：一种是由作者自己誊清，这实际上应该归入手稿本。另一种是由别人誊清，复审时作者又进行了修改。此时会形成两种字体，直观上比较好判断。但对修改之字是否确是作者手笔，需要进行判断。要小心在清稿或是抄本上施以校改、点评的是藏书家而不是作者。敢于判断校改者确系作者本人时，才能称为修改稿本。

清稿本，指的是书稿完成后，又请人誊清，之后作者再未进行修改，但有作者钤章或题跋识语，归属明确，始可称为清稿本。没有这类确认标识者，当以抄本论之。

版样稿本，指的是文稿有卷端上题、卷端下题，并绘有边栏界行、书口鱼尾等版式标识，后因种种变故而又未行上板镌刻之本。这类稿本不多，但也偶有发现。因为是上板前的样稿，故称为版样稿本。

**写本**：相对于稿本、抄本和印本的名称。在通常情况下，凡运用写本概念，大约有三种情况：一是时代早。唐及唐以前，书籍生产靠手写传抄，无所谓刻本印本，故统称为写本。入唐以后，刻本书籍渐行，至宋而盛。然唐、宋所处的时代仍较早，故唐、宋时期手写传抄的书籍，仍以写本名之。元以后手写传抄的书籍，便以抄本名之了。二是抄写者地位高。无论时代早晚，印本书是否盛行，凡出自达官显宦、名流学者之手者，往往也要以写本名之，而不称其为抄本。三是涉及宗教。凡是抄录佛经、道经、《圣经》、《古兰经》者，抄录者常是为了还愿或做功德，有对宗教的崇信和虔诚包含在里边，故只称写经，而不称抄经。至于早期写经生抄录的经卷，虽不是为了自己做功德或还愿，而是为了佛门的善男信女买去还愿，本可不称写本，但由于其抄写的时代早，又是抄录佛经，也只能以写本名之。至于自己著作自己抄写流传，那就不论其时代早晚、地位高低，便一律以稿本名之了。

**抄本**：在古书版本著录或行文中，抄本的称谓经常运用，经常出现。除了写本、稿本之外，凡依据某种底本而再行传写者，均以抄本名之。

**刻本**：亦称刊本、椠本、镌本，均指雕版印刷而成的书本。所谓雕版，是指将书稿按照一定的行款字数写出版样，描绘出边栏界行、版口鱼尾，然后反贴上版，依样雕刻。印制时敷墨上版，然后铺纸刷印。中国雕版印刷术发明很早，唐代已有雕版印刷的书籍流行。五代已由政府指令国子监校刻《九经》及《经典释文》。至宋代，雕版印刷的书籍大兴，旁及辽、金、西夏，直至元、明、清，前后盛行一千余年。在一千多年的发展过程中，因时不同、因地不同、因出资不同、因主持人不同、因印次不同、因印色不同，又可分出某代刻本、某地刻本、某官府刻本、某人刻本、初印本、后印本、朱印本、蓝印本等。著录版本时，要在科学考订的基础上，客观如实地加以反映。行文时要准确地加以运用。

**活字印本**：亦称为排印本、摆印本。凡用活字排版印制的书本，均可称为活字印本。北宋仁宗庆历年间（1041—1048），平民毕昇首先发明了泥活字。南宋的周必大，蒙古太宗十三年至海迷失后称制三年（1249—1250）的姚枢，清道光十二年（1832）的李瑶、道光二十四年（1844）的翟金生等，都曾依据毕昇泥活字印书的原理，自制泥活字，实践并光大了泥活字印书的事业。元大德年间（1297—1307），农学家王祯又创制成功木活字，并用这套木活字排版印制了大德《旌德县志》。此后木活字印制技术发展较快，非但有汉文木活字，还有了河西字（西夏文）木活字和回鹘文木活字。进入明、清时代，木活字印制技术流行更为普遍，江南各省的祠堂，常用木活字排印宗谱。还出现了肩挑木活字及印具走乡串户专为人排印家谱的谱匠。崇祯十一年（1638）以后，北京朝廷发行的"邸报"，也改用木活字排印。清代无论官署、私宅、坊间，木活字印书更为普遍。规模最大的是乾隆时期用木活字排印的《武英殿聚珍版丛书》，凡一百三十四种。这是我国印刷史上规模最大的木活字印刷工程。金属活字包括铜、锡、铅等活字，其中以铜活字印书较多。明朝弘治、正德时期无锡华、安两家的铜活字印书最有名，传世者亦为数不少，历来被藏书家视为下宋本一等。清朝雍正年间（1723—1735）内府用铜活字排印的《古今图书集成》，是我国印刷史上规模最大的金属活字印刷工程。所有上述各种质料活字排版印刷的书本，都称为活字印本。而依活字的质料不同，可分别称为泥活字印本、铜活字印本、锡活字印本、铅活字印本、铁活字印本、木活字印本、瓢活字印本等。

**官刻本**：指清及清以前历代出公帑或由国家某种机构、单位主持雕印的书本。中国雕版印书始自唐朝。自五代起，始由国子监校刻经书，开官刻本之先河。两宋国子监、中央各部、院、司、局、殿，地方各府、州、县、军官署、各府、州、县学、各地书院、各地仓台、计台、漕台、公使库；元代兴文署、广成局、中书省、行中书省、各路儒学、各地方书院、各路官署、各府、州、县；明代两京国子监、中央各部、院、内府各监、各藩府、各布政使司、各府、州、县衙署、各地各级学校；清代武英殿、内府各监、中央各部、地方各级行政、文化机构、各省官书局等，凡由这些单位出资或主持刻印的书籍，均可称为官刻本。

但在实践中，尤其是在著录编目的实践中，历来不笼统采用"官刻本"的称谓，而是将其分解，具体著录。如国子监刻的书就称为国子监刻本，公使库刻的书就称为公使库刻本，经厂刻的书就称为经厂刻本，武英殿刻的书就称为武英殿刻本，等等。历代官刻书，由于公帑宽裕，历来开本铺陈，行格疏朗，版式整肃，印纸考究。但官刻书，特别是官修官刻之书，常常校勘不精，乃至脱文短卷，难称精善。然儒学、书院等文化教育机构刻的书，师生品位较高，刻什么书，不刻什么书，均有选择。精校细勘，颇有好的版本。

**监刻本：**通常简称监本，指历代国子监雕版印刷的书本。国子监亦称国子学，或简称国学，是中国封建社会的教育管理机构和最高学府。国子监刻书始于五代，后唐长兴三年（932）宰相冯道、李愚请令判国子监事田敏校定《九经》，刻版印卖。到后周广顺三年（953），《九经》全部刻完，前后历时二十二年。后周显德二年（955），国子监祭酒尹拙奏请兵部尚书张昭、太常卿田敏同校勘《经典释文》，刻版印行。宋代国子监的刻书规模和刻书范围，比五代时要大得多。北宋景德二年（1005），距宋代立国仅四十余年，经、传、正义皆经过校勘，雕版印行。所集书籍版片十万余块。到北宋末年，正史亦由国子监全部校刻行世。北宋开封虽有印书钱物所，专事刻版印书，但有的书国子监校勘定稿之后，下各地镂版。如《史记》《汉书》《资治通鉴》诸书，都是下杭州镂版印行的。南宋国子监所刻的书并非都是本监所雕，很多是地方官署所刻而后版归国子监，再印就成了监本。如台州公使库唐仲友所刻《荀子》《扬子法言》，真德秀在泉州所刻《资治通鉴纲目》等，就都是版归国子监者。宋代国子监除主刻正经、正史外，还以医方一字差误，其害匪轻，故重要医籍也由国子监分官详校，镂版颁行，如《脉经》《千金要方》《千金翼方》《补注本草》《图经本草》等，宋代国子监都曾校刻行世。元代的中央刻书机构是兴文署和广成局，属秘书监，不属国子监，故元代无监本之称。明代南京、北京都曾是全国首善，都设有国子监，刻书数量甚多。其中尤以南京国子监印书多且好，颇负盛名。明代两京国子监刻书，凡南监刻者，称南监本，北监刻者为北监本。清代纂修校刻群籍多在武英殿，国子监刻书不多，且没什么名气，对于历代国子监所刻之书，均可称为该时代的国子监刻本。

**经厂本：**指明代经厂所刻印的书本。经厂是明代司礼监所属的机构，专管经书印版及印成书籍、佛经、道藏、番经等。经厂设掌司四员或六七员。经厂规模随着司礼监权限及规模的扩大而扩大。洪武时内府有刻字匠一百五十名，每二年一班；裱褙匠三百一十二名，印刷匠五十八名，一年一班。嘉靖十年（1531），调整精简过内府匠役，实留一万二千二百五十五名，着为定额。其中司礼监占有一千五百八十三名。其中专事书籍刻印者为：笺纸匠六十二名，裱褙匠二百九十三名，折配匠一百八十九名，裁历匠八十名，印刷匠一百三十四名，笔匠四十八名，黑墨匠七十七名，画匠七十六名，刊字匠三百一十五名，总为一千二百七十四名，占司礼监所有总匠役的 80.5%。在 16 世纪，其他国家还没有一千二百多人的印刷厂来专门从事印刷出版事业，可是中国那时已经有了，而且分工细致，配套协调。据极不完全统计，明代司礼监所属的经厂前后刻印的经、史、子书、祖训、圣训，以及《四书》《百家姓》《三字经》《千字文》《千家诗》《神童诗》等达一百六十八种。加上佛经、道藏、番经，其规模之大，领先世界。经厂本特点是开本大，印纸精，行格疏，字体大，粗黑口，铺陈考究。但由于出自内宦之手，校勘不精，颇为后世所诟病。

**内府刻本：**这个称谓很不科学，很不确切。但历代相沿，版本著录和行文中又常出现，只得姑妄用之。《周礼》卷一载"内府，中士二人，府一人，史二人，徒十人"。汉郑玄注云："内府，主良货贿藏在内者。"《周礼》卷一又载"外府，中士二人，府一人，史二人，徒十人"。汉郑玄注云："外府，主泉藏在外者。"因知远在周时就有内府、外府之设，内府管良货之收藏，外府管钱币之收储。唐代有内府之设，它是指划归五府三卫和东宫三府三卫管辖的折冲府，完全是禁卫军的建制。明、清两代都设有内务府，通常亦简称内府。下设若干监，分管内廷庶务。所谓内府刻本，应该是专指明、清两代内务府的刻本。但在实践上，历来在运用"内府刻本"这个称谓时，其概念都是指中央各部院衙署和内廷各衙门所刻的书本。或者简而言之，是指官刻本中属于中央国家机关所刻的那一部分书。所以在使用这个称谓时要特别谨慎，凡能考出具体刻书单位者，均应具体著录，不要轻率使用"内府刻本"这个概念。

**藩府刻本：**亦简称藩府本，专指明代各藩王府所刻印的书本。明代二百七十余年中，皇诸子受封为王的先后共有 62 人。受封并且建藩者，共 50 人。其中有的因获罪夺爵，有的无子封除，只有 28 个王府与明朝相始终。它们分布在山东、山西、陕西、河南、四川、湖广、江西等诸省。明代诸王受封之后都要之国践位，但王爷之国向易形成势力，与中央抗衡，甚至起兵谋反，威胁中央，乃至夺取政权。所以自洪武时候起，诸王受封之国，不但得到丰厚的封赏，而且要派一名高僧大德劝其行善，并由皇帝颁赐经、史及诗、词、歌、赋等书籍，以便让他们仰体圣心、陶冶性情，避免图谋不轨。故明代诸王中颇有倾心学术、潜心文学、热心文化的王爷。加之他们富几敌国，故校刻群书便很考究。其中的周、楚、蜀、辽、赵、吉、徽、益诸藩，以及山西的山阴王、江西的弋阳王等，刻书较多较好。藩府刻书是对诸藩刻书的总称，实际著录和实际运用时却很少如此称谓，而是分别情况，具体著录。如周藩刻的书，就著录称为"周藩刻本"；晋藩刻的书，就著录称为"晋府刻本"；蜀府刻的书，就著录称为"蜀藩刻本"等。藩府刻书的特点通常是校勘精审，纸墨精良，版印精美，为历来学人和藏书家所珍重。

**殿本：**也称为殿版，专指清朝武英殿所刻印的书本。武英殿在今北京故宫博物院西华门内迤北。据《宸垣识略》记载，武英殿崇阶九级，环绕御河，跨石桥三，前为门三。内殿宇二重，前贮书板。北为浴德堂，即修书处。其后为井亭。清朝定鼎之初，曾设翻书房于太和门西廊下，拣旗员中谙悉清文者充之，凡《资治通鉴》《性理精义》《古文渊鉴》诸书，皆翻译清文以行。直到顺治十二年（1655）刻印《资政要览》，顺治十三年（1656）刻印《内则衍义》，仍未提及武英殿。康熙十二年（1673），命廷臣补刻前明经厂旧有的《文献通考》漫漶版片，始在武英殿进行。咸丰二年（1852）成书之内府抄本《钦定总管内务府现行则例·武英殿修书处》记载，康熙十九年（1680）十一月，奉旨设立修书处，由内务府王大臣总其成。下设兼管司二人，由内务府官员兼任；下又设正监造员外郎一人，副监造副内管领一人，委署主事一人，掌库三人，委署掌库六人。设有书作、刷印作。书作司界划、托裱等职；刷印作管理写样、刊刻、刷印、叠配、装订等职。有拜唐阿十九名，委署领催四名。另设匠役若干，分别为书匠、界划匠、平书匠、刷印匠等，共八十四名，分办各作之事。表明自康熙十九年十一月，才正式在武英殿开设修刻书处。校对官吏、写刻工匠咸集于此，派翰林院词臣总领其事。此后，大凡钦定、御制、敕撰诸书，以及经、史群籍，均由武英殿校定版行。武英殿一共刻、印过多少图籍，没有确切的统计，有说四百余种，有说五百余种，都是个概数。从乾隆朝武英殿开雕诸书谕旨，如乾隆四年（1739）雕《十三经注疏》、《明史》版、《廿一史》版，乾隆十年（1745）雕《明纪纲目》版，乾隆十一年（1746）雕《国语解》版，乾隆十二年（1747）雕《三通》版，四十八年（1783）雕《相台五经》版等，可以看出武英殿刻书之多之快。此外，鸿篇巨帙的大类书《古今图书集成》，也是由武英殿用铜活字排印的；包罗万象的《武英殿聚珍版丛书》，也是用武英殿特制的木活字排印的。所有武英殿刻印的图书，均可著录为或称为"武英殿刻本"或"武英殿活字印本"。

**局本**：指清代各省官书局所刻印的书本。清代当太平天国农民运动被镇压之后，曾国藩深有所思，要以维护孔教的名义来反对太平天国的宗教思想，用以坚定所有的地主阶级知识分子反对农民革命的信念。徐世昌《晚晴簃诗汇》卷一七二载："湘乡相公老开府，手扫凶櫱扶日月。邵亭厄厄求遗书，四部先刊甲与乙。"而在"邵亭厄厄求遗书"句下小字注云："曾文正定安庆，命莫子偲大令采访遗书。既复江宁，亟开书局，刊刻经史。"此事发生在咸丰十一年（1861）八月，曾文正公始克安庆，部署粗定，便急急忙忙命幕僚莫友芝采访遗书。待江宁克复，亟开书局于冶城山，刊印经、史，以图正人心，破妖妄，此清代官书局之始建也。紧接着金陵书局、江楚书局、淮南书局、江苏书局、浙江书局、思贤书局（湖南）、崇文书局（湖北）、江西书局、存古书局（四川）、皇华书局（山东）、山西书局、福建书局、云南书局、广雅书局（广州）、敷文书局（安徽）、直隶书局（河北）等相继建立，造成了清朝后期一种特有的现象。在晚清的半个多世纪中，这些官书局刻印过不少书，还联合刻印过一些书，如五局合刻的《二十四史》等。有些书局校勘精审，刻印精良。像浙江官书局校刻的《二十二子》，金陵书局张文虎校刻的《史记》，就都很有名。官书局刻印的书，在清末的文化事业上起过一定的推动作用。在版本著录上则分别具体著录某局刻本。

**私宅刻本**：指历代私家出资或主持刻印的书本，也简称为私刻本。私宅家塾刻书的性质，与坊肆刻书不尽相同。坊肆刻书专迎时尚，易于发行，旨在营利。私宅、家塾刻书多出于对圣贤、先辈、师友的崇尚，要推广某种思想或学说，不以营利为主。明、清时私宅刻书，有时也为了传播某些罕见的版本。但在版本著录的实践上，一般并不使用私宅刻本这个称谓，而是分解后具体著录。如宋黄善夫家塾之敬室刻印的《史记》，便著录为"宋黄善夫家塾刻本"；宋蔡梦弼东塾刻印的《史记》，便著录为"宋蔡梦弼东塾刻本"；宋蔡琪家塾之敬室刻印的《汉书集注》，便著录为"宋蔡琪家塾刻本"；南宋廖莹中世綵堂刻印的韩、柳集，便著录为"宋廖莹中世䌽堂刻本";元代天历间褒贤世家刻印的《范文正公集》,便著录为"元天历褒贤世家家塾岁寒堂刻本"。私宅刻本由于刻书主人出于崇尚,出于提倡学问,出于流传版本,所以校勘精审,刻印精良,书品考究。在藏书家、版本学家眼里,私宅刻本向受青睐。

**家刻本**:指历代自家出资或主持刻印的自家人著作的书本。家刻本与私宅刻本性质不同,私宅刻本是某家出资刻别人的书,范围较大;家刻本则是自家出资刻印自己家族的著作,范围较小。家刻本的实施方式有两种:一种是自家出资却委托他人或书坊,按自家满意的版式行款刻印;一种是自备书版,召雇刻印良工上门,让他们按自家的意愿设计行款版式刻印。这两种雕刻的书版都归自家所有,自家收藏。故古书雕版处与藏版处不全都一致。家刻本多由家族中晚辈操持,对祖辈前贤带有尊崇之意,故一般校勘精审,刻印精良,足资珍视。

**自刻本**:指历代由作者自己出资或主持刻印的自撰的书本。从出资的角度说,与家刻本近似;从所刻书的角度说,则与家刻本决然不同。家刻本的作者范围是限在本家族中,自刻本的作者则仅指作者自己。自刻本一般多称始自五代和凝。《旧五代史·和凝传》说他"平生为文章,长于短歌艳曲,尤好声誉。有集百卷,自篆于版,模印数百帙,分惠于人"。此种自刻本是最典型的自刻本,非但自己出资、自己主刻,还亲自写样上版,十分珍贵。其实自刻本并不始自和凝,宋计有功《唐诗纪事》卷七《陈咏》云:"陈咏,眉州青神人。有诗名,善弈棋。……陈尝以诗自负。其诗卷首有一联云:'隔岸水牛浮鼻渡,傍溪沙鸟点头行。'杜光庭谓曰:'先辈佳句甚多,何必以此为卷首?'咏曰:'曾为朝廷见赏,所以刻为卷首。'时人笑之。"陈咏,生卒年不详,眉州青神(今属四川)人。有诗名,以善诗自负。唐昭宗天复四年(904)登进士第,旋归蜀中。归蜀后尝自刻自己文集,并把"隔岸水牛浮鼻渡,傍溪沙鸟点头行"刻于文集卷首。杜光庭见之讽曰:"先辈佳句甚多,何必以此为卷首?"陈咏答曰这两句诗曾为朝贵们所见赏,所以"刻于卷首"。杜光庭生于唐宣宗大中四年(850),到陈咏于天复四年后归蜀时已有五十五岁,尚称陈咏为"前辈",因知陈咏应当年长于他,故可推知陈氏自刻文集,当不晚于五代之初,大大早于和凝自刻文集。五代以后,历代都有自刻本行世。自刻本有两种形式:一种是作者自己委托书坊或召雇雕印良工,按照自己的意愿设计版式行款,施刀镌印;一种是不但自己出资,还要自己写样上版，然后委托书坊或招聘良工刻印。所以自刻本一般都校勘精审，刻印精良。若是作者自己手写上版，就更为珍稀。清代郑燮号称诗、书、画三绝，他自己写样上版雕印的《板桥集》，堪称艺术珍品。

**坊刻本**：指唐代至清代历代各地书商坊肆刻印的书本。书商编刻图书并经营书业的书坊，唐代已经出现，至两宋而盛。北宋的开封、南宋的临安，都开有很多书坊、书斋、书轩、书林、书堂、书肆、书棚、经籍铺、纸马铺等。四川、两湖、江、浙、皖、赣、闽等地，尤其是福建建阳的崇化、麻沙等地，也都有很多的书坊。元代四川书坊衰落，山西平水（今临汾）书坊兴起，福建书坊续有发展。明代南北两京、苏州、扬州、杭州、徽州、常熟、建阳等地，仍是书坊林立。清代书坊遍布全国各地，但有的已是单纯经销，自己并不编刻图书了。所有这些历代书坊刻的书，都可称为坊刻本。但在版本著录的实践上，在这一称谓的实际应用上，一般不直接使用"坊刻本"的提法，而是分解之后具体著录。如唐刻《陀罗尼经咒本》，便具体著录为"唐成都府成都县龙池坊卞家刻本"。《十三经注疏》《十七史》，便直接具体著录为"明毛氏汲古阁刻本"。坊刻本目的在于行销，从中牟利。故一方面常是花样翻新，如两节版、博古栏、竹节栏、花纹栏、插图、点版、绣像、全相等，不断更新面目，吸引读者，以求速售。另一方面也千方百计节省版面，降低成本，追求速售牟利。因而表现在校勘精粗、版式风格、书籍品位上，显得不高。所以"坊刻本"之称，相对来说多少有点贬义。

**聚珍本**：亦称聚珍版。指清乾隆时武英殿用木活字排版印刷的书本。乾隆三十七年（1772），高宗弘历皇帝下诏广征天下遗书，开馆纂修《四库全书》。翌年，采进本、各省进呈本源源不断汇集北京。某些失传的旧典，也先后从《永乐大典》中辑佚出来。为了使某些世所罕传的书在《四库全书》编纂竣事前就能雕印于世，嘉惠学林，弘历帝曾谕武英殿将这些书先行刊版印行。但对不利其统治的著作，却也多行禁毁。乾隆三十八年（1773）十月，奉命管理《四库全书》一应刊刻、刷印、装潢等事宜的金简，认为这类书籍将来都要用雕版的办法印行，不仅所用版片浩繁，且逐部刊刻，亦费时日，故上书奏请雕刻木活字，排版印刷。同年，奉旨施行。乾隆三十九年（1774）五月，已雕出木活字十五万个，尚不敷用，故由金简再次奏请，又增刻木活字十万多个，前后共刻大小木活字二十五万余个。自此之后，凡《四库全书》馆交印各书，就用这套木活字排版印行。据统计，武英殿用这套木活字前后排印过一百三十四种罕见之书。这些书，因为行款版式完全相同，又都是由武英殿木活字印成，按说就可以称为《武英殿木活字印本丛书》。但乾隆皇帝以为"活字版"名称不雅，改称为"聚珍版"，故习惯上便多称其为《武英殿聚珍版丛书》。后来各省官书局，又有照式翻雕而刷印行世者，故又有"外聚珍"之称。其实翻雕已非活字，不该再用"聚珍"之名。为了与"外聚珍"相区别，原《武英殿聚珍版丛书》又有了"内聚珍"之名。

**套印本**：用两种以上颜色刷印而成的书本。中国传统的套版印刷技术发展，分为两个阶段。初期阶段是在一块雕好的版片上分别涂上不同的颜色刷印，这叫作敷彩印法。此法起于何时，很难详考。元顺帝至元六年（1340），中兴路（今湖北江陵）刘觉广刊经所刻印的无闻和尚注释的《金刚经》，其经文及卷尾无闻和尚注经图中的灵芝等，均用朱红色刷印，所有注释文字均用墨色刷印。表明14世纪前半叶，中国已经有了敷彩印刷的套印作品，而且印得非常成功，并迄今仍流存于世。到明代，这种技法继续发展，传世的《花史》及《程氏墨苑》，也都是这种敷彩印法的杰作。这是初级阶段的一种套印方式。到16世纪末至17世纪前半叶，浙江乌程（今吴兴）凌、闵两家又把这种单版敷彩套印技法推进到多版多色印法的新阶段。大约以闵齐华、闵齐伋、闵象泰于万历四十四年（1616）套版印刷的《春秋左传》为起端，次年又推出三色套印的《孟子》，到万历四十八年（1620），闵氏又套印出九十一卷二十四册的《史记钞》。与闵家同时，吴兴凌濛初、凌瀛初等，也潜心于套版印刷。如朱墨套印的《韩非子》《吕氏春秋》《淮南子》，三色套印的《古诗归》《唐诗归》等，便都是他们的杰作。凌汝亨刻印过朱墨套印本的《管子》，凌启康刻印过四色套印的《苏长公集》等。进入清代以后，这种技法继续发展，康熙年间（1662—1722）内府刻四色套印的《御制唐宋文醇》、五色套印的《劝善金科》，乾隆年间（1736—1796）五色套印的《昭代箫韶》，以及道光年间（1821—1850）广东芸叶盦刻五色套印《杜工部集》等，都是这种套版技法发展的例证。这种技法已不是初期一版分色套印的敷彩印法，而是分版分色套印。这不但是印刷技术上的一大进步，而且把印制水准和印刷效果提高到了新阶段。

在套版印书的启发推动下，将这种技术继续深化，施于版画，则"饾版"印刷术出现了。所谓饾版是将彩色画稿按不同颜色分别勾摹下来，每色刻成一小块木块，犹如饾饤，然后逐色依次叠印，最后形成一幅完整的彩色图画。这样印出的作品颜色的浓淡深浅、阴阳向背，几与原作无异。在饾版技术兴起的同时，"拱花"技法也出现了。"拱花"是雕刻凹凸印版而后敷彩压印，令图案花纹线条拱起凸现在纸面之上，使翎毛、花卉、行云、流水等都有了立体感，更具真实性。胡正言的《十竹斋笺谱》、吴发祥的《萝轩变古笺谱》，都是这方面的代表作。

**百衲本**：用同一种书的不同版片拼印或用同一种书的不同版本拼配起来的书本，就称为百衲本。这是个借喻性的版本称谓。衲，原义补缀。百衲，指用零星材料集成的一个完整的东西。《太平御览》卷六八九《服章部》说"王隐《晋书》曰：董威辇，不知何许人，忽见洛阳，止宿白社，于市得残缯，辄结以为衣，号曰百结衣"。蔡絛《铁围山丛谈》卷六说"唐李汧公者号善琴，乃自聚灵（零）材为之，曰百衲琴"。李汧公即李勉，字玄卿，郑惠王李元懿曾孙，尝官居相位，封为汧国公，为宗室中名臣之表率。《旧唐书》卷一三一有传，并说他"坦率素淡，好古尚奇，清廉简易，为宗臣之表。善鼓琴，好属诗，妙知音律。能自制琴，又有巧思"。宋董逌《广川书跋》卷十谓："蔡君谟妙得古人书法，其书《昼锦堂》，每字作一纸，择其不失法度者，裁截布列，连成碑形，当时谓之百衲本（当为碑字）。"王世贞《弇州四部稿》卷一三六《昼锦堂记》说："韩魏公以上相作昼锦堂于相州，时欧阳文忠以参政为之《记》，而蔡忠惠以三司使书之，时称三绝。又谓忠惠每一字必写数十赫蹏，俟合作而后用之，以故书成特精绝，世所谓百衲碑者是也。"足见"百衲"确有杂拼之义，故用同一种书的不同版片拼印，或用一种书的不同版本拼配，或同类书的不同版本拼配而另起总书名，也就都可以称为"百衲本"。百衲本书始出于清初的宋荦，他用两种宋本、三种元本配置成一部《史记》八十卷，称为百衲本《史记》。傅增湘用几种宋本拼配了一部《资治通鉴》，称为百衲本《资治通鉴》。商务印书馆曾汇集不同版本的史书，拼配影印了一部《二十四史》，称为百衲本《二十四史》。

**书帕本**：明代官员奉旨上任或归京，例以一书一帕相馈赠，当时人们将这种书就称为"书帕本"。清初顾炎武《日知录》卷十八《监本二十一史》说："陆文裕《金台纪闻》曰：'元时州县皆有学田，所入谓之学租，以供师生廪饩，余则刻书。工大者合数处为之，故雠校刻画颇有精者。洪武初，悉收上国学，今南监十七史诸书，地里、岁月、勘校、工役并存可识也。今学既无田，不复刻书，而有司间或刻之,然只以供馈赆之用,其不工反出坊本下,工者不数见也。'"其下小字注又云:"昔时入觐之官,其馈遗一书一帕而已,谓之书帕。自万历以后,改用白金。"《四库全书总目》卷五十九《史部》所录《素王记事》提要批评"其书则摭拾《阙里志》为之,亦茫然无绪,盖当时书帕之本",并引证顾炎武《日知录》上述说法作为按语继续批评"今藏书家以书帕本为最下,盖由于此"。叶德辉《书林清话》卷七《明时书帕本之谬》亦谓"至今藏书家均视当时书帕本,比之经厂、坊肆名低价贱,殆有过之。然则昔人所谓刻一书而书亡者,明人固不得辞其咎矣"。可见书帕本虽是明代例行的官样礼品,但只注意表面,不注重文字内容。

**巾箱本**:指古时开本极小可以装在巾箱里的书本。巾箱,是古人装头巾用的小箧。唐虞世南《北堂书钞》卷一三五"王母巾箱"条引《汉武内传》云:"帝见西王母巾箱中有一卷小书,盛以紫锦之囊。"清张英《渊鉴类函》卷三八二《巾箱二》亦引《汉武内传》云:"帝见西王母巾箱中有一卷小书,王母曰:'此五岳真形图,昨青城诸仙就我求,今当付之。'《齐书》曰:衡阳王钧常手自细书,写《五经》,部为一卷,置于巾箱中,以备遗忘。侍读贺玠问曰:'殿下家自有坟、索,何须蝇头细书,别藏巾箱中?'答曰:'巾箱中有五经,于检阅易,且一更手写,则永不忘。'诸王闻而争效,为巾箱五经,自此始也。"晋葛洪《西京杂记》卷六载:"今抄出为二卷,名曰《西京杂记》,以裨《汉书》之阙。尔后洪家遭火,书籍都尽,此两卷在洪巾箱中,常以自随,故得犹在。"宋戴埴《鼠璞》卷下说:"今之刊印小册,谓巾箱本,起于南齐衡阳王钧手写《五经》置巾箱中。"可见无论是手写本书,还是刻印本书,只要是开本较小,于随身携带的巾箱小箧中能够装下,就都可以称为巾箱本。在实践上,与袖珍本概念极难区分。

**袖珍本**:亦指开本较小,便于随身携带的书本。其取义,盖因其开本极小,可藏于怀袖之中携带。清人王澍说唐太宗既得右军《兰亭》,命廷臣模勒。欧、褚两家模本,世多有之。而"米元章得褚摹黄绢真迹,对紫金浮玉裁为袖珍手装成卷者,即此是也"(王澍《竹云题跋》卷一《米氏袖珍本》)。清代内府刻书,集中在武英殿进行。历年雕印经、史所用版片极多,这当中有不少裁截下来的小块木料或版片。"乾隆十一年,皇上校镌经史,卷帙浩繁,梨枣余材,不令遗弃。爰仿古人巾箱之式,命刻古香斋袖珍诸书,凡《四书》《五经》十三册,《史记》一百三十卷,《纲目》三编二十卷,《古文渊鉴》正集六十四卷,《朱子全书》

六十六卷,《渊鉴类函》四百五十卷,徐坚《初学记》三十卷,施宿注《苏轼诗》四十四卷,孙承泽《春明梦余录》七十卷"(清《国朝宫史》卷三十五)。这就是后世所谓古香斋袖珍十种。

**初刻本:** 凡第一次镌刻的书,均可称为初刻本。当然,要能确切说出某书之刻本是否为初刻本,就应该知道它是否有重刻本、翻刻本。如没有重刻本、翻刻本,或不清楚是否有过重刻本、翻刻本,就不能妄下结论。且初刻、重刻的概念不能随意扩大,还应该有个时空限制。例如《史记》,历代各地都有很多刻本,谁是初刻,谁是重刻、翻刻,谁重刻谁,谁翻刻谁,都极难考述清楚。总不好把宋代刻本作底本而清代才刻印的书视为它的重刻本,而把那个作为底本的宋刻本就称为初刻本。且古书常是以抄本流传,不同地区、不同书坊刻户,在不同的时间里依据传抄本所刻的同一种书,也不能说是谁重刻谁,谁是初刻谁是重刻也极难分辨。所以在著录古书版本或行文时,于"初刻本"概念的运用应严格掌握。

**重刻本:** 重刻本是相对于原刻本或初刻本而言的。凡确知一书是重刻某本,方可称为重刻本。然其情况复杂,与初刻本相关,没有确切的把握,不能随便运用重刻本的概念。且重刻与翻刻意义相近,容易混淆。重刻本就是将经过校勘的底本重新雕刻,其行款版式可以与原底本相同,也可以不同。翻刻虽也是重刻,但翻刻则是依底本原式照翻,非但行款字数一仍其旧,甚至讳字、刻工姓名都照样翻雕。所以在运用"重刻本"称谓时,一方面要注意它是重刻某本,一方面还要注意它是否为翻刻。在古籍编目时很少使用重刻本概念,而是是什么刻本就著录什么刻本。

**翻刻本:** 翻刻本与重刻本的区别已如上述。翻刻本是依照底本的原样而翻雕的书本。它除了可以改变底本的字体以外,它如行款字数、版框大小、边栏界行、版口鱼尾等,都不能改变。因此,在著录古书版本或在行文时使用翻刻本概念,要严格掌握。在没有原底本对照审核的情况下,不要轻易使用"翻刻本"概念。

**影刻本:** 以某一版本为底本,逐叶覆纸,将原底本的边栏界行、版口鱼尾、行款字体等毫不改变地照样描摹下来,然后将描摹好的书叶逐一反贴上版,而后雕出新的版片。这样雕印出来的书,因为版样是影摹下来的,对于那个原底本来说就称为影刻本。影刻本书多发生在影刻宋元本书上,少数明刻本也有影刻者。因为宋元本书传至明末清初,已属罕见。为了使原本流布久远,便常常采用这种影刻的技法。中国国家图书馆今藏影刻本多种,其中以明嘉靖七年(1528)龚雷影宋本《鲍氏国策》为较早。

**影抄本**：也称为影写本。本质上与影刻本的版样没有什么区别。但影写本不是为了上版镌刻而影写，而是为了以影写本的方式流传。其方法也是以某一版本为底本，逐叶覆纸，将原底本的边栏界行、版口鱼尾、行款字体等毫不改变地临摹下来。这种书本，因为是影摹的，所以称为影抄本或影写本。好的影写本几与原本无殊，到嘉道时影抄技法被视为复制宋元本最好的方法。顾广圻《思适斋集》卷十二《艺芸书舍宋元本书目序》尝言："（宋元本）其距今日远者甫八百余年，近者且不足五百年，而天壤间已万不存一。……然则为宋元计，当奈何？曰举断不可少之书，覆而墨之，勿失其真，是缩今日为宋元也，是缓千百年为今日也。"表明在顾氏之前，影抄之法久已盛行，而在顾氏倡导之后，影抄继盛。下面将《中国古籍善本书目》著录之影抄本表列于次，借以证明这种事实。

## 《中国古籍善本书目》影抄书目表

| 序号 | 书名及作者 | 版本 | 册数 | 分类 |
|---|---|---|---|---|
| 1 | 古今注三卷 题（晋）崔豹撰 | 明崇祯二年影明抄本 | 1 | 子部杂家 |
| 2 | 棋经一卷 （宋）张拟撰 | 明崇祯三年沈烨影元抄本 | 1 | 子部艺术 |
| 3 | 禅月集二十五卷 （唐）释贯休撰 | 明末毛氏汲古阁影宋抄本 | 2 | 集部唐五代 |
| 4 | 龙龛手鉴四卷 （辽）释行均撰 | 明影宋抄本 | 3 | 经部小学 |
| 5 | 新唐书纠谬二十卷 （宋）吴缜撰 | 明影宋抄本 | 3 | 史部纪传 |
| 6 | 唐书直笔新例四卷新例须知一卷 （宋）吕夏卿撰 | 明影宋抄本 | 1 | 史部史评 |
| 7 | 芦川词二卷 （宋）张元幹撰 | 明影宋抄本 | 5 | 集部词类 |
| 8 | 晁氏琴趣外篇六卷 （宋）晁补之撰 | 清（初）影宋抄本 | 1 | 集部词类 |
| 9 | 干禄字书一卷 （唐）颜元孙撰 | 清初毛氏汲古阁影明抄本 | 1 | 经部小学 |
| 10 | 佩觿三卷 （宋）郭忠恕撰 | 清初毛氏汲古阁影明抄本 | 1 | 经部小学 |
| 11 | 韩山人诗集一卷 （元）韩奕撰 附录一卷 | 清初毛氏汲古阁影明抄本 | 1 | 集部元别集 |
| 12 | 汉上易传十一卷 （宋）朱震撰 汉上先生履历一卷 | 清初毛氏汲古阁影宋抄本 | 10 | 经部易类 |
| 13 | 春秋集注十一卷纲领一卷 （宋）张洽撰 | 清初毛氏汲古阁影宋抄本 | 8 | 经部春秋 |
| 14 | 春秋繁露十七卷 （汉）董仲舒撰 | 清初毛氏汲古阁影宋抄本 | 2 | 经部春秋 |
| 15 | 班马字类补遗五卷 （宋）李曾伯撰 | 清初毛氏汲古阁影宋抄本 | 5 | 经部小学 |
| 16 | 东家杂记二卷 （宋）孔传撰 | 清初毛氏汲古阁影宋抄本 | 2 | 史部传记 |
| 17 | 东汉会要四十卷 （宋）徐天麟撰 | 清初毛氏汲古阁影宋抄本 | 16 | 史部政书 |
| 18 | 酒经三卷 （宋）朱翼中撰 | 清初毛氏汲古阁影宋抄本 | 1 | 子部谱录 |
| 19 | 小学五书五卷 （宋）张时举编 | 清初毛氏汲古阁影宋抄本 | 1 | 子部其他 |

(续表)

| 序号 | 书名及作者 | 版本 | 册数 | 分类 |
|---|---|---|---|---|
| 20 | 鲍氏集十卷 （刘宋）鲍照撰 | 清初毛氏汲古阁影宋抄本 | 2 | 集部汉魏 |
| 21 | 棠湖诗稿一卷 （宋）岳珂撰 | 清初毛氏汲古阁影宋抄本 | 1 | 集部宋别集 |
| 22 | 剪绡集二卷 （宋）李彭撰 | 清初毛氏汲古阁影宋抄本 | 1 | 集部宋别集 |
| 23 | 剪绡集二卷 （宋）李彭撰 | 清初毛氏汲古阁影宋抄本 | 1 | 集部宋别集 |
| 24 | 梅花衲一卷 （宋）李彭撰 | 清初毛氏汲古阁影宋抄本 | 1 | 集部宋别集 |
| 25 | 梅花衲一卷 （宋）李彭撰 | 清初毛氏汲古阁影宋抄本 | 1 | 集部宋别集 |
| 26 | 芸居乙稿一卷 （宋）陈起撰 | 清初毛氏汲古阁影宋抄本 | 1 | 集部宋别集 |
| 27 | 亚愚江浙纪行集句诗七卷 （宋）释绍嵩撰 | 清初毛氏汲古阁影宋抄本 | 3 | 集部宋别集 |
| 28 | 十家宫词十二卷 | 清初毛氏汲古阁影宋抄本 | 3 | 集部总集 |
| 29 | 唐中兴间气集二卷 （唐）高仲武辑 | 清初毛氏汲古阁影宋抄本 | 1 | 集部总集 |
| 30 | 前贤小集拾遗五卷 （宋）陈起辑 | 清初毛氏汲古阁影宋抄本 | 3 | 集部总集 |
| 31 | 增广圣宋高僧诗选前集一卷后集三卷续集一卷 （宋）陈起辑 | 清初毛氏汲古阁影宋抄本 | 3 | 集部总集 |
| 32 | 九僧诗一卷 （宋）释希昼等撰 | 清初毛氏汲古阁影宋抄本 | 1 | 集部总集 |
| 33 | 闲斋琴趣外篇六卷 （宋）晁元礼撰 | 清初毛氏汲古阁影宋抄本 | 1 | 集部词类 |
| 34 | 酒边集一卷 （宋）向子諲撰 | 清初毛氏汲古阁影宋抄本 | 1 | 集部词类 |
| 35 | 稼轩词四卷 （宋）辛弃疾撰 | 清初毛氏汲古阁影宋抄本 | 4 | 集部词类 |
| 36 | 虚斋乐府二卷 （宋）赵以夫撰 | 清初毛氏汲古阁影宋抄本 | 1 | 集部词类 |
| 37 | 可斋杂稿词四卷续稿三卷 （宋）李曾伯撰 | 清初毛氏汲古阁影宋抄本 | 2 | 集部词类 |
| 38 | 唐宋诸贤绝妙词选三卷 （宋）黄昇辑 | 清初毛氏汲古阁影宋抄本 | 1 | 集部词类 |
| 39 | 挥麈前录四卷后录十一卷第三录三卷余话二卷 （宋）王明清撰 | 清初毛氏汲古阁影宋抄本（前录卷一、二、三录配清影宋抄本） | 10 | 子部杂家 |
| 40 | 字鉴五卷 （元）李文仲撰 | 清初毛氏汲古阁影元抄本 | 2 | 经部小学 |
| 41 | 易林注十六卷 | 清初毛氏汲古阁影元抄本 | 8 | 子部术数 |
| 42 | 历代蒙求一卷 （宋）王芮撰 （元）郑镇孙篆注 | 清初毛氏汲古阁影元抄本 | 1 | 子部杂家 |
| 43 | 方是闲居士小稿二卷 （宋）刘学箕撰 | 清初毛氏汲古阁影元抄本 | 2 | 集部宋别集 |
| 44 | 金台集二卷 （元）迺贤撰 | 清初毛氏汲古阁影元抄本 | 1 | 集部元别集 |
| 45 | 家训一卷 （明）霍韬撰 | 清初毛氏汲古阁影元抄本 | 1 | 子部儒家 |
| 46 | 旧闻证误十五卷 （宋）李心传撰 | 清初毛氏汲古阁影元抄本 | 1 | 史部史评 |
| 47 | 相台书塾刊正九经三传沿革例一卷 （元）岳浚撰 | 清初钱氏也是园影元抄本 | 1 | 经部群经 |
| 48 | 歌诗编四卷集外诗一卷 （唐）李贺撰 | 清初钱氏述古堂影宋抄本 | 1 | 集部唐五代 |
| 49 | 可斋杂稿词四卷续稿三卷 （宋）李曾伯撰 | 清初钱氏述古堂影宋抄本 | 2 | 集部词类 |
| 50 | 韩非子二十卷 | 清初钱曾家影宋抄本 | 4 | 子部法家 |
| 51 | 杜工部集二十卷补遗一卷 （唐）杜甫撰 | 清初钱曾述古堂影宋抄本 | 6 | 集部唐五代 |
| 52 | 五经文字三卷 （唐）张参撰 | 清初席氏酿华草堂影宋抄本 | 3 | 经部小学 |
| 53 | 新加九经字样一卷 （唐）唐玄度撰 | 清初席氏酿华草堂影宋抄本 | 1 | 经部小学 |
| 54 | 孟子注十四卷 （汉）赵岐撰 | 清初影宋抄本 | 6 | 经部四书 |

（续表）

| 序号 | 书名及作者 | 版本 | 册数 | 分类 |
| --- | --- | --- | --- | --- |
| 55 | 玉篇三十卷 （梁）顾野王撰 （唐）孙强增字 （宋）陈彭年等重修 | 清初影宋抄本 | 4 | 经部小学 |
| 56 | 广韵五卷 （宋）陈彭年等撰 | 清初影宋抄本 | 5 | 经部小学 |
| 57 | 附释文互注礼部韵略五卷韵略条式一卷 | 清初影宋抄本 | 4 | 经部小学 |
| 58 | 汉书一百卷 （汉）班固撰 （唐）颜师古注 | 清初影宋抄本 | 10 | 史部纪传 |
| 59 | 后汉书九十卷 （刘宋）范晔撰 （唐）李贤注 | 清初影宋抄本 | 10 | 史部纪传 |
| 60 | 战国策三十三卷 （汉）高诱注 （宋）姚宏校正 | 清初影宋抄本 | 4 | 史部纪事 |
| 61 | 钓矶立谈一卷 （宋）史温撰 | 清初影宋抄本 | 1 | 史部纪事 |
| 62 | 元丰九域志十卷 （宋）王存等纂修 | 清初影宋抄本 | 4 | 史部地理 |
| 63 | 东汉会要四十卷 （宋）徐天麟撰 | 清初影宋抄本 | 9 | 史部政书 |
| 64 | 啸堂集古录二卷 （宋）王俅撰 | 清初影宋抄本 | 1 | 史部金石 |
| 65 | 鸡肋编不分卷 （宋）庄季裕撰 | 清初影宋抄本 | 3 | 子部杂家 |
| 66 | 高常侍集十卷 （唐）高适撰 | 清初影宋抄本 | 2 | 集部唐五代 |
| 67 | 张司业诗集八卷 （唐）张籍撰 附录一卷 | 清初影宋抄本 | 4 | 集部唐五代 |
| 68 | 古文苑九卷 | 清初影宋抄本 | 1 | 集部总集 |
| 69 | 松陵集十卷 （唐）皮日休、陆龟蒙撰 | 清初影宋抄本 | 4 | 集部总集 |
| 70 | 醉翁琴趣外篇六卷 （宋）欧阳修撰 | 清初影宋抄本 | 1 | 集部词类 |
| 71 | 周易九卷 （魏）王弼 （晋）韩康伯注 （唐）陆德明释文 略例一卷 （魏）王弼撰 （宋）邢昺注 | 清初影元抄本 | 3 | 经部易类 |
| 72 | 孝经一卷 （唐）玄宗李隆基注 陆德明音 | 清初影元抄本 | 1 | 经部孝经 |
| 73 | 台阁集一卷 （唐）李嘉祐撰 | 清初影元抄本 | 1 | 集部唐五代 |
| 74 | 牧莱脞语二十卷二稿八卷 （宋）陈仁子撰 | 清初影元抄本 | 9 | 集部宋别集 |
| 75 | 中州乐府一卷 （金）元好问辑 | 清初影元抄本 | 1 | 集部词类 |
| 76 | 六韬六卷 | 清顺治八年影宋抄本 | 1 | 子部兵家 |
| 77 | 张司业诗集三卷 （唐）张籍撰 | 清顺治十八年陆贻典影宋抄本 | 2 | 集部唐五代 |
| 78 | 和靖先生诗集□卷 （宋）林逋撰 | 清嘉庆二年顾广圻影宋抄本 | 1 | 集部宋别集 |
| 79 | 文选六十卷 （梁）萧统辑 （唐）李善注 | 清嘉庆十四年胡克家影宋刻本 | 24 | 集部总集 |
| 80 | 〔宝祐〕重修琴川志十五卷 （宋）孙应时纂修 鲍廉、钟秀宝等增补 （元）卢镇续修 | 清道光三年瞿氏恬裕斋影元抄本 | 4 | 史部地理 |
| 81 | 李群玉诗集三卷后集五卷 （唐）李群玉撰 | 清道光四年黄氏士礼居影宋抄本 | 2 | 集部唐五代 |
| 82 | 碧云集三卷 （唐）李中撰 | 清道光四年黄氏士礼居影宋抄本 | 2 | 集部唐五代 |
| 83 | 袁氏通鉴纪事本末撮要八卷 （宋）蔡文子辑 | 清咸丰六年瞿氏恬裕斋影宋抄本 | 1 | 史部纪事 |
| 84 | 三历撮要一卷 | 清咸丰元年顾士钦影宋抄本 | 1 | 子部术数 |
| 85 | 重新校正集注附音资治通鉴外纪四卷 （宋）刘恕撰 | 清光绪十九年高氏辨蟬居影元抄本 | 2 | 史部编年 |
| 86 | 仪礼疏五十卷 （唐）贾公彦等撰 | 清黄氏士礼居影宋抄本 | 14 | 经部礼类 |
| 87 | 纂图附释文重言互注老子道德经二卷 题汉河上公注 | 清莫氏影山草堂影抄本 | 1 | 子部道家 |

(续表)

| 序号 | 书名及作者 | 版本 | 册数 | 分类 |
| --- | --- | --- | --- | --- |
| 88 | 运使复斋郭公言行录一卷 （元）徐东撰 敏行录一卷 | 清张蓉镜家影元抄本 | 3 | 史部传记 |
| 89 | 句曲外史贞居先生诗集五卷 （元）张雨撰 | 清影抄明初刻本 | 2 | 集部元别集 |
| 90 | 蔡中郎文集十卷外传一卷 （汉）蔡邕撰 | 清影抄明兰雪堂铜活字印本 | 1 | 集部汉魏 |
| 91 | 新刊韵略五卷 | 清影金抄本 | 1 | 经部小学 |
| 92 | 重校正地理新书十五卷 | 清影金抄本 | 4 | 子部术数 |
| 93 | 重校正地理新书十五卷 | 清影金抄本 | 4 | 子部术数 |
| 94 | 新雕注疏琭子三命消息赋三卷 （宋）李仝注 东方明疏 新雕李燕阴阳三命二卷 | 清影金抄本 | 1 | 子部术数 |
| 95 | 孔氏祖庭广记十二卷 （金）孔元措撰 | 清影蒙古抄本 | 4 | 史部传记 |
| 96 | 韵补五卷 （宋）吴棫撰 | 清影明抄本 | 5 | 经部小学 |
| 97 | 履斋示儿编二十三卷 （宋）孙奕撰 | 清影明抄本 | 6 | 子部杂家 |
| 98 | 玉台新咏十卷 （陈）徐陵撰 | 清影明抄本 | 1 | 集部总集 |
| 99 | 重续千字文二卷 （宋）葛刚正撰 | 清影宋抄本 | 2 | 经部小学 |
| 100 | 重续千字文二卷 （宋）葛刚正撰 | 清影宋抄本 | 2 | 经部小学 |
| 101 | 重续千字文二卷 （宋）葛刚正撰 | 清影宋抄本 | 2 | 经部小学 |
| 102 | 集韵十卷 （宋）丁度等撰 | 清影宋抄本 | 5 | 经部小学 |
| 103 | 新唐书纠谬二十卷 （宋）吴缜撰 | 清影宋抄本 | 2 | 史纪传 |
| 104 | 资治通鉴释文九十八卷 （宋）史炤撰 | 清影宋抄本 | 2 | 史部编年 |
| 105 | 皇朝编年备要三十卷 （宋）陈均撰 | 清影宋抄本 | 12 | 史部编年 |
| 106 | 中兴两朝编年纲目十八卷 | 清影宋抄本 | 6 | 史部编年 |
| 107 | 续编两朝纲目备要十六卷 | 清影宋抄本 | 4 | 史部编年 |
| 108 | 东家杂记二卷 （宋）孔传撰 | 清影宋抄本 | 2 | 史部传记 |
| 109 | 舆地纪胜二百卷 （宋）王象之撰 | 清影宋抄本 | 15 | 史部地理 |
| 110 | 作邑自箴十卷 （宋）李元弼撰 | 清影宋抄本 | 1 | 史部职官 |
| 111 | 唐书直笔新例四卷新例须知一卷 （宋）吕夏卿撰 | 清影宋抄本 | 1 | 史部史评 |
| 112 | 武经七书二十五卷 | 清影宋抄本 | 4 | 子部兵家 |
| 113 | 五曹算经五卷 （唐）李淳风等注释 | 清影宋抄本 | 1 | 子部天文 |
| 114 | 夏侯阳算经三卷 （□）夏侯阳撰 | 清影宋抄本 | 1 | 子部天文 |
| 115 | 缉古算经一卷 （唐）王孝通撰并注 | 清影宋抄本 | 1 | 子部天文 |
| 116 | 潜虚一卷 （宋）司马光撰 潜虚发微论一卷 （宋）张敦实撰 | 清影宋抄本 | 1 | 子部术数 |
| 117 | 汉官仪三卷 （宋）刘攽撰 | 清影宋抄本 | 1 | 子部艺术 |
| 118 | 淮南鸿烈解二十一卷 （汉）刘安撰 许慎、高诱注 | 清影宋抄本 | 6 | 子部杂家 |
| 119 | 唐摭言十五卷 （后唐）王定保撰 | 清影宋抄本 | 1 | 子部杂家 |
| 120 | 龙川略志六卷别志四卷 （宋）苏辙撰 | 清影宋抄本 | 2 | 子部杂家 |
| 121 | 东莱先生分门诗律武库十五卷后集十五卷题 （宋）吕祖谦辑 | 清影宋抄本 | 6 | 子部小说家 |

（续表）

| 序号 | 书名及作者 | 版本 | 册数 | 分类 |
|---|---|---|---|---|
| 122 | 陶渊明集十卷　（晋）陶潜撰 | 清影宋抄本 | 3 | 集部汉魏 |
| 123 | 鲍氏集十卷　（刘宋）鲍照撰 | 清影宋抄本 | 1 | 集部汉魏 |
| 124 | 谢宣城诗集五卷　（南齐）谢朓撰 | 清影宋抄本 | 1 | 集部汉魏 |
| 125 | 唐秦隐君诗集一卷　（唐）秦系撰 | 清影宋抄本 | 1 | 集部唐五代 |
| 126 | 韩集举正十卷外集举正一卷叙录一卷　（宋）方崧卿撰 | 清影宋抄本 | 4 | 集部唐五代 |
| 127 | 丁卯集二卷　（唐）许浑撰 | 清影宋抄本 | 1 | 集部唐五代 |
| 128 | 李商隐诗集三卷　（唐）李商隐撰 | 清影宋抄本 | 3 | 集部唐五代 |
| 129 | 唐风集三卷　（唐）杜荀鹤撰 | 清影宋抄本 | 2 | 集部唐五代 |
| 130 | 古灵先生文集二十五卷　（宋）陈襄撰　年谱一卷　（宋）陈晔撰　附一卷 | 清影宋抄本 | 10 | 集部宋别集 |
| 131 | 豫章先生遗文十二卷　（宋）黄庭坚撰 | 清影宋抄本 | 6 | 集部宋别集 |
| 132 | 豫章先生遗文十二卷　（宋）黄庭坚撰 | 清影宋抄本 | 8 | 集部宋别集 |
| 133 | 青山集三十卷　（宋）郭祥正撰 | 清影宋抄本 | 8 | 集部宋别集 |
| 134 | 于湖居士文集四十卷　（宋）张孝祥撰　附录一卷 | 清影宋抄本 | 12 | 集部宋别集 |
| 135 | 友林乙稿一卷　（宋）史弥宁撰 | 清影宋抄本 | 1 | 集部宋别集 |
| 136 | 棠湖诗稿一卷　（宋）岳珂撰 | 清影宋抄本 | 1 | 集部宋别集 |
| 137 | 古文苑九卷 | 清影宋抄本 | 1 | 集部总集 |
| 138 | 坡门酬唱二十三卷　（宋）邵浩撰 | 清影宋抄本 | 6 | 集部总集 |
| 139 | 晋二俊文集二十卷 | 清影宋抄本 | 2 | 集部总集 |
| 140 | 窦氏联珠集五卷　（唐）窦常等撰 | 清影宋抄本 | 1 | 集部总集 |
| 141 | 平斋文集三十二卷　（宋）洪咨夔撰 | 清影宋抄本（卷十一至十四、十九至二十二配瞿氏铁琴铜剑楼抄本） | 12 | 集部宋别集 |
| 142 | 孝经一卷　（唐）李隆基注　陆德明音 | 清影元抄本 | 1 | 经部孝经 |
| 143 | 韵补五卷　（宋）吴棫撰 | 清影元抄本 | 5 | 经部小学 |
| 144 | 国朝名臣事略十五卷　（元）苏天爵辑 | 清影元抄本 | 6 | 史部传记 |
| 145 | 元统元年进士题名录一卷 | 清影元抄本 | 1 | 史部传记 |
| 146 | 大元圣政国朝典章六十卷新集至治条例不分卷 | 清影元抄本 | 24 | 史部政书 |
| 147 | 隶续二十一卷　（宋）洪适撰 | 清影元抄本 | 2 | 史部金石 |
| 148 | 新编四家注解经进珞琭子消息赋六卷　（宋）王廷光、李仝释　昙莹、徐子平撰 | 清影元抄本 | 2 | 子部术数 |
| 149 | 道园遗稿六卷　（元）虞集撰 | 清影元抄本 | 4 | 集部元别集 |
| 150 | 老子道德经古本集注直解二卷　（宋）范应元撰 | 吴慈培影宋抄本 | 2 | 子部道家 |
| 151 | 新刊原本王状元荆钗记二卷　（明）朱权撰 | 影抄明姑苏叶氏刻本 | 2 | 集部曲类 |
| 152 | 易林注十六卷 | 影元抄本 | 16 | 子部术数 |

**石印本**：1796年，奥匈帝国人施内费尔特将石印技术试验成功。1832年底，英国伦敦会传教士麦都思率先在中国广州设立了石印所，接受此项技术的第一个中国人是屈亚昂，这是中国大陆第一个石版印刷机构。其法是以石面制版，用富含胶着性的药墨书字于特制的药纸上，待微干，将其翻过来覆盖在石面上，用强力覆压之，使胶性药墨之字粘于石面，而后将纸揭去，再拭之以水，并在水未干时即滚以油墨，这样石面无字之处因水、油不调原理便不粘油墨，而有字之处则能着附油墨，因而覆纸压印即可成功。清黄式权《淞南梦影录》曾如此描述："石印书籍，用西国石板，磨平如镜，以电镜映像之法，摄字迹于石上，然后傅以胶水，刷以油墨，千百万页之书不难竟日而就。"清徐润《徐愚斋自叙年谱》于"光绪八年壬午四十五岁"附记中说："查石印书籍，始于英商点石斋用机器将原书摄影上石，字迹清晰，与原书无毫发爽，缩小放大，悉如人意，心窃慕之。乃集股创办同文书局，建厂购机，搜罗书籍，以为样本。旋于京师宝文斋觅得殿板白纸《二十四史》全部、《图书集成》全部，陆续印出《资治通鉴》《资治通鉴纲目》《通鉴集览》《佩文韵府》《佩文斋书画谱》《渊鉴类函》《骈字类编》《全唐诗》《康熙字典》等不下数十万本，各种法帖、大小题《文府》等数十万部，莫不惟妙惟肖，精美绝伦，咸推为石印之冠。迨光绪十七年辛卯，内廷传办石印《图书集成》一百部，即由同文书局承印。壬辰年开办，甲午年全集告竣进呈，以此声誉益隆。唯十余年后，印书既多，压本愈重，知难而退，遂于光绪二十四年戊戌停办。"

**影印本**：照相技术发明以后，用这种技术摄制图书照片而后制版印制的书本。影印有时也写作景印。它和影刻本所产生的时代不同，技术方法也不同。

**重修本**：也称为修补本或修补版。古书版片，由于多用梨枣等硬木，故可流传使用上百年乃至于几百年。其间由于屡经刷印或遭受其他灾害，又很容易造成版片的缺损。所以再要进行印刷时，对其中缺损的版片就得重新加以修补。用这种修补过的旧版片刷印的书，在版本著录中就称为"×代×朝××年××人刻××朝××年重修本"。经过修补的版片，因为时代、刻工、技术的不同，呈现出来的版框、版心及字体风格等，与未经修补的就不尽相同，甚至墨色也显得不同。有时修补过的版片，还镌刻修补年份、修补工匠的姓名。所有这些，都是比较容易鉴别的。而一书只要存在这些修补现象，即可马上判断它是重修本，是后印本，而绝非原刊初印本。但在版本著录或使用判断时，却不可望书生义，滥用这一称谓。而是需要审慎考证，考出其原刻时代、地点、刊主，修补的时代、地点、刊主，这样才能著录得准确。即使是无法考证得很细，那也得做出大概的判断，著录到"×朝刻×朝重修"的程度。

"重修本"上述是指用经过重修的版片而刷印的书本。显然这是重新修补版片的含义。而重修本运用在家乘、地志等书时，要特别注意其另外的含义。中国地志之书浩如烟海，每换一任或几任地方官，就常常重修一次该地的方志，载入风土民情、山川地理、物产资源、名胜古迹、建置沿革、地亩四至、先贤仕官、历朝贡举等，以便掌握该地情况，实施封建统治。但有时因初修不久，有时因财力不敷，没有必要或没有能力另纂新志时，也常常修补旧志版片，或在旧版片的相应内容下增刻新的内容。在这种情况下就要分别著录：只是修补旧版重新刷印的，应著录为"×朝××年刻××年重修本"；若是在旧版片相应内容下增刻了新的内容，就得著录为"×朝××年刻××年增修本"。

在著录志书重修本和增修本时，还要特别注意志书书名前所冠的纂修时代，这是极易发生混乱的地方。就是在版本著录为"重修"或"增修"的两种情况下，其志书书名前所冠的纂修时代，都只能是原来的纂修时代。若是志书书名前已明确冠有"重修"字样，则这里的重修绝非重新修补版片之意，而是此志已经重新纂修之义。

**递修本：** 凡一书版片经过两次及两次以上修补而重新刷印出来的书本，均可称为"×朝××年刻×朝×朝递修本"。这种递修重印的古书，在现存的中国古籍中为数还不少。有名的如南宋两浙东路茶盐司所刻的《六经》，多数到南宋末年和元朝初年，就曾两次递修过。又如南宋绍兴年间（1131—1162）蜀中眉山地区所刻的《眉山七史》，其版片元代以后递有修补，明洪武年间（1368—1398）版片移至南京国子监，一直到正德、嘉靖、万历时，还曾修补重印。到清代顺治、康熙、雍正、乾隆时，这套版片还存贮于江南布政使司衙门库中，嘉庆时才毁于火。元后至元六年（1340）庆元路儒学刻印的《玉海》，其版片自正德、嘉靖以后即屡经递修。万历十六年（1588）赵用贤、康熙三十六年（1697）、乾隆三年（1738）熊木，都曾修补重印。所有这些，都是典型的递修本。

**朱蓝印本**：古时书版雕完，在正式刷印之前常要试印，以检查是否有错字和着墨是否均匀，以便进行修整。这时使用的颜色常用红色或蓝色，旨在醒目，便于发现版面上的问题。此种试印的书，红颜色者就称为"××刻朱印本"，蓝颜色者就称为"××刻蓝印本"。这种印本因为是新版初试，字画清晰，刀法剔透，初印精美。加上印数少，传世罕，向为版本家和藏书家所见重。当然，也有专以朱色、蓝色印制之书，也称为朱印本、蓝印本。

**初印本**：确切概念应指书版刻成之后初次刷印而成的书本。这种本子因是书版初镌完竣，笔道未经任何磨损，因而印出来的书叶字画清晰，刀法剔透，显得格外精美珍贵。但时代越久远，越难详知其是否为初次刷印。多数初期刷印的书本，虽未必是初次印刷，但笔画仍未磨损变肥，印出来的书叶仍原神未走，原韵犹存，这种本子也可以称为初印本，只不过是初期印刷，而不是初次印刷罢了。初印本属书品范围，与版刻时代无关，科学著录并不使用这个概念。

**后印本**：是指书版镌刻以后若干年再次用来重行刷印的书本。这种书本，由于版片经年，非但因已多次刷印而使笔道变粗变肥，且断版裂栏乃至断笔的现象也相伴而生，故印出来的书叶不仅字体肥胖失神，还由于断版不着墨色而出现的不规则白道，甚至举目皆是，令人生厌。当然后印本也属书品范围，并不影响版刻时代。真正的后印本好鉴别，一看便知，容易判断。

**三朝本**：指书版历经三个时代而仍用来刷印的书本。宋时刻版甚多，特别是南宋镌雕的许多官版，到元朝被移入西湖书院，稍事修补，继续刷印。明洪武八年（1375），又将书版运至南京国子监，仍旧修补刷印。因为这些书版历经宋、元、明三朝修补刷印，所以称为三朝本，也称为三朝版。

**邋遢本**：也俗称大花脸本，版片时代久远，模糊漫漶，刷印出来的书叶，墨色深浅不一，笔道时断时续，栏线粗细不均，断裂不整，看上去极不整洁，邋遢模糊，类似人的大花脸，所以称为邋遢本，也叫大花脸。如宋刻《眉山七史》，就是这种邋遢本。还曾见《洪武南藏》，刷印时按说应该距刊版告竣不晚，但有的版面墨色却是一塌糊涂，这就跟敷墨印刷技巧有很多关系了，邋遢本不一定都是版面有问题。

**汇印本**：这是近些年新有的称谓，但它反映了版本学的某些实际。某些人的诗文集，某些丛书，开初的刻版，中间的续刻，后来的增刻，不但内容有所增损，版刻也不尽相同。最后有人将这些书版汇在一起，重新刷印，这种书本就称为汇印本。然汇印本虽然反映了古书版本中有这种事实，但汇印仍不能表述版刻的本质，故在古书版本著录时，以汇印名之，还未说清问题，仍应分别不同情况著录不同版刻，少用或不用汇印本的称谓。

**写刻本**：名家手写书稿上版而刻成的书本，称为写刻本。雕版印书兴起之后，无论官刻私雕，都要雇佣写好字的匠人，将书稿端楷写出。其字体结构方正严整，笔画直竖划一，风貌整齐呆板，易形成一个时期、一个地区的风格特点，而无个人的书法特色。为了表明与这种千篇一律、死硬呆板的字体的区别，特把名家依自己书法风格而写样上版镌刻的书本称为写刻本。写刻本历朝都有，留存下来的并不多。明朝正德、嘉靖时伴随文学复古运动，刻书也复古，即复宋之古。字体出现了仿宋字，横轻竖重，方方正正，死硬呆板。直到清初的官刻书，仍未脱前明旧日的格调。康熙皇帝雄才大略，多才多艺，他在六巡江南的过程中，除完成政治任务、游山玩水之外，还录用了数十名写字好的生员供奉内廷。自此以后，凡朝考廷试对策大卷的字，非端楷圆秀者便不大容易被录取。久而久之，便形成了一种非颜非柳又非赵的所谓馆阁体。于是一些御制、钦定、敕撰的书，便常由这些词臣恭楷缮写，上版镌雕。受官刻影响，私宅坊间也争相效仿，请写字高手手写上版。如张力臣写刻的《音学五书》，林佶写刻的《渔洋山人精华录》《尧峰文钞》《午亭文编》，王子鸿写刻的《渔洋诗续集》，许翰屏写刻的《文选》等，就都是由著名书法家根据自己的书法风格写样上版而镌刻的。这种字体，较之自明嘉靖以来的那种僵硬的方体字，显得柔美多姿，故通常称为软体写刻。至于郑燮自己写样上版的《板桥集》，那就更是别具艺术特色的写刻本了。

**四库底本**：清代乾隆年间（1736—1795）编纂的《四库全书》，是卷帙浩繁的大丛书，共收书三千五百零三种，七万九千三百三十七卷。在开馆纂修前及整个纂修过程中，广征天下藏书，故从全国各地进献的图籍数以万计。书到北京之后，全都送到翰林院点收，钤盖翰林院关防，以备选用。在这些书当中，有的被《四库全书》选中而作为誊抄的底本。这些被选入供誊抄的底本，不但钤有翰林院关防，书前还常有编纂官加注"应抄"的批条，书内更有删改涂乙之处，一看便知。这种被《四库全书》录入的工作底本称为"四库底本"。而那些虽也进入翰林院，并钤有翰林院关防大印，但终未被收入《四库全书》者，不能称为"四库底本"。四库底本有的是刻印本，有的是抄写本，中国国家图书馆在著录时不以"四库底本"单独立项，而是以底本实际刻印抄写的时地及主持人立项，即底本该是什么本就著录什么本。而在版本著录之后的方括号内另注"四库底本"字样。

**毛抄**：专指明末清初毛氏汲古阁的抄本。汲古阁从主人毛晋起，子侄童仆都善抄书。汲古阁抄的书，底本多是难得的宋元刻本，加上抄写得字画挺秀，认真不苟，特别是影抄之书，形神酷似，几可乱真，故历来为版本家和藏书家所珍重。

# 六 版本造伪与辨伪之论

中国的古书造伪大概有两种情况：一个是内容、著者造伪，这多系文人所为。他们或是为了宣扬某种观点和理论；或是为了寄托某种思想和幽情；或是为了发泄私愤和攻击异己；或是为了使自己的著作得以推广和流行，一句话，为了达到某种目的，他们便不惜托名、借名甚至造名而造出种种伪书来。三国的王肃为了攻击东汉的经学大师郑玄，怕自己人微言轻，难能取信于人，缺乏攻击力量，便抬出孔老夫子的大名，而编造《孔子家语》。隋代的刘炫，为了取赏，也曾编造伪书。北周武帝灭佛时，非但佛教典籍损失殆尽，其他四部书也因战争频仍而流布日稀。故隋朝立国之后，对于搜访遗籍、重抄旧典非常重视，开皇三年（583），隋文帝曾采纳秘书监牛弘建议，派员到各地搜访遗籍，明文规定："每书一卷，赏绢一匹。校写既定，本即归主。"（《隋书·经籍志》）刘炫为了得到如此的赏赐，"遂伪造书百余卷，题为《连山易》《鲁史记》等，录上送官，取赏而去"（《隋书·刘炫传》）。至于兵书伪托诸葛亮者，医书伪托孙思邈者，更不止一两种。这种造伪书伪托名人的现象，早有很多论文、考证和专著讲得清清楚楚，这里无须赘言，也与版本造伪干系不大。另一种是书的版本造伪，这多系书贾所为，其目的并不像内容造伪者那样复杂。他们的动机很简单，就是嗜财营私，唯利是图，所以造起伪来挖空心思，不择手段，花样繁多。而古书版本鉴定，常常受其迷惑，难以奏效。是为版本造伪与辨伪。

## （一）以残帙充全书

　　古书之残全，特别是珍本善本书之残全，无论在学者眼里，还是在版本家、收藏家眼里，其价值都是很不相同的。书贾抓住这一点，便常常施展伎俩，以残本冒充全本，牟取高利。藏家买主若缺乏真知卓见或失于查考，就很容易上当。图书馆搞古籍著录和编目，对以残充全的假象若不能识别，也极易造成著录上的混乱和编目上的失当。例如，明万历刻本的王世贞《弇州史料》，原为《前集》三十卷、《后集》七十卷，无锡市图书馆所藏的一部仅存《后集》七十卷，造伪者为了以残充全，首先把书名挖改为《皇明琬琰文录》；次而将著者挖改为"梁溪高攀龙著"；同时还去掉书口原有题名，消灭痕迹，并伪镌后序一篇。使人看后，感到既不是明弘治时徐纮编辑的《皇明名臣琬琰录》，也很不容易想到它实系王世贞《弇州史料》的残书，似乎真有什么梁溪高攀龙的《皇明琬琰文录》，因而也就很容易以为这是一部传世罕见的难得之书而上当受骗，致误弄错。其实对这种明朝人的作品，其是否经过书贾造伪不难识破。只要查查《明史·艺文志》《千顷堂书目》是否著录，就极易发现它的马脚。有了疑点，再去深究其著者、著作内容，真相便容易大白。造伪者绝大多数是书皮之学，做的多是表面文章，不难识破。

　　无锡市图书馆还藏有一部明李东阳等纂修的《历代通鉴纂要》，现存二十八卷，是明正德二年（1507）内府刻本。造伪者为了以残充全，首先动手挖改卷次，造成二十八卷即是全书的假象；又在卷端下题之处加印一个"无锡秦夔著"的著者题名，企图造成明李东阳等纂修的九十二卷的《历代通鉴纂要》，与无锡秦夔著的二十八卷的《历代通鉴纂要》是两种互不相干的书，以图惑人眼目，牟取利益。《历代通鉴纂要》是明孝宗朱祐樘敕撰的编年体史书。开初，奉敕参编的有吴宽、谢铎、张元祯、杨廷和、刘健、李东阳、谢迁等十九人。到孝宗晏驾，书仍未能编完，故武宗朱厚照即位后，仍要继续这项事业。然武宗御极，刘瑾等阉党更为猖獗，遂引起刘健、谢迁、李东阳等联章弹劾，武宗袒护阉党，刘、谢等纷纷致仕夺职，唯有李东阳被保留了下来，继续组织力量，最终完成了编纂任务，故上表进呈时李东阳位列其首，这就是《历代通鉴纂要》向被说成是李东阳等纂修的理由。秦夔，字廷韶，号中斋，无锡（今属江苏）人。明天顺四年（1460）进士，拜南京兵部主事，进员外郎，累官江西右布政使，有《中斋集》藏于家。一是他生活的时代显然早于《历代通鉴纂要》的编纂时代，不可能与此书有关；二是他的官位无资格与修此书；三是他名下没有这部著作。且查《千顷堂书目》《明史·艺文志》等，都著录《历代通鉴纂要》九十二卷，没有二十八卷之数。综此，其伪造之迹也就不攻自破了。

无锡市图书馆还藏有一部《人物概要》，全书应为十五卷，明陈禹谟辑，是个明刻本。实际只存十二卷。为了以残充全，造伪者首先挖改目录，造成十二卷即全的假象；而后再挖改著者，把陈禹谟挖改为"无锡秦禾原著"。手法也没什么新鲜的。其他如明曹昭撰的《格古要论》，全书本为十三卷，因只残存九卷，书贾便乘势造伪。首先把书名挖改为《凤山幽事录》；同时挖改作者为"锡山秦金"；还伪钤名家藏印，挖去卷末次第；并用剪刀伪造虫蛀痕迹。可谓几着并施。还有残缺不全的九路儒学十史本的《晋书》，造伪者也竟巧妙地将《晋书》的"书"字挖去，然后补印上"载记"二字，于是一部稀见的亡书《晋载记》出现了。同时还伪刻汲古阁藏书印鉴以钤其上。因而一部似乎是完整的、又经过名家收藏的、为世人所罕知的有关晋代的史书呈现在人们面前了，当然也就可能欺世骗人了。甚至明刊本六十八卷的李卓吾的《藏书》，因仅存九至三十一卷，也竟敢伪造书名，挖改卷次，更名为《经世大臣名臣传》。但所有这些被挖改的书名、著者的里籍姓名及著作方式，其墨色由于是后印上去的，与原书正文的墨色绝不相同。同一版面的文字，墨色不同，说明不是同一次敷墨印刷的。为什么同一版面却不是同一次敷墨印刷？这就很值得怀疑，怀疑其有人做手脚，造假象。由于是挖改原书题名、作者，乃至于年款、目次等，故补印上去的字体，与原书字体在风格、神韵、形体、大小等方面，都会有所不同，甚至这种挖改之后再印上去的文字，经年累月，糨糊失黏，还会发生部分脱落而歪斜的现象，这些现象便都是马脚。这时如果将书叶从天头或地脚腾开，观察书叶背面的情况，则挖补造伪的迹象便昭然若揭。若是根据原书内容及所涉及的人事时地来考察其真伪，那就更容易揭露造伪者的拙劣伎俩。因为造伪者再狡黠，也是无法改变原书内容的。既然是原书内容无法改变，那就给我们留下了最基本的参照物，其真伪也就容易分辨了。这种以残书充全书的造伪现象，在古书造伪中屡见不鲜，是鉴别古书版本真伪时经常遇到而又特别值得注意的现象。

## （二）以丛书零种冒充单刻

以丛书零种冒充单刻，或误认丛书零种为单刻，在古书版本著录中是经常发生的现象。本来丛书零种并不一定是伪造之本，但丛书零种向来不如单刻之本珍贵。为了牟取高利，才出现以丛书零种冒充某书单刻的现象。如明陆深撰、嘉靖二十四年（1545）陆楫刻印的《俨山外集》四十卷二十三种，无锡市图书馆藏有这部书的卷十一至十七。当初的造伪者竟把这个卷十一至十七的零种单造了一个假名，叫作《俨山笔记》，于是丛书零种因戴上了一顶假的桂冠，便以单刻书的形式出现了。还有一部《经籍会通》，本是明代胡应麟《少室山房笔丛》中的一种，明时万历刻本。造伪者竟把卷端和书口所镌《少室山房笔丛》之总名刓去，而以《经籍会通》之名独立出现，使丛书零种变成了单刻书。丛书零种与单刻，就某种书而言，其内容本无不同。但某种书之单刻，与这种书收入丛书而成为丛刻之一，在校勘的精粗、注文的去留、序跋的去取等方面，是不完全相同的。讲究版本、注意校勘的人，视单刻与丛书零种，在学术资料价值方面绝对不一样的。鉴别丛书零种与单刻之间的差别，一是看前边有无序文和序文多少；二是看有无藏书印记；三是查明某书都收入过什么丛书，并看其行款是否与同一丛书中的其他书相同；四是看序跋中言明镌刻时地与否；五是检阅书目，看其是否有单刻行世。若是经过这么一番考察，则丛书零种与单刻一般也就判然可知了。

## （三）伪改书名作者以充罕见之书

前边谈到的一些伪例中，挖改书名、作者的现象已多次出现。但每改一书名、作者，则往往出于不同的动机。有时为的是以残充全，有时为的是以丛书零种冒充单刻，有时又可能为的是避嫌追奇。过去的藏书家选择善本，罕见是一条重要的标准。书贾利用这种心理，就可以造出很多罕见之名的假书。明李贽撰《藏书》六十八卷，明天启年间（1621—1627）陈仁锡刻本。此书既不残缺，版刻年代也不算很晚，若不造伪，本来也是很可宝贵的。可是无锡市图书馆所藏此书，《藏书》之名竟被挖改成了《国书》，作者李贽的大名也被挖补改成了"李应祥"，同时伪刻伪钤藏书印记。这样一部书，书贾为什么要如此卖弄手脚，不好理解，只能做某些推想。

李贽（1527—1602），号卓吾，又号宏甫，温陵居士，泉州晋江（今属福建）人。此人自幼丧母，生性叛逆。二十六岁中举后，拒绝科第，但也做了二十多年小官。五十四岁时毅然辞官，转而讲学与著书立说，《藏书》乃其主要的著述之一。《藏书》的主要内容分为《世纪》和《列传》两部分，主要取材于历代正史，上起战国，下迄元末，实多历史人物评传。书中颠倒封建社会的思想常程，大肆攻击孔子而下的儒家学说。明末清初的王弘撰在所作《山志》初集卷四中说："温陵李贽，颇以著述自任。予考其行事，察其持论，盖一无忌惮之小人也。……《藏书》则率本他人成稿，而增删无法，叙述欠详，间附己意，故作畸论，语不雅驯，多失体。至为总目论云：'人之是非，初无定质，览者但无以孔子之定本行赏罚。'……予尝谓李贽之学本无可取，而倡异端以坏人心，肆淫行以兆国乱，盖盛世之妖孽，士林之梼杌也。"如此离经叛道的著述，自为封建社会所不容。万历三十年（1602），七十六岁的李贽被捕入狱，狱卒进牢为他剃头，他乘机夺刀自杀，两日后身亡。其书，明代两次遭禁，入清亦被列入禁毁书目。因知此书造伪，盖在规避违禁，目的还是要将之兜售出去，以便牟利。

明代徐弘祖的《徐霞客游记》十二卷，是尽人皆知的地理学名著。"尽人皆知"便不稀罕，为了使其带有猎奇效应，造伪者居然也敢将其书名挖改成《游名山记》，妄为之极。徐霞客（1586—1641），名弘祖，字振之，号霞客，江阴（今属江苏）人。少负奇气，性好游，志在名山大川。三十岁出游，仅携一杖一襆被，往复万里如步武，中国名胜几无不茌。穷河沙，上昆仑，步西域，去中夏，可踵汉张骞、唐玄奘、元耶律楚材而为四。其记游之书，高可隐几。《徐霞客游记》，乃其中最著者。对这样的名著，造伪者居然也能改名为《游名山记》，企图惑人眼目。《游名山记》还真有其书，见于著录者，东晋谢灵运有《名山记》一卷；明都穆《游名山记》六卷；陈沂《游名山记》四卷，都早于徐霞客，与《徐霞客游记》无涉，所以这种造假，连造假者自己都骗不了。总的来说，这种伪改书名、作者，制造罕见冷僻书的现象，在版本造伪中是常见的现象，需要查检各种相关书目，包括地方艺文、史志目录，反复验证其罕见书名的可信程度。切不可以伪造之名不见各家著录便认为奇货可居，受骗上当，而要认真审慎地鉴别。

## （四）增换刻书牌记以冒充珍本善本

古书中的刻书牌记，相当于现代书籍的版权页，是考证一书的出版人、出版年、出版地的重要依据。有这块牌子和无这块牌子，书的版本价值是很不一样的，反映的版本状况也是很不一样的。书贾抓住这一点，便有时增加刻书牌记，有时撤去刻书牌记，目的都是制造版本假象，抬高版本身价。中国国家图书馆收藏一部王国维亲手题跋的明嘉靖刻本的《孔子家语》，刻印精良，书品极好。但书贾硬是在书前加了一叶刻书牌记：右上角竖行镌题"陈眉公先生重订"；中行竖镌大字题名《孔子家语》；左下角署"古吴杨敬泉梓"。陈眉公即陈继儒，出生在嘉靖三十七年（1558），卒于崇祯十二年（1639），主要活动在万历、天启时期。嘉靖皇帝在位四十五年，陈眉公至嘉靖皇帝晏驾不过八岁而已，不可能重订《孔子家语》。可本来是嘉靖时刻的书，却增加一块万历时期的刻书牌记，将早就晚，岂不矛盾？其实不然。首先陈眉公是明朝晚期比较有名的文学家、书画家。自命隐士，居住在小昆山，以善于鉴别书画而擅名当时。又辑刻《宝颜堂秘笈》丛书，以保存若干小说和掌故资料而见重。故当时的一些书若能与陈眉公挂上钩，便会抬高身价，易于销售。嘉靖刻本的《孔子家语》，之所以镌增晚于它的"陈眉公重订"牌记，正是为了借重陈继儒之名。另一方面，利用这块牌记也可以证明此书版本的完整性和确切性。二者合一，可能便是此书版本造伪的动机。还有一部《诗人玉屑》，乃是清初刻本。书前原有"处顺堂藏板"的刻书署记，且有"重刊元本"字样。由于书贾作伪，撤去了这块刻书牌记，结果便骗了墨海楼蔡氏，使蔡氏以元刊本收进上了当。不久，蔡氏又反手欺骗别人。这种增换刻书牌记的情况，在明清两代所刻的丛书中，更是屡见不鲜。丛书收书常常是没有定数，刻到哪儿算哪儿。其书版也常常易主换人。书版每易一次主，新主人为了牟利，常常是加印一两种书，更换原来的刻书牌记，甚至换个书名，于是似乎是一种新的丛书问世了，以骗取买主，从中渔利。所以对刻书牌记不能盲从，要多方面验证。

## （五）增删刻书年款以冒充珍本善本

古书上的年款十分重要，有关版刻的年款更为重要，它对于考定成书和版本年代，有极高的价值。因此，造伪者也极易在这些地方做手脚。这一点，无论是在唐以前的手卷上，还是在宋以后的印本书册上，均属司空见惯。敦煌莫高窟藏经洞出的遗书中，被后人伪添年款的就不少。至于伪造敦煌写经，加注明确年款者，那也并不稀见。后世刻印的书，伪改伪印刻书年款的，更时有发生。中国国家图书馆藏一部唐孙樵的《孙可之文集》十卷，明正德十二年（1517）王鏊、王谔刻本。原是清代天禄琳琅的旧藏，书前扉页和开卷有"五福五代堂宝""八征耄念之宝""乾隆御览之宝""太上皇帝之宝""天禄继鉴"等印记可证。造伪者先在目录后的空白处用活字加印了"大宋天圣元年戊辰秘阁校理仲淹家塾"二行，于是便混进了天禄琳琅，并不惜将"乾隆御览之宝""太上皇帝之宝"的大印也钤盖上去。现将《天禄琳琅书目后编》卷六的著录原文引出，相信诸君一看就会明白："《孙可之文集》一函二册。唐孙樵撰。樵，字可之，又字隐之，里贯无考。大中九年进士，广明中授职方郎中。书十卷，得文三十五篇。目录后刻'大宋天圣元年戊辰秘阁校理仲淹家塾'字。考宋仁宗天圣元年，岁在癸亥，戊辰乃六年也。其字画浓重，与通部不同，盖书贾增印作伪。然此书今所行毛晋汲古阁刻本跋云'王鏊从内阁钞出'，则近代无刻本信矣。册末墨迹'辛未十又二月，惠山石樵赠瓜畴藏'。瓜畴乃英人布衣邵弥字，僧弥善书画，其'种五色瓜'印，用邵平故事。"考邵平，《史记》作召平。《史记》卷五十三《萧相国世家》第二十三载："汉十一年，陈豨反，高祖自将，至邯郸。未罢，淮阴侯谋反关中，吕后用萧何计，诛淮阴侯。……上已闻淮阴侯诛，使使拜丞相何为相国，益封五千户，令卒五百人一都尉为相国卫，诸君皆贺，召平独吊。召平者，故秦东陵侯。秦破，为布衣，贫，种瓜于长安城东，瓜美，故世俗谓之'东陵瓜'，从召平以为名也。召平谓相国曰：'祸自此始矣。上暴露于外而君守于中，非被矢石之事而益君封置卫者，以今者淮阴侯新反于中，疑君心矣。夫置卫卫君，非以宠君也。愿君让封勿受，悉以家私财佐军，则上心说。'相国从其计，高帝乃大喜。"这是深明政治风险，而劝人避祸的良言忠告。邵氏在秦国时，本为东陵侯，秦亡入汉，一时不知汉的政治态度，故以布衣身份在长安城东门外种瓜。其瓜甜美，故称"东陵瓜"。此书卷末墨迹尾有"种五色瓜"钤印，故谓"用邵平故事"。表明此书以明版造伪称宋，已被彭元瑞识破。

中国国家图书馆还藏有一部《黄氏补千家集注杜工部诗史》，原是潘氏宝礼堂的旧藏，潘氏《宝礼堂善本书录》将此书定为宋刻本。宝礼堂从买书到编目，多由张元济掌眼，定为宋刻本，显系张先生的鉴定意见。且此书如果单从版刻风格、字体风貌、印纸墨色等着眼，确实很难辨识它的真实面目，因此一直沿用旧说，直到1959年出版的《北京图书馆善本书目》，仍是著录为宋刻本。20世纪70年代初，山东发掘明鲁荒王朱檀墓，出土文物中有此书。这部书曾与中国国家图书馆所藏的所谓宋本此书核对过，发现两者在行款字数、字体风韵、刀法技巧，乃至于黑钉断板等方面，均完全一样，证明两者确实是相同版本。但朱檀墓出土的那一部，在第三十二卷末叶的下半叶镌有"武夷詹光祖至元丁亥重刊于月崖书堂"刊记一行，证明此书实系元世祖忽必烈至元二十四年（1287）福建武夷詹光祖月崖书堂的重刻本。由此再细审中国国家图书馆原藏此书，则发现第三十二卷末叶下半叶那行刻书刊记早已被书贾割裂后用相近的印纸粘补过。这一挖补，把本为元刻本的书提升为宋刻本了。这种增删刻书年款以造伪的手法，最容易骗人。所以凡遇到书前卷尾应该有年款或其他什么痕迹的地方，不但没有任何证迹了，反被另纸挖补过，一定要反复谛审，多方考证，最后得出正确的结论。

## （六）挖改序跋紧要处或改换序跋以充善本

挖改序跋的时间、地点、人物、事件，或撤换序跋，以冒充古刻旧刊，在古书版本造伪中经常出现，尤其是在配合其他造伪手段时，挖改序跋中紧要之处，更是经常见到。例如前举无锡市图书馆所藏《弇州史料》《晋书》等，造伪者在施用挖改书名、作者的同时，为了消灭反映原书真实面目的痕迹，序文也都作了挖改撤换。《四库全书总目》卷一百八十七集部总集类著录《两宋名贤小集》三百八十卷，并谓："旧本题宋陈思编、元陈世隆补。……是编所录宋人诗集始于杨亿，终于潘音，凡一百五十七家。有绍定三年魏了翁序及国朝朱彝尊二跋。考所载了翁序，与《宝刻丛编》之序字句不易，惟更书名数字，其为伪托无疑。彝尊跋中谓是书又称为《江湖集》，刻于宝庆、绍定间。史弥远疑有谤己之言，牵连逮捕，思亦不免，诗版遂毁。案刊《江湖集》者，乃陈起，非陈思。且《江湖集》所载皆南渡以后之人，而是书起自杨亿、宋白，二书迥异，彝尊牵合为一，纰缪殊甚。然考彝尊《曝书亭集》有《宋高菊涧遗稿序》，中述陈起罹祸

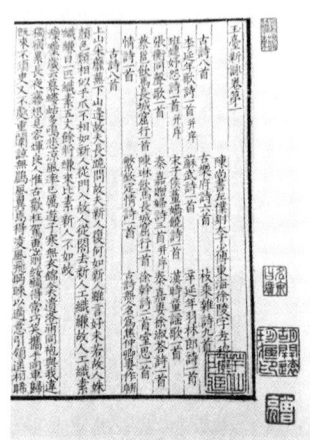

明崇祯六年赵均小宛堂刻本《玉台新咏》

之事甚悉,未尝混及陈思,而集中亦不载此跋,当由近人依托为之,未必真出彝尊手。又跋内称陈世隆为思从孙,于思所编六十余家外,增辑百四十家,稿本散逸,曹溶复补缀之。今检编中所录,率多漏略。……彝尊本有宋人小集四十余种,或旧稿零落,后人得其残本,更掇拾它集,合为一帙,又因其稿本出彝尊,遂嫁名伪撰二跋欤!"说得头头是道,考证得宜,表明此书造伪几管齐下,不易辨别。幸有四库馆臣掰开揉碎,昭示后人,才得以厘清。

明崇祯六年(1633)赵均刻本《玉台新咏》十卷,白绵纸、罗纹纸、竹纸印本都有。书后有赵均的刻书跋文。但因此书翻刻极佳,颇有宋刻神韵,因而此篇翻刻此书的跋文,就常常被书贾撤掉,以充宋刻。《天禄琳琅书目》前后编所收宋版书,有的就是明朝翻刻,天禄馆臣之所以也就认明翻为宋刻,除了人情世故的原因以外,还有一个重要原因,就是撤换了明代翻刻时的序跋,或是挖改了序跋中的紧要之处,使人辨别不清。

《四库全书》采录此书所用之本,据其提要说乃"为赵宧光家所传宋刻,有嘉定乙亥永嘉陈玉父重刻跋,最为完善"。由此可知,四库馆臣同样被遮蔽了眼目,将赵均的翻刻本当成了宋本。此本狭行细字,版式精雅,宋讳仍有缺笔,卷末有宋嘉定乙亥陈玉父《后叙》。

中国国家图书馆藏有另一部此书,卷后有翁方纲手跋云:"星伯丈以旧本

《玉台新咏》见示，此即赵凡夫所传宋椠本，冯己苍据以校正诸本者也。不仅字画古雅而已。嘉庆丙寅仲冬廿日，北平翁方纲。"翁氏乃饱学之士，版本大家，仍认定此本即"赵凡夫所传宋椠本"，同样被蒙蔽了眼目。其后又有滇翁手跋，亦谓"《玉台新咏》自南宋已有两本，明人重刻，窜乱弥多。张嗣修、茅国缙本更非其旧，惟南宋永嘉陈玉父本为佳，此本是也"。仍将此本误认为是宋嘉定乙亥永嘉陈玉父刻本。

中国国家图书馆所藏另一部此书，有一叶临摹赵均所撰《玉台新咏集跋》，谓此集"凡为十卷，得诗七百六十九篇，世所通行妄增，又几二百，惟庾子山《七夕》一诗本集俱阙，独存此宋刻耳。虞山冯己苍未见旧本时，常病此书原始梁朝，何缘子山厕入北之诗。……故今又合同志中详加对证，虽随珠多类，虹玉仍瑕，然东宫之令旨还传，学士之崇尊斯在。窃恐宋人好伪，叶公惧真，敢协同人，传诸解士，矫释莫资，逸驾终驰焉耳。时崇祯六年岁次癸酉四月既望，吴郡寒山赵均书于小宛堂"。由于赵均于崇祯六年覆宋镌刻此书时有此一跋，因而确知其为崇祯六年赵均小宛堂覆宋刻本，而非陈玉父宋刻原本。若是撤掉了赵均翻刻后跋，保留"嘉定乙亥永嘉陈玉父重刻"原后叙，一撤一留，就会造成若干大家名家受骗。因此，凡古书有无序跋，或序跋与书之内容自相矛盾，切不可轻信序跋中所题时间、地点、人物、事件，要多方考证，审慎鉴别，最后确定。赵宧光（1559—1625），字凡夫，一字水臣，号广平，又号寒山梁鸿、寒山长、墓下凡夫，太仓（今属江苏）人。知名的藏书家，赵均之父。

## （七）伪造伪钤名家藏印以抬高版本身价

藏书印记既表示书的递藏关系、流传程序，有时也表示书的身份价值。凡书一经名家收藏，钤盖上名家的藏书印记，往往如鱼跃龙门，身价十倍。例如范钦、项元汴、毛晋、钱谦益、钱遵王、徐乾学、季振宜、劳季言、黄丕烈、陈仲鱼、汪士钟、张蓉镜、张金吾、鲍廷博、杨绍和、瞿绍基、杨守敬、叶德辉、傅增湘、袁克文、张元济、周叔弢等诸名家，都是饱学之士兼嗜收藏。凡书一经他们过眼，再予以珍藏，并钤盖藏书印鉴，一般在版本上都足资信赖。因而造伪者也就挖空心思在名家藏书印鉴上做文章，故在古书版本造伪中，假印也是常见的现象。前边讲的伪例中，几乎每种伪例都有伪印在配合。清光绪末年，杭州文元堂主人杨耀松，曾以六十元钱从塘栖购得两箱旧书。开箱一看，无一绵纸之书，每册只有蝇头小字的批注，觉得大失所望，无利可图。后来试着以几册卖给北京书贾，每册索价十元，京贾欣然买下。消息传出后，北京书贾相继来杭，索购蝇头小字批注之书。傅增湘亦派人前去购买。两月之间，销售一空，获利二万多元。事后得知杨耀松所买进蝇头小字批注之书，均系著名的学问家劳季言的亲笔批校，若持京沪，每册当值百元，因而大为悔恨。于是挖空心思，伪刻劳氏藏印，寻得刻本稍旧而又有批校文字者，皆钤以伪刻的劳氏藏印，如此数年，骗人极广，获利颇多，捞回了那批劳氏批校本未得高价的损失。这个事例，说明伪造伪钤名家藏书印鉴，确实可以惑人眼目，应特别注意，反复验证，不可轻信。直到民国年间，琉璃厂一些古旧书铺，据说每家的抽屉里都有伪刻的名家印鉴，遇有书籍可以造伪或抬高身价，便将这些假印钤盖上去，以掩饰伪迹。所以我们对藏书印鉴不能直接轻信，而应透过它去查找印主的藏书目录，以著录印证原书，伪迹便极易被发现。

## （八）染纸造蛀以充古刻旧抄

我国古代写书、印书的用纸，大体上说是唐五代以前写书、刻书用麻纸为多，皮纸次之；进入宋代，科学文化进一步发展，书籍出版日益繁多，麻纸原料有限，供不敷用，于是出现了南方刻书多用皮纸，北方刻书仍用麻纸；南宋孝宗以后竹纸盛行，特别是福建刻书，更是多用竹纸；元代印书已是多用竹纸，皮纸次之，尤其福建，竹纸成了印书的普遍材料；明代造纸业更加发展，刻书用纸有所谓白绵纸、黄绵纸、竹纸，其实就造纸原料而言，还是竹纸、皮纸两大类；清代写书印书的用纸，品类极多，但仍不出皮纸、竹纸范围。正因为纸张具有时代特色，书贾也常在纸张上做手脚，以假乱真。清末民初的书贾，常把影刻、翻刻颇似宋刻元刊的晚近刻本，用锅蒸烟熏之法，使纸色变暗变旧，甚至用一些植物汁液刷染，令纸变色，以充旧刊。经过熏染的纸张，纤维老化，纸质低劣，变得暗黑焦脆，形似烟叶。明代高濂对古书版本造伪，尤其是对古书染纸和伪造蠹鱼蛀痕，有过精细的描述和精彩的议论："近日作假宋板书者，神妙莫测，将新刻模宋板书，特抄微黄厚实竹纸，或用川中茧纸，或用糊扇方帘绵纸，或用孩儿白鹿纸，筒卷，用槌细细敲过，名之曰刮，以墨浸去臭味印成。或将新刻板中残缺一二要处。或湿霉三五张，破碎重补。或改刻开卷一二序文年号。或贴过今人注刻名氏留空，另刻小印，将宋人姓氏扣填。两头角处，或妆茅损，用砂石磨去一角。或作一二缺痕，以灯火燎去纸毛，仍用草烟熏黄，俨状古人伤残旧迹。或置蛀米柜中，令虫蚀作透漏蛀孔。或以铁线烧红锤书本子，委曲成眼，一二转折，种种与新不同。用纸装衬绫锦套壳，入手重实，光腻可观，初非今书，仿佛以惑售者。"（见《遵生八笺》卷之十四）缪荃孙、叶德辉等著名版本目录学家都曾征引此言，可资参考。

首都图书馆收藏一种《文选》残册，纸色暗黄，古色古香，初看真像宋刻。但仔细审视，却是书贾利用影宋印本染纸造的伪。无锡市图书馆收藏一部《尚书》，本是清光绪二年（1876）江南书局刻本。但纸经熏染，色泽陈旧，加之伪钤"宋刊奇书""蒋廷锡印"等藏书印记，初看真可赝宋。但书内文字"甯"（"宁"）字缺笔避讳。谁都知道，"甯"是清文宗旻宁的御名，所避显系道光皇帝的名讳。此条一定，造伪充宋的骗局便不攻自破了。

又如南宋嘉定七年（1214）郑域湖南邵阳刻本《友林乙稿》，清代黄丕烈士礼居就曾收藏，《百宋一廛赋》"跻友林之逸品，俪声价于吉光"注谓："史弥宁《友林乙稿》一卷，每半叶八行，每行十六字。予又有覆本，行字相同，《潜研堂题跋》称在都门所见，即覆本耳。真本流丽娟秀，兼饶古雅之趣，在宋椠中别有风神，未容后来摹仿也。予跋之，目为逸品。又考赵希弁《读书附志》，云《友林诗稿》二卷，有黄景说、曾丰序。今诗既一卷，又无此序，佚其《甲稿》无疑矣"。《百宋一廛书录》又谓："以诗证之，当是全本，字体华丽，有娟秀之态，又为宋刻之逸品，不多见也。《登雁峰》一首去九字，以素纸补空，未知何故。尝见翻刻本，于割补处皆墨钉，盖有自也。卷末有'学古'一印，审是元人图章。（元有两无锡，一为萨，一为郭。虞集有《道园学古录》。）"可见今中国国家图书馆所藏的这部所谓宋刻本《友林乙稿》，就是当年黄丕烈所藏之本。黄氏已经发现了疑点，即所见翻刻本登雁峰一首的九字墨钉被挖补，同行下部还有一字墨钉亦被挖补。黄氏有疑，未知何故，亦未深究，故认以为真。其实此本还有很多可疑之处。如书叶的用纸，天头地脚与版心并不一致，书眉用纸是找的旧纸接补上去的，以示陈旧，乱人眼目。今中国国家图书馆藏有三部清影宋刻本此书，取之核勘，就看出了黄氏原藏这部所谓宋刻本也是清影宋刻本，只不过被人动了手脚，以假充真，遮蔽了黄氏的眼目，定成了宋本。黄氏书散出后，此本归汪士钟艺芸书舍。汪氏书散出后，此本又辗转归藏于袁克文。后袁氏藏书多归南海潘宗周宝礼堂，20世纪50年代，潘氏宝礼堂藏书慨然捐献国家，此本亦随之入藏中国国家图书馆。由于自黄丕烈以来一直都定此本为宋刻本，故沿袭至今始终未曾生疑，今经反复核勘，破绽百出，前人造伪无疑。

## （九）以真带假版本杂拼

书中以真带假或杂拼版本的现象，并不常见，但时亦有之。中国书店成立之前，上海曾有过一个古书流通处。这个古书流通处常年雇用三名抄书人，每天以旧绵纸、桃花纸等传抄各书，而后钤盖伪刻之抱经楼藏书印，冒充抱经楼抄本。他们还影印过汲古阁毛氏抄本《宋人小集》，书后另附八种所谓知不足斋抄本。其实就是古书流通处所聘抄书人从读画斋刻本传抄来的。然而他们这种以真带假的方法却蒙蔽了不少人。无锡市图书馆藏一部明朝人选编的《唐诗品汇》，仅存八卷，书贾用两三种明刻本拼凑而成，并用挖改的办法诡称"明锡山俞宪汝成父"所为，惑人眼目。

大家知道，《唐诗品汇》九十卷《拾遗》十卷，乃明初高棅辑选之规模宏大、颇具独到见解的重要唐诗选本。高棅（1350—1423），又名廷礼，字彦恢，号漫士，长乐（今属福建）人。棅博学能文，尤雄于诗。谓诗始美于汉魏，至唐号为极盛，宋失之理趣，元滞于学识。《唐诗品汇》总叙说："有唐三百年诗，众体备矣。故有往体、近体、长短篇、五七言律句、绝句等制，莫不兴于始，成于中，流于变，而陊之于终。至于声律兴象，文词理致，各有品格高下之不同。略而言之，则有初唐、盛唐、中唐、晚唐之不同；详而分之，贞观、永徽之时，虞、魏诸公稍离旧习，王、杨、卢、骆因加美丽，刘希夷有闺帏之作，上官仪有婉媚之体，此初唐之始制也。神龙以还，洎开元初，陈子昂古风雅正，李巨山文章宿老，沈、宋之新声，苏、张之大手笔，此初唐之渐盛也。开元、天宝间，则有李翰林之飘逸，杜工部之沉郁，孟襄阳之清雅，王右丞之精致，储光羲之真率，王昌龄之声俊，高适、岑参之悲壮，李颀、常建之超凡，此盛唐之盛者也。大历、贞元中，则有韦苏州之雅澹，刘随州之闲旷，钱、郎之清赡，皇甫之冲秀，秦公绪之山林，李从一之台阁，此中唐之再盛也。下暨元和之际，则有柳愚溪之超然复古，韩昌黎之博大其词，张、王乐府得其故实，元、白序事务在分明，与夫李贺、卢仝之鬼怪，孟郊、贾岛之饥寒，此晚唐之变也。降而开成以后，则有杜牧之之豪纵，温飞卿之绮靡，李义山之隐僻，许用晦之偶对，他若刘沧、马戴、李频、李群玉辈，尚能黾勉气格，将迈时流，此晚唐变态之极，而遗风余韵犹有存者焉。是皆名家擅场，驰骋当世，或称才子，或推诗豪，或谓五言长城，或为律诗龟鉴，或号诗人冠冕，或尊海内文宗，靡不有精粗、邪正、长短、高下之不同。观者苟非穷精阐微，超神入化，玲珑透彻之悟，则莫能得其门而臻其壸奥矣。"无宏观掌控，又微观洞晓，是无法得出如此令人折服的评鉴的。书凡百卷，得上自朝廷公卿大夫，下至山林隐逸士子，外而夷貊，内而闺秀，与夫方外异人，衲子羽士之流凡六百二十人，对他们的一题一咏、气格高尚之诗凡选五千七百六十九首，类分七体，详列九目，读来会受到一次诗的洗礼，情操诗艺都会在不觉中有所升华。这样一部书，贾者竟敢版本杂拼，以八卷的卷帙欺世盗名，岂不大胆妄为！

## （十）装帧造伪以充古刻旧刊

　　装帧形制是带有时代特征的，在古书中以装帧造伪虽说极为少见，但也绝不是没有。中国国家图书馆收藏一部宋程颐传注的《周易上经》四卷，本是清光绪十年（1884）黎庶昌刻《古逸丛书》之零种，书贾用绵纸染色刷印，装成所谓黄荛圃式的蝴蝶装。同时，在书口处伪造伤痕。这样一来，竟把鼎鼎大名的版本学家张元济先生给蒙骗了。张老先生定其为元至元积德堂刻本，并在卷端钤盖"涵芬楼""海盐张元济经眼"等印鉴。足见装帧造伪，再配以其他造伪手段，也是很能惑人眼目的。

　　上面列举了十种古书版本造伪的方法，仍不过是举例性质而已，其实际情况比这要复杂得多。并且，每种造伪方法中也不是孤立地使用某一手段，而是几种手法同时并用。所以我们在鉴别真伪时，也应多方入手，综合考察。所谓综合考察，实际上就是要调动全面的知识，寻找蛛丝马迹，突破一点，扩大战果，就能剥去伪装，还其本来面目。这里边最根本的就是切忌以表面对表面，须知，作伪者钻空子的对象常常是那些过于强调观风望气的拙劣的鉴赏家，而不是讲究真才实学的考订家。所以我们看书，一定要细审其内容。再高明的造伪，也只能是书前卷后某些表面的东西，书中内容，也就是书中内容所涉及的时间、地点、人物、事件，乃至于职官衔名、封爵谥号、地理变迁、名胜古迹、遣词用语等，都能反映出时代特色，造伪者不可能把这些都一一改造，毫无露痕。实际上造伪必然是挂一漏万，一处伪迹可能露出十处马脚。一旦抓住马脚，就要勤于核查，查目录，查人物传记，查职官，查地理沿革，一切该查的地方，通通查核，就一定能去伪存真。还有就是要勤于核对，有相同版本要核对，无相同版本，异本也要核对。核对最易辨伪，因为在真的面前，假的最苍白无力。

总之，辨伪的学问与技能是因造伪而产生的。要研究造伪的手段，剖析造伪规律，要钻进去，才能洞晓究竟。但也不能进去出不来，被造伪牵着鼻子走，而是钻进去寻找蛛丝马迹，跳出来火眼金睛判别真伪。辨别真赝虽不是版本学的核心内容，但研究版本的则不能不通晓此中原委。

# 鉴定篇

版本鉴定是古书版本学的核心内容，也是古书版本学学以致用的重要实践。图书馆工作者也好，藏书家也好，书商也好，乃至于玩书的也好，最终都是要说出某书是什么版本。从这个意义上讲，版本鉴定可以说是版本学的最高境界。但鉴定一词，在不同人的头脑里可能有不同的理解。将它诠释为观察确定，可能会将鉴定引入只注重观风望气的歧途；将它训释为鉴别考订，就可能将之引向正确的方向，走向正确的道路，最终成为一门老老实实的学问。为了不发生误解，避免误导旁人后人，曾经考虑在古书版本学的用语中以"考定"取代"鉴定"，后来觉得称鉴定也有它的道理，所以在本书开头的导言中，将"鉴定"解释为"鉴别与考定"。

"鉴"者，观察、审视也。通过观察、审视，对字画、碑帖、典籍，首先从外观上对其真伪、优劣、时代、地域、字体、刀法、印纸、墨色等有一个初步的认识，内心有个大致的判别，然后再从序跋、凡例、牌记、刊记、刻工、避讳，以及目录著录、收藏题跋等诸方面深入挖掘可资考定的证据，然后做出合理的考证结论，并与内心最初的判别相契合，这就是"鉴别与考定"。

古书版本鉴定中，不同人着眼的方面、取证的方法、取证的渠道、取证的内容、论证的逻辑、结论的方式都不尽相同。这跟人的知识有关系。知识越渊博，经验越丰富，操作起来越得心应手，运用也越加自如。所以鉴定版本并没有放之四海而皆准的真理。这里谨就前人常用的方法，结合自身几十年实践的体会，提出以下版本鉴定的一些方法和途径，供读者和学界参考。

# 一 刻本书的鉴定

## （一）依据风格特点初步判别版本

刻书出版是人类社会重要的文化活动，它的风格面貌反映着彼时彼地的政治倾向、经济状况和文化风尚。书籍校勘的精粗、开本的大小、版式的规制、刀法的精拙、印纸的优劣、墨色的浓淡、字体的风格、装帧的特点等，都透露着社会的时代气息和地域风格。掌握一个时期、一方地域刻书的风格特点，对于版刻时地的考定和版本学的深入研究，无疑是大有裨益的。

**1. 宋代刻书的风格特点**

**宋代刻书的版式**。宋代的书刻，前期多白口，四周单边；后期仍多白口，左右双边、上下单边，少数四周双边。南宋中后期刻书出现细黑口，也叫线黑口。版心有鱼尾。上鱼尾上方象鼻处多镌本版大小字数；上下鱼尾之间多镌简化了的书名、卷第、页码；下鱼尾下方多镌刊工姓名，有时镌雕版行主人的斋堂室名。前期刻书卷端首行尚有小题在上、大题在下者，序文、目录和正文互相连属而不分开。官刻书多在卷末镌题校勘官职名；私宅、坊肆刻书多在各卷卷末镌印刻书题记或牌记。宋代刻书之所以形成如此的版式风格，既有历史渊源，也有时代特色。

**宋代刻书的字体**。关于宋代刻书字体，明代张应文、谢肇淛、高濂等都曾有过精彩的品评和概括，但要想用一两句话来归纳两宋三百多年刻书所流行的字体，也是一个难题。真要想谈，纵向恐怕要分出南北两宋，横向要分出闽、浙、蜀、赣、江淮，否则是不易说清楚的。

北宋自建隆元年（960）开国，至靖康二年（1127）金人破汴京，北宋灭亡，凡一百六十八年历史。这一百六十八年中，北宋官、私、坊三大刻书系统究竟出版了多少书，谁也无法做出精准的统计。迄今仍存世者寥若晨星，要想在仅存的屈指可数的实物留存中概括它的刻书字体，实在是难上加难。一定要谈，恐怕要将释家内典与四部外典分开来谈。所谓释家内典，说白了就是佛教经典，这类图书涉及宗教信仰，官府、寺院、家族、个人，只要想做功德，都可随意刻印，以充供养，所以存世的单经大藏，相对较多。盛唐以前的写经，字体多带欧、褚笔

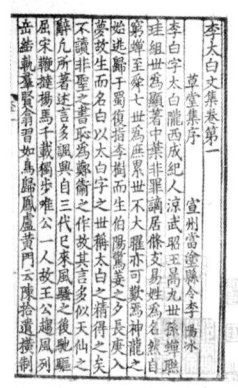
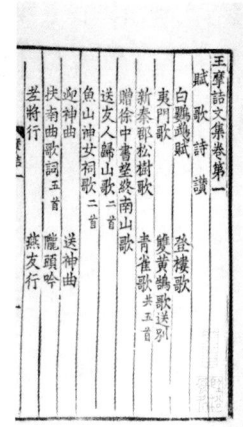

左：北宋蜀刻本《骆宾王文集》
中：北宋蜀刻本《李太白文集》
右：北宋蜀刻本《王摩诘文集》

意，形成了所谓经生字，娟秀清丽。进入盛唐以后，颜真卿将楷书楷法推向了新的高度。加之颜真卿本人忠贞不贰，闻世功臣，所以他的字影响极为深远，故写经之字也有相当一部分由崇尚初唐四大家，转而崇尚浑朴厚重的颜体字。至北宋所刻所写的单经大藏，仍沿袭写经风格，多宗颜真卿笔法。而经史子集四部外典之刻、写，其字体仍多在虞世南、欧阳询、褚遂良、薛稷这初唐四大书法家之间。

至南宋，刻书字体则要将浙江、福建、四川、江西、江淮等不同地域分开谈。原因是这些地方所刻之书，就字体而言是各有各的特点，无法笼统言之。之所以形成不同地域的不同风格，盖缘中国历史上楷书四大家，前三家欧阳询、颜真卿、柳公权久已形成，尚缺一位赵孟頫。而赵孟頫是元朝人，不会影响之前的两宋，只会影响元明清。

早在唐代，四川就是中国刻书出版业的发祥地，两宋继续发展，其刻书字体历来被说成有颜体之风。推其原因，盖缘颜真卿在四川有较大的影响。清黄廷桂雍正时所修《四川通志》卷六载，唐肃宗李亨上元年间（760—761），颜真卿"自蓬州迁利州刺史，建学育才，自真卿始"。表明他来守利州，是从蓬州调任而来。明虞怀忠万历时所修《四川总志》卷十载："肃宗上元元年，李辅国胁迁上皇于西内，真卿率百僚上表问起居，辅国恶之，贬蓬州长史。仁以抚民，宽以驭众，恤灾患，救饥寒。去后郡人思德立庙，祠之。"证明了颜氏确曾做过利州刺史。四川苍溪县有离堆山，直上数百尺，壁立嘉陵江边，其上有《摩崖记》，为颜真卿书。资阳东一里，有颜真卿所书放生池碑。唐鲜于仲通，蓟州渔阳人，开元二十年中进士，后为京兆尹，历御史中丞，剑南节度使，以忤杨国忠遭贬。卒后颜真卿志其墓。所以在四川南部县南五十里有"颜鲁公祠"。而在营山县东北又有"颜鲁公庙"。一个人书法盖世，又人品高尚，德政民拥，致修祠盖庙，可见其影响深远。影响一大，其品德会受人崇敬，其书法会被人推崇和效法，反映在刻书字体上，也多用颜体或饱含颜字笔意，是完全可以理解的。如北宋成都所刻《开宝藏》中的《佛说阿惟越致遮经》、南宋眉山地区所刻《新刊国朝二百家名贤文萃》《册府元龟》等，其字体都还带有颜真卿的笔意。

南宋浙江地区刻书，特别是杭州及两浙东路所刻书的字体多宗虞、褚、欧而嬗变为一种圆润娟秀的字体。这与他们是初唐四大书法家重要成员有关，与虞世南、褚遂良是当地前贤也有关。虞世南（558—638），字伯施，越州余姚（今浙江慈溪市）人。累官秘书监，卒后赠礼部尚书，谥文懿。唐太宗李世民评其一生德行、忠直、博学、文辞、书翰为五绝，成为凌烟阁二十四功臣之一。宋沈作宾所修嘉泰《会稽志》卷十六说"同郡智永善学王右军书，世南师焉，妙得其体，由是声名籍甚。及其暮齿，加以遒逸，太宗谓世南有出世之才，遂兼五绝，书翰居一焉。隶、行、草书入妙"。凌烟阁都标其名、绘其像，而在其家乡浙江有何影响，可想而知。

褚遂良（596—659），字登善，钱塘（今杭州）人。祖籍河南禹州。入唐为谏议大夫，后升为中书令，执掌朝政大权。贞观二十三年（649），与长孙无忌同受太宗遗诏辅政，升为尚书右仆射，封为河南郡公。后因坚决反对立武则天为后，贬为潭州（今长沙）都督，迁桂州（今桂林）都督，再贬爱州（今越南清化）刺史。后卒于治所。天宝六年（747）配享高宗庙。清康熙时赵世安所修《仁和县志》卷十四载，在忠清里有昭忠祠，明嘉靖以前称为"助圣庙"，用以祭祀唐右仆射褚遂良。明刘伯缙万历时所修《杭州府志》卷四十七载，杭州宝月山下东衢有忠节祠，用以祭祀吴行人伍员、唐仆射褚遂良、宋少保岳飞。如此忠贞的唐代宰辅，又书法盖世，又是本土前贤的褚遂良，人品受人尊重，书法为人效法，折射在刻书字体上，多为写家所模仿，乃为事理之常。

欧阳询（557—641），字信本，潭州临湘（今长沙）人。官至银青光禄大夫、太子率更令、弘文馆学士。初唐四大书法家之一。明汪砢玉《珊瑚网》卷

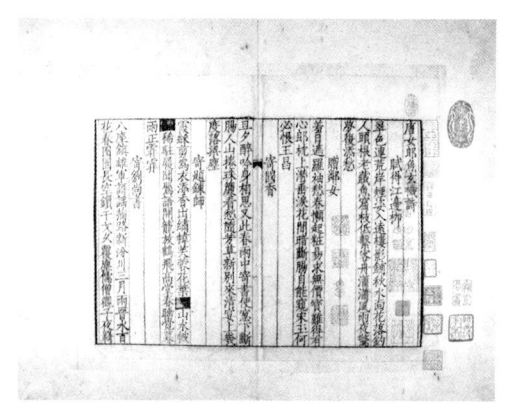

宋临安府陈宅书籍铺刻本《唐女郎鱼玄机诗》

二十三《法书题跋》引证王肯堂《郁冈斋笔麈》云："凡作楷书，须笔笔依法书之。钟繇、王羲之、献之、智永、虞世南、欧阳询、颜真卿七家，乃合楷法，其余不过真书耳，唐人所谓经生字也。"欧阳询之字授受有序，传承有源。唐张彦远《法书要录》卷一《传授笔法人名》云："蔡邕受于神人而传之崔瑗及女文姬，文姬传之钟繇，钟繇传之卫夫人……萧子云传之智永，智永传之虞世南，虞世南传之授于欧阳询，询传之陆柬之……凡二十有三人。"所以欧阳询的字"森然如武库矛戟"，"八体尽能，笔力劲险"，连高丽都爱其书，"遣使请焉"。其实书道虽讲传承，但要在渐变其体，自成一家，欧字之所以称为"欧体"，就是他有独立的风格。南宋浙江刻书字体，有人说宗欧，有人说在欧褚之间，都有道理。窃意南宋浙江，特别是两浙东路的刻书字体，乃吸收虞世南、褚遂良、欧阳询各家之长而演化出来的一种字体，走笔既考虑书法之妙，又考虑上版后刻工走刀之便，两者彼此关照，浑然契合。如宋咸淳年间（1265—1274）廖莹中世绥堂所刻《昌黎先生集》《河东先生集》，宋临安府陈宅书籍铺所刻《唐女郎鱼玄机诗》，宋绍熙三年（1192）黄唐两浙东路茶盐司所刻《礼记正义》，宋绍兴两浙东路茶盐司所刻《外台秘要方》，宋金华地区所刻《曾南丰先生文粹》《欧阳修先生文粹》等，其字体多带虞、欧、褚笔意。其实，纵观南宋浙江地区刻书字体，大体风格一致，细审差别却很大。

福建刻书字体，绝大多数效仿柳公权，且延亘的时间比较长。柳公权字诚悬，京兆华原（今陕西铜川）人。生于唐代宗李豫大历十三年（778），卒于唐

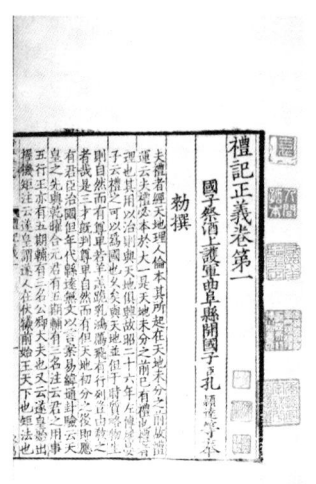

宋两浙东路茶盐司黄唐刻本《礼记正义》

懿宗李漼咸通六年（865）。十二岁工辞赋，元和初擢进士第。因入奏，穆宗曰："朕尝于佛庙见卿笔迹，思之久矣。"拜右拾遗、侍书学士，再迁司封员外郎。帝尝问公权用笔之法，权曰："心正则笔正，笔正乃可法矣。"帝改容，悟其笔谏之意。其兄公绰尝寓书宰相李宗闵，言家弟本志儒学，先朝以侍书见用，颇类工祝，愿徙散秩，乃改右司郎中、弘文馆学士。累官工部尚书。咸通初，以太子太保致仕。公权书法"结体劲媚，自成一家"。文宗尝召与联句。帝曰："人皆苦炎热，我爱夏日长。"公权属曰："薰风自南来，殿阁生余凉。"他学士亦属继，帝独讽柳公权，以为词、情皆足，命题于殿壁。帝叹曰："钟、王无以尚也。"宣宗尝召至座前，"书纸三番，作真、行、草三体，奇秘，赐以器币"。"当时大臣家碑志，非其笔，人以子孙为不孝。外夷入贡者，皆别署货贝曰'此购柳书'。"（《新唐书》卷一六三《柳公权传》）足见其书法影响之高之深之远。

在柳公权的履历中，似未到过福建，但他所书匾额，闽中却不稀见。明陈道弘治年间监修《八闽通志》卷七十七载："大中寺在十五都，唐大中初重建。柳公权书额。"明阳思谦万历年间所修《泉州府志》卷二载："大中，在云峰之西，下有大中寺。寺额唐宣宗赐，柳公权书。"因知大中寺在泉州。清徐景熹乾隆年间所修《福州府志》卷十六载："九峰寺在四十都，《闽都记》载府北七十里。大中二年创，咸通二年号九峰镇国禅院，柳公权书匾。"清郝玉麟乾隆时所修《福

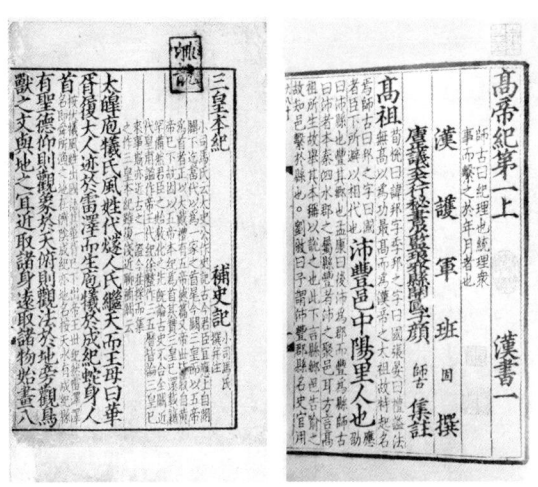

左：宋黄善夫家塾刻本三家注《史记》
右：宋蔡琪家塾刻本《汉书》

建通志》卷三谓："九峰山，距城北七十里。由长箕岭龙迹石而入，山岭奇峰九出，削拔如指。月夜凭高远眺，望岩石欲坠，岚光似昼，松青竹翠中恍见飞霞九点。……旧有寺，唐咸通中赐额，柳公权书。"清廖必琦乾隆时所修《莆田县志》卷四载："灵岩广化寺，在南门外凤凰山下。……唐景云二年赐额灵岩，柳公权书。"清胡之锽道光时所修《晋江县志》卷六十九载："五峰禅院，在郡治北。《明一统志》内有赡部灵源阁，相传柳公权书，鸟雀不敢栖止。"清谢昌霖光绪时所修《长汀县志》卷三《云霄山》载元王秋涧论朱子书法尝言"道义精华之气，浑浑灏灏自理窟中流出"。又云"道义之气，葱葱郁郁，散在文字间。是知作书，不但点画戈磔之有法，必以道义为之本焉。吴童子质性淳美，十二能书大字，笔法追仿柳公权，其向慕可谓正矣"。足见柳公权虽未到过八闽，但八闽有很多地方有他的题额，十二岁的小孩能书大字，且笔法追仿柳公权，可知柳字在八闽影响之大。反映在刻书用字亦追效柳氏，当在情理之中。柳字棱角分明，特色鲜明，一看便知，确是八闽刻书在字体上的一大特色。如宋黄善夫家塾之敬室所刻三家注《史记》、宋建阳地区刘元起家塾所刻《汉书》、宋建阳蔡琪家塾所刻《汉书》、宋建阳地区所刻《监本纂图重言重意互注毛诗》、宋建安虞氏家塾所刻《老子道德经》、宋邵武地区所刻《梁谿先生文集》等，其字体明显带有柳公权笔意。其实通观宋代福建刻书字体宗柳者多，但也有不少八闽所刻之书并非都宗柳，并

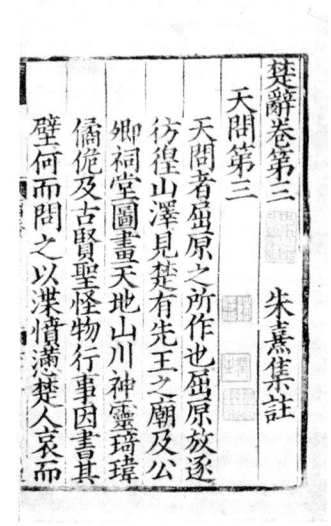
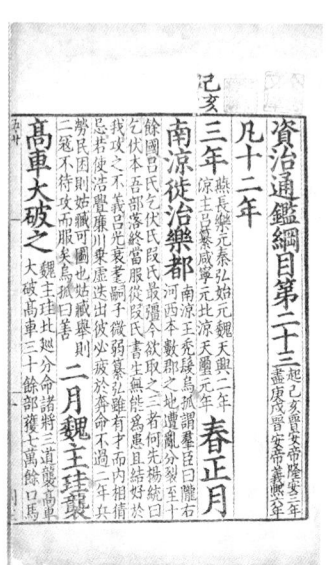

左：章贡郡斋刻本《楚辞集注》
右：宋嘉定十四年郑寅庐陵郡庠刻本《资治通鉴纲目》

且还不是一种字体。

两宋江西刻书，虽位处全国三大刻书中心之外，但刻书数量并不少，质量也比较高。原因是此地盛产好纸，又与浙闽毗邻，所以官私刻书都颇有名气。但若从字体上归纳江西刻书特点，较上述三省都难。有的受福建影响，字体似柳，如淳熙十二年（1185）江西转运司刻本《本草衍义》、嘉定四年（1211）江右计台刻本《春秋繁露》、嘉定六年（1213）章贡郡斋刻本《楚辞集注》、嘉定十四年（1221）郑寅庐陵郡庠刻本《资治通鉴纲目》等，就都带有柳字笔法。有的受浙江影响，字体又在虞、欧、褚之间，如嘉泰元年至四年（1201—1204）周必大筠州临江军刻本《文苑英华》。有的又两者都不像，有的又兼而有之，如庆元二年（1196）周必大吉州刻本《欧阳文忠公集》、嘉泰元年（1201）筠阳郡斋刻本《宝晋山林集拾遗》、淳熙十一年（1184）南康郡斋刻本《卫生家宝产科备要》、宋淳祐十年（1250）上饶郡斋刻本《朱文公订正门人蔡九峰书集传》等，其字体都是哪儿也不像，但又兼而有之。这大概与它所处的地理位置有关。其东北，与浙江接壤，东和东南大面积与福建相连，这两个省都是全国的刻书中心，江西作为它们的邻省，写手、刻工常互相往来，所以江西刻书字体表现出"兼而有之"，当

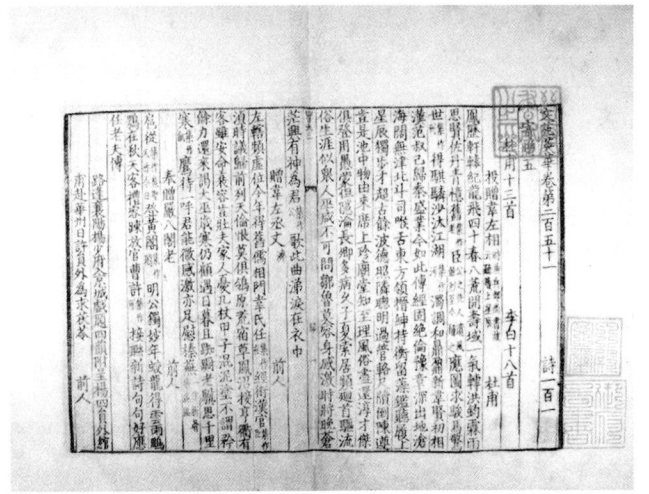
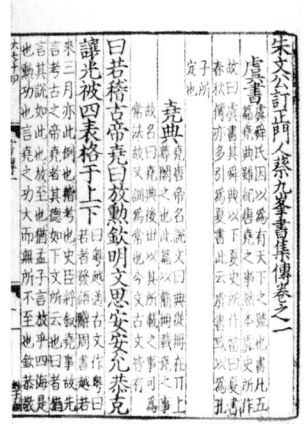

左：宋嘉泰元年至四年周必大筠州临江军刻本《文苑英华》
右：宋淳祐十年上饶郡斋刻本《朱文公订正门人蔡九峰书集传》

在情理之中。

再往北的江苏、安徽一带，刻书字体也很难归纳，大约在古朴厚重与清丽娟秀之间。如绍兴十八年（1148）建康郡斋所刻的《花间集》、淳熙二年（1175）镇江府学所刻的《新定三礼图集注》、庆元六年（1200）华亭县学所刻的《陆士龙文集》、淳熙三年（1176）张杅桐川郡斋（今安徽广德，古称桐汭）所刻的《史记》等，属于字体清丽娟秀的类型；淳熙七年（1180）池阳郡斋所刻的《山海经》、嘉泰四年（1204）至开禧元年（1205）秋浦郡斋所刻的《晋书》、淳熙年间（1174—1189）龙舒郡斋所刻的《金石录》等，其字体显得古朴厚重。

前边用了不少笔墨谈两宋各地刻书字体，这里边既有前人经验，也有个人体认，在古书版本鉴定中有一定的借鉴作用，但无法借此即敲定一书的具体版本。一个行省，地域广袤，写样书手千差万别，刻书字体不可能完全一致，不能以偏概全，从字体风格就贸然得出结论。要结合其他证据，综合考定。

**宋代刻书的用纸**。对宋代刻书的用纸，直到今天仍然有人说是白麻纸、黄麻纸和竹纸。竹纸没有问题，白、黄麻纸，则是视觉上的错觉。印制宋版书的所谓白、黄麻纸，只是肉眼看其纤维似麻而已，实际上多是皮纸。近年来有关研究造纸技术发展史的专家多次取样分析鉴定，认为过去人们所谓的白麻纸或黄麻纸，

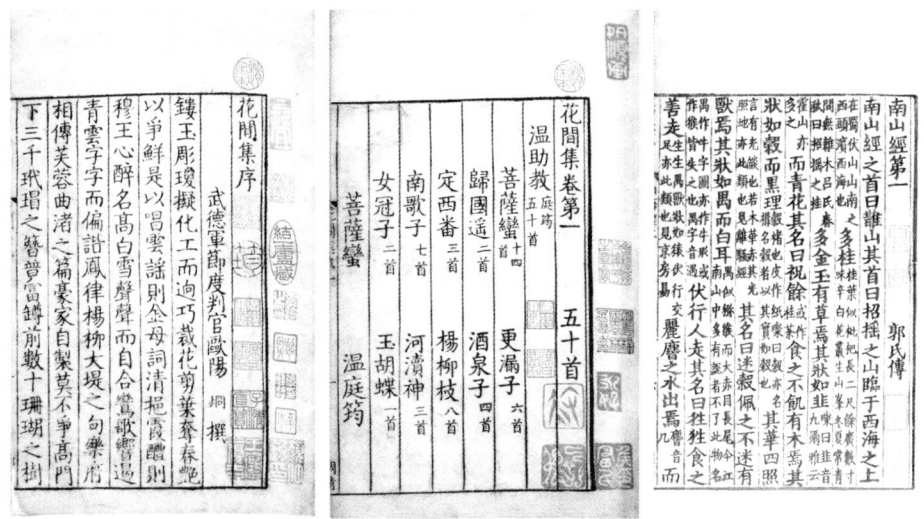

左、中：宋绍兴十八年建康郡斋刻本《花间集》
右：宋淳熙七年池阳郡斋刻本《山海经》

是就其纤维形式而言的。实际上进入宋代以后，由于雕版印刷的发展，对纸的需求量越来越大，用麻造纸不但昂贵，而且也不能满足出版需求。所以往往就地取材，采用青檀皮、桑树皮和楮树皮等为原料进行造纸。当然所谓皮纸，大多数也都不是纯树皮造的纸，例如楮树皮纸，一般取楮皮六十斤，仍入绝嫩竹麻四十斤，同塘漂浸，同用石灰浆涂，入釜煮糜，打成纸浆，抄造而成混料纸。楮树皮占60%，竹麻占40%。这种混料纸，以皮为主，竹麻为辅，薄而多孔，纤维细长，纸质柔韧，适于印造。

福建、江西、浙江、四川等地都盛产竹子，于是竹子也成了造纸原料。中国人懂得用竹造纸，盖起于晋代，但至唐及宋初，所造的竹纸仍质脆而易碎。其后不断改进工艺，提高竹纸品质，到南宋获得极大成功，并逐渐取代麻纸和皮纸，成为我国最大的纸张品种。竹纸的制造成功，并为印制书籍广泛采用，对于促进人类文明与进步，起到了不可估量的作用。所以宋代印书的用纸，归纳起来就是两大类：皮纸和竹纸。

网络上有人说，古人辨别宋纸有个口诀："宋纸帘纹二指宽。"也就是对着光源看帘纹绑线的距离，有两个手指的宽度。到了元、明、清，大概就只有一指宽了。意思是宋纸造得好，元明以后每况愈下，质量大不如前，发出今不如昔的感叹。事实并不完全如此。过去人们曾就纸张帘纹进行过辨析，理解古纸帘纹的宽窄反映的是纸浆捣得粗细。纸浆捣得越粗，抄造纸浆的竹帘也相应要粗。若想使竹帘粗一点，就必须将编帘的每条竹篾变粗。竹篾一粗，编织它的径线间距就可以宽一点。人们所谓的帘纹宽窄，实际指的就是这种编帘径线的间距。间距越宽，编帘的竹篾越粗，抄造的纸浆也就相对较粗，抄出的纸纤维也就越长，拉力也就越好。反过来，纸浆捣得越细，抄纸的编帘也相对较细。帘细，编帘的每条竹篾也得细。竹篾一细，编织它们的径线间距就要窄一些。编线间距窄，不够二指宽，说明纸浆捣得较细，抄出的纸纤维短，于是拉力也就显得差。今天机械造纸，植物纤维几乎被打成了颗粒，纸质虽高，拉力不足，寿命减短，反不如古纸生命力强。一张现代报纸，过不了多久就变黄老化，一卷敦煌写经经历一千四五百年，却拉力犹存，字迹完好。有的宋版书虽历经八百多年，展卷却纸白如新，原因就是其纸纤维较长，打造过程天然脱酸较好，寿命较长。所以鉴定版本，不要过分迷信所谓的帘纹宽窄。

**宋代刻书的讳字。**避讳是中国封建社会特有的习俗，大约起自东周，成于嬴秦，盛于唐、宋，一直延续到明清。宋人避讳尤严。"本朝尚文之习大盛，故礼官讨论，每欲其多，庙讳遂有五十字者。举场试卷，小涉疑似，士人辄不敢用。一或犯之，往往暗行黜落。方州科举尤甚，此风殆不可革。"（宋洪迈《容斋随笔·三笔》）"绍熙元年四月，诏令后臣庶命名，并不许犯祧庙正讳。如名字见有犯者，并合改易。"（《宋史·礼志》）可见宋代不但今上御名要避，就是皇帝祖上的名字，也必须回避。而且与他们名字同音的字，或偏旁半字与他们名字相同的，也随之都要回避。这样就产生了很多必须避讳的字。宋代这种避讳的习俗，反映在刻书上，尤其反映在各种官刻本上，就出现了很多避讳字。宋代的避讳方式，改字讳并不普遍或者见而不知，常见者多为缺笔讳，或以小字"今上御名"注出。还有的缺笔避讳之后，又加印墨围，使人一目了然。这种讳字多的现象，就形成宋版书的一大特点。运用这些讳字，就能帮助我们审定版本。当然也必须科学地运用，不可胶柱鼓瑟，生拉硬扯。

为使读者掌握宋代帝讳的文字，现将2009年中华书局出版的王彦坤编著《历代避讳字汇典》附录《秦以来历代帝王庙谥名字墓号年号表》中的宋代部分摘录于后（为免读者因繁简转换而产生疑虑，一概以繁体字摘录）；同时将宋代

《附释文互注礼部韵略》所附《淳熙重修文书式》公布的讳字以图版形式公布如下，以便参考。

* 太祖營運立極英武睿文神德聖功至明大孝皇帝名匡胤。墓號永昌陵。年號：建隆、乾德、開寶。
* 高祖追尊僖祖文獻皇帝名朓。墓號欽陵。
* 曾祖追尊順祖惠元皇帝名珽。墓號康陵。
* 祖追尊翼祖簡恭皇帝名敬。墓號定陵，仁宗時改靖陵。
* 父追尊宣祖武昭皇帝名弘殷。墓號安陵。
* 太宗神功聖德文武皇帝名炅（初名匡乂，改賜光義，即位之二年改名炅）（太祖弟）。墓號永熙陵，年號：太平興國、雍熙、端拱、淳化、至道。
* 真宗應符稽古神功讓德文明武定章聖元孝皇帝名恒（初名德昌，後改名元休，又改名元侃，及立爲皇太子，改名恒）。墓號永定陵。年號：咸平、景德、大中祥符、天禧、乾興。
* 始祖追尊聖祖名玄朗。
* 仁宗體天法道極功全德神文聖武睿哲明孝皇帝名禎（初名受益，後改名）。墓號永昭陵。年號：天聖、明道、景祐、宝元、康定、慶曆、皇祐、至和、嘉祐。
* 英宗體乾應曆隆功聖德憲文肅武睿聖宣孝皇帝名曙（初名宗實，及立爲皇子，更名曙）。墓號永厚陵。年號：治平。
* 祖商恭靖王名元份（初名德嚴，後改名元俊，又改名元份）（真宗弟）。
* 父濮安懿王名允讓，字益之。
* 神宗紹天法古運德建功英文烈武欽仁聖孝皇帝名頊（初名仲鍼，後更名）。墓號永裕陵。年號：熙寧、元豐。
* 哲宗憲元繼道顯德定功欽文睿武齊聖昭孝皇帝名煦（初名傭，及立爲皇太子，更名）。墓號永泰陵。年號：元祐、紹聖、元符。
* 徽宗體神合道駿烈遜功聖文仁德憲慈顯孝皇帝名佶（哲宗弟）。墓號永祐陵。年號：建中靖國、崇寧、大觀、政和、重和、宣和。
* 欽宗恭文順德仁孝皇帝名桓（初名亶，改名烜，又更名桓）。墓號永獻陵。

年號：靖康。

* 高宗受命中興全功至德聖神武文昭仁憲孝皇帝名構，字德基（欽宗弟）。墓號永思陵。年號：建炎、紹興。（按：建炎三年三月扈從統制苗傅、劉正彥等逼高宗遜位元懿太子，改元明受；四月，高宗復辟，仍稱建炎）。
* 元懿太子名旉，年號：明受。
* 孝宗紹統同道冠德昭功哲文神武明聖成孝皇帝名昚，字元永（初名伯琮；改名瑗；立爲皇子，更名瑋，賜字元瓌；及立爲皇太子，又賜名煒；旋改名昚，賜字元永）。墓號永阜陵。年號：隆興、乾道、淳熙。
* 六世祖秦康惠王名德芳（太祖少子）；
* 五世祖英國公名惟憲。
* 高祖新興侯名從鬱。
* 曾祖華陰侯名世將。
* 祖慶國公名令譮。
* 父安僖秀王名子偁。
* 光宗循道憲仁明功茂德溫文順武聖哲慈孝皇帝名惇。墓號永崇陵。年號：紹熙。
* 寧宗法天備道純德茂功仁文哲武聖睿恭孝皇帝名擴。墓號永茂陵。年號：慶元、嘉泰、開禧、嘉定。
* 理宗建道備德大功復興烈文仁武聖明安孝皇帝名昀（初名貴誠，及立爲皇子，改賜名昀）。墓號永穆陵。年號：寶慶、紹定、端平、嘉熙、淳祐、寶祐、開慶、景定。
* 父追封榮王名希瓐（太祖九代孫）。
* 度宗端文明武景孝皇帝名禥（初名孟啓；後改名孜；及立爲皇子，改名禥）。墓號永紹陵。年號：咸淳。
* 父嗣榮王名與芮（理宗弟）。
* 孝恭懿聖皇帝名㬎。年號：德祐。

上述所言兩宋的帝諱，只是敬諱當中的一種，其實在中國封建社會，凡遇上司、父祖、尊者、長者、敬重者之名，都不得直呼其名，而要加以回避。這是所謂的正諱。三國以後，與名同音之字也行回避，這是所謂的嫌名諱。宋代不同時

宋绍定三年藏书阁刻本《礼部韵略》中所附《淳熙重修文书式》

期的《礼部韵略》所附录的《贡院条制名讳》《文书令》《文书式》，都要公布皇帝的名讳及嫌名讳，有的一帝嫌名之讳竟多至五十字。宋程大昌《演繁露》卷五"讳"字条曰："本朝著令则分名讳为二：正对时君之名，则命为'御名'；若先朝帝名，则改名为讳，是为庙讳也。"所以我们在宋版书中有时能见到小字"御名"或"今上御名"字样，回避的一定是正在临御的时君。若是已祧皇帝，则不再以"御名"或"今上御名"方式标识，而是以其御名直接为讳，这叫作庙讳。总的是避讳情况十分复杂，但主要的还是帝讳。好在已有王彦坤同志编著的《历代避讳字汇典》行世，遇到可疑文字是否为讳时，可以查检。

**宋元两代书刻的装帧形式**。主要是蝴蝶装。我们知道。书籍的装帧形式与书籍的制作材料和制作方法紧密相关。纸张作为书籍的制作材料之后，在很长一段历史时期内盛行卷轴装。北宋欧阳修在其《归田录》中说："唐人藏书皆作卷轴，其后有叶子，其制似今策子。凡文字有备检用者，卷轴难数卷舒，故以叶子写之。"这说明唐、宋两代书籍装帧形式是不相同的，唐时盛行卷轴装，宋时流行策子装。原因是宋代版印书籍大兴，制作书籍的技术由手写变成了雕版印制。这种书籍生产技术的变革，也必然要影响到书籍装帧形式的变革。唐代长期采用的卷轴装，以及由此派生出来的经折式和旋风式，对于一版一版印刷出来的书籍来讲，都已不尽适用，故又出现了蝴蝶装和包背装，把册叶装帧的形式向前推进了一大步。《明史·艺文志》总序说明代"秘阁书籍皆宋元所遗，无不精美。装用倒折，四周外向，虫鼠不能损"。这段话当中的"装用倒折，四周外向"指的就是蝴蝶装。虽然流传至今的宋版书已没几种保持着旧日的装帧，多数均已改装成了线装，但如果我们了解宋代装帧特点，仍能从书口等相关部位寻找出宋时装帧的蛛丝马迹。这于版本鉴定也有帮助。如果将上述宋代刻书特点加以归纳，默记在心，于识别宋版书是大有裨益的。

### 2. 元代刻书的风格特点

元承南宋遗风，故元初的某些书刻，特别是某些私宅、坊肆刻的书，由于大部分老板和刻字工人都是由旧朝步入新朝，所以风格特点与旧日无大差异。但纵观整个元代刻书的特点，大体上可以用八个字概括，即黑口、赵字、无讳、多简。

黑口。即指每版中缝线的上下两端，或者称为版口的地方，为宽粗墨印的黑条子，这就称黑口。但元初南方所刻的一些书，由于多是原来的宋朝人所主持，故白口仍属不少。有元一代白口书也并非稀见。尤其是早期，特别是蒙古时期所刻之书，如蒙古定宗四年（1249）山西临汾张存惠晦明轩所刻的《重修政和经史证类备用本草》、宪宗六年（1256）赵衎北京所刻的《歌诗编》、蒙古时期临汾所刻《尚书注疏》，乃至元至大三年（1310）临汾地区所刻的《中州集》等，就都还是白口。但就一般而言，元代刻书，无论是官刻还是私雕，绝大多数还是黑口，而且不少是粗大黑口。如蒙古定宗二年（1247）析城郑氏家塾所刻的《析城郑氏家塾重校三礼图》、至元二十四年（1287）武夷詹光祖月崖书堂所刻的《黄氏补千家集注杜工部诗史》、大德三至四年（1299—1300）江浙等处行中书省所刻的《大德重校圣济总录》、泰定元年（1324）西湖书院所刻的《文献通考》、至

 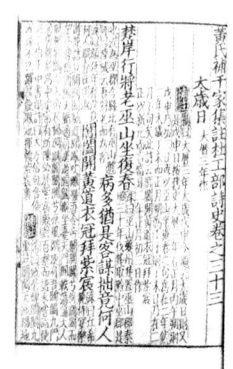

左：蒙古定宗二年析城郑氏家塾刻本《析城郑氏家塾重校三礼图》
右：元至元二十四年武夷詹光祖月崖书堂刻本《黄氏补千家集注杜工部诗史》

正五年（1345）江浙等处行中书省所刻的《金史》、至正六年（1346）所刻的《宋史》、杭州所刻的《古杭新刊的本关大王单刀会》《赵氏孤儿》、至正十四年（1354）嘉兴路儒学所刻的《汲冢周书》等，就都是黑口或细黑口。书口是雕版印书的产物。刻成白口，就要铲掉版口的木面，若是再镌每版大小字数，就更得精细。南宋中后期出现了细黑口，也称为线黑口。白口，雕版时书口都要操刀剔挖，劳师费时。这是财力充裕、刻书精细的表现。元代刻书之所以多是黑口，甚至是大黑口，原因就是刻书之人和刻字工匠们，或是贪图速成易售，或是对技术掉以轻心，苟且敷衍；或是财力拮据，无力精雕细镂，所以在镌刻刀法上、印纸敷墨上就显得毛糙。元代刻书之所以多是黑口，正是社会经济大不如前的表征，因而也就形成了这一时代刻书特点。

**赵字**。是指元代官私刻书的字体很多都模仿赵孟頫的字，此为元朝刻书的又一明显特点。赵孟頫（1254—1322），字子昂，号松雪道人，又号水晶宫道人、鸥波，宋秦王赵德芳之后，宋太祖十一世孙。至元二十三年（1286）程钜夫见帝，"首陈'兴建国学，乞遣使江南，搜访遗逸。御史台、按察司，并宜参用南北之人'"。至元二十四年（1287），程钜夫"仍为集贤直学士，拜侍御史，行御史台事，奉诏求贤于江南"。"帝素闻赵孟蒧、叶李名，钜夫临当行，帝密谕必致此二人"，而"钜夫又荐赵孟頫、余恁、万一鹗、张伯淳、胡梦魁、曾晞颜、孔洙、曾冲子、凌时中、包铸等二十余人，帝皆擢置台宪及文学之职"（《元史》卷

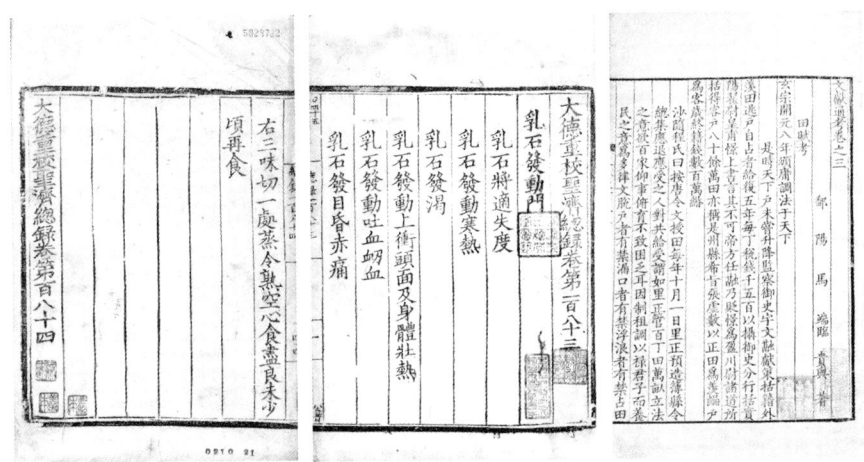

左、中：元大德四年江浙等处行中书省刻本《大德重校圣济总录》
右：元泰定元年江浙等行中书省下西湖书院刻本《文献通考》

一百七十二《程钜夫传》）。世祖忽必烈召见孟頫，顾之甚喜。"时方立尚书省，命孟頫草诏天下。帝览之，喜曰：'得朕心之所欲言者矣。'"授兵部郎中。"他日，行东御墙外，道险，孟頫马跌坠于河。桑哥闻之，言于帝。移筑御墙稍西二丈许。"至元二十七年（1290），迁集贤学士。至元二十九年（1292），出知济南路总管府。"久之，迁知汾州，未上，有旨书金字《藏经》。既成，除集贤直学士、江浙等处儒学提举。迁泰州尹，未上。""至大三年，召至京师，以翰林侍读学士与他学士撰定祀南郊祝文。""仁宗在东宫，素知其名，及即位，召除集贤侍讲学士、中奉大夫。延祐元年，改翰林侍讲学士，迁集贤侍讲学士，资德大夫。三年，拜翰林学士承旨、荣禄大夫。帝眷之甚厚，以字呼之而不名。帝尝与侍臣论文学之士，以孟頫比唐李白、宋苏子瞻。又尝称孟頫操履纯正，博学多闻，书画绝伦，旁通佛、老之旨，皆人所不及。""孟頫尝累月不至宫中，帝以问左右，皆谓其年老畏寒，敕御府赐貂鼠裘。"著作"有《尚书注》，有《琴原》《乐原》，得律吕不传之妙；诗文清邃奇逸，读之使人有飘飘出尘之想。篆、籀、分、隶、真、行、草书，无不冠绝古今，遂以书名天下。天竺有僧，数万里来求其书归，国中宝之。其画山水、木石、花竹、人马，尤精致。前史官杨载称孟頫之才，颇为书画所掩，知其书画者，不知其文章，知其文章者，不知其经济之学。人以为知言云"（《元史》卷一百七十二《赵孟頫传》）。

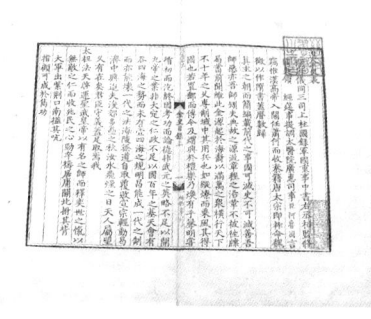
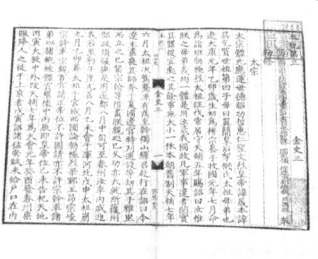

元至正五年江浙等处行中书省刻本《金史》

对于赵孟頫的书法，明何良俊《四友斋丛说》更谓："宋时惟蔡忠惠、米南宫用晋法，亦只是具体而微。直至元时，有赵集贤出，始尽右军之妙，而得晋之脉，故世之评其书者，以为上下五百年，纵横一万里，举无此书。又曰自右军以后，唐人得其形似而不得其神韵；米南宫得其神韵而不得其形似；兼形似神韵而得之者，惟赵子昂一人而已。"可见赵孟頫的书法成就，实系王羲之之后的第一人。故"元代不但士大夫竞学赵书，如鲜于困学、康里子山。即方外，如伯雨辈，亦刻意力追，且各存自己面目。其时如官本刻经、史，私家刊诗文集，亦皆模吴兴体。至明初，吴中四杰高、杨、张、徐，尚沿其法。即刊板所见，如《茅山志》《周府袖珍方》，皆狭行细字，宛然元刻，字形仍作赵体"（清徐康《前尘梦影录》）。可证在元代，不但士大夫竞学赵书，就是一般文人也刻意模仿。反映在刻书上，也附庸这种社会风气，皆以效法赵字为尚，所以元代刻书的字体，无论官刻私雕，很多都是赵字的风貌。这就又形成了元朝刻书的一大特点。

如至正七年（1347）杭州所刻《大元大一统志》、至正十四年（1354）嘉兴路儒学所刻《大戴礼记》、至元十五年（1355）所刻《诗外传》、至正七年（1347）释念常所募刻的《佛祖历代通载》等，都带有赵孟頫的笔意。

**无讳**。系指元代刻书见不到讳字的迹象，不像宋版书那样，皇帝嫌名、庙讳痕迹比比皆是。避讳是中国历史上特有的风俗，前后垂两千余年。但元朝是蒙古族贵族建立的封建王朝，这就出现了特例。元初，诸帝并不习汉文。且他们的名字译为汉字之后，全系音译，不是汉字的原初意义。这就牵涉到元代诸帝御名要不要避讳和如何避讳的问题。关于这个问题，元朝政府的礼部曾经组织过几次讨论，结论是仍立讳法，但在实际行文中却很难遇到，故有讳法而无讳例。据《大元圣政国朝典章》卷二十八记载："延祐元年十一月，行省准中书省咨科举事件，送礼部约会翰林院官议得：称贺表章，元禁字样太繁，今拟除全用御名庙讳不考外，显然凶恶字样，理宜回避。至于休祥极化等字，不需回避。都省请依上施行。"还记载："延祐三年八月，中书省札付礼部呈翰林国史院议得：表章格式，除御名庙讳必合回避，其余字样，似难定拟。都省仰钦依施行。"由此可见，元代避讳只限于全用御名。可是元代诸帝的御名又多是音译的长名，这样在重刊前代旧籍或新刊元人自著新籍时，碰上全用御名的机会就几乎没有了。这就是元代刻书无讳字的根本原因。但元朝也有个特例，就是最早投降元人而后来又参与修撰元《武宗实录》的程钜夫。程钜夫本名程文海，字钜夫。元武宗名海山，文海与海山相遇，本不是全遇御名，无须回避，可程文海自作多情，主动回避，而以字行了。当然，元初的书刻中，也有个别回避宋讳的，但多为宋朝时所为，或翻刻宋版所固有者，绝非主流风气。

**多简**。系指元朝的书刻多用俗体字和简体字，这与宋版书比较，也可以算是又一特点。中统元年（1260）忽必烈即位，尊八思巴为国师，授以玉印，命他创制蒙古新字，并于至元六年（1269）颁行天下。从此确定以八思巴创制的蒙古新字为国字，上下行文、对外交往的文字，都得使用国字。在这种情况下，对汉字书写和刻版要求就不那么严格了。加之汉字使用的过程中，历来就是删繁就简，镌刻简体字比较容易，再遇此时对汉字书写规范要求不严，因而在元刻本书上就表现得俗体字多、异体字多、简体字多。当然，在元以前及元以后的刻本书上，也并不是没有简体字，但都不像元本书表现得那么突出。什么东西一突出，就易形成特征。一有特征就容易被人们捕捉，捕捉到了就可为我所用。

### 3.明代刻书的风格特点

明代刻书的风格特点，纵向要分三个系统、横向要分三个时期分别来谈。所谓三个系统，指内府刻书、藩府刻书、其他官私坊刻书；所谓三个时期，指洪武至正德、嘉靖隆庆至万历前期、万历后期至天启崇祯。三个系统中的内府刻书，自洪武三年（1370）内府刻《元史》，一直到嘉靖三年（1524）司礼监刻《文献通考》，几乎都是大黑口，似是一个模子刻出来的。嘉靖九年（1530）内府所刻《大明集礼》

变为白口，其后直到崇祯八年（1635）内府所刻《小学集注》仍是白口。这种变化，应是嘉靖时期社会刻书风格大变对内府刻书版式冲击的结果。

明代藩府刻书，是中国历史上空前绝后的特有现象。中国封建社会皇帝之子裂土分封，是司空见惯的常例，但封王之后之国不之国，则自西汉吴楚七国之乱以后，历代做法却并不完全相同。元末随朱元璋南征北战，东讨西杀，为肇造朱氏江山立下汗马功劳的军中将领，朱元璋做皇帝后不能不封赏有加。他们地位高，兵权重，权势大，很快形成军中贵族，势力日益膨胀，令朱氏政权时时感到威胁，又迫使朱元璋不得不采取相应措施，时时加以防范。其中加封诸子为王，并令他们之国守土，建藩以护国安邦，则是朱元璋均衡内外势力所采取的重大措施。但诸王之国之后，皇权威重，又都是当地的大地主，富贵一方；加之山高皇帝远，鞭长莫及，令朱元璋又担心他们形成势力，甚至互相串通，举兵谋反，颠覆政权，于是又为诸王配备高僧大德，以便随时劝导诸王慈心向善，莫生叛心。同时大力提倡藩王读经、诵史、习文、尚艺，用以陶冶他们的心性。因此，诸王受封之藩时，皇帝照例都要送给他们正经正史、诗赋文集。永乐以后又规定藩王不得当官、不得经商、不得应举、不得掌兵，这样就逐渐把藩王桎梏在有限的封疆之内和崇文善技的狭小生活圈子之内，借以消弭他们的祸心。

明代二百七十六年中，皇诸子受封为王的先后共有六十二人。其中太祖时封二十四人；建文时封三人；成祖时封二人；仁宗时封八人；英宗时封七人；宪宗时封十人；世宗时封一人；穆宗时封一人；神宗时封四人；庄烈帝时封二人。在这六十二人中，不但受封，而且建藩之国者有五十人。太祖时二十三人；成祖时二人；仁宗时五人；英宗时五人；宪宗时九人；世宗时一人；穆宗时一人；神宗时四人。这五十位受封建藩的亲王在全国各地建立了五十个王府。其中有的因获罪夺爵，有的因无子封除，能与明王朝相始终者只有二十八个王府，它们分布在山东、山西、河南、陕西、湖广、四川、江西等省。其中山东有德王、鲁王、衡王三府；山西有晋王、代王、沈王三府；河南有周王、郑王、唐王、赵王、崇王、潞王、福王七府；陕西有秦王、庆王、韩王、肃王、瑞王五府；湖广有楚王、岷王、襄王、荆王、荣王、惠王、桂王七府；江西有淮王、益王二府；四川始终只有一王，即蜀王府。这些王府有的嗣续绵长，如秦、晋、代诸王就传续十一二代。短的如穆宗、神宗时诸王，均只一世而已。这些亲王都是皇帝的宗亲，待遇十分优厚。皇子只要一受封为王，在京畿地区就要赐给他们养赡田和香火地。之藩就国以后，畿田虽退，但得到的却是封地以内，乃至跨府连省的庄田。而且除封赐以外，藩王还可以自行扩置庄田，因此明代的藩王都是当地的大地主。加上前述明代特殊的藩王政策，使藩王既有钱，又有闲，所以明代藩王中弘文而又有一艺一技之长者大有人在。明代藩府刻书兴盛，并且空前绝后，与明代这种特殊的藩王政策紧密相关，是明代社会特有的文化现象。这些王府分散各地，所刻诸书随社会风气之变而变，表现出不同的风格特点，但毕竟他们是一个系统，值得关注。

明朝刻书的另一系统，是同其前其后封建王朝相同的官、私、坊刻书系统。这个系统的刻书，其风格特点大概要分早、中、晚三个时期：明初至正德书刻仍是"黑口赵字继元"；嘉靖至万历前期的书刻则变为"白口方字仿宋"；万历后期至天启、崇祯的书刻又表现为"白口长字有讳"。

明朝推翻元朝以后，政权是转移了，朝代是更替了，但作为黎民百姓、商号铺户、百工役匠，却没有什么变化。许多旧日的书籍铺和刻字工人，都带着久已形成的风格和习惯跨进了新朝。他们一如既往，旧店新张，故在刻书风格上，与元仍一脉相承。加上明初的徭役制度，对工匠实行住作匠和轮换匠的办法，这样就使来京城入内府服刻书之役的工匠们，更有了交流和趋同的机会，故有明一代的内府刻书，几乎都是粗大黑口。有些书虽说是内府刻本，实则是由政府指派各地的书铺子承刻的（其中指派福建建宁书坊承刻的最多）。他们一方面上行下效，一方面又恰与自己原有的风格相近，故刻出来的书仍是轻车熟路，大黑口者为多。明朝政府或皇帝的某些官修、敕撰、御制之书，政府又明令地方翻刻时只能照式翻雕，不得随意改变款式和风貌。这样一来，官刻书的风格便逐渐统一。至于各地书坊和私宅所刻之书，虽然不完全相类，但流风所染，亦大同而小异。这是正德以前刻书风格继元的一个方面。另一方面是字体，仍继续元代遗风。我们在前边说过了，赵孟頫的书法不但影响了元代的刻书，也影响了明初的刻书。正如徐康《前尘梦影录》所说："至明初，吴中四杰高、杨、张、徐，尚沿其法。即刊板所见，如《茅山志》《周府袖珍方》，皆狭行细字，宛然元刻，字形仍作赵体。"其实模仿赵字笔法上版刻书，远不止明初，一直到明孝宗朱祐樘弘治年间（1488—1505），距明朝建立已一百多年，仍有很多书刻的字体，尤其是诸王藩府

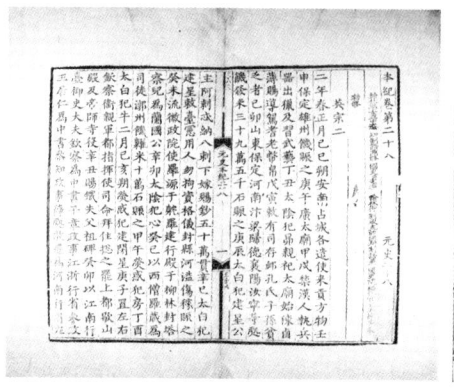

左：明洪武三年内府刻本《元史》
中：明景泰七年内府刻本《寰宇通志》
右：明弘治七年严春刻本《中吴纪闻》

所刻的书，仍多赵字余韵。可证明前期刻书，其风格用"黑口赵字继元"概括，大体可信。如洪武三年（1370）内府所刻的《元史》、洪武十六年（1383）内府所刻的《回回历法》、永乐时所刻的《永乐九年进士登科录》、宣德七年（1432）周思德所刻的《道德经讲义》、景泰七年（1456）内府所刻的《寰宇通志》、弘治七年（1494）严春所刻的《中吴纪闻》、同年仇以才所刻的《赤壁赋》等，就都带有黑口赵字继元的味道。

明代嘉靖至万历前期，又有六七十年的历史。这一时期的刻书特点，则一扫先时旧式而形成了另外的风格，即"白口方字仿宋"。明代社会发展到弘治、正德时期，统治阶级已十分腐朽，社会政治更趋腐败，学术文化空气更加沉闷，整个社会孕育一场变革的风暴。文学艺术向来是政治风云的晴雨表，明代中叶的变革风暴就是首先从文坛开始的。以前后七子的文学复古运动为旗帜，向统治文坛多年的"台阁体"和形式主义的八股取士法展开了猛烈的冲击。前七子以李梦阳、何景明为代表，他们不但在文学上提出了"文自西京，诗自中唐而下，一切吐弃"的口号，用以启迪人们的思想，开阔人们的视野，反对"台阁体"和"八股文"的流弊，而且在政治上也敢于向残暴贪婪的大贵族、大官僚、大宦官进行斗争。后七子以李攀龙和王世贞为代表，继续提出"文必秦汉，诗必盛唐"的口号，继续发动文学复古运动。李攀龙死后，王世贞独主文坛二十年，声势更大。一时士大夫及山人词客、衲子羽流，莫不奔走门下，形成了一股声势浩大的社会

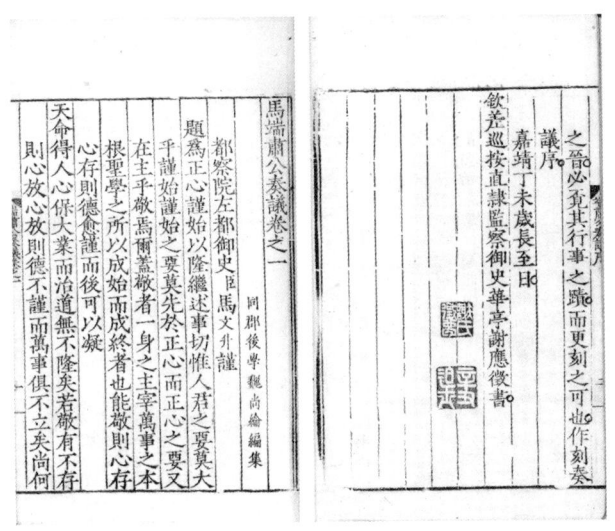

明嘉靖二十六年葛洞邢江书馆刻本《马端肃公奏议》

潮流。这种文学上的复古运动，影响了整个社会，反映在刻书上，其风格也一洗前朝旧式，全面复古。文学上的复古，是复汉、唐之古；刻书上的复古便是复赵宋之古。宋代是我国雕版印刷史上的黄金时代。宋代的刻书，不但保存着许多唐五代旧本的风貌，版刻上的白口大字、端庄凝重、刀法剔透、古朴大方的风格，也被历来的版刻家尊为典范。明代正德虽只有十六年，却是文学复古运动风起云涌之时，反映到书刻上，既承前期的风貌，又开新的格局。特别是嘉靖一朝，无论官刻私雕，不但宋元旧籍的内容照样翻刊，在版式风格、款式字体上亦全面仿宋。所以这一时期所刻的书，几乎都是横轻竖重、方方正正的仿宋字，并且纸白墨黑，行格疏朗，白口，左右双边，颇有宋版遗风。当然，这个时期的刻书，其风格也并不完全相同。嘉靖与隆庆时已不完全一样，万历占四十八年，与嘉靖时刻书已有明显区别。但总的看，此期刻书确以"白口方字仿宋"为特点。如嘉靖八年（1529）镇江府刻本《明伦大典》、同年辽藩朱宠瀼梅南书屋刻本《东垣十书》、嘉靖二十年（1541）杭州府刻本《少保于公奏议》、嘉靖二十六年（1547）葛洞邢江书馆刻本《马端肃公奏议》、嘉靖三十一年（1552）无锡县刻本《广雅》、嘉靖三十三年（1554）黄鲁曾刻本《方脉举要》等，就都是此期比较典型的刊本。

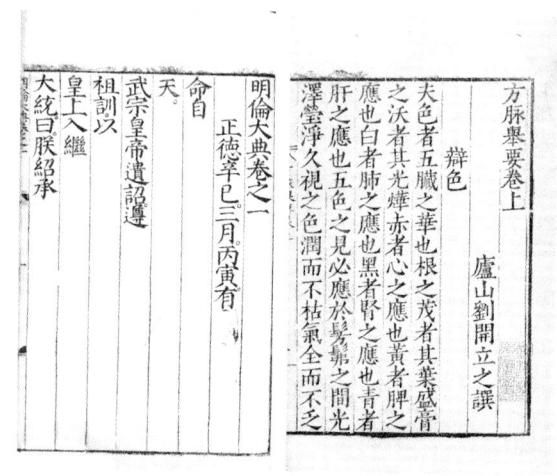

左：明嘉靖八年镇江府学刻本《明伦大典》
右：明嘉靖三十三年鲁曾刻本《方脉举要》

万历后期直至天启、崇祯，明代社会已日薄西山，江河日下。继文学复古运动的浪潮，更有李贽公然打出离经叛道的旗帜，从上层建筑的侧面展开了攻击。与此同时，农民起义也风起云涌、此伏彼起，从上层建筑的正面展开了争夺政权的斗争。而统治阶级内部，以万历皇帝为首，继续作威作福，挥霍无度，使万历初期暂时形成的经济回升也昙花一现，濒于衰竭，又从经济基础上动摇了明王朝的统治，面对如此严重的社会局面，统治者对社会思想更加严格控制，对人民的反抗则残酷地镇压。此时兴起的避讳皇帝御、嫌名的旧习，便是统治者加强思想钳制和强化封建统治的具体反映。本来，明承元代礼俗，讳法极疏。穆宗隆庆以后，讳法始密。经济的衰退，使刻书不能铺陈。字体由方变长，行格由疏变密，这完全是财力拮据的表现。讳法渐严，讳字重见于版面，是加强统治的表现。这些原因叠加在一起，就又形成了此期的刻书特点，即"白口长字有讳"。如万历四至五年（1576—1577）南京国子监刻《子汇》本《鹖子》、万历十八年（1590）周应鳌刻本《刍荛集》、万历二十四年（1596）南京国子监刻本《三国志》、万历三十四年（1606）谢与栋刻本《焦氏笔乘》、万历三十五年（1607）刻本《几何原本》、明末毛氏绿君亭刻本《洛阳伽蓝记》、天启五年（1625）王氏方诸馆刻本《曲律》、崇祯八年（1635）内府刻本《小学集注》、崇祯十六年（1643）毛氏汲古阁刻本《明僧弘秀集》等，就都是这一时期刻书的典型。

### 4. 清代刻书的风格特点

清代是以满族上层为主体建立起来的最后一个封建王朝，这样一个王朝有其自身的特点：一是满族上层为主体，这就决定其社会政治、经济、文化、军事等诸方面，带有少数民族主政所独有的特征；一是封建王朝，又决定其社会政治、经济、文化、军事等诸方面，带有中国封建社会所固有的各种特色；一是最后，意味着在这个最后封建王朝中要发生各种嬗变，从而加深其政治腐败、经济积弱、国民积贫、文化混乱、社会动荡。这些特点，导致清朝统治者既懂得帝王敷治，文教是先，又不放弃残酷的杀戮政策；既尊孔崇儒，推行儒家学说，又不放弃厉行文化专制主义；既兴学立教，继续推行科举制度，借以发现、拔擢、延揽人才，又大兴文字狱，滥杀无辜；既高举稽古右文大旗，又寓禁于征，大量禁毁所谓违碍图书；1840年以后，既维持着封建社会的政体与国体，又被西方列强用坚船利炮敲开闭关锁国的大门，从而西风劲染，使中国沦为半殖民地半封建社会，出现许多中国原来没有的事物。凡此种种，都是上述特点演化出来的必然结果。而反映在刻书出版上，也是既承袭其前封建社会所固有的官、私、坊三大刻书出版体制，继续向前发展，又出现其前任何封建社会所没有的各地方官书局；在印制技术上既继承其前封建社会已有之雕版印刷、活字排印、套版印刷、饾版拱花印刷等技术工艺，又出现来自西方的铜版印刷、珂罗版印刷、石版印刷、铅字排版印刷等技术工艺，使整个清代刻书出版业呈现出与上述社会特点基本一致的现象。

有清二百六十多年，大体可分为四个阶段：第一阶段从顺治元年（1644）到康熙二十二年（1683），是清代社会由动荡到政权逐渐得到巩固的时期；第二阶段从康熙二十三年（1684）到乾隆三十九年（1774），是清代社会逐渐步入盛世，一派欣欣向荣的时期；第三阶段，从乾隆四十年（1775）到道光二十年（1840），是清代社会由兴盛逐渐走向衰微的危机四伏时期；第四阶段从道光二十年（1840）到宣统三年（1911），是清代社会沦为半殖民地半封建的没落时期。这四个时期，不是我们考察清代刻书特点的确切准绳，但若深入探讨清代刻书出版的繁荣与式微、内容取向与扬弃、版印精到与粗劣、风格雅尚与低俗，却又离不开这四个时期社会政治、经济、文化所折射出来的深刻影响。

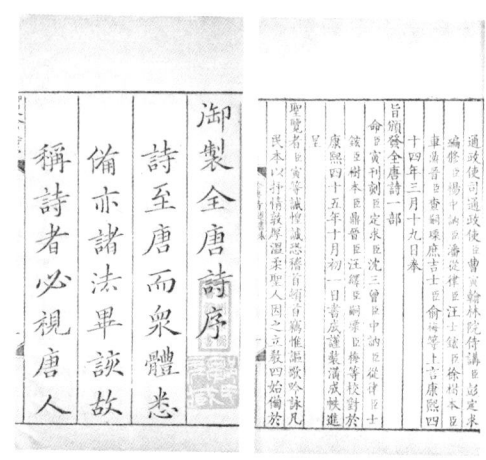

清康熙四十四至四十六年扬州诗局刻本《全唐诗》

清代刻书的特点,从来很少有人去归纳,也似乎没有什么好归纳。其实要将整个清代刻书与前几代相比,还是有其自己独特风格的。

**清代刻书的版式**。清代刻书的版式没有什么显著特征。清初一段时间仍沿袭前明旧日的格调,特别是有些官刻的书,如顺治十二年(1655)写刻的《资政要览》、顺治十三年(1656)用仿宋字刻印的《内则衍义》等,就都是大字宽栏,行格疏滞,一看便知仍是前明经厂刻书的风韵。究其原因,大概是新朝初立,前明经厂的刻书工人又被留用下来,由这些人轻车熟路,继续从事刻书,当然是积习仍旧,风韵难更。其实不仅是清初的官刻若此,许多坊刻、家刻也不少旧店新张,流风宛在。故顺治时所刻的书,在版式上也与晚明所刻书没多大区别,仍然多是字体瘦长,行狭字细,左右双边或四周双边,白口,双鱼尾。其实有清一代所刻之书,若从版式上说大体如此。当然,后来武英殿所刻之书,一般开本较大,版式铺陈,印纸莹洁,装潢考究。

**清代刻书的字体**。清代刻书的字体,大略可将康、雍、乾三朝划作一个时期,嘉、道、咸、同、光划作一个时期。顺治占十八年,至康熙时便发生了变化。康熙皇帝不但是一位雄才大略、励精图治的封建皇帝,也是一位爱好广泛、学识渊博、多才多艺的封建皇帝。他本人对经学、史学、辞章、农艺、天文、历算、数学、书法等都有相当的研究和造诣。这样在任用大臣时,就常常从各方面加以擢用。康熙皇帝本人不喜欢明嘉靖时那种硬体字,故在他六巡江南的过程中,还先后考录了

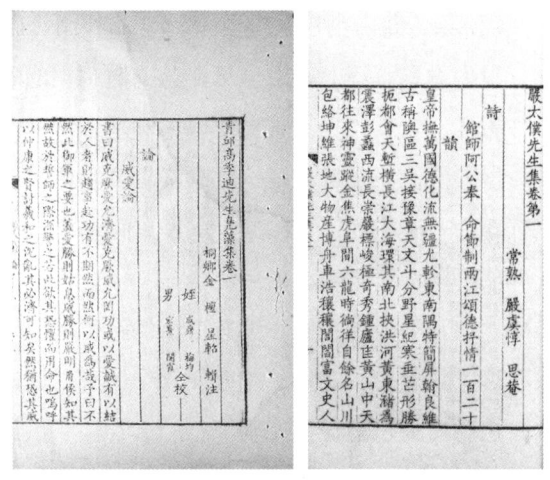

左：清雍正六年金坛文瑞楼刻本《青邱高季迪先生凫藻集》
右：清乾隆元年严有禧绳武堂刻本《严太仆先生集》

五十四名写字好的生员供内廷录用。自此之后，凡朝考廷试对策大卷的字，非端楷圆秀者便不容易被录取。久而久之，便形成了一种非颜非柳又非赵的所谓新的馆阁体。康熙以下诸皇帝的字，都近乎这种字体。上有所好，下必甚之，于是就形成了风气。刻书更是得风气之先，这就形成了清代前期一百三十余年所谓软体写刻的字体风格。如康熙十五年（1676）纳兰成德所刻《通志堂经解》本《周易辑闻》、康熙三十年（1691）徐乾学所刻《通志堂集》、康熙四十四至四十六年（1705—1707）扬州诗局所刻的《全唐诗》、康熙四十五年（1706）曹寅扬州使院所刻的《琴史》、康熙四十七年（1708）内府所刻的《佩文斋书画谱》、康熙四十九年（1710）杨友敬所刻的《天籁集》、康熙五十六年（1717）张礼所刻的《西湖梦寻》、雍正六年（1728）金坛文瑞楼所刻的《青邱高季迪先生凫藻集》、乾隆元年（1736）严有禧绳武堂所刻的《严太仆先生集》等，都是彼时软体写刻的典范，使人看了神清气爽，爱不释手。这是康雍乾三朝一百三十多年刻书令人称道的一种字体。

在这种刻书字体流行的同时，还流行另一种字体的书刻，如康熙二十八年（1689）侯文灿亦园所刻《十名家词集》本南唐中主李璟和后主李煜的《二主词》、同年或稍后徐乾学以通志堂名义所刻顾祖禹的《读史方舆纪要》、同年董樵、董耒所刻《宝云诗集》、乾隆内府所刻《御纂医宗金鉴》、乾隆二十年

（1755）鲍氏知不足斋所刻《湖山类稿》等，就都是那种团头团脑的方体字。至于为什么会是这样，没人做过解释。推想这可能是当时刻书的一种匠体字，匠人书手也可以写出这种版样，较软体写刻要方便得多。

然至嘉庆临朝，国势渐衰，经济日蹙，反映在刻书字体上也失去旧日舒展圆秀、笔势精神的灵气，而一变成为团头团脑、呆滞乏神的样子，坊间劣本，就更不堪入目。

**清代刻书的讳字**。清初和元朝一样，没有避讳的习俗。但随着政治统治的日益强化，自圣祖康熙帝玄烨开始，实行了汉族文化中固有的避讳旧习。而且由于清代文字狱的迭兴，这种避讳也就显得特别严格。这种讳字虽然没有宋代讳字那么多，但反映在公私刻书、抄本书上，却显得更紧更严。为准确掌握清代的帝讳，这里据王彦坤《历代避讳字汇典》将历朝皇帝的御名及讳避之字开列于后（为免读者因繁简转换而产生疑虑，酌情以繁体字开列）：

### 聖祖仁皇帝名玄燁，墓號景陵，年號康熙

避偏讳"玄"字，改"玄武门"为"神武门"。清梁章钜《南省公余录》卷四引《会典》云："恭遇圣祖仁皇帝圣讳，上一字敬避作'元'字。"《史讳举例》卷四云："杨树达曰：'柳宗元有弟名宗玄，见柳著《至小丘西石潭记》。若如清讳，玄改元，则二人同名矣。'今考《全唐文》乃作宗圆。"顺治时赐汤若望"通玄教师"，康熙时改"玄"为"微"。凡读"玄"音之字，如炫、玹、駽、眩、铉、泫、衒、昡、衒、袨、怰、狟、罝、鵁等字，"玄"字则以缺末笔为讳。康熙皇帝还避偏讳"燁"字。梁章钜《南省公余录》卷四引《会典》中载："恭遇圣祖仁皇帝圣讳……下一字，敬讳作'煜'字。又避偏嫌'曄'字。《后汉书》作者范晔改称其字蔚宗。唐昭宗李晔，则改'曄'为'煜'。"

### 世宗憲皇帝名胤禛，墓號泰陵，年號雍正

世宗宪皇帝名"胤禛"，避偏名讳"胤"字。梁章钜《南省公余录》卷四引《会典》中载："世宗宪皇帝圣讳，上一字敬避作'允'字。"《明史》中张佳胤、申佳胤、堵胤锡，皆改"胤"为"允"。清代书籍中以"允"代"胤"者多。还有以"嗣"代"胤"者，《千顷堂书目》卷十五著录之《类山》撰者"刘胤昌"，到《明史·艺文志》已改成"刘嗣昌"。同书卷十六著录之《华严指南》的撰者

曹胤儒，到《明史·艺文志》，则改成了"曹嗣儒"。亦有以"引、永、印"等字替代"胤"者，钱大昕《十驾斋养新录》卷十一谓赵匡胤改作"赵匡引"，"胤山县"改称"引山县"，堵胤锡改称"堵永锡"，明永康侯徐锡胤改称"徐锡印"。亦有"胤"缺首笔而讳者。

世宗又偏讳"禛"字。凡遇"禛"则以"正"或"祯"替代，梁章钜《南省公余录》卷四引《会典》载世宗宪皇帝圣讳"下一字敬避作'祯'字"。民国时张惟骧所撰《历代讳字谱》云："清世宗名胤禛，讳'禛'，旧用'正'字代，后以'祯'字代。改王士禛作'士正'。《四库全书》又改作'士祯'。"又避偏讳"真"字，张氏《历代讳字谱》谓雍正初改"仪真"县为"仪徵"县。或以"正"代"真"，改"真定府"为"正定县"。世宗后来不避嫌名讳。

### 高宗纯皇帝名弘曆，墓号裕陵，年号乾隆

高宗纯皇帝名弘曆，偏讳"弘"字，历史上回避得特别复杂。到乾隆时有阙字讳，五代后晋秘琼之父名"弘遇"，《四库全书》本《五代史·秘琼传》乃单称"遇"，中华书局校点本则将"弘"字补出，并在校勘记中说明"'弘'字原无，当系避清弘曆讳所删"。《史讳举例》卷二云："北魏献文以前，只有'弘农'，无'恒农'，而《考异》以避清讳，故于《续汉·郡国志》《百官志》《三国志·法正传》《晋书·地理志》《何无忌传》《宋书·州郡志》等各条下'弘农'字皆作'恒农'。"这种改字讳给历史造成了很大混乱。还有以"宏"代"弘"之法，清人黄本骥《避讳录》卷一《本朝敬避字样》载："高宗纯皇帝讳上一字从弓从厶，用'宏'字代。"梁章钜《南省公余录》卷四亦云："《会典》中载恭遇……高宗纯皇帝圣讳，上一字敬避作'宏'字，如有偏旁及字中全书者，敬缺末笔。"清末民初徐珂《清稗类钞》中《姓名类》谓："陈文恭公宏谋，初名弘谋，乾隆丁亥三月授东阁大学士，始奏请将原名改用'宏'字，恭避御名。前此扬历数十年，章奏书名，均与御名上一字同。"《四库全书》所录《宏治八闽通志》《宏治湖州府志》《宏山集》《宏明集》《宏正诗》诸书之"宏"字，实皆回避"弘"字而改。历史上的年号"弘道""弘光"、唐高宗太子"李弘"、南唐元宗太子"弘冀"、宋宣祖"弘殷"中的"弘"字皆改作"宏"字。又避"弘"声旁字"强"，因"弓"与右上之"厶"形成了"弘"，故改"厶"为扁"口"，作"强"字。

高宗纯皇帝弘曆，又避偏讳"曆"。《避讳录》卷一《本朝敬避字样》曰："高宗纯皇帝讳……下一字从'厤'从'日'，用'歷'代；'歷'字中本从'厤'从'止'，今改从'林'从'心'。"《南省公余录》卷四亦曰："《会典》中载恭遇……高宗纯皇帝圣讳……下一字中写作'林'，下写作'止'。"清吴荣光《吾学录初编》卷四《学校门·厘正文体》引《会典》云："高宗纯皇帝圣讳，上一字敬避作'宏'字，如有偏旁及字中全书本字者，敬缺末笔；下一字，中写作'林'字，下写作'心'字。"张惟骧《历代讳字谱》曰："讳曆曰'歷'，缺笔作'厤'，曆数字用'气数'代。曆本称'时宪书'，'万年曆'称'万年书'，书明'萬曆'年号为'萬歷'，'永曆'为'永歷'。"清高宗弘曆第二子、端慧太子名永璉，避偏讳"璉"，《史讳举例》卷八曰："《论语》'瑚璉也'，试场不以命题。"

### 仁宗睿皇帝名顒琰，墓號昌陵，年號嘉慶

仁宗睿皇帝名顒琰，避偏讳"顒"字。张惟骧《历代讳字谱》曰："殿板书遇周顒等古人名，皆改作'禺'。"梁章钜《南省公余录》卷四曰："《会典》中载……仁宗睿皇帝圣讳，上一字右旁之下敬缺二笔。"吴荣光《吾学录初编》亦曰："仁宗睿皇帝圣讳，上一字右旁之下敬缺二笔，下一字右旁之下作'又'字。"

又避偏讳"琰"字，《清史稿·列传》卷二九〇《邓石如传》谓"邓石如，初名避仁宗讳，遂以字行，改字顽伯，安徽怀宁人。居皖公山下，又号完白山人"。清吴坤修光绪时所修《重修安徽通志》二六〇载："邓石如，以字行，后乃更字完白。工隶书，精篆刻。尝一笻一笠，肩行李走百里，自号笈游道人……初艺不及中人。偶至泾赵侍御青藜予之书，使至白门。诣宣州梅镠，馆其家半千阁一年，梅藏汉旧拓数十种，石如日取而临摹之，足不下楼者数月，一出，遂以书名天下。"《史讳举例》卷八曰："《简明目录》改宋俞琰为俞琬。韵目上声二十八'琰'改为'儉'。"

### 宣宗成皇帝名旻寧，墓號慕陵，年號道光

避偏讳"寧"字。《清史稿·列传》一四〇载："和瑛，原名和寧，避宣宗讳，改字。"《历代讳字谱》云："咸丰四年，论以'甯'字代。"

### 文宗顯皇帝名奕詝，墓號定陵，年號咸豐

文宗显皇帝名奕詝，若避偏讳下一字当避"詝"字，此字亦作"㣺"。王彦坤《历代避讳字汇典》未反映如何讳法。

### 穆宗毅皇帝名載淳，墓號惠陵，年號同治

避偏讳"淳"字。《史讳举例》卷八云："'淳'写作'湻'。"

### 德宗景皇帝名載湉，墓號崇陵，年號光緒

避偏讳"湉"字。清德宗讳'湉'，《历代讳字谱》云："光绪三年，王家璧奏准，或以'恬'代。"

### 遜帝名溥儀，年號宣統

避偏讳"儀"字。《史讳举例》卷八云："唐绍仪改名绍怡，后复之。"近代词人况周颐，原名周仪，避逊帝讳改名"颐"。清末浙江宁波之府郭本邃，原名本仪，溥仪即位后改名本邃。《历代讳字谱》云："清逊帝名溥仪……改'仪徵'县为'扬子'，'仪门'为'宜门'。"《清史稿·职官志五》载："宣统元年，避上讳，改掌仪司为'掌礼'（司）。"

清代讳法缺笔讳、改字讳都有。如故宫后门本名玄武门，因回避康熙御名玄烨，改"玄"为"神"。也有改玄为"元"者。比较常见的是缺笔讳。历书之"历"犯乾隆皇帝御名"弘曆"讳，因改名历书为时宪书，等等。但常见的仍是缺末笔讳，这是自古通用之法。

**清代刻书的用纸。**清代官私刻书的用纸名目繁多，尤其是康、雍、乾三朝内府刻书，据清内府档案记载，主要有清水连四纸、川连纸、太史连纸、棉连四纸、榜纸、宣纸、竹纸、薄棉连四纸、将乐纸、京高纸、白鹿纸、广文纸、白棉纸、白纸、金线榜纸、乐文纸、棉纸、罗纹纸、抬连纸、白棉榜纸、连四纸、毛头纸、蒋逻油纸、坚白太史连纸、南毛头纸、五折黄榜纸、红脆榜纸、黄脆榜纸、白脆榜纸、开化榜纸、竹料连四纸、棉料呈文纸、竹料呈文纸、山西呈文纸、山西毛头纸、西洋纸、黄高丽纸、高丽皮纸、三号高丽纸等，数不胜数。特别是由陶湘误认、误判、误唱、误导的开化纸，颇受世人青睐。直到今天，衢州

开化县仍要重造开化纸，以示对传统的继承与发扬。为澄清这一问题，这里浪费一点笔墨，将开化纸之名的出现、产地、传讹的原因等，做一较详明的考辨。

**开化纸之名的出现**。近两三年，关于开化纸的讨论非常多。有的说"开化纸产自浙江省的开化县，因此得名，开化纸是清代最名贵的纸"，有的说"技艺中断百年之后，御用开化纸行将归来"，"开化纸将重出江湖，可保存千年以上"，"开化一个农民工匠与开化纸的复兴之路"，"绝代风华的开化纸"，等等，着实热闹。但就本人所知，历史上的开化纸并不产在浙江衢州的开化县，而是产在今江西省的上饶地区。

明倪岳《青溪漫稿》卷二十四收录了一篇他所写的《保竹公小传》，传中说保竹公"尝分守浙东。东阳邑民杜春与道士某伪立逋券，诬良民，逼索之，反以告公。公摄至，因其辞色有异，疑之，乃各幽一室，俾不相通。首召春，问曰'汝贷钱与若人，券书何纸所写？'春曰：'开化纸。'命左右取纸示，曰：'是也。'公收之，幽于原所。又召道士，问曰：'汝与杜春贷钱与若人，券书何纸所写？'道士曰：'姚黄纸。'命左右取纸示之，曰：'是也。'公亦收之，幽于原所。人莫测其故。少顷，复取二人面讯之，曰：'汝二人贷钱与人，谅必相同，何所云券纸不一，非诈而何！'乃出纸示之，彼此相顾失色，扣首服罪。良民获直，人服其明。"这虽是一桩折狱故事，却是以券纸断出了实情，而这张券纸，便是"开化纸"。

倪岳（1444—1501），字舜咨，上元（今南京）人。尝任南京吏、兵二部尚书，弘治中尝官礼部尚书。生活于明代正统至弘治时期。而他所写的保竹公，盖即卢文义，字廷佐，别号保竹，亦是南京人。天顺进士，历官湖广左布政使、福建参议等职。与倪岳是同时代人。表明在明代弘治及其以前已有了"开化纸"之名，这大概是目下所知较早的文献记载。

**开化纸的产地**。明王宗沐万历年间修成的《江西省大志》卷八《楮书引》载："广信府纸槽，前不可考，国朝自洪武年间创于玉山一县，至嘉靖以来始有永丰、铅山、上饶三县续告官司，亦各立槽房。玉山槽，坐峡口等处；永丰槽，坐柘杨等处；铅山槽，坐石塘、石垅等处；上饶槽，坐黄坑、周村、高洲、铁山等处，皆水土宜槽"。可知江西广信府玉山县的造纸业，早在洪武年间已发其端，到嘉靖时，玉山槽房已有五百余座，规模十分可观。嘉靖时，又有永丰、铅山、上饶三县槽户陆续加入造纸行列，更壮大了广信造纸业的队伍，扩大了造纸的规模。但永、铅、上三县槽户只百余家，只占玉山槽户的五分之一。一个地区，能有六七百座槽房，就是以今天的眼光衡量，也不啻为主流产业。原因就是这里成了明代中后期向朝廷贡纸的主要产区。

广信槽房的造纸材料"为构皮、为竹丝、为帘、为百结皮。其构皮出自湖广，竹丝产于福建，帘产于徽州、浙江，自昔皆属吉安、徽州二府商贩装运，本府地方货卖。其百结皮，玉山土产"。因知广信四县槽房的造纸材料并不都产自当地，其构皮多出自湖广，竹丝多产自福建，帘则出于徽州和浙江，唯玉山百结皮是当地特产，乃苍天偏爱，特赐一方，所以玉山槽户多，产量大，贡纸也最多。以前，向朝廷运解这些纸张，乃江西吉安和徽州的商贩，本府货卖给他们。嘉靖之后运解费用则全摊到槽户身上，加重了负担，所以叫苦连天。运用上述这些材料所抄造的纸张有"大白榜纸、大中夹纸、大开化纸、大玉版纸、大龙沥纸、铅山本纸、大青榜纸、红榜纸、黄榜纸、绿榜纸、皂榜纸"等多种名色。内务府司礼监所需绫纱、纸劄抄造的品目更多，计有"白榜纸、中夹纸、勘合纸、结实榜纸、小开化纸、呈文纸、结连三纸、绵连三纸、白连七纸、结连四纸、绵连四纸、毛边中夹纸、玉版纸、大白鹿纸、藤皮纸、大楮皮纸、大开化纸、大户油纸、大绵纸、小绵纸、广信青纸、青连七纸、铅山奏本纸、竹运七纸、小白鹿纸、小楮皮纸、小户油纸、方榜纸"等，每五年题造一次，每次所需名色不一，有时十余色，有时多至二十六色，数目多至百余万张，乃至九百万张。司礼监之所以需要如此之大的纸量，则用于"御制书册、手卷、画轴并糊饰殿宇窗棂、板壁、榻子、仰尘等用"。嘉靖四十五年（1566）一年就取用"白榜纸一十五万、白行移勘合纸一十五万、白中夹纸二十万、细白结实榜纸一十五万、细白结实连三纸一十五万、白绵连三纸一十五万、白连七奏本纸一十五万、细白结实连四纸一十五万、白绵连四纸一十万、大样白开化纸二万、小样白开化纸四万、白呈文纸一十万、白毛边中夹纸二十万、白鹿玉版纸二万、白户油纸一十五万、奏本纸二万、小白绵纸二十万、连七纸三十万、广信青纸二万、青连七奏本纸三万"，总为二百三十五万。隆庆六年（1572）又取用各样纸张九百万，其中"白大开化纸"，就有三百万张，占总用纸量的三分之一。由此可知，朝廷所用开化纸数量是相当可观的。

清谢旻康熙时所修《江西通志》卷二十七亦载"司礼监行造纸名二十八色，曰白榜纸、中夹纸、勘合纸、结实榜纸、小开化纸、呈文纸、结连三纸、绵连三纸、白连七纸、结连四纸、绵连四纸、毛边中夹纸、玉版纸、大户油纸、大绵纸、小绵纸、广信青纸、青连七纸、铅山奏本纸、竹连七纸、小白鹿纸、小楮皮纸、小户油纸、方榜纸。以上五年题造一次。乙字库行造纸名一十一色，曰大白榜纸、大中夹纸、大开化纸、大玉版纸、大龙沥纸、铅山本纸、大青榜纸、红榜纸、黄榜纸、绿榜纸、皂榜纸。以上随缺取用，造解无期"。并详细介绍铅山县"石塘人善作表纸，捣竹丝为之"的过程。

清曾国藩光绪时所修《江西通志》卷四十九，亦袭王宗沐前车，记载广信府所产各色纸中亦有"开化纸"一目。其《求阙斋日记类钞》卷下还记载他在同治六年（1867）四月尝"至莫子偲处观渠近年所得书，收藏颇富。内有汲古阁'开化纸'初印《十七史》，天地甚长"。

明陆容《菽园杂记》卷十三谓："衢之常山、开化等县人，以造纸为业。其造法采楮皮蒸过……"表明衢州之常山县、开化县一带的百姓亦多以造纸为业。但明朱朝藩崇祯时所修《开化县志·赋役志》谈到开化县所产"北京历日黄榜纸，二百伍张，每张价银二分。书籍纸四百九十九张，每张价银一分。白榜纸三千二百二十五张，每张价银一分一厘，共银四十四两五钱六分五厘"。未及"开化纸"折银多少，显然在该县折银完赋中没有"开化纸"一目。可是清嵇曾筠雍正年间所修《浙江通志》卷一〇六却称："纸，《常山县志》大小厚薄名色甚众，曰历日纸、赃罚纸、科举纸、册纸、三色纸、大纱窗、大白榜、大中夹，又曰十九色纸、白榜、白中夹、大开化、小开化、白绵连三、结实连三、白连七、白绵连四、结实连四、竹连七、竹奏本、白楮皮、小绵纸、毛边中夹、白呈文、青奏本，又间一用之曰玉版纸，帘大料细，尤难抄造。他若客商所用，各随贩卖处所宜，名色不可枚举。凡江南、河南等处赃罚及湖广、福建大派官纸，俱来本县买纳。"可证大小"开化纸"衢州府的常山县有产，而开化县不产。

清李瑞钟光绪年间所修《常山县志》卷二载，北宋乾德四年（966）吴越忠懿王时析常山西境置开化场。南宋咸淳三年（1267）改常山为信安县。元至元十三年（1276）平江南，改衢州为衢州路，改信安县为常山县。明太祖取衢州，改为龙游府，旋改为衢州府，西安、龙游、江山、常山、开化皆属焉。清代因之。开化县"地少山多，民富于山，而贫于田，用饶食寡"。其"西北至际岭，与休宁、婺源邻。七、八两都皆有矿洞，括民为寇，劫掠堪悲。金竹巡检华阜兵营最要害处也。白石寨中堪以避寇，斯又乐窝矣"（明林应翔〔天启〕《衢州府志·开化县治图》）。而这个白石寨，就在"县西六十二里二十五都，每遇盗贼，窃发男妇登此寨避之，贼不敢近"（明朱朝藩〔崇祯〕《开化县志·建置志》）。因推测吴越国王之所以析常山县西境置开化场，盖缘此地有矿产资源。

清范玉衡乾隆年间所修《开化县志》卷十二录有藤纸诗五首之一，曰："蔓衍空山与葛邻，相逢蔡仲发精神。金溪一夜捣成雪，玉版新添席上珍。"意谓藤条与葛条蔓衍攀生为邻；蔡仲，指造纸术发明家东汉蔡伦，字敬仲，言藤条若是遇到蔡伦这样的人就会奋发精神，待点石成金，以为有用之物；在激流春捣之下成为雪白的纸浆；于纸的名色中又新添玉版之珍。由此可知，玉版纸乃为藤皮所抄造。

清杨廷望康熙年间所修《衢州府志》卷二十三《货类·砚纸》亦说衢州"有藤纸、棉纸、竹纸三种"。可知开化因产藤纸出名。

上述所载诸端，反复证明"开化纸"盛产于明代，地区是江西的广信府（今江西上饶）。最大的可能是产在玉山。衢州府的常山县亦产"开化纸"，唯独未有文献记载开化县产"开化纸"。这是历史事实，无法回避，也不能回避，回避了我们就不是历史唯物主义者了。

**开化纸产地讹传的原因。**"开化纸产自浙江省的开化县，因此得名。开化纸是清代最名贵的纸"，这虽是一种讹传，但也不完全是主观臆断出来的。窃意大概既与近当代的三位名人有关，又与广信、衢州这块地域行政区划的历史沿革有关。

近当代的三位名人指陶湘、傅增湘、周叔弢三位前辈通人。陶湘（1871—1940），字兰泉，号涉园，武进（今属江苏常州）人。陶氏生于旧式官宦家庭，早年虽亦想走科举仕途，但屡试乡举而失意。辛亥前做过鸿胪寺序班，后累擢至道员。光绪二十八年（1902）因同乡、铁路督办大臣盛宣怀和直隶总督袁世凯的保举，先后任京汉铁路养路处机械厂总办、上海三新纱厂总办等。

陶氏早年即开始收书藏书，而收藏专注于明本、闵凌刻套印本、毛氏汲古阁刻本、武英殿聚珍版、清内府开化纸印本等方面。1929年与陈垣、张允亮、朱希祖、卢弼、余嘉锡、洪有丰、赵万里、刘国钧、朱师辙一道，被傅增湘聘为故宫博物院图书馆专门委员会委员。其中唯陶湘是商界人士。傅增湘为什么要聘他，看重的大概就是他对殿本书有特殊的兴趣。他在《清代殿版书始末记》中尝言："殿版书以开化纸印本尤为精美，予生平酷嗜之。"故肆力搜求，从光绪十五年（1889）起，至1929年止，以四十年之功，得殿版书一百数十种。他搜求殿版书关注点不在书的内容，而在书的印纸。只要他认为是开化纸者，便一律收之。傅增湘尝为陶氏所编《故宫殿本书库现存目》题词，谓其中"《周易本义》《四书集注》《国朝诗别裁》三书，其书咸端严雅丽，研妙辉光，纸幅选制，尤称精湛。开化纸洁白如玉，太史连色疑金粟。色相既古，装褫尤精"。又曾为陶氏《涉园鉴藏明版书目》写跋："余与兰泉订交于三十年前，时方盛壮，即锐意以收书为事。其后南北驱驰，范围乃益廓。所收以明本、清初精刻为大宗，而尤喜官私初印开化纸书。缘其纸洁如玉，墨凝如漆，怡目悦心，为有清一代所擅美。厂市贾人遂锡以'陶开化'之名。"问题是陶湘所指认的"开化纸"，是否真的就是"开化纸"，档案记载武英殿刻印诸书用纸与陶湘所指认者是否真的为一回事等，迄今还未有人逐一核对厘清过，于是便人云亦云，好像清代武英殿所刻诸书用纸，只要是白的，几乎都成了开化纸。现将故宫博物院图书馆翁连溪研究馆员所编、2007年广陵书社出版的《清内府刻书档案史料汇编》中有关记载摘录于后，进一步证明陶氏所谓殿版"开化纸"印本之书，根本就不是"开化纸"，而是他对"连四纸"的误认与误判：

### 康熙四十五年八月二十一日

……查前刻印《清文资治通鉴纲目》《古文渊鉴》时，皆用连四纸各印百部、榜纸各印六百部。刷印完毕，有愿刷印者，准其刷印。

### 康熙四十八年六月初九日

……今年四月二十四日奉旨：着以竹纸印刷《佩文韵府》三十部。勿用邸报送，印完即写折由邸报奏来。钦此。钦遵。

### 康熙四十八年七月初六日

臣李国屏谨奏：……再，现已修得竹纸《佩文韵府》二十套，为此谨并奏闻。

### 康熙五十一年二月十一日

奴才和素、王道化谨奏：二月初一日奉旨：海子新衙门一部《性理大全》纸板甚佳，惟第一册是写的，与元本不合，尔等细对，将头一本补止装完，候朕进宫奏闻。既然补头一本，在薄制纸上再刷印一百部。钦此。钦遵。除第一本按元本纸用连四纸刷印外，若采买竹制纸，因纸窄，板上下不够，故此一百部亦拟用薄绵连纸刷印。

### 康熙五十一年七月十三日

奴才和素、李国屏谨奏：本月十日查奏《四书》《书经》《易经解义》之汉文十二日夜到。奉旨：此等书应以薄纸刷印之，议奏。钦此。钦遵。臣等将满文《四书》《书经》《易经解义》于竹纸上量之，两边不够，故欲于清水连四纸上每种各刷五十部。汉文《四书》《书经》《易经解义》于川连纸上量之，两边无裁边之份，若用太史连纸才够。故汉文《四书》《书经》《易经解义》用太史连纸，每种欲各刷五十部。此种板既然翰林院有，即交付翰林院刷之。于经板库查得之满文《诗经》板上，拟用清水连四纸刷五十部。为此谨奏，请旨。

### 康熙五十一年八月初一日

奴才和素、李国屏谨奏：已刷之《避暑山庄诗》上下二卷内，奉旨修正五字，改正后，各钉三本具奏。查得，《御选唐诗》具奏后，俟刻板刻完，即用连四纸、竹纸刷一千部。现《避暑山庄诗》用哪种纸，刷多少部，降旨后，奴才等将板恭谨整治毕印刷之。为此一并谨奏，请旨。（朱批：印刷二百部。）

### 康熙五十一年十二月二十六日

臣李煦跪奏：窃奉发《佩文韵府》，选工刊刻，其上平声之一东韵，已经刻完呈样，蒙我万岁御览矣。今上平声之各韵共十七本，下平声之各韵共十九本，业经刻完。谨将连四纸印刷上平下平各一部，将乐纸印刷上平下平各一部，装钉成套，恭进圣览。

### 康熙五十二年五月十九日

奴才和素、李国屏谨奏：为请旨事。……既然如此，御书房所存《五经大全》《四书大全》各一部、武英殿所存《文献通考》一部、畅春园所存《诗文类举》一部，亦如刷《性理大全》一书，照所缺板数，将书篇拆之带来补刻，除连四纸各印刷五十部外，《诗文类举》一书所缺辛集二百余篇，补写后印刷。

### 康熙五十二年闰五月十九日

奴才和素、李国屏谨奏：本年四月二十三日，奴才等奏称，将《古文渊鉴》于将乐纸上刷之，纸顶端容不下朱批等因，奉旨：即于将乐纸上刷之，纸份既然不够，即舍去批语，易于携带。钦此。钦遵。改完刻板后，将乐纸刷两部，每部为两函十二卷，业经装完，谨奏。

### 康熙五十二年七月初二日

奴才和素、李国屏谨奏：六月二十六日所奏《满文御制诗》刻样二篇，二十八到。……将此亦照《汉文御制诗》，连画用连四纸印刷二百部，陆续印就后，即上紧装钉具奏。为此谨奏，请旨。

### 康熙五十二年九月初十日

臣李煦跪奏：窃臣煦与曹寅、孙文成奉旨在扬州刊刻御颁《佩文韵府》一书，今已工竣，谨将连四纸刷钉十部，将乐纸刷钉十部，共装二十箱，恭进呈样。再连四纸应刷钉若干部，将乐纸应刷钉若干部，理合奏请，伏乞批示遵行，皆送进京。臣煦临奏可胜悚惕之至。（朱批：此书刻得好的极处。南方不必钉本，只刷印一千部。其中将乐纸二百部即足矣。）

### 康熙五十三年二月初二日

奴才和素、李国屏谨奏：……再，奉旨：朕将《御选唐诗》赏人。尔等装完有套者，由报带五部。钦此。现除已装完连四纸、竹制纸《御选唐诗》各二部外，又连夜赶装竹制纸书一部，谨奏。

### 康熙五十三年五月二十一日

奴才和素、李国屏谨奏：以蓝杭绸套合装连四纸《大学》一节、《四书》、《中庸》，所刻御纂《朱子全书》一套九本，谨奏。

### 康熙五十四年二月初七日

奴才和素、李国屏谨奏：《通率表》刻完，用竹制纸刷印十份，用将乐纸刷印十份。再，奴才和素命抄写之小型《四书》一部，谨奏。

### 康熙五十四年七月初十日

奴才李国屏谨奏：已刷印御纂《周易折中》乐文纸一部，棉纸一部，除各装一套十本谨奏外，一俟板成，即将棉纸印刷五十部，装套后陆续进览。现今又将棉纸印刷一百部，印完后，再尽量印刷。据翰林院陈世堪称，装御纂《周易折中》书时，我既已出力，则印刷主子乐文纸书八部及装套时，亦欲出力，故将陈世堪所送之金装套谨奏。（朱批：书甚佳，心思已知。）

### 康熙五十四年七月二十八日

奴才李国屏谨奏：装完御纂《周易折中》乐文纸书一部，谨奏。（朱批：停送。给皇阿哥每人装好之书各二部。）

### 康熙五十五年十一月十八日

奴才李煦奏：奴才敬刊《御制诗》三集，已经进呈样本，谨遵照发下南书房校对粘签，细细修改完毕。……奴才又新做罗文纸一万张恭进。（朱批：知道了。诗刻得好，留下了。）

### 康熙五十六年五月二十六日

奴才李国屏谨奏：为请旨事。今年四月十四日，大太监苏牌胜交罗文纸一万四千张，传旨：此纸用于印书。钦此。钦遵。查得御纂《性理精义》第十卷第十七页内有讲地理一节……刷印此一套需罗文纸六十张。再，宋版《四书》依模刻板亦将刻竣，刷印此一套需罗文纸一百四十张。此二种书各刷印几套，请圣上定夺，待奉旨后遵行。现得之版，欲先刷印之。为此谨奏，请旨。（朱批：两种各刷印十套。）

### 康熙五十六年十一月初九日

　　乾清门侍卫奴才喇锡等谨奏：为请旨事。康熙五十六年四月初四日，奴才口奏：头等侍卫山寿奉圣谕：据称尔家有蒙古《甘珠尔经》。……刻竣之板三次刷印遗误之字，予以复制，用抬连纸一百二十篓……

### 康熙六十一年十一月某日

　　内阁大学士臣马齐等谨奏：为请旨事。……奉旨：发下《大数表》一套、《小数表》一套，着照式刊刻完日刷印连四纸各二十套，太史连纸各八十套。今装钉《大数表》连四纸、太史连纸各六套，《小数表》连四纸、太史连纸各六套，先呈御览。其余大小数表一百七十六套，并书板，明年正月方能全缴。谨此奏闻。（十二月二十日奉旨：着交养心殿。）

### 乾隆三十九年四月二十六日

　　臣王际华、英廉、金简谨奏：为请旨事。……现在《四库全书》处交到奏准应刻各书，应按次排版刷印。每部拟用连四纸印二十部，以备陈设。仍各用竹纸刷印颁发，定价通行。

　　又《武英殿聚珍版程式》载乾隆三十九年十二月二十六日，王际华、英廉、金简等奏："所有应用武英殿聚珍版排印各书，今年十月间曾排印《禹贡指南》《春秋繁露》《书录解题》《蛮书》，共四种，业经装潢样本呈览。今续行校得之《鹖冠子》一书，现已排印完竣，遵旨刷印连四纸书五部、竹纸书十五部，以备陈设。谨各装潢样本一部，恭呈御览外，又刷印得竹纸书三百部，以备通行。"

　　又内务府奏销档载乾隆四十年五月十五日，金简奏为热河文津阁陈设《古今图书集成》装潢事："查武英殿现存《古今图书集成》书五部，内竹纸书四部、连四纸书一部。此一部系鄂尔泰家交回之书，残缺八十余本，虽经奏明补写齐全，但书内原有虫蛀之处，难以陈设。现今装潢三阁陈设，应请统用竹纸书三部。"

　　不难看出，从康熙到乾隆，内廷刻书的用纸，绝大部分是连四纸，其次是将乐纸和竹纸，小部分是罗文纸，当中未见有用开化纸印书的记录，证明陶湘炒起来的开化纸，应当就是对连四纸的误认与误判。

　　据档案记载，故宫博物院所藏各种名色纸张中，有"开化榜纸"一目，于是有人就又说北四阁《四库全书》用纸是"开化榜纸"。其实档案记载北四阁《四库全书》用的是"金线榜纸"。乾隆四十七年八月二十日,"臣永瑢等谨奏:为遵旨详议具奏事。……现办《四库全书》,俱用金线榜纸,若添写三份,仍照前项纸色,恐致牵混。且恭绎谕旨,此书分贮各处,许多士编摩誊录,在于广布流传,与天府珍藏稍有不同,拟用坚白太史连纸刷印红格,分给缮写,以示区别"(翁连溪编《清内府刻书档案史料汇编》)。因知北四阁《四库全书》用的也并不是什么"开化榜纸",而是"金线榜纸"。而"金线榜纸"有人说是"泾县榜纸"的谐音。果如是,则"金线榜纸"应当产自安徽泾县。

李国庆编著《弢翁藏书年谱》载:"一九八二年,九十二岁。是月(八月),跋清康熙刻开化纸印本《温飞卿诗集笺注》,考述开化纸之名目及清代内府用开化纸印书事。"具体跋文曰:"开化纸之名始于明代。明初江西曾设官局造上等纸供御用。其中有小开花(较薄)、白榜纸(较厚)等名目。陆容《菽园杂记》称衢之常山、开化人,以造纸为业,开花纸或以产地而得名,他省沿用之。清初内府刻书多用开花纸模印,雍正、乾隆两朝尤精美。纸薄而坚,色莹白,细腻腴润,有抚不留手之感。民间精本亦时用之。嘉、道以后质渐差,流通渐稀,至于绝迹。此书是康熙时印本,纸质莹洁细润,皆逊于雍正、乾隆两朝,非比较不能鉴别,辨其差异。偶有所会,聊记数语于此,他日当取清内府印本以证之。一九八二年八月,叔弢记。时年九十有二。"弢翁周叔弢先生乃当代著名藏书家、版本学家、鉴赏家,又是知名爱国民主人士,一生所藏精品全部慨然捐赠于北京图书馆(今中国国家图书馆)、天津图书馆、天津博物馆,深受世人敬重与爱戴,所以他对上述开化纸的介绍与描述,通常都被认为是板上钉钉,不可置疑。不承想,弢翁一句"或以产地而得名"的推测之辞,后来却成为"开化纸"产于开化县的凿实证据,并进一步成为当地的非物质文化遗产。一位名人陶湘误唱误导开化纸于前,两位名人傅增湘、周叔弢随赞开化纸于后,三人谐唱之声,构成"开化纸"产于开化的风源,所以眼下铺天盖地的网络宣传,也不完全是空穴来风。

**连四纸的行用**。连四纸最早出现在何时,无以稽考,但用连四纸印书至晚到明代已很盛行。明葛寅亮《金陵梵刹志》卷四十九《般若波罗蜜多心经集注·附请经条例》中,谈到印经纳税时尝言"上等一号经","印经用连四纸,共约二万八千张(小注:每一张足裁经四张,内有尾叶不全,多出纸用印佛头并背掩面壳底及衬贴经签)。每百张三钱五分,共银九十八两"。明刘若愚《酌中志》卷十八载:"佛经一藏,计六百七十八函,十八万八十二叶,共用白连纸四万五千二十三张,蓝绢二百五十三匹七尺四寸,黄绢二十六匹二丈四尺一寸,黄毛边纸五百七十张,蓝毛边纸四千九百十二张,黄连四纸三百四十七张,白户油纸一万八千九十五张,黑墨二百八十六斤八两,白面一千二百二十五斤,白矾四十五斤。"又载:"道经一藏,计五百十二函,十二万二千五百八十九叶,共用白连四纸三万八百九十七张,黄连四纸一百七十六张,蓝毛边纸三千十八张,黄毛边纸五百二张……"

明吕毖《明宫史》卷四所载与《酌中志》几同,但关于佛经一藏则说"共用白连四纸四万五千二十三张"。又加载"番经一藏,计一百四十七函,十五万七十四页,共用腰子白鹿纸一万三千六百四十三张"。表明明代内府刻印释家大藏与道家大藏,都用的是连四纸,因知连四纸早就承担起传承中华文明的历史使命。清代顺治初年,每月宫中祭神,用上等朝鲜贡纸和净竹料的连四纸。又规定"每年秋季,体仁阁恭晾圣像,每次用清水连四纸、辟蠹香潮脑等物,由茶库备办"(《大清会典则例》卷一五九《内务府》)。盖缘此时政权初定,未遑文事。逮康、雍、乾三朝,国势日盛,修典刻书,用纸渐多,连四纸再度成为承传文明的重要载体。此既有历史渊源,又有现实需要。陶湘不顾历史事实,误认"连四纸"为"开化纸",误导了研究者近百年,直到今天仍在继续误导,现在应该到了澄清之时。

**如何看待今日开化县抄造开化纸**。前述开化纸产于广信府,斩钉截铁,但无明确文字记载它产于广信府的哪个县;有明确文字记载的常山县产大小开化纸,而常山县却是衢州府的属县,因此,说衢州府也产开化纸,亦毋庸置疑。为什么会出现这种情况,追根溯源,还是这两个府的地域接近,地理环境几同,行政区划变迁错综复杂所致。

清李瑞钟〔光绪〕《常山县志》卷二载,唐肃宗李亨"乾元元年(758),以常山、玉山二县属信州,常山县旋属衢州,此常、玉二县分隶衢、信之始。"因知常山与玉山乃毗邻之县,尝同隶信州。不久,又将常山县划归衢州,说明它靠衢州较近。到北宋"乾德四年,吴越忠懿王析常山西境置开化场"(所谓西境,指开源、崇化、金水、玉田、石门、龙山、云台七乡。"开化"之名,即取开源之"开",崇化之"化"而成)。南宋"咸淳三年,改常山为信安县"。"元至元十三年平江南，改衢州为衢州路，改信安县为常山县"。"明太祖己亥取衢州路，改为龙游府，寻改为衢州府，西安、龙游、江山、常山、开化皆属焉。国朝因之。"证明常山与信州、衢州、开化场皆相互关联。

清杨廷望〔康熙〕《衢州府志》卷十一载："太平兴国三年吴越纳土，六年，升开化场为开化县。"清李卫〔雍正〕《浙江通志》卷七曰："《宋史·地理志》，太平兴国八年升开化场为县。"清顾祖禹《读史方舆纪要》卷九十三载："宋乾德四年吴越钱氏置开化场，太平兴国八年升为县。县无城，明朝正德六年创筑，嘉靖二十九年以水圮增修，隆庆二年复营缮。城周五里有奇。"从这些错综复杂的行政区划变换中，我们可以理出一条线索，即历史上，开化县曾经是常山县的属地，后来将常山县西部七个乡镇析出，单独打造了一个"开化场"，北宋太平兴国年间又将场提升为县。关系虽然错综，但眉目却十分清晰。唐乾元年间（758—760）中玉山县、常山县均属信州，不久，又将常山县划归衢州。隶属虽然有变，但地理位置不会变，人们操持的产业也不会变。前述明代玉山县造纸槽房，占广信全府的六分之五，而与之毗邻的常山县又是衢州府的造纸重镇，盛产开化纸，所以别处就得扬长避短，不再抄造开化纸，以求业态平衡，彼此都能有利可得。故开化不产"开化纸"，有可能是古老业态自然平衡的结果。不是不能产，也不是不会产。

现在衢州开化县要恢复"开化纸"的生产，但所依据的古纸标本乃陶湘等误认的连四纸，即便是生产出来了，仍然应当是"连四纸"，而不是"开化纸"。所误判的"开化纸"，在古代有相当长的使用历史，时至今日，古代的使用范围久已逝去，今天只能用于古籍的影印。而古籍影印规模今后只能是日渐缩小，不可能扩大，这样用武之地就太狭窄了。窃意玉山历史上盛产百结皮，当是抄造皮纸的原材料，常山与之接壤，应该也产这种材料，不如就地取材，再结合其他材料，抄造"衢州玉版""开化藤纸"等高级用纸；更可以抄造中小学生习字纸、仿纸、书画用纸、影印古籍专用纸等。就我所知，我国国家领导人书信用纸、书法用纸、各级政府文件用纸，好像只有克数的规定，未有质料的标准，这对档案保存的寿命有直接影响。若能透过相关渠道向政府提出建议，政府也可能对领导人用纸、政府文件用纸做出明文规定。开化若能造出各级政府用纸，前景就无限光明了。不必紧盯传统，盯住了，也要"创造性转化，创新性发展"。

用这么多文字谈清代刻书用纸，于古书版本鉴定到底有多大意义？意义不大。但由此我们会深深感觉到，如果我们被那些五光十色、名目繁多的纸名所俘虏，非但难以自拔，而且极有可能指鹿为马，造成"开化纸"那样的讹传。所以还是要从造纸原料上抓住它的本质，清内府刻书用纸名色虽多，其实若从质料上讲，仍不过是皮纸、竹纸和混料纸而已。

前边我们把宋、元、明、清历代刻书特点，简略地做了个交代，目的在于使读者从中得到一些启发和间接的经验。但这种经验不能拿来生搬硬套，还必须到实践中去反复验证，待确从感性上升到理性了，再反复试着应用。实践多了，见识多了，鉴别本事自然也就提高了。跟认人一样，同学几年，同事几十年，他的长相风度、言谈举止、走路轻重、吃饭慢快、写字特点等，你一看便知，甚至一听便知，这就是熟的原因。但谁恐怕都有过认错人的尴尬，原因就是取其形似了。对书更是如此。历代刻书风格特点一定得知晓，从风格特点便能大体判断其版刻时地的技能一定得掌握，但它只能辅助你初步鉴定版本，而绝不可能说得科学准确。不能把这种主观经验型的技能当作灵丹妙药，必须谨慎从事，科学运用，才会于鉴定版本有所补益。不可夸大它的价值，也不能低估它的作用。努力学习，多知多懂；勇于实践，善于总结；谨慎运用，科学分析；多方考证，最后总结。这样，掌握历代刻书的风格特点，才算真的有了用武之地，起到了应起的作用。切忌抓住一点，不识其余，妄下结论。

## （二）依据原书序跋鉴定版本

依据古书原有的序跋来鉴定版本，在古书版本鉴定中是最常用的方法，大多数情况下也是最可靠的办法。但这里所说的依据序跋鉴定版本，不是泛指根据写序写跋的年份就轻易下结论，而是要根据序、跋中所讲到的有关刻书人及刻书时、地来具体考定。因为写序写跋之年，有时是刻书之年，有时却不是刻书之年。毫无分析地将序跋的撰写年份一概拿来作为该书的版刻年份，那就问题比较大了。笼统地题为"××年××人序刻本"，虽是客观反映，但易发生误导，易发生问题。

众所周知，古人著述完稿，或者由作者自己，或者请当地官绅、同乡故旧、同年师友等写一篇序，是惯常的程序。有时作者与世长辞，则由师友、子嗣、门生、后学摭拾遗作，编纂成书，版行于世时，这些人也要写一篇序或跋。在通常的情况下。序、跋的撰写年份，与该书的版刻年份相去不会甚远，可作为版本鉴定的有力参考或直接证据。但有时因事迁延，写序之年与版刻之年便相去甚远了。这在古今书刻中是常有的现象。例如南宋庆元六年（1200）罗田县庠刻的《离骚草木疏》，作者自序与实际版刻年份就不相一致。此书作者于庆元三年（1197）后序中自称："因按《尔雅》《神农》书所载……悉本本元元，分别部居，次之于槀，会萃成书，区以别矣。"依照这几句话，特别是其中的"次之于槀"，按说是可以断定此书是刻于庆元三年了，然而事实却不是这样。当书已写完，正欲授之梨枣之时，作者吴仁杰又想起往上添加有关《离骚》的内容，故拖至三年之后的庆元六年才由罗田县庠刊版竣事。何以见得呢？书中有方灿于庆元六年所写的后跋："比以《离骚草木疏》见属，刊于罗田县庠。"可见自序之年与实刻之年是不相一致的。

又如朱熹《资治通鉴纲目序》，写于南宋孝宗乾道壬辰四月。壬辰，即乾道八年（1172）。但由于书稿不成熟，朱熹无暇过问，门生弟子亦公务繁忙，难以坐下来加以认真整理，一直拖到嘉定十二年（1219），才由真德秀和泉州推官、朱熹弟子李方子共同刻于泉南。这时朱熹谢世已二十年，距朱氏写序之年已四十七年。晚清莫友芝《宋元旧本经眼录》卷一却将之著录为"宋乾道本"，并谓："乾道壬辰四月刊，绵纸精印，首尾一律……今归丰顺丁禹生。"莫友芝乃晚清版本大家，亦误认写序之年即版刻之年，与实际付梓差了将近半个世纪。元朝任士林的《任松乡先生文集》，元刻本的实际刊刻之年与成书及师友写序之年，中间相隔二十余年。总之，古书中这类现象多得很，故不能毫无分析地就将序跋之年说成是刻书之年。

对待古书中的跋文也是一样，不能毫无分析。给古书写跋文的人，常是该书刊刻的实际主持人或操办者，他们或是作者的子嗣门生，或是下级僚属，或是名儒信徒，或是乡贤后裔，不能跻身于写序之列，可又是实际操持刻书的具体干家，因此常于书后写跋，镌附卷尾，以记其始末由来。所以对跋文应该给予充分的重视。通过这些跋文，不但可以鉴定该书的版本，有时还能借此考定其他书的

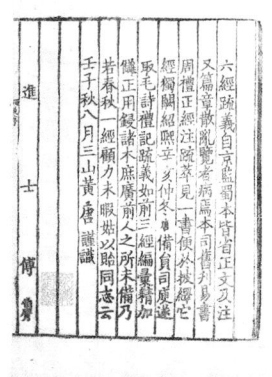

宋绍熙三年两浙东路茶盐司黄唐刻本《礼记正义》跋

版本。例如南宋两浙东路茶盐司刻的《易》《书》《诗》《周礼》《礼记》及绍兴府所刻的《春秋》等六经之经、注、单疏合刻本，就是通过《礼记正义》后镌附的黄唐的一篇跋文才弄清楚的。过去没有亲眼见过这篇跋文的阮元、杨守敬、傅增湘、叶德辉及日本人山井鼎等饱学之士，就都误解了。中国国家图书馆珍藏有两浙东路茶盐司黄唐刊本《礼记正义》，卷后镌附黄唐跋文称："六经疏义自京监、蜀本，皆省正文及注，又篇章散乱，览者病焉。本司旧刊《易》《书》《周礼》，正经、注、疏萃见一书，便于披绎，它经独阙。绍熙辛亥仲冬，唐备员司庾，遂取《毛诗》《礼记》疏义，如前三经编汇，精加雠正，用锓诸木，庶广前人之所未备。乃若《春秋》一经，顾力未暇，姑以贻同志云。壬子秋八月，三山黄唐谨识。"这篇跋文不但可以用来鉴定《毛诗》《礼记》两书的版刻年份是南宋绍熙二年（1191），而且借此还明确了《易》《书》《周礼》三经是该司旧日所刻的。至于旧到什么时候，经考证，大概应该旧到南宋高宗在位的三十六年（1127—1162）间。因为这几部书的讳字均至高宗而止，且刻工也都是南宋初年人。由此可见跋文的重要。

序跋于古书版本鉴定虽是如此重要，可又不能一概凭序断年，那么到底应该怎样正确地运用序跋呢？序与跋的内容不尽相同。大凡序文多是揭示书的创作、编纂思想、主要内容、编纂体例、学术造诣等；跋文多是叙述编纂经过、刊刻缘起、刊刻时地等。凡遇古书，若要定其版本，除了先从风格特点上初步鉴别外，紧接着就要认真研读序跋，特别是序跋中与刻书有关的文字。例如，凡序跋中出现"寿之梨枣""授之梨枣""付之剞劂""用锓诸木""授之梓""梓行""令梓行之""镂板""刊行""镌板""椠刊"等词句时，就要特别注意读懂上下文义，因为这些词义都是反映版刻情况的。如果把这些词句的确切含义与序跋撰写年份和序跋撰写人的行实结合起来加以综合考察，就能得出正确的鉴定结论。如清叶承宗的《泺函》十卷，卷首有顺治庚子即顺治十七年（1660）年作者胞弟叶承祧撰写的一篇序文。序中称"十余年来，索之废簏之中，访诸同侪之藏……叙次数卷，尽付剞劂"。而每叶版心下又镌有"友声堂"三字，因定此书为清顺治十七年叶氏友声堂刻本。又如清金之俊的《息斋集》四卷《外集》一卷，卷首有顺治六年（1649）正息斋主人金之俊自序，序称"汇戊子近作五十首，辄付梓人，再俟天下后世之深于苦学者起而正之"。因序有"辄付梓人"语，表明已付版刊行，因定此书为清顺治六年（1649）自刻本。又如清李念慈的《谷口山房诗集》三十二卷《文集》六卷，卷首有康熙二十八年（1689）杨素蕴序文一篇，序中称"戊辰秋，过我皖署，蕴亟请之，因得鸠工付梓"。戊辰为康熙二十七年（1688）。同时还有康熙二十八年李念慈自序一篇，序中也称"杨中丞谬相许可，慨然蠲金，为付剞劂"。这样两序就互相吻合，互相印证了。因定此书为清康熙二十八年杨素蕴刻本。又如清张泰交的《受祜堂集》十二卷，卷首有康熙四十四年（1705）程銮序，称"自辑其生平撰著，汇为一编，属吏銮与运使高君请板行于世，公许诺，因从校雠之后，得尽读之"。又有康熙四十五年（1706）高熊征序文，称"公乃裒生平之所作，得十二卷……付督粮程君偕征校雠授梓，未成书而公卒于官"。程序称"请板行于世，公许诺"；高序称"付督粮程君偕征校雠授梓"，因定此书为清康熙四十五年程銮、高熊征刻本。

上述所有这些例子，都是根据序文审定版刻年份的。当然，这种审定绝不是孤立进行的，还应该结合版刻的风格特点、作者的时代行状、内容时限等综合考察，最后才能下结论。假如单凭序中的某些说法就断然做出结论，有时也是要犯错误的。以《盐铁论》为例，现存最早刊本乃明弘治十四年（1501）涂祯依据宋本刊于江阴者，是本有是年都穆序及涂祯重刊序。为每半叶十行，行二十字，白口，左右双栏。嘉靖三十年（1551）倪邦彦又以涂氏刻本"雕虎是执而亥豕多讹",校勘不精,故重新加以校刻,是为倪邦彦本。此本也是每半叶十行,行二十字,白口,左右双栏。还有嘉靖刻本,每半叶九行,行十八字,卷前有弘治十四年都穆序而无涂桢序,叶德辉有藏。当年张元济欲将涂桢本《盐铁论》印入《四部丛刊》,叶便认定他所藏之本即是涂桢本。为此,傅增湘反复申明叶氏藏本绝非涂本,然最终张元济还是相信了叶德辉的误说,竟将非涂本印入《四部丛刊》。为此,傅增湘尝撰长跋,谈及此事:"忆曩年沪馆(商务印书馆)商定《四部丛刊》版行时,余语张君菊生:'此书莫善于艺风(缪荃孙)所藏,乃真涂刻,海内无第二本,最为珍秘。其余纷纷号为涂刻者,皆正嘉间覆锓耳。'而同年叶君奂彬起而抗争,奋几抵掌,以张刻为伪,以涂刻为伪,以艺风所藏真涂刻为非真。高睨大言,历诋张古馀、顾涧薲、缪艺风诸人皆为误认,且谓:'彼辈皆受贾人绐,世间真涂本,惟吾家所藏孤帙耳。'询其藏本为何,则九行十八字,即余所断为正嘉本者也。余反复驳诘,坚持不易其说,菊生亦为所劫持,于是舍缪本而用长沙叶氏藏本。余说既不售,惟屏息私叹而已。今故人长往,青山白首,时动哀吟,即当日夺席雄谭,辩论断断,回思辄为腹痛。宁敢翘亡友之过以自矜!惟论学之道,要在心平,考证之途,必勤目涉,意气固无所于争,而是非终不欲曲徇。今新淦初雕既日登几案,丰顺宋椠亦躬得摩挲,众证具陈,积疑自释。爰列为数说,以待亭平。九原之下或亦许为诤友乎?"(傅增湘《藏园群书题记》子部儒家类)叶氏藏本明明是嘉靖间翻刻涂桢本,由于失去了涂桢原序,而只存弘治十四年都穆序,于是便据此误认为是涂刻本。傅增湘虽一再驳诘,仍坚持不改,反说别人为误,弄得张元济也误信叶说,遂将假涂桢本印入《四部丛刊》,造成千古遗恨。因此,当我们根据序文来审定版本时,要特别注意旧序重刊问题。

  古书除了卷首刻有序文外,有时卷尾还刻有后序。这些后序中的有关提法,同样是鉴定版本的有力证据。例如南宋庆元六年(1200)绍兴府所刻的《春秋左传正义》三十六卷,就是根据该书卷尾沈作宾于庆元六年所写的后序考定的。沈氏后序称:"作宾叨蒙异恩,分阃浙左。仰体圣天子崇尚经学之意,惟恐弗称。访诸僚吏,则闻给事中汪公之为帅也,尝取国子监《春秋经传集解》《正义》,参以闽、蜀诸本,俾其属及里居之彦相与校雠,毋敢不恪。又自取而观之,小有讹谬,无不订正,以故此书纯全,独冠他本。不惮广费,鸠工集事,方殷而遽去。今检正俞公,以提点刑狱兼摄府事,亦尝加意是书,未毕而又去。作宾窃惟《春秋》一经褒善贬恶，正名定分，万世之权衡也……此前人雅志，继其后者庸可已乎！遂卒成之。诸经正义既刊仓台，而此书复刊于郡治，合五为六，炳乎相辉，有补后学，有裨教化……世运所关，不可以无述也，于是乎书。庆元庚申二月既望吴兴沈作宾谨题。"庚申为庆元六年。这篇后序，类似题跋，不但把此书的雠正经过说得清清楚楚，而且把最后刊成于绍兴府郡治也明白无误地表述了出来，因定此书为南宋庆元六年沈作宾绍兴府刻本。这是依后序审定版本的例证。如果把这篇后序与绍熙二年（1191）黄唐《礼记正义》跋文联系起来读，你就会发现黄唐当年顾力未暇，将《春秋》一经的刊刻寄厚望于后来同志的思想，九年后便由沈作宾实现了。于是合五为六，所谓宋刻越州本《六经》，就这样诞生了。绍兴古称越州，两浙东路茶盐司官署居此，绍兴府郡治也居此。由一地从南宋初年起，用一个甲子的时间赓续完成一件事，即经、注、单疏合刻在一起的首创事业，在中国出版史上是值得称道的。

序文价值如此，跋文也能起同样的作用。并且跋文与序文还不尽相同，序文虚张声势者多，涉及版刻者少。因为序文常是文坛耆宿、达官显贵，甚至皇帝御制，故多空谈、夸赞之词。跋文不然，跋则多是实际编纂、主持刊印者所写，故实际者多，于版本鉴定更显重要。如宋龚昱的《昆山杂咏》三卷，卷尾有徐挺之跋文，云龚氏"总成此编，以示交承金华潘文叔。文叔迫去，不克广其传。挺之来试邑，刊置县斋。不惟嘉立道之好尚，抑以全文叔之志云"。此跋撰于南宋开禧三年（1207），又明确提出由他于县学刊行，因定此书为南宋开禧三年徐挺之昆山县斋刻本。又如清王焕的《忆雪楼诗集》二卷，因卷二后有王焕于康熙三十五年（1696）撰写的跋文，称"爰兴梨枣之役，用省笔墨之烦"。封面又镌有"贞文堂藏板"字样。因定此书为清康熙三十五年王氏贞文堂刻本。

大凡古书序跋中谈及版刻者颇多，自是鉴定古书版本的主要依据。唯须注意综合考察，谨防重刻而保留旧序旧跋。更不能不顾序跋中是否谈及版刻而凭空以序跋断年。

## （三）依据刊记牌记鉴定版本

古人刻书，特别是私宅、坊肆刻书，常在卷前内封、目录前后、相关卷末镌

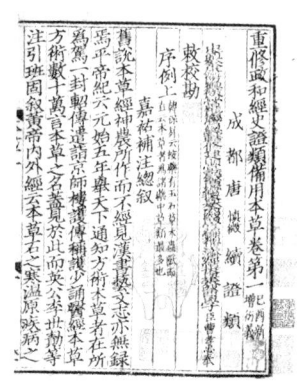
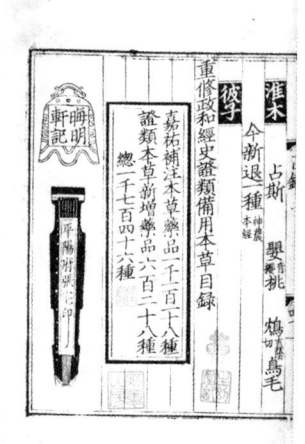

蒙古定宗四年张存惠晦明轩刻本《重修政和经史证类备用本草》牌记

雕署记、牌记、刊记，这种类似现代书籍的版权页，将书名、著者、批点评论者、刊版年月、雕版的斋堂室名等，择要注出。明清两代此风尤盛，但其形式不尽相同，却又大同小异。一般是在粗黑的框围内，再刻印两道粗黑的直线，从而形成三个较宽的直格。右直格内常镌著者或评点批阅者姓名；中间直格内常镌书名，而且多是简化了的书名；左直格内有时上镌年月，下镌斋、堂、室名，有时只在偏下方镌斋堂室名，或"××衙藏板"，而将镌刻年月移在栏外顶楣横刻。这种署记只要是真实的，通常都是鉴定版本的直接证据。

古书上除了常有这种刻书署记外，还时常在目录后、序后、衔名后，或某卷卷尾，或全书卷尾刻印各种形式的牌记，如矩形墨线框围，或钟形、鼎形、碑形、亚字形、葫芦形等博古线画，而后在其中镌印与版刻有关的文字，有人把这些统称为书牌或牌记，但也有人把它们称为木记。除了牌记、木记外，古书上也常在某卷卷尾或全书卷尾，施镌狭长墨线框围，中间镌刻简明的与版刻有关的一句话。有人也把它称为牌记或木记，也有人因其形状似条，故又称之为条记。它的性质虽与牌记、木记相同，但形式上确有差异，故称为条记似更合适。

上述这几种形式的东西，一般都能直接反映出版刻的年份、版刻的主人、版刻的坊肆或衙署，故依据这类东西来鉴定版本，也就成为人们常用的方法或常寻的门径。如唐懿宗咸通九年（868）雕印的《金刚经》，出自中国敦煌石室，现藏大英图书馆。其卷尾就镌有"咸通九年四月十五日王玠为二亲敬造普施"刊记一行。这一行文字虽然没有镌刻墨线框围，类乎识语的性质，但本质与功用，很像后来刻书的木记与条记，故依此可定此本《金刚经》为唐咸通九年王玠刻本。且考懿宗之为人，奉佛笃信。司马光《资治通鉴》卷二十五说他"奉佛太过，怠于政事。尝于咸泰殿筑坛为内寺尼受戒，两街僧、尼皆入预。又于禁中设讲席，自唱经，手录梵夹"。皇帝如此奉佛，民间出现《金刚经》这类的雕版印刷品，那就显得十分自然和顺理成章。

又如唐至德二年（757）以后成都府卞家雕印的《陀罗尼经咒本》，卷首镌有"成都府成都县龙池坊□□□卞家印卖咒本"一行。这行文字的周围，印纸模糊，但文字的左右侧，断断续续的墨线还依稀可见。这些痕迹很像是墨线框围。这表明刻书牌记、刊记性的东西，早在唐朝就已经萌生了。按成都，原称为蜀郡，唐肃宗至德二年改蜀郡为成都府。此刊记已称成都府成都县，故此咒本一定雕印在至德二年以后。至于后到什么时候，很难确考，但也许不会晚于《金刚经》。因为这个咒本尚是梵文，因而可能比较早。20世纪70年代前期，陕西某县在修水库时，又从唐墓中出土了《陀罗尼经咒本》，则已是汉文的了。说明它似应晚于成都府成都县龙池坊卞家的刻本。

又如宋刻《五臣注文选》卷三十后有"杭州猫儿桥河东岸开笺纸马铺钟家印行"刊记，现藏于中国国家图书馆。它到底刻于北宋还是南宋，过去说法很不一致。按宋代南渡以后，杭州成了南宋的首都。宋高宗建炎三年（1129）改杭州为临安府。此书刊记仍称"杭州猫儿桥"，说明此书之刻至晚应在建炎三年以前。加之此书字体十分端庄古朴，风格肃穆，应当是北宋刻本。又如南宋咸淳年间（1265—1274）廖氏世綵堂刻的《昌黎先生集》《河东先生集》，为传世神品。在两集中若干卷尾都镌有"世綵廖氏刻梓家塾"双行篆文牌记，明白无误地表明这两种书是南宋末年廖氏世綵堂刻本。按：廖氏即指廖莹中，做过权相贾似道的门人，专管贾似道书、画、图籍的鉴赏典藏，故于书之版刻极为精通。他自己主持刻书时，能博采众长，精益求精。所刻韩、柳集，无论字体刀法、行款边栏，可谓一丝不苟，极尽雕版印书之妙。

又如中国国家图书馆所藏《菩萨璎珞经》，卷首镌有"福州东禅等觉院住持传法赐紫智华与僧契璋等谨募众缘，恭为今上皇帝、太皇太后、皇太后祝延圣

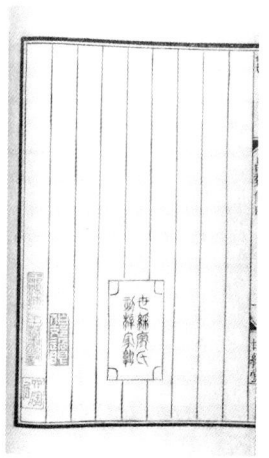

宋咸淳廖莹中世綵堂刻本《昌黎先生集》牌记

寿，国泰民安，开镂大藏经板一副，计五百余函。元祐六年正月日谨题"几行类似牌记性质的题记，因知此经为北宋元祐五年（1090）福州等觉禅院刻《崇宁万寿大藏经》本。

又如《黄氏补千家集注杜工部诗史》，原是潘氏宝礼堂之物，后归藏于中国国家图书馆。从《宝礼堂宋本书录》起，一直到《北京图书馆善本书目》，都鉴定为宋刻本。此书卷首有两篇序，均撰于南宋宝庆二年（1226）。宋讳仅至光宗嫌名而已。加之版式与字体风格，说此书为宋刻本，似无可非议。然20世纪70年代山东发掘明鲁荒王朱檀墓出土了一部此书，以之与中国国家图书馆的那部相勘核，证明两部完全是相同的版本。但朱檀墓出土的一部在卷三十二末尾镌有"武夷詹光祖至元丁亥重刊于月崖书堂"刊记一行，证明此书已是元刊，而绝非宋刻了。考詹光祖，字良嗣，号月崖，福建崇安人。宋景定二年（1261），他做了武夷山紫阳书院的山长，从事讲学和刻书。为表示对朱熹的崇信，便首先翻刻了朱熹的《资治通鉴纲目》五十九卷，其目录后亦镌有"武夷詹光祖重刊于月崖书堂"木记一行，可证《黄氏补千家集注杜工部诗史》之刻亦出自詹光祖之手。詹氏入元后晋为紫阳书院教授，并对紫阳书院重加修葺，使之焕然一新。元制，对书院极为重视，分别由中央和地方两级管理。对其中掌教人员也由两级政府指派。凡由地方政府指派者称为山长，由中央政府指派者为教授。詹光祖就是入元后由中央政府指派晋为紫阳书院教授的。这不但表明詹光祖本人社会地位有了提高，也说明紫阳书院升格到与各路儒学同等地位了。元朝各路儒学、书院教授一般不低于五品。詹光祖精于教学刻书，是文教事业的实干家。他死后还因他儿子詹天麟的关系，受赠通议大夫，追封为河间郡侯。他生前虽然职务升迁，地位高了，但工作内容并没变，仍是教书刻书。《黄氏补千家集注杜工部诗史》应当就是他这个时期刻印的。

又如明正统十三年（1448）书林王宗玉刻本《朱文公校昌黎先生集》四十卷《外集》十卷《遗文》一卷，中国国家图书馆藏凡四部，过去均误定为"明洪武二十一年书林王宗玉刻本"。它的纠正，是由浙江瑞安图书馆所藏此书的一块刻书牌记才得以实现的。该牌记在《朱文公校昌黎先生集序》第二叶的下半叶，内容称："韩、柳二先生文集行世久矣。唐季历宋以来，儒人文士莫不宗之，以为文章之模范，序记之矜式。惜乎旧板漫灭，续集遗阙，读者惑焉。本堂广求访到善本，卷集全备。宗玉喜不自胜，命工鼎新绣梓，以广其传。使四方文学君子得睹二先生之全文，岂不伟欤！幸鉴。大明正统岁舍戊辰十月吉旦，书林王宗玉谨识。"这里把"大明正统岁舍戊辰"与"书林王宗玉""命工鼎新绣梓"结合起来考察，"明正统十三年书林王宗玉刻本"的鉴定意见就成立了。过去为什么都定错了呢？其原因就是中国国家图书馆所藏此书的这块牌记的紧要处被挖去了，迫使人们从风格上加以判断。其造伪的地方有两处：一处是"唐季历宋以来"的"宋"字，被挖改成了"代"字；另一处是"大明正统"四字被剜去，而将"岁舍戊辰"上提。这两处剜改，至关重要。"唐季历宋以来"，显然是宋以后人的口吻，然"宋"一改成"代"，这种口吻便失去了时代的界定性，使人可以做出种种理解。就是说这种口吻明朝人可以这么用，元朝人也可以这么用，乃至宋朝人也可以这么用。赝元充宋，任你自投罗网。另外，"大明正统"四字被剜去，从而使"岁舍戊辰"失去时代的制约，使你推测为哪个"戊辰"都可以。有人将其推测为明洪武二十一年（1388）的那个戊辰，也可以将其推测为元泰定五年（1328）的那个戊辰，甚至可以推测为南宋咸淳四年（1268）的那个戊辰。由此，又可见一块正确的刻书牌记、木记于版本鉴定是多么重要。

明清两代刻书带有牌记、木记者尤多，对这一时期刻的书，一般书贾也不那么热心造伪。原因是作者时代晚近，不易造伪，而且版刻较晚，造了也不具牟财价值。所以这时期的书依牌记、木记审定版本，比较可靠。但古书浩如烟海，情况纷纭复杂，在运用牌记、木记鉴定版本时，还应特别注意种种可能发生的情况。

一是要注意书版易主改牌。中国古书多是雕版印刷，而且雕版所用的木材多是梨枣等硬质木料，旨在使版片保存的时间更长久些，甚至有的递传几朝几代。任何东西时间一久就可能更换主人。古书版片常是一经更换主人，便更换牌记。如果不综合考察，就会出现鉴定失误。例如《天禄琳琅书目》卷六著录的《集千家注分类杜工部诗》，是元皇庆元年（1312）余氏勤有堂刻本。建安余氏勤有堂经营刻书事业历经几代，到元末明初开始衰落，甚至连自家刊刻的书版都要转卖给别人。像这部《集千家注分类杜工部诗》的版片，就是在明初转卖给叶日增、叶景逵的叶氏广勤书堂的。叶氏广勤书堂得到了余氏这套书版后，原封未动，仅在诗外又补刻了文集二卷，便刷印发行。但在刷印前，叶氏为了表明自家是这套书版的主人，便首先将目录后之原有"皇庆壬子余志安刊于勤有堂"十二字刻书题记全部铲去，却保留原有的钟式、炉式二牌记，而把其中的"皇庆壬子"挖改为"三峰书舍"，"勤有堂"改为"广勤堂"。这样一来，余氏勤有堂所刻的书就变成了叶氏广勤堂所刻的书了。这时只看牌记就得不出正确的鉴定意见了。中国国家图书馆还藏有一部《针灸资生经》，也是这种情况，就被错定为"元广勤书堂刻本"了。说是元刻本，本来就是用元时版片刷印的，该是不错。但是把"元"与"广勤书堂"捏合在一起，那就不对了。实际上，这部《针灸资生经》是明正统十二年（1447）叶景逵广勤书堂刻本。因此，当我们依据牌记、刊记确定版本时，要特别注意这种情况。尤其是丛书，更得注意。

当然，除了书版易主而更换牌记，还存在着书贾剜改原有的牌记，而达以晚充早目的的情况。前边提到的《朱文公校昌黎先生集》，就是剜改牌记的典型实例。这一剜改，连中国国家图书馆的鉴定者们都被蒙蔽了，可见得特别注意。

二是要注意古书牌记中"×××藏板（版）"的注记。一般地说，藏版处与刻书处相一致，通常可以依藏版处鉴定版本。如清俞国琛纂注的《风怀镜》，牌记上镌有"嘉庆丁酉年镌，杏林居士手编，风怀镜，本家藏板"等字样。据此，此书即可定为"清嘉庆二十二年俞氏家刻本"。又如清金之俊的《金文通公集》二十六卷《诗集》六卷《外集》八卷，因其封面牌记镌有"雍正元年重订，金文通公集，端介堂藏板"字样，故其版本便可以定为"清雍正元年端介堂刻本"。

但有些情况下，藏版处与刻版处并不一致，这就要注意版本如何确定了。因为"藏板（版）"二字的概念，是凡藏有某套书版者，他要再行刷印时，若愿加牌记，都可以题"×××藏板（版）"。同时代的书版有这种情况，隔时代的书版也有这种情况。有的在外为官，于当地出资或主持刻了某书，特别是先人的集子，常常是镌版在一地，而版藏原籍老家。还有就是书版易主，藏版处也随之改易。如清翁同龢在北京所刻的清陈揆《稽瑞楼文草》，书版就归了陈揆之孙陈桂荣收藏。刻家与藏版家完全不同。凡此种种，情况十分复杂，不可见到牌记镌有藏版处，就毫无分析地将该书鉴定为某时某地某人某家的刻本。如宋严羽《沧浪吟》一卷《诗话》一卷，国图将之错定为清顺治十年（1653）周亮工诗话楼刻本，就跟误解藏版处紧密相关。

严羽乃宋代的诗论家，历来受人尊崇。周亮工擅古文，宗唐宋八大家；诗崇唐人，推崇严羽诗论；嗜绘画、书法、篆刻；喜收藏鉴赏。清顺治初年任福建按察使，后擢为福建右布政使，曾剿平福建邵武、延平一带叛乱。此书卷前有周亮工顺治十年所写《重刻沧浪诗话序》，谓"曩余以丁亥入闽，阻寇樵川者八阅月。乘障之暇，流连凭吊。闻其间自昔多大雅君子焉，宋逋客严先生其一也"。然访其墓，"蔓草离离，陵谷莫辨"。而其诗集则"漫漶无善本"。"因崇饰丽谯，奉先生而俎豆之，即以诗话颜斯楼。""然则《诗话》一编，为功于后学也远矣。余方痛诗榛芜，将布此以正告天下，会大海扬尘，征车四出。""壬辰之春，盱江叛卒阑入杉关，樵人大震。余从剑水驰车往谕之，束伍无哗，告成事而旋。时秣陵王君闻上、金沙虞君后来，以江左名彦分莅兹土，并以风雅鼓吹其间，因谋以兹集重付之剞劂氏，爱商之余。嗟夫，此固予曩者登楼彷徨而未逮者也……刻既竣，两君复以序请。顺治十年癸巳孟秋日，樵川种蕉客大梁周亮工题于赖古堂。"

由此可知，周亮工入闽为官，始于清顺治四年（1647），其时樵川已发生叛乱。樵川在福建邵武北部，正是当年严羽的家乡。至顺治九年（1652）壬辰，盱江叛卒又阑入其中，势态扩大，周亮工身为闽省右布政使，只好驰车前往晓以利害，避免了军卒哗变。正值此时，秣陵王闻上、金沙虞后来二人前来并以风雅相鼓吹，因与周亮工谋刻严羽《沧浪吟》及《沧浪诗话》。刻竣，请序于周亮工，所以才有前引亮工于顺治十年（1653）所写《重刻沧浪诗话序》。此书目录后还镌有与此书及此书之刻有关人员籍贯姓名六行："宋樵川严羽仪卿著；大梁周亮工元亮订；秣陵王誉命闻上、金沙虞宁后来梓；同里朱宿璧符、张孟玟龙玉编"。可知周亮工的角色只是修订而不是刻梓，而刻梓者乃是王誉命（字闻上）和虞宁（字后来）。王誉命，字闻上，又号鹤溪，上元（今属南京）人。顺治八年（1651）恩贡生，知泰宁县。清代泰宁属邵武府。兵变后，学宫、公署悉被毁，誉命捐俸修葺。又缮治城垣楼橹，团练乡勇，以防寇警。表明顺治九年（1652）邵武樵川乱后，王闻上确实在此为官，有刻梓此书的条件。

而将此书错定成"清顺治十年周亮工诗话楼刻本"的原因，盖是此书卷前有竖分三栏之内封署记：右栏竖题"浚水周栎园先生重订授梓"；中栏竖题"宋严沧浪先生全集"；左栏竖题"诗话楼藏板"。而诗话楼向来都被认为是周亮工的斋号。又"重订授梓"，又"诗话楼藏板"，结合起来，便成了"周亮工诗话楼刻本"，实则全是误解。"周栎园先生重订授梓"，是说经过周亮工重订之后才授之梨枣，并非周亮工修订之后自己将其授之梨枣。"诗话楼"历来被说成是周亮工的室名斋号，实则也是误解。前引周亮工《重刻沧浪诗话序》，曾言及"因崇饰丽谯，奉先生而俎豆之，即以诗话颜斯楼"。"丽谯"古代指壮美的高楼，周亮工在樵川探访严羽遗迹，见其墓地"蔓草离离，陵谷莫辨"，因而崇饰冥楼，以便祭祀，于是"即以诗话颜斯楼"。显然，诗话楼指的乃是经过周亮工重新崇饰用以祭祀严羽的冥楼，不是什么亮工的室名斋号，故"诗话楼藏板"，指的即是印刷告竣之后版片收藏在诗话楼，也就是藏在祭祀严羽的冥楼中。所以将此书版本著录为"清顺治十年周亮工诗话楼刻本"，绝对是误解，应著录为"清顺治十年王誉命虞宁刻本"。

## （四）依据后人题跋识语鉴定版本

古书，特别是那些时代早或传世孤罕的古刻旧抄，一经名家收藏，便常常要增添一篇甚至几篇藏者自撰或请旁人撰写的题跋识语。其内容，有的是揭示书的内容、体例，有的是记录校勘异同，有的是谈书籍卷数的分合变迁，有的是记述得书经过，内容虽然不尽相同，但是几乎都要谈及版刻时地、版本优劣等情况。这可以说是前人对书籍版本提出的鉴定意见，如果我们能加以科学地运用，对鉴定古书版本是大有裨益的。如北京故宫博物院珍藏的《王仁昫刊谬补缺切韵》，本书前文曾简单提及其装帧形式，这里还想试对其版本作一些解析。《石渠宝笈初编》曾著录其为"唐吴彩鸾书《唐韵》"，依据当是仙媛吴彩鸾的故事。吴彩鸾，世称谪仙，相传为河南濮阳人。其父吴猛，三国时仕吴，尝为西安令。遇邑人丁义授以神方，又得秘法，遂能为人治病，起死回生。吴彩鸾乃唐大和年间（827—835）人，距乃父已有六百年，非仙者何以如此荒诞！唐裴铏曾将她与文萧的故事演为传奇。文萧，乃大和末年的书生，海内无家，因萍梗抵钟陵郡（今江西南昌）。其人道貌清秀出尘，仙风道骨。钟陵郡俗每岁中秋日，吴、楚、越之人不远千里来此设斋醮以祈福，萧亦往观之。偶听一女子踏歌而吟曰："若能相伴陟仙坛，应得文萧驾彩鸾。自有绣襦并甲帐，琼台不怕雪霜寒。"遂与文萧携手下山，过起了夫妻生活。萧甚疑之，追问再三，始曰天机不可外泄，泄露天机，你我俱祸。萧又言吾自幼贫寒，不能自赡。彩鸾则手写唐韵，运笔如飞，日得一部，鬻之，获金五缗。尽，则复写。如是者十载，事稍为人知，遂潜往新兴越王山，二人各跨一虎，陟峰峦而去。这纯属神话传说，难为考定版本的依据，故唐兰先生出任北京故宫博物院副院长时，改定为"唐写本《王仁昫刊谬补缺切韵》"，绝对正确。

元朝王恽《玉堂嘉话》卷二曾转录唐柳公权对此件的跋文，本书前文已引及。为便解说，再抄录如下："吴彩鸾龙鳞楷韵，后柳诚悬题云：'吴彩鸾，世传谪仙也。一夕书《广韵》（当泛指唐代韵书）一部，即鬻于市，人不测其意。稔闻此说，罕见其书，数载勤求，方获斯本。观其神全气古，笔力遒劲，出于自然，非古今学人所可及也。时泰和九年九月十五日题。'其册共五（疑应作二）十四叶，鳞次相积，皆留纸缝。天宝八年制。"这篇跋文若真出自柳公权之手，足以证明此件之传写绝不会晚于唐朝。

然细算时日，则吴彩鸾写《王仁昫刊谬补缺切韵》，与柳公权跋文撰写年份大体吻合。前述故事，吴彩鸾与文萧相遇亦在大和年间，他们成为夫妻，彩鸾写书市鬻度日，当也在大和九年（835）中。柳公权素闻此事，但未见到真迹，所以数载勤求，方获此本，遂在大和九年九月十五日写下了这篇跋文。说明吴彩鸾手写《王仁昫刊谬补缺切韵》，当在大和初年。否则柳氏就谈不上"数载勤求，方获斯本"。可是偏偏又出现了"天宝八年制"字样，令人费解。清金桂馨《逍遥山万寿宫志》卷十二说："彩鸾仙迹在吾郡紫极宫，今写韵轩，其遗址也。彩鸾不止日写韵一部，又写《佛本行经》六十卷于导江县迎祥寺。……《吉安志》又载唐天宝间，彩鸾曾游安成福圣寺，手植两罗汉柏观音阁前。入小室七日，写《法苑珠林》百二十轴。……传称彩鸾与文萧遇在文宗大和末，如《法苑珠林》则写于天宝年，岂神仙隐显，原非时代之可限欤！"足见此类疑问，绝非始自今人。

今故宫博物院所藏原件上，仍保留着明初宋濂的跋文，称："右吴彩鸾所书《刊谬补缺切韵》，宋徽庙用泥金题签，而前后七印俱完。装潢之精，亦出于宣和内匠，其为真迹无疑。余旧于东观见二本，纸墨与之正同。第所多者，柳公权之题识耳，诚希世之珍哉。翰林学士承旨金华宋濂记。"

元朝王恽与明初宋濂是两个不同时代的人，但他们的记载却证明了一个共同的事实，即故宫博物院所藏《王仁昫刊谬补缺切韵》，确有柳公权上述之跋，并且有明确的写跋年款。这里不必详细评论这篇跋文的内容价值，单说这件东西上只要出现了柳公权的跋文，就足以证明其写成的时代，要早于大和九年。所以故宫博物院将此件东西定为唐写本，绝对是可信的。由此可见跋文于版本鉴定价值是何等重要。至于前人跋文对某书版本的具体评鉴，对于我们鉴定版本则价值就更高了。当然跋文的科学价值，并不一定以撰跋人的时代早晚论高低，后人写的跋不见得就比前人写的跋差。但有一点是后人无法比拟的，那就是撰跋人自身的时代价值。有柳公权亲笔题跋的东西，其时代怎么也不会晚于唐。这是我们依据题跋识语来鉴定古书版本最可靠也是最容易掌握的方法。

现存古书上的跋文主要还是明清时代的，更多的还是清朝人所写的跋文，民国初年人写的跋文也不少。像钱谦益、钱曾、何义门、高士奇、季振宜、徐乾学、翁方纲、卢文弨、黄丕烈、顾广圻、王闻远、汪士钟、杨以增、杨绍和、陈鳣、鲍廷博、瞿绍基、翁同龢、王国维、袁克文、杨守敬、罗振玉、傅增湘、吴梅、张元济、叶德辉、周叔弢、刘明扬等，举不胜举。这些人，或是学问家，或是藏书家，或是兼而有之。他们在各类古书上写过题跋识语，留下了宝贵的版本学资料，为我们鉴定古书版本提供了很多启发和借鉴。其中有些学问家的题跋非但可为版本鉴定提供借鉴，对某一专门学问也不啻为精论。例如翁同龢（1830—1904），字声甫，号叔平，江苏常熟人。咸丰时状元及第，后为光绪帝载湉的老师。光绪五年（1879）任工部尚书，光绪八年（1882）擢为军机大臣，光绪十二年（1886）改任户部尚书。后因主张维新，支持变法，被慈禧太后罢免。翁氏一生从政多年,是清末著名的政治家之一,又是饱学之士,著名的学问家。他家富藏书,又喜丹黄手校,加上多年供职禁中,得窥中秘藏书,故于版本之学颇具真知灼见。故透过他在古书上所写的题跋识语,于一书的内容价值、流传概况以及版本鉴定,常可获得可靠的证据或进一步考证的线索。中国国家图书馆所藏宋留元刚编撰的《颜鲁公年谱》,其版本的鉴定,便多赖翁氏的手跋。翁氏跋称:"旧刻《颜鲁公年谱》,明人王伯谷所藏,前叙是其手录,首半叶佚去。原记《年谱》一帙,《补遗碑铭》一帙,《行状》一帙。南有堂重装。今所存惟此帙耳。宋讳缺笔,纸墨疏古可爱。均斋翁同龢记。"又称:"此明锡山安国活字本也。《颜鲁公集》久佚,宋敏求掇拾重编,得十五卷。至南宋又佚三卷,留元刚为搜辑补完,并订正《年谱》附于末。安氏所刻,即留本也。南有堂所藏已无《文集》,此又四种之一。重是明贤手迹,故入均斋秘笈。颜崇槐有重刊安氏本,惜无由对勘。光绪癸卯中秋,龢再记。"这两段跋语,一共不到二百字,其主要的意思是说,《颜鲁公集》久已散佚,北宋宋敏求摭拾重编,厘为十五卷。到南宋时又散佚三卷,留元刚又起而搜集补全,并订正《颜鲁公年谱》一卷,附于书末,付梓行世。至明朝正德嘉靖年间,锡山(今无锡)安国得南宋留元刚辑刻本,用铜活字重新排印行世。到清朝后期,安氏活字本又佚去《文集》部分,仅存《年谱》一卷。故翁氏断定其为明安氏所印《颜鲁公文集》之散出者。这一见解十分精当,完全符合此书的历史变故。故中国国家图书馆据此将《颜鲁公年谱》的版本鉴定为"明嘉靖锡山安国铜活字印颜鲁公文集本"。

又如唐杨倞注本《荀子》二十卷,翁同龢跋称:"《荀子》旧本,钱、唐两刻皆不可见,所见者皆元椠纂图互注本耳。此宋刊巾箱本,钱警石《曝书杂记》中所谓'小重山馆收商邱陈氏旧物者也'。《赋篇》占之'五泰',宋大字本皆作'五帝'。元注中'五泰,五帝也'五字,近时卢抱经所校详言之。此本正作'五泰',注字无缺。即此一条,已出诸宋本之右。次侯属题,草草记此。同治壬申八月翁同龢。"此本盖南宋时诸子本中之一种,翁氏跋中定为宋刊巾箱本,颇中其的,故中国国家图书馆亦据之定此书为宋刻本。

王国维(1877—1927),字静安,又字伯隅,浙江海宁人。清末曾留学日本,归国后做过南通、苏州师范学堂的教习,并任职学部。辛亥革命后,主要是在大学里教书,晚年曾任清华大学研究院教授。王国维对文学、史学、文字学、考古学以及版本目录学等都有很深的造诣。他附写于古书上的题跋也有很高的学术价值，于古书版本鉴定，很多也是可靠的依据。例如其在《续古逸丛书》影宋刻本《孟子注》上的题跋，谓："内府藏宋刊大字本《孟子章句》十四卷，每叶十六行，行大十六字，小廿一字。与日本覆宋大字本《尔雅注》行款正同。《尔雅》后有李鹗书款一行，其源出于五代监本。此本避讳至孝宗，讳'慎'字止。而字体作瘦金书，当亦南渡后所翻北宋末监本也。考《孟子》刊本始于祥符。《玉海》四十三：'祥符四年十月校《孟子》，七年正月上新印《孟子》及《音义》。'然《音义》本每卷首行皆著章数，而此本无之。又文字颇与《音义》互异，则此本非出祥符也。而行款乃与五代、北宋监本同，颇疑徽宗时监中别刊本。此本字作宣和体，殆从彼本出也……卷首有'蕉林图书印'，乃真定梁相国清标旧藏，乾隆中人。桂未谷《晚学集·与龚礼部丽正书》云：'当四库书馆初开，真定梁氏献《孟子赵注章旨》及宋椠《说文解字》，官府以《孟子》《说文》非遗书，不为上。有识者或抄其《章旨》，流布世间。《说文》则仍归梁氏。'今观此帙，则当时虽未著录，实已进御矣。惜《四库》例不录单注本，遂令此书显而复晦。今上虞罗叔言参事既印行日本仿宋建安音注本，沪上又印行此本。以此二本与《音义》合校，殆可复古本之真。书之显晦，抑各有时欤！庚申五月海宁王国维记。"由此可知，《续古逸丛书》影刻之《孟子注》所据底本，既非清内府原藏之宋刊大字本《孟子章句》，亦非北宋大中祥符年间（1008—1016）国子监所始刻之《孟子音义》，而是南宋初期国子监翻刻的北宋宣和年间（1119—1125）国子监所刻的另一版本。其学识之渊深、论述之精当、考订之确凿，绝非一般版本家所能比。故此书的版本应据此定为"1919年《续古逸丛书》影刻南宋初期重刊北宋末国子监刻本"。

吴梅（1884—1939），字瞿安，别号霜厓，苏州人。我国近现代著名的词曲家。曾任北京大学、中央大学教授。平生喜藏词曲书，插架极为宏富。其于所藏词曲丹黄手校、识语题跋，是我们从事词曲研究及词曲书版本研究和版本鉴定的难得资料。中国国家图书馆所藏明万历二十八年（1600）周居易刻本《新刊合并董解元西厢记》二卷，吴梅写有长跋，谓："董词开元剧先声，通本杂缀市语。不取类书故实，而朴茂浑厚，自出高、王之上。书中不分出目，最为创格。……所用诸牌率不经见，与元人套曲不同。且多用换头，又与元剧止取前叠者大异。……自来考订北词者,辄详元剧,而解元之作或多遗漏。凌次仲《燕乐考原》曾录董词。李玄玉《北词广正谱》亦间引之,皆未备载其目。独庄亲王《九宫大成谱》全录董词,所失载者,仅《渠神令》一支而已……此书为元词之祖……余曩见闵遇王、黄嘉惠、汤玉茗诸本,自谓董词刻本藏弆已富。今又得此刻,乃知旧刻之不见著录者颇多也。庚申新正元宵后日,长洲吴梅书于东斜街寓斋。"中国国家图书馆所藏明宣德九年(1434)朱有燉自编自刻之《诚斋乐府》二卷,也有吴梅长跋,谓:"此为孤本。往日王君孝慈假吾《秦楼月》二卷去,以此为质。今孝慈墓木已拱,《秦楼月》又为陶兰泉石印行世,独此书尚存箧中。……诚斋为明宪王有燉。王,宪王橚长子,高皇帝孙。洪熙元年袭封,景泰三年薨。有《诚斋录》《新录》诸集,盖宗室中贤而能文者也。……至乐府散套,则明清两代藏家从未著录,洵为海内孤本。……癸亥季夏之月辛丑,长洲吴梅书于奢摩他室。"中国国家图书馆所藏明沈璟撰明陈氏继志斋刻本《重校十无端巧合红蕖记》二卷,亦有吴梅跋文,曰:"右《红蕖记》二卷,吴江沈伯英(璟)撰,璟又号宁庵,世称词隐先生。万历间进士,官至光禄寺丞。生平邃于音律,尝厘订《南九宫谱》二十卷,卓然为曲家不祧之祖。所著《属玉堂传奇》,一时词坛咸奉为圭臬。……余喜藏曲,得公作凡四种,为《义侠》《埋剑》《双鱼》《博笑》,而《红蕖》未得见。丙子长夏,表弟王君荫嘉持此见示,不禁临轩起舞,焚香展读,有数善焉……余三十年来,艰于一过家园逭暑,得见秘籍,荫嘉属书其后,为述之如是。恐莞翁学山海居中亦无此物也。是岁七月下旬,霜厓吴梅书于百嘉室。"吴梅这三篇跋文,已不仅仅是鉴定版本。若光是鉴定版本,那么无论是明万历二十八年周居易刻的《新刊合并董解元西厢记》,还是明宣德九年朱有燉自编自刻的《诚斋乐府》,或是明陈氏继志斋刻的《重校十无端巧合红蕖记》,它们自身都有据可查,版本鉴定并不困难。问题是版本鉴定从来就不是终极目的,最终目的是要在准确鉴定版本之后,使某一版本在某书所有传本中的地位与价值,以及它在学术研究中所能起到的关键性作用显现出来。吴梅的跋文,恰恰是在揭示版本的过程中阐述了源流系统及学术价值。

当然,后人在古书上所写的题跋识语,也因每个人的学识水平不同而各异。有时即使是名家的题跋,也难免存在疏漏或谬误。这就要求我们在借鉴古书上后人所写题跋的同时,还要做到信而不惑。例如中国国家图书馆所藏南宋初年两浙东路茶盐司刻本的《尚书正义》二十卷，原为杨守敬从日本购回者，迄今卷首仍有杨守敬的手跋一篇，谓："宋椠《尚书注疏》二十卷，末有绍熙壬子三山黄唐题识，称'《六经疏义》自京监，蜀本皆省正文及注，又篇章散乱，览者病焉。本司旧刊《易》《书》《周礼》，正经、注、疏萃见一书，便于披绎'云云。是合注于疏自此本始，十行本又在其后。惟十行本版至明犹存，世多传本。此则中土久亡，惟日本山井鼎得见之，载入《七经孟子考文》。顾其原书在海外，经师征引，疑信参半。余至日本，见森立之《访古志》有此书，竭力搜访。久之，乃闻在西京大阪人家。嘱书贾信致求之，往返数四，议价不成。及余差满归国，道出神户，亲乘轮车至大阪物色之。其人乃居奇不出。余以为日本古书，有所见则必得，况此宋椠正经正注为海内孤本，交臂失之，留此遗恨！幸归装尚有余金，乃破悭得之……书凡装十册，缺二册，钞补，亦是以原书影摹，字体行款毫无改易，固不害全书也。"又称："黄唐跋是绍熙壬子。《七经孟子考文》于《礼记》载此跋，误'熙'为'兴'，阮氏《校勘记》遂谓合疏于注在南北宋之间，又为山井鼎所误。此附订此。光绪甲申四月二十五日神户舟中挑灯记。宜都杨守敬。"这是一篇非常重要的跋文，看来杨守敬认定此本即是南宋绍熙壬子即绍熙三年（1192）黄唐刻本了。其一是杨氏在跋文开始引述一段黄唐题识之后，便下结论说"是合注于疏自此本始"。这句话不管是针对整个六经讲的也好，还是针对《尚书》一书讲的也好，其言下之意都是把《尚书》与黄唐紧紧连在一起了。其二杨氏又补充说"黄唐跋是绍熙壬子。《七经孟子考文》于《礼记》载此跋，误'熙'为'兴'，阮氏《校勘记》遂谓合疏于注在南北宋之间，又为山井鼎所误"。进一步证明杨守敬确实认为《尚书正义》的确是南宋绍熙三年由黄唐刻成印行的。且表明他认为六经的经、注、单疏的合刻，是从《尚书》开始的，阮元的所谓"始于南北宋之间"的说法，是因为上了山井鼎的当。关于这段公案，版本学大家傅增湘还有过一段记载。傅氏在其《藏园群书经眼录》中说："此（指《周易注疏》）与袁抱存克文藏《礼记》、张香涛之洞藏《书经》、李木斋盛铎藏《周礼》同，皆绍熙黄唐刻本也。"足见傅增湘先生也认为《尚书正义》是南宋绍熙年间黄唐刻本了。

上述这两位都堪称是"眼别真赝，心识古今"的版本鉴定大家，但在《尚书正义》的版本问题上，却都弄错了。杨氏的错误，在于误信《尚书正义》卷尾后人过录的黄唐的刻书跋文。其实黄唐的刻书跋文根本不在《尚书正义》卷尾，而是镌刻在《礼记正义》卷末。依据后人临写过录的本来附刻在《礼记正义》后的黄唐跋文来确定《尚书正义》的版刻年份，显然是太轻率了，当然也就不可能正确了，傅老先生的毛病，出在未细审黄唐跋文的原义，因而将两个不同时期所刻的书混为一谈。其实黄唐跋文讲得非常清楚：一是本司（指两浙东路茶盐司）过去刊印了《易》《书》《周礼》三经，其法是将三经的正文、注、疏随经文汇刻在一起，很便于披绎研读。二是绍熙二年（1191）仲冬，黄唐来充任两浙东路茶盐司提举，于是继承本司的未竟之业，又将《毛诗》《礼记》的正经、注、疏如前三经编汇，以增广前人之所未刻者。三是至于《春秋》一经，黄唐自识力量不足，无暇汇刻，只好留给后来有意于此的同志续做了。据此，则知旧刊的《易》《书》《周礼》，是南宋初年两浙东路茶盐司刻印的；《毛诗》《礼记》是绍熙三年黄唐提举两浙东路茶盐司时刻印的。两者相差六十年左右。也就是说，前三经付梓时，黄唐本人可能还未呱呱落地，不可能由他来主刻前三经；更不可能黄唐六十年前主刻前三经，过了六十年又重返本司主刻后二经。把《尚书正义》说成是黄唐刻本，或不加区别地将五经都说成是黄唐刻本，显然都是不对的。所以当我们利用前人题跋识语来鉴定古书版本时，要特别注意考证，不能人云亦云。尤其是后人过录前人的题跋识语，用起来就更要小心，否则就要犯错误。

又如《景祐乾象新书》，中国国家图书馆著录为"北宋元丰元年司天监秦孝先、苏宗亮、徐钦邻等抄本"，其根据是清人邵渊耀、钱天树、张尔旦，乃至于李盛铎诸君之跋。细读这些跋文，明白他们认定此本为北宋司天监苏宗亮、徐钦邻、秦孝先等抄写的唯一根据，是此书卷四、十六、十七、十九、二十八后，分别有"元丰元年十二月□□日学生臣秦孝先书；校定将仕郎司天监主簿充翰林天文同测验浑仪臣赵靖；校定将仕郎司天灵台郎充翰林天文同测验浑仪赐绯董惟正"："元丰元年十二月日楷书臣苏宗亮书"；"元丰元年十二月日书库官臣徐钦邻书"等参校官衔名一纸，据此便将此本定为北宋司天监某些人的写本。可殊不知这一纸专署校正官衔名书叶是刻印的，并非同正文一样是一体手写的。凭什么刻印书叶上的书手就可以拿来作为这个抄本的书手呢？我们姑且先承认这几张印纸上是当年刻印此书时的旧物，那这几张印纸上的书手，也只能说他们曾为刻印此书写过版样，并不能说明此书之抄写就是他们所为。我们没有理由将印本书写样之书手就认定为是此抄本的书手，因而也就没有理由将此书之抄写定为北宋元丰元年（1078）司天监秦孝先、苏宗亮、徐钦邻抄本。设若真是北宋司天监抄本，广义而言当属北宋内府写本。内府抄书写书，一般说避讳是比较严格的，中国国家图书馆所藏南宋淳熙十三年（1186）秘阁所写的《洪范政鉴》，讳字就十分严格。可是此本《景祐乾象新书》，避讳却极不严肃。例如书中"殷""玄""竟"等字缺末笔，表明于北宋开国之君及其远祖之讳是回避的，可是遇有"徵""胤""境"等开国之君及其祖讳却又不缺末笔，这种对同一人的名讳有避有不避现象，表现出此书在抄写时于避讳是很随意的。这是内府写、刻书不应有的现象。出现了这种现象，只能说明它不是北宋司天监的写本。同样，设若此本真是北宋司天监写本，按正常逻辑推想，其上应该有宋代内府的藏书印及宋以后历代官、私收藏的印鉴，可此书现有印记除张蓉镜的藏书印之外，比其更早的印记几乎一枚也没有，很不可思议。我们将这些可疑之处集中起来加以统一思考，就会深深意识到，前人在没有什么根据的情况下，就将之定为"北宋元丰元年司天监秦孝先、苏宗亮、徐钦邻抄本"，是不妥当的。像这样的跋文，就不能全信，要多提几个为什么。

## （五）依据原书刻工鉴定版本

刻工，也称刊工，系指古代的雕版工人。他们都是个体手工工匠，有的在官署，如内府相应机构等专司雕印工作；有的佣工坊肆、私宅；也有的三五成群、成帮结伙地共同完成私宅、坊肆、郡庠、书院等委托的雕印任务；更有的集体承揽公私的刻印工程。如历来都被说成南宋嘉泰四年（1204）官版的《文苑英华》，就是临江军、筠州的刻字刷印工人集体承揽蒇工的。清陆心源《皕宋楼藏书志》卷一百一十二著录为明抄本的《文苑英华》提要中有如下一段文字："宋翰林学士、朝请大夫、中书舍人、广平县开国男、食邑三百户、上柱国、赐紫金鱼袋宋白等奉敕集。每卷末俱有'登仕郎胡柯、乡贡进士彭叔夏校正'一条。末有'成忠郎新差充筠州、临江巡辖马递铺王思恭点对兼督工'一条。吉州致政周少傅府昨于嘉泰元年春，选委成忠郎新差充筠州、临江军巡辖马递铺权本府使臣王思恭，专一手抄《文苑英华》并校正重复，提督雕匠，今已成书，计一千卷。其纸札、工、墨等费,并系本州印匠承揽,本府并无干预。今声说照会。四年八月一日,权干办府张时举具。"

陆氏《皕宋楼藏书志》的这段文字,最早见于朱彝尊的《经义考》,又见于张金吾《爱日精庐藏书志》卷三十五,叶德辉《书林清话》卷三《私宅家塾刻书》一节,亦根据张《志》和陆《志》全录了这段文字。就这段文字而言,版本目录学工作者及出版史研究者并不太生疏,只是关注得不够,研究分析得不够。叶德辉有所注意,但只是注意到它为一人手写版样。叶氏《书林清话》卷六说:"张《志》有《文苑英华》一千卷。……此以一人之力,写千卷之书,较之肃之自书己集,尤为难得。"是说王思恭以一人之力,专一手写一千卷的《文苑英华》版样,较肃之手写自己的文集要难得多。肃之,指岳飞之孙岳珂,珂表字肃之,曾有《玉楮诗稿》八卷,编好请人誊录,结果是"写法甚恶,俗不可观,欲发兴自为手书,但不能暇。二月十日,偶然无事,遂以日书数纸。至望日,访友过海宁,携于舟中,日亦书数纸,迨归而毕"(《书林清话》卷六)。

陆氏皕宋楼所藏的这部明抄本《文苑英华》,应当即由嘉泰刻本所出,或者说是直接抄自嘉泰本。瞿氏《铁琴铜剑楼藏书目录》卷二十三亦著录旧抄本《文苑英华》一千卷,在记录前述那段文字之后,说"此本为明初人依宋本传录,款式尚仍其旧"。表明旧抄本《文苑英华》的确来自原宋本,因此旧抄本卷末的文字就应该是宋本《文苑英华》卷末固有的文字。"每卷末俱有'登仕郎胡柯、乡贡进士彭叔夏校正'"一条,与今天所能见到宋本每卷末所具校勘人的衔名完全相同,证明所谓旧抄本《文苑英华》确当来自宋本。只是今存原刻《文苑英华》只存断续卷帙,佚去全书的最后一卷,故"末有'成忠郎新差充筠州、临江巡辖马递铺王思恭点对兼督工'一条",已无从再见,因而旧抄本就显得格外重要。它使我们知道《文苑英华》的这次付样,负责点对监督工作的具体人物是王思恭。这个人当时的身份是成忠郎,职务是新差充筠州、临江军巡辖马递铺。成忠郎是阶官名,正九品,地位很低。筠州属江西,以地产筠篁而得名,五代时辖境比较大,北宋时则分樟树县置临江军,割万载县属袁州,辖境遂小。南宋时避理宗赵昀的嫌名讳,改筠州称瑞州。王思恭其时所任的职务便是筠州和临江军的巡辖马递铺。宋代的步递铺和马递铺都是邮置名,每十八里至二十里设一铺。步递铺负责传送常程文书,日行六十里,夜宿于铺。马递铺负责传送敕降文书,也就是皇帝亲下的旨义,要日行五百里。不牵涉外交和军机要务,但亦需快递的盗贼作乱等文书,则日行三百里。宋代的马递铺有时亦负责运送官物,逐铺交接。身为成忠郎、巡辖马递铺的王思恭,官职虽低,却与《文苑英华》的雕印发生了密切的关系。

周必大在其《周益文忠公集》卷四十六有一首诗赞说:"予刻《文苑英华》千卷,颇费心力。使臣王思恭书写、校正,用功甚勤。因传于神,戏为作赞:'倚树而吟据槁梧,自怜尔雅注虫鱼。汝曹更作书中蠹,不愧鲲鹏海运欤。'"卷五十一《题平园图后》又说:"使臣王思恭,昨写予真求赞,因记书对《文苑》之劳。今又绘《平园图》,集予诗文于后,用意益可嘉也。嘉泰四年四月二十一日。"表明这时《文苑英华》的雕印已经蒇事或接近尾声。

"吉州致政周少傅府昨于嘉泰元年春,选委成忠郎新差充筠州、临江军巡辖马递铺权本府使臣王思恭,专一手抄《文苑英华》并校正重复,提督雕匠,今已成书,计一千卷"一节,说的是周必大于嘉泰元年(1201)春天选择并委托王思恭"专一手抄《文苑英华》并校正重复,提督雕匠",表明王思恭可能写字比较好,所以将《文苑英华》的写样工作专门交给他,并且委托他校正重复,因为写样之人最易发现重复。与此同时,还让他管理雕字匠人的镌版工作。可知王思恭在《文苑英华》的雕印过程中,的确担当了重要角色,劳苦功高。所以周必大才说他"用功甚勤"。

"其纸札、工、墨等费,并系本州印匠承揽,本府并无干预"一节,十分重要。其意是说《文苑英华》雕印的用纸、用工、用墨,乃至于折叶、装订等项费用,都是由筠州的雕印工匠承揽的,官府并未出资或参与。这解决了一个纠结多年的问题。周必大编刻《欧阳文忠公文集》时,尚在相位,以宰相的身份在国家在地方筹点资,应该是不成问题的。但校刻《文苑英华》时,情况就不同了,这时他已经退休,再向国家伸手要钱,恐怕没有在位时那么方便;指令地方出资,因已不在相位,恐怕也不会那么灵光;自己掏钱,未必掏不起,但一千卷的巨帙,也是一笔不小的开销。到底由谁投资雕印《文苑英华》,始终是个大问号萦绕于心,不得其解。现在出来一个"纸札、工、墨等费,并系本州印匠承揽,本府并无干预",实在是一种新的付梓形式。若干年前,笔者曾就宋代刻书的用工,包括写样工、划界工、刻字工、刷印工、折配工、装订工,用纸,包括书叶用纸、封面用纸，用墨等，粗略地算过一笔账，其工、料成本与出售价格相比，大概有一至两倍的利润。刻书既有利可图，就为付梓方式提供了较为灵活的选择途径。上述这段文字告诉人们，《文苑英华》的付梓，既不是官府出资，亦不是周必大自己掏钱，而是由周必大将此项任务外包给了筠州的刻印工人，由他们出资承揽，印制出来的书除以若干部送编校者外，其余自己经销，从中获取正当利润。这是过去没太注意的问题，使我们又知道了一种付梓出版的经营方式，于深化版本学研究和出版史研究大有裨益。

前引《皕宋楼藏书志》那段话的最后落款是"四年八月一日，权干办府张时举具"。考张时举，字文实，福建闽县人。南宋乾道八年（1172）进士。《宋史》卷二○五《艺文志》著录他有《弟子职女诫乡约家仪乡仪》一卷。陈振孙《直斋书录解题》卷十著录《弟子职等五书》一目，谓"漳州教授张时举，以《管子》弟子职篇、班氏《女诫》、吕氏《乡约》《乡礼》、司马氏《居家杂仪》合为一编"。表明《文苑英华》刻完时，由筠州政府的干办张时举具名将本州印匠承揽刊印的《文苑英华》做了公告，进一步证明《文苑英华》之刻确是工匠承揽，当地政府"并无干预"。显然出资者不是官府，而是筠州的印匠。

然雕印工人组织松散，集散无时。而且远近佣工，地区经常变换，这就决定了对他们的刻字责任要有十分严格的要求，于是便出现了刻工于版口下方镌刊自己姓名的现象，以及在版口上方镌刊每版大小字数的习惯。镌刊姓名，盖是刻字工人内部为了查核责任和计量付酬而让刻字工人自行镌印的记号，故刻工姓名镌刊得极不一致。有的只镌一姓，有的只镌一名，有的姓名俱镌，有的在姓名上还携刊籍贯。之所以出现这种现象，取决于某一书刻工群体的名姓雷同程度。雷同者越多，姓名俱镌也越多，甚至还要加刊籍贯，以便区别。如果某一书刻群体中，刻工姓氏各异，那就镌刻一名一姓便可区别了。刻工留名，并无抬举之意，而是分清责任，计件发放工钱的简单证据。所以刻工在镌刊自己名姓时有很大的随意性，一会儿全名全姓，一会儿又仅姓仅名，信笔刻来，并非郑重。例如中国国家图书馆所藏南宋初年刻本的《集韵》，其版心下方所镌刻工情况就很是繁简不一。如：正其、世安、黎美、佺、信、世明、邦信、廷、世门、王和、吴良、朱春、见、昌、文珍、世荣、侯珠、卖、张交、张六、汤二日、何秀、刘忠、邵康、陈正、其良、长沙李春、长沙陈禾、长沙李椿、长沙张来、长沙王和、长沙李粉、星城陈广、长沙陈庚、长沙叶林、长沙吴良、长沙升、长沙钊正、长沙陈升、长沙叶春、长沙王禾、长沙何万、长沙陈子秀等。这里的正其、世安、佺、信、世明、邦信、廷、世门、见、昌、文珍、世荣、卖等，大概就仅是其名、其字或其号；而黎美、王和、吴良、朱春、张交、张六、汤二日、何秀、刘忠、邵康、陈正等，就肯定是姓名俱全。而前边冠有长沙的一群人，就更是籍贯姓名俱全了。而长沙升与长沙陈升，则当是一人，但在他所负责雕刻的板片上，镌落陈升还是升，可以随意，原因在于这群刻工里只他一人叫陈升。所以只要镌个"升"字，责任归属便很清楚了。

人生在世，一般都有几十年从事劳作的时间。刻字工人也一样，若终生以刻字为业，通常也有几十年的从业时间。若是有一书有明确的刻版年份，版口下方又明确镌刻着一批刻工姓名，那么在别的书口下方再见到若干相同的刻工姓名时，则后一书的刊刻时代与前一书的刊刻时代相去不会甚远。例如南宋初年两浙东路茶盐司所刻的《尚书正义》，版口下方镌有李实、李询、陈锡、陈安、陈俊、王珍、朱明、徐茂、丁璋、包端、洪先、洪乘、毛昌、徐颜、徐亮、朱静、徐章、梁文等。而朱明、徐茂、毛昌、梁文、陈锡、王珍、丁璋、洪乘等，又分别见于《周易注疏》和《周礼疏》，因知这三种书很可能刻于同一时期。证以书中讳字特征及南宋绍熙三年（1192）黄唐做两浙东路茶盐司提举时所刻《礼记正义》中的跋文，进一步证明了《周易注疏》《尚书注疏》《周礼疏》三书确是先后刻于南宋初期。加之从别的书刻以及其他资料，又知道这批刻工都是南宋初期杭州地区的刻字良工。杭州与两浙东路茶盐司官署所在地绍兴又是一水之隔，近在咫尺，因进一步可以鉴定这三种书是南宋初期两浙东路茶盐司刻本。又如《女范编》，明万历三十一年（1603）刻本。其刻工有黄应泰、黄应济、黄伯符等，因此可以推断同样以黄应泰为刻工的《程氏墨苑》，以黄伯符为刻工的《性命圭旨》，也当是万历时的刻本。其他证据也充分证明这两书的确是万历时期刻印行世的。

当然，刻工的寿命和从业时间不可能完全一样，因此，在利用刻工来鉴定版本时，也应注意这种差异。特别是朝代鼎革时期，例如宋元、元明、明清之际，就有不少前朝的刻字工匠跨入新朝，继续从事刻书事业。在这种情况下，就不能简单地依据刻工来判断版刻的朝代。例如南宋末年刊本的《诗集传》，其上有一批刻工如王烨、何彬、吴炎、周嵩、马良、黄埜、张元彧、游熙、贾端仁、刘霁、蔡仁、蔡友、蔡明、郑恭等，进入元朝以后，有的还刻书。特别是在元灭金绝宋以后，曾向江南征集大批匠户。这样，宋朝各行各业的工匠，包括刻字工匠，就有很多人跨入了元朝。可以这样估计，元初的很多刻字工匠都还是宋朝人。宋末元初的刻书风格之所以难于分辨，原因也就在于此。

与此相类，元末明初也是这样。明初对工匠的徭役制度，实行两种办法。一种叫作"驻作匠"，即较长期的来中央政府各部门服徭役（一般是三年，后来可以用银顶替，驻作匠也有长期服役而拿工钱的）；一种叫作"轮换匠"，即按期来服徭役，按期更换返乡。刻字匠也实行这种办法。像明洪武初年内府用很短时间雕印的《元史》，其风格宛然元刊，其原因大概就是使用了一批从元入明的刻字工匠来完成的，很可能是当时驻作匠的杰作。

清朝到康熙时开始提倡软体写刻，其刻书风格为之一变。但早在顺治时，特别是顺治十年以前，也还是有很多明末的刻字工人继续操刀镌版。他们虽已入清，但对一般刻字工匠来讲，其刀法技巧、镌刻风格并未改变，故清初刻书仍类明末。这是符合事物演变规律的。所有这些，在我们利用刻工来鉴定版本时，都应悉心加以考辨。尤其是明末徽州、杭州、苏州、金陵地区的刻工，有的入清后家族相传，有的流派相沿，更难作时代分辨。

鉴定古书版本，不仅仅是鉴定版刻时间，还要鉴定版刻地点。刻工在这方面也会提供某些参考依据。例如前边提到的朱明、徐茂、丁璋、包端、洪先、毛昌、梁文、朱静、陈锡、洪乘等一批刻工，都是南宋初年杭州地区的刻字良工，他们为杭州地区刻书事业的发展做出了应有的贡献。其中以包端为例，又见于《梁书》《元氏长庆集》《汉书》，而这些书的版本都被前人分别定为南宋初期杭州刻本。又如毛昌，也见于《元氏长庆集》《论衡》，这些也都是南宋初期杭州地区刻本。这表明依据刻工的确可以帮助我们鉴定一些书的刊刻地域。

明朝中叶以后，徽州仇村黄氏一族骤然崛起，非但大批黄姓男儿操刀刻书，而且在版画雕印技术上也异军突起，将版画雕印艺术推向了高峰。由于他们的带动，使版画雕印由过去的古朴粗放，完成了向纤细婉丽的过渡，终于形成了闻名遐迩的徽派风格。如黄璁、黄琇、黄蓉、黄瑚、黄瑄、黄汶、黄河、黄淮、黄汉、黄渊、黄鍊、黄銮、黄锐、黄钺、黄鏞、黄钦、黄钫、黄鉴、黄镜、黄钱、黄鏒、黄铭、黄镇、黄铉、黄乐、黄堂、黄用、黄鏻、黄应道、黄应泰、黄应孝、黄应济、黄应光、黄应组、黄应源、黄玉林、黄伯符、黄一彬等，都是明朝中叶以后黄姓有名的刻工。其中的黄玉林，原名黄德宠，在徽州黄姓一族的刻书史上，尤其在版画雕印史上，是一位承前启后的人物。万历时期出自他手的《仙媛记事》，堪称中国版画由豪放向婉丽转变的代表作。

上面举出这么多黄姓的刻工，目的仍是说明如何依据刻工的籍贯来鉴定版刻的时地。就以黄应组为例吧，他于万历三十七年（1609）与汪耕协作，刻了《坐隐先生订棋谱》一书。而在《人镜阳秋》和《汪廷讷坐隐图》上同样见到了黄应组的姓名，因而便可以依此断定后两书亦是万历时期徽州刻本。当然，汪氏环翠堂地在休宁，明时亦是徽州府属地，大范围并不错。

但是在我们利用刻工籍贯来鉴定古书版刻地域时，要特别注意刻工是可以应聘到各地刻书的流动性特点。古时虽然交通不便，不可能长途跋涉赴远佣工，但在一定范围内，刻工还是可流动的。例如南宋初年两浙东路茶盐司刊本的《尚书正义》的刻工李实、李询、陈锡、陈安、陈俊、王珍、朱明、徐茂、丁璋、包端、洪先、毛昌、洪乘、徐颜、徐亮、朱静、徐章、梁文等；《周礼疏》的第一期刻工徐亮、梁济、朱明、陈锡、徐茂、梁文、王珍、丁璋、毛昌、洪乘、陈高、洪新、黄琮、李宪等，都是南宋初年杭州地区有名的刻字工人。那么是否就因为他们都是杭州工人，就将这两书定为杭州刻本呢？不能。因为《易》《书》《周礼》的经、注、单疏的合刻本始自两浙东路茶盐司。而两浙东路茶盐司的官署设在绍兴。绍兴古称越州，故上述三书历来被称为越州本。而越州与杭州仅一江之隔，刻字工人可以相互交流。茶盐司是茶盐专卖及税收的管理机关，是有钱的单位，故其刻书也很讲究，所以肯于花钱从杭州聘请良工开版。我们如果不注意这种刻工的流动性，见有籍贯相同的一批刻工的姓名，就不加分析地说是某一地区的刻本，那就一定会闹出错误来。

又如明嘉靖刻本的《筹海图编》，其刻工黄铼、黄銮、黄锐、黄钱、黄镴、黄钦、黄钫、黄鉴、黄镜、黄钺、黄镲、黄铭、黄镇、黄铉、黄乐、黄堂、黄用、黄瑚、黄帮用、黄子明等，都是黄姓人。是否根据这些人的原籍都属徽州，就鉴定此书是徽州刻本了呢？还是不能。因为徽州黄姓人早在嘉靖之前就有外徙的。原因是皖南一带地少人稠，经商者多。既经商，便以牟利为目的。既想牟利，就要向人文荟萃的地方迁徙。于是杭州、金陵便都成了他们定居谋生的地方。上述出现在《筹海图编》上的黄姓刻工，盖即是早先由徽州迁居杭州的一支。

明嘉靖时，东南沿海倭寇猖獗，胡宗宪以督抚身份帅军征讨。其时麾下幕僚多人，《筹海图编》作者郑若曾便是其中之一。他摭拾旧闻，参以己意，南起福建、广东，北至山东、辽宁，凡沿海情况、防范要领、倭寇踪迹等，都汇编在一起，名之曰《筹海图编》。书成之日，进呈督抚胡宗宪。胡宗宪阅后大为夸赞，并撰写序文一篇置于卷前。当时胡宗宪的行辕公署设在杭州，便指令就地开雕，刷印行世。胡宗宪是徽州绩溪人，号梅林。他大概深知家乡黄姓刻工的高超技艺，虽此支迁徙杭州，技艺仍不失宗族特点和徽派风韵，故用他们镂版颁行。所以《筹海图编》的嘉靖刻本，可以肯定是胡宗宪在杭州开版的。这个例子，又一次说明在依据刻工籍贯来确定版刻地域时，一定要注意刻工的这种流动性。

在利用刻工来鉴定古书的版刻时地时，还应注意三点：一是刻工的同名同姓；一是重修递修等不同时期的刻工；一是影刻本书上的刻工。

同名同姓，这个问题比较好理解。同时不同地、同地不同时以及时地均不同的情况下，都会产生很多同名同姓的刻工。例如何升，南宋庆元六年（1200）曾参与过沈作宾绍兴府刻本《春秋左传正义》的雕版工作；还是这两个字的何升，却又参与刊刻明嘉靖三十四年（1555）苏州顾起经奇字斋主刻的《类笺王右丞诗集》。中间相隔三百五十五年，这分明是既不同时又不同地的两个毫不相干的何升。在同一时代，乃至同一时期，不同地区，乃至同一地区，有时也会出现同名同姓的刻工。这时就不能抓住一两个刻工姓名就下断语，而是要以群体刻工勘核群体刻工，还要结合风格特点及其他证据综合考证之后再下结论。

古书版片经常经过重修、递修再行刷印。而每次重修、递修的规模也很不一样。原版基本能用，只是在原版片上小修小补，修补刻工不留名姓者居多。但版片隔代经年，虫蛀鼠啮，风吹日晒，乃至失盗短缺等情况都可能发生。这时再行修补刷印，修补的规模就比较大，甚至多版重雕。这种修补的版片也常于版口的下方镌刊补版刻工的姓名。如果不止一次地递修，补版刻工也呈现出不同的时代。这时如果不分青红皂白地利用刻工来鉴定版本，那就会闹出很大的错误。如南宋两浙东路茶盐司所刻《周礼疏》一书，就分别有三个不同时期的刻工。其中徐亮、梁济、朱明、陈锡、徐茂、梁文、王珍、丁璋、毛昌、洪乘、陈高、洪新、黄琮、李宪等，为第一期刻工，即南宋初年受两浙东路茶盐司雇聘由杭州到越州雕字的原版刻工。而王恭、宋琚、方至、方坚等，则是第二期补版工人，时间已到了南宋中期。至于郑野、何厚、徐渊、陈天锡、何建、李宝、任阿伴、徐友山、李德瑛等，则是第三期递修的补版工人，其时早已入元了。面对这种比较复杂的情况，如果我们不加分析地说是宋刻本、元刻本，都不符合实际情况。只有考证清楚，将此书定为宋刻宋元递修本，才是最符合实际情况的。在古代，类似现象司空见惯，必须充分注意。

早期刻本传世孤罕，后世为使某个版本化身千百，传诸久远，就采取影刻的办法。刻家为了保存原貌，不但在字体行款、版口、边栏等版式上，照样影摹影写影刻，就连原有刻工，有时也照样摹刻下来。例如清康熙时缪曰芑影刻宋本《李太白文集》，就连有的刻工也一齐影刻，不知根底，就会以假乱真。

总之，依据刻工来鉴定版刻的时间地域，通常是比较可靠的。历来的版本学家及图书馆古籍整理工作者也十分重视刻工的价值，甚至积毕生之所得，将各书之刻工录以排比，汇编成书，供人参考。如日本的长泽规矩也，就整理编辑过《宋刊本刻工名表初稿》一书，涉及一百三十一种宋版书，收录刻工几千名，很有参考价值，但该书未将刻工分开地域，用者病焉。中国国家图书馆冀淑英女士于古刻旧刊见识颇广，又勤于撷拾记录，也整理编辑过一部地区的刻工名表行世，较日人长泽先生的《宋刊本刻工名表初稿》更为进步，览者赞焉。但迄今为止，尚没有一部纵涉古近、横分四方、分时别地、以书检索刻工、以刻工考定版本的中国古代刻工名表问世。盖其工甚繁，其事难成。近年有一两本书问世，但刻工来源所据绝非原书，且所录刻工量太少。故我们在利用刻工来鉴定版本时，还得靠自己的积累，但不管是利用别人的成果，还是利用自己积累的材料，都不可望名生义，妄下结论。

## （六）依据书中讳字鉴定版本

辛亥革命以前，凡文字上不得直书当代君王或所尊之名，必须采取其他办法加以回避，这就是所谓的避讳。在古书中凡因避讳而形成的文字，就称为讳字。

避讳是古代中国特有的习俗，前后垂两千余年。陈垣先生《史讳举例》如此分析避讳："其流弊足以淆乱古文书，然反而利用之，则可以解释古文书之疑滞，辨别古文书之真伪及时代，识者便焉。……研究避讳而能应用之于校勘学及考古学者，谓之避讳学。避讳学亦史学中之一辅助科学也。"陈垣先生是中国近当代的史学巨擘，其利用避讳来研究古书之疑滞、辨别古书之真伪、考证史实之时代、校正文字之讹脱、鉴定古书之版本，可谓通矣贯矣。我们这里讲的依据书中讳字来鉴定古书版本，就是不但要学习陈垣先生的治学方法，还要充分利用陈垣先生为我们留下的宝贵遗产，这就是他的《史讳举例》。当然，除了陈垣先生的此书之外，也还有不少可在这方面供查核参考的书籍，像《宋朝事实》《容斋随笔》《野客丛书》《齐东野语》《日知录》《十驾斋养新录》《陔余丛考》《十七史商榷》《金石萃编》《廿二史考异》《经史避名汇考》《帝王庙谥年讳谱》《避讳录》《廿二史讳略》等一大批宋元明清人的杂史、杂说、杂考、杂学、杂记及笔记性的著作，都有多寡不同的有关历代避讳的记载。但有的过于疏略，有的讹误难信，有的零篇断简，有的偶见于字里行间，用起来均不如陈垣先生的《史讳举例》来得更方便。因此，凡有志于古书版本鉴定及古书版本学研究者，陈垣先生的《史讳举例》不能不备，不能不读，不能不熟。2009年，中华书局出版了王彦坤编著的《历代避讳字汇典》。该书全面系统挖掘了中国历代避讳方方面面的现象与问题，将历来正讳、嫌名讳、避讳代用字，以及因避讳而改称之人名、地名、职官名、书名等，通编成四角号码索引，为我们检索某字、某名是否为讳提供了极大的方便，是从事古书版本鉴定者案头必备之书。

当然，熟悉历代的讳法、讳例、讳字、讳类，还只是问题的一面。另一面就是要熟练地查找皇帝、诸王、后妃等名讳，以及他们的祖讳、家讳等。只有这样，才能识别和掌握讳字规律及因避讳而改姓、改名、改官、改地、辞官、弃举等特点，从而实现考定时地、鉴定版本的目的。但是要牢记所有讳字，精通所有讳法，熟悉所有讳例，也是不大可能的。而且鉴定古书版本碰到的讳字实际上也没有那么多。用得最多的只不过是南北两宋、明末和清前期。元朝是蒙古族入主中原，他们原初根本没有避讳的习惯，也无法避讳。入主中原以后，他们的蒙元之名有了汉字译名，但礼部讨论了几次，也未形成定制。明初虽有讳法，但未形成制度，讳例也极其少见。万历以后，国势日蹙，讳法渐密。清朝又是少数民族入主，故顺治一朝仍无避讳习惯。然自康熙以降，讳法骤严，雍正、乾隆时尤甚。嘉庆、道光之后随着政策的调整，讳法也渐疏，然于皇帝名讳还是要回避的。

避讳的方法自古以来是比较复杂的，但常见的无非是改字讳和缺笔讳。宋本书中遇到皇帝御名，有时也用"今上御名"四小字标出。缺笔讳比较好识别，如宋太祖赵匡胤的"匡""胤"；宋高宗赵构的"構"（今简化为"构"）字；宋孝宗赵昚的嫌名"慎"字；清圣祖玄烨的"玄""烨"（今简化为"烨"）二字；清高宗弘历的"弘"、"曆"（今简化为"历"）二字等等，这些字写、印在书上，一般是容易发现、容易辨识的。但改字讳的辨认和知晓就不那么容易了。古时避讳改字的规律，通常是以互训字相替代，什么字是因避讳而改替的，什么字根本就不是讳字，不大容易掌握。北京故宫的后门原名玄武门，这是符合古时前朱雀、后玄武、左青龙、右白虎的格局的。但因清圣祖名玄烨，故改"玄"为"神"，名为"神武门"了。在古书中若出现了神武门字样，则此书之刻当在康熙及康熙以后了。若称玄武门，则此书之作之刻当在康熙以前。明孝宗朱祐樘年号"弘治"，到清高宗时书中改"弘治"为"宏治"。在古书中若出现"宏治"字样，其刊刻当在乾隆之时或稍后，因为要回避乾隆帝名讳中的"弘"字。这些不仅有辨识的问题，还有知识问题，不如缺笔讳好认。

这里特别需要说明的一点，是宋代不但避历朝皇帝的名讳，而且还避赵氏的祖讳，乃至于他们追认的远祖讳。而且不但避名讳，还避与名字有关的嫌名讳。这一点我们在审别宋版书时要特别注意。尤其宋代的官刻书，特别是中央政府部门刻的书，避讳是比较严格的。清朝没有什么要回避远祖讳的问题，但康熙、乾隆两帝的名讳，几乎成了康、乾以后清朝人的通讳，尤其是官修书和官刻书。

利用避讳鉴定古书版本，只能做到大体鉴定古书的版刻时限。例如传世的《雷峰塔经》，多在卷首扉画前镌印吴越国王的刻经题记。如中国国家图书馆所藏《一切如来心秘全身舍利宝箧印陀罗尼经》，卷首镌有国王宠妃黄氏礼佛的扉画，扉画前又镌有"天下兵马大元帅吴越国王钱俶造此经八万四千卷舍入西关砖塔，永充供养，乙亥八月日纪"的刊记。这条刊记将刻此经的主人及其身份、名义上刻了多少卷、奉献在什么地方、雕造的具体时间都交代了，其中有吴越国王钱俶的衔名，很能说明问题。钱俶本名钱弘俶，这里只题钱俶，显系回避宋朝名讳。宋太祖赵匡胤的父亲叫赵弘殷，赵匡胤做了皇帝后，父以子贵，对其名也行避讳。吴越国王降宋后，因自己的名字钱弘俶中有"弘"字，犯了赵匡胤父亲赵弘殷的名讳，只好回避，故更名钱俶。只这一点，就足以表明刻此经时绝对入宋了。事实上，最后年款是"乙亥八月"，乙亥是北宋开宝八年（975），入宋已经十有五年了。吴越国王早已归顺了赵宋王朝，但实际上还未纳土，故仍称"天下兵马大元帅吴越国王"。

相反，《雷峰塔经》并不是一年一次刻成的，而是从五代刻到北宋。传世的《雷峰塔经》自杭州雷峰塔倾圮之后，流入民间乃至海外者，也不止一件两件。有一件的卷首扉画前也镌有刻经题记，称"天下都元帅吴越国王钱弘俶印宝箧印经八万四千卷在宝塔内供养，显德三年丙辰岁记"。这段题记也点明了刻此经的年份，因而容易考定。设若没有这一点，只从其还称钱弘俶之名字看，也能断定其版刻年份绝不会是入宋以后的事。事实也证明这卷经是刻在五代后周显德三年（956），距宋朝建立还有四年。

这是比较简单的例子，实际上当我们利用避讳鉴定版本时，情况比这要复杂得多。特别是南宋初年的官刻书，其讳字常常很多，即不但要回避当朝皇帝的名讳，还要回避北宋以来历朝已故皇帝的名讳，还要回避他们赵宋始祖、远祖、高祖、曾祖、祖、父的名讳。因此在我们看书寻找讳字时，必须仔细认真，最好是见一个记一个。然后将所发现的讳字，依时间顺序排列起来，这样就会明了某一书的讳字下限到哪一帝为止，也就是从事版本研究的人常说的某书讳字至某字而止。例如中国国家图书馆珍藏的宋刻本《集韵》，其于玄、荄、殷、眍、诓等字，皆以缺末笔的方式避讳，表明其于宋太祖赵匡胤及其父赵弘殷之名全行回避。而于桓、峘、梡、莞、丸、絙、紈、構、媾、購等字，又全行不避，表明其于北宋末帝钦宗赵桓、南宋首帝高宗赵构之御嫌名完全不避讳。这是否可以证明此书之刻当在宋太祖以后，宋钦宗之前呢？如果检查讳字只是到此为止，就很可能得出这样的结论。如果还知道《集韵》的第一个刻本，是北宋庆历三年（1043）国子监开雕，甚至会得出此本即北宋庆历国子监原刊的结论。然而它事实上并不是庆历原本，上述现象只不过是南宋重刊时所保留的庆历原刊的旧迹。如果继续仔细检查讳字，还会发现若干个"慎"字以缺笔的方式避讳。而于敦、惇、墩、镦、擴、郭、椁等字，又全行不避，表明其于南宋光宗赵惇、宁宗赵扩的御嫌名不行避讳。这说明此书讳字至"慎"而止，避的正是南宋孝宗赵昚的嫌名，所以此本《集韵》之刻，当在孝宗之世。足见利用讳字鉴定版本时，不但要把书中讳字检查到最下限，还要往下再检查后两位皇帝的御嫌名是否避讳，以便进一步明确断限，而后再给版刻时代下结论，那就比较科学了。

但是宋以后的讳法也不都是缺笔讳，还有不少是改字讳，这就需要我们特别注意了。前边我们已经讲到一些例子，还有例子可以说明这个问题的复杂性。如张佳胤、申佳胤、堵胤锡等，都是明朝有名的人物。然于清世宗胤禛雍正以后的《明史》上，却都变成了张佳允、申佳允、堵允锡，这是因为要回避世宗胤禛的名讳，故改"胤"为"允"。如果我们知道这一掌故，就会利用它来帮助我们判断这部《明史》之刊刻必在雍正之后。又如韵书，若见到"琰"目改为"俭"目了，那么这部韵书无疑该是清仁宗颙琰嘉庆以后的写本或印本了。因为这是回避"琰"字而改"琰"为"俭"了。又如宋代俞琰，他的著作收入清代《四库简明目录》之后，"俞琰"被改成了"俞琬"，也是因为回避嘉庆皇帝的名讳，改"琰"为"琬"。古书中这种改字讳也不少，这就需要我们尽可能地多知多懂，而且要知道两头一改。两头，指一头要知道官署、职名、人名、地名之原名；一头要知道某位皇帝御名之改字例；还要知道什么字可改成什么字。这样在看书时才可能捕捉到藏在字里行间的有力证据，用来进行准确无疑的版本鉴定。如果我们一无所知，行字眼前过，证据手边溜，那就无从利用改字讳了。所以版本鉴定绝不是简单的观风望气、纸墨行款，而是要知识，要学问。并且知识越多越得心应手，博闻强记，左右逢源。千万不可太匠气、太盲目、太轻信。多问几个为什么，多查几种书，多验证几个问题，版本鉴定才会建立在稳固的科学的基础之上。

通常情况下，利用讳字来鉴定版本，只要查检到位、判断准确，一般是比较可靠的。但有些情况也需要引起我们的特别注意。

一是要注意官刻本，特别是历代中央机关、内府刻本与私宅家刻特别是书铺子刻本之间，在避讳的严肃性上有很大的区别。一般来说，官刻书，尤其是中央各部、院、监、署、局、司，内府各机构等所刻的书，讳法比较严格，运用起来比较可靠。但私宅家刻，尤其是坊间刻书，讳法就不那么严，甚至是同一个字便此避彼不避。如我们前边所说的《集韵》，于南宋孝宗赵昚所应回避之"慎"字，便有时缺笔有时不缺笔，显得讳法很不严肃。推其原因，大概就是由于它是湖南的普通刻本。

二是要注意重刻翻刻时讳字照刻。例如《古逸丛书》，刻时为了保持原本面貌，故于讳字也一仍其旧。过去旧书行还曾熏染过《古逸丛书》的某些零种，以图赝宋，牟取暴利。在这种情况下，如果还一味去寻找什么讳字，那就要上当受骗，鉴定失实。

三是要注意影刻本书。所谓影刻本，系指以某一古刻本为底本，用薄而透明的纸覆盖在每一书叶上，而后用笔影摹或双钩底本文字，然后再将影摹件反贴上版重刊。用这种方法雕印出来的书，就称为影刻本。既是影写临摹而翻刻，当然对那个底本的一切都是照刻不误。例如明嘉靖七年（1528）龚雷影刻的《鲍氏国策》、清康熙时缪曰芑影刻的宋本《李太白文集》，就把原本的版式行款、边栏界行、书口鱼尾、字体刻工，乃至于所有讳字，都一一照样刻了下来。如果没有经验，或是再被后人造伪，光去检寻什么讳字，那就于版本鉴定徒劳无益了。

四是要注意影印本。自西方照相技术，特别是西方珂罗版影印书籍的技术传入中国以后，我国先后影印过不少古籍。这些影印的书较影刻的书更进步了，与原底本形神更似，其中的讳字就更是完全一致了。这种影印的书，若是再有人挖空心思在其上大做手脚，以假充真，我们再去寻找什么讳字，用以鉴定版本，那就不仅徒劳，还会大错特错。

总之，依据讳字鉴定古书版本，是一种行之有效的方法。但是不能仅凭一两个讳字就妄下结论。古书版本鉴定历来忌讳单凭孤证。即使是讳字很准确，也还要从其他方面加以验证。非要几方面证据契合，才能最后确定。

## （七）依据地理建置沿革鉴定版本

中国的历史源远流长，疆域幅员辽阔，朝代更迭不断，行政建置历史沿革极为频繁。以北京而言，春秋战国时称燕称蓟，唐时又改称幽州。辽时称为燕京，也称为南京。至辽圣宗耶律隆绪开泰元年（1012），取古人以星土辨分野的办法，以为燕分野旅寅，为析木之津，故又改称南京析津府。金天会年间（1123—1137）动员民夫八十万、兵夫四十万，仿照汴京旧制改建辽之南京，又称为中都。元兵灭金倾宋的过程中，中都一片瓦砾废墟。元世祖忽必烈第二次领兵来到中都时，至无落脚之地，只好驻跸金中都东北郊的行宫（今北海白塔山），然后挥师南下，一举灭宋。之后，忽必烈便以此为中心，重建都城，又名大都。明灭元之后，定都南京，改大都为北平府。到明成祖朱棣以燕王身份从北平府起兵，挥师南下靖难，一举成功，自己做了皇帝，又改北平府为顺天府，盖取顺天应人之意。成祖迁都后，又改称北京。清朝定鼎之后，继都于此，仍称北京。顺天府治所亦设在这里，故亦有直隶顺天府之名。1927年蒋介石发动"四一二"政变，翌年成立国民政府，定都南京，故又改北京为北平。1949年中华人民共和国成立，定都于此，又改北平为北京，迄今仍称北京。足见其建置沿革及名称改变之频繁。

又如河北石家庄的正定县，本名真定府，清朝雍正皇帝名胤禛，要行回避嫌名之法，故改真定为正定。北京的延庆县本名隆庆县，明穆宗朱载垕年号隆庆，要行回避，故改隆庆为延庆。东汉光武帝刘秀的叔叔名刘良，封为赵王，为回避这个"良"字，便改寿良县为寿张县。三国吴景帝名孙休，为回避这个"休"字，便改休阳县为海阳县。晋平吴之后，又改海阳县为海宁县。到清朝宣宗旻宁道光以后，又改海宁县为海甯县（今均简化为"海宁县"）。西晋愍帝名司马邺，故改建邺（今南京）为建康，邺县改称临漳县。北朝时北齐废帝名殷，改殷州为赵州。北周文帝小名黑獭，故改黑水为乌水。隋炀帝名杨广，广川县改为长河县，广武县改为雁门县。唐代宗名李豫，故改豫州为蔡州，改豫章县为钟陵县。五代后唐庄宗祖父叫李国昌，故改孝昌县为孝感县。西汉文帝名叫刘恒，故改恒山为常山。宋真宗名赵恒，故改恒山为镇山，改恒农县为虢略县。金熙宗父亲名宗峻，故改濬州为通州。明成祖名朱棣，故改沧州之无棣县为庆云县，改乐安州之无棣县为海丰县。明神宗名翊钧，故改钧州为禹州。所有这些地名的变迁，都有其历史原因和鲜明的时代特色。掌握古代这些地名建置的沿革，于考定版本的时代也会大有裨益。

又如1944年成都东门外望江楼附近唐墓出土的唐成都府成都县龙池坊卞家雕印的《陀罗尼经咒本》、中国国家图书馆所藏《五臣注文选》和北京故宫博物院所藏唐写本《王仁昫刊谬补缺切韵》，都是从地名变迁考定其成书写刻时代的。

又如中国国家图书馆近年入藏了一件《观弥勒菩萨上生兜率陀天经》，卷子装。现存七纸，每纸长56厘米，全长约392厘米，每纸二十八行，行十七字。

无界格，四周单边。首纸残剩尾部三行，卷首内容已无法窥见，因而有无功德主愿文及发愿刻经年份，也无从稽考。正文卷尾镌慈氏真言二行七句、生内院真言二行六句。字体浑朴厚重，刀法稳健，有简体字，颇有唐人写经风韵。似是麻纸印造，墨色纯正。经尾题名下镌"隰州张德雕板"一行。这是此经为我们留下的唯一考据。

张德当是彼时的刻字名工而绝非功德主。隰州当是张德的籍贯或郡望，也就是说这卷佛经是由隰州张德操刀镌刻的。这样"隰州"便成了我们据以考证的凭借。

不少人都知道，中国历史上有过两个"隰州"。一个是辽代北京路上有个隰州，名为南隰州。地处今锦州与秦皇岛之间的海岸线上，也称海滨县，金代时已废置。另一个是河东南路属于今山西的隰州，这个隰州始置于隋，寻废。唐复置，改曰大宁郡，又改曰隰州。北宋时被契丹人占领而成为辽之属地，因曰隰州大宁郡，亦直称大宁郡。金灭辽，地盘有所扩大，隰州并焉，名曰南隰州。康熙《隰州志》谓："按《金史》，天会六年改为南隰州，以与北京隰州重也，天德三年去南字。"今核以《金史·地理志》，确谓："隰州，上，刺史。宋大宁郡，团练。旧大宁郡军刺史，天会六年改为南隰州，以与北京隰州重也，天德三年去南字。户二万五千四百四十五。县六、关四。"从前述隰州的建置沿革中，我们不难分辨张德到底是哪个隰州人和此经到底刻于何时。是辽代的南隰州？不可能。因为张德前的籍贯只提"隰州"，而未提"南隰州"。且辽时南隰州地处关外，不具备刻书出版的条件。不可能是辽时的雕版印刷品。现在可以考见的辽代印刷品，大都刻于当时的燕都，即今天的北京。所以可以排除此件是辽刻的可能性。那么山西的隰州早在隋、唐即已设置，因而是否有可能是那时的印刷品呢？也没这种可能。中国的雕版印刷术发端于隋，迄今尚无文献证据和实物证据。唐代虽发明了雕版印书术，但"板印书籍，唐人尚未盛为之"，说是隋、唐之物似绝不可信。以国图所收《观弥勒菩萨上生兜率陀天经》之雕印风格，纸、墨特点，颇具金时北方的刻书气象，因而我们还得回到"隰州"的考据上来。

前边已经说过，金天会六年（1128）改宋大宁郡为"南隰州"，后因与辽北京路上的"南隰州"名称相重，故于金天德三年（1151）将原称大宁郡的"南隰州"中的"南"字去掉，径称"隰州"。此经刻工张德之籍贯既已标明"隰州",表明已去掉了"南"字,因而可以肯定此经之刻必在天德三年以后。天德三年,相当于南宋绍兴二十一年,正届南宋初年。至元代则"以州(隰州)隶晋宁路,领五县",即隰川、大宁、石楼、永和、蒲县(《元史》卷五十八《地理志》一)。而晋宁路,即唐晋州,金为平阳府,元初为平阳路,大德九年(1305)以地震改晋宁路。可见此地金时乃为平阳府的属地。

众所周知,金代的山西平阳府是北方的刻书中心。金"天会六年,升(平阳府为)总管府,置转运司。兴定二年十二月,以残破降为散府"。并小字注明此地特产"有书籍。产解盐、隰州绿、卷子布、龙门椒、紫团参、甘草、苍术。户一十三万六千九百三十六。县十、镇一"(《金史》卷二十六《地理志下》)。又有抄纸坊,出白麻纸。《金史》记载金天会八年(1130)立经籍所于平阳,刊行经籍。所以书籍成为此地的特产。加之此地文化气息较浓,"当时平阳、洪洞家置书楼,人蓄文库"(张秀民《中国印刷史》)。卷帙浩繁的《金藏》和《玄都宝藏》均雕印于这里。显然,这里有刻印《观弥勒菩萨上生兜率陀天经》的客观条件。

而女真人很早就信佛,占领中原后,统治阶级信佛更笃。士大夫如赵秉文、王寂、李之纯,及一般汉族普通百姓均多信佛。认为印施经卷,可以消灾获福。所以金代由某人出资倩工镌雕某经者颇多。此盖其一也。加之此经的印纸、墨色、字体、刀法等特色,判定此经为金刻本,应当是可信的。此为依据地理沿革鉴定版本的典型范例。

美国哈佛大学的哈佛燕京图书馆藏有一部《增广事联诗学大成》。中国国家图书馆也藏有此书,定此书为明初刻本,实际应是元刻本。哈佛燕京图书馆所藏一部,目录后镌有"至正甲午中秋鄞江书院重刊"题记。至正甲午即元至正十四年(1354)。按说有这个重刊的年款,已可确定此书的版本了。但为了慎重起见,对鄞江书院也需加以考证。按鄞江书院,明周希哲〔嘉靖〕《宁波府志》、清曹秉仁〔雍正〕《宁波府志》、清汪源泽〔康熙〕《鄞县志》、清曾日瑛〔乾隆〕《汀州府志》、清陈朝羲〔乾隆〕《长汀县志》等,都记载有鄞江书院。这就需要先行辨别,否则该书到底是闽刻本还是浙刻本都说不清楚。陈朝羲乾隆时所修《长汀县志》卷十一载:"鄞江书院,在登俊坊,明崇祯七年邑令曾巽建。"曾日瑛乾隆时所修《汀州府志》卷十六亦载:"曾巽,南丰人,创鄞江书院以课士。"由此可知，汀州的鄞江书院，为明崇祯七年（1634）邑令曾异所创建，这在时间上与前述"至正甲午中秋鄞江书院重刊"极不一致，表明题记中所说之鄞江书院，指的绝不是汀州的鄞江书院，而应是宁波的鄞江书院。关于宁波的鄞江书院，明周希哲嘉靖时所修《宁波府志》卷十九说是在"府治西废址，今为宁波卫"。周氏所言对不对呢？清汪源泽康熙时所修《鄞县志》卷二十三有如下的说法及考辨："鄞江书院，王圻《续文献通考》云在宁波府治东南，元时邑人张式艮建，盖以祀宋鄞江王先生致也。张大司马郡志言'在府治西废址，今为宁波卫'。按卫址，宋为郡治，元为元帅府，安从建书院耶！今东南有鄞江庙，即书院故址。"考辨精当，可以肯定前述题记所说的鄞江书院，指的当是宁波的鄞江书院。再结合该书的字体风格、印纸墨色等加以验证，此书之版本定为"元至正十四年（1354）宁波鄞江书院刻本"，当是最贴切的。

　　前面谈的仅是原书题记、牌记中出现的地名变迁在古书版本考定中的价值。至于古书正文中出现的地名，同样带有不同时代的特征，如果我们善于发掘善于捕捉，对于鉴定古书的版刻时地，同样是大有裨益的。如《建康实录》，因西晋愍帝名司马邺，才改建邺为建康的，所以绝不可能有西晋愍帝以前的《建康实录》。同样，哪部古书中出现了临漳县字样，那么此书也绝不会产生在西晋愍帝之前。因为要回避司马邺的嫌名，才改邺县为临漳。若是在古书中发现了上封县之名，则此书之作、此书之传抄必在北魏太祖之后。因为太祖名拓跋珪，要回避珪字，才改上珪县为上封县。若是在古书中见有高安县和晋安县之名，则成书与传抄必在李渊做了大唐皇帝，并且立建成为太子之后。因为高安县原称建城县，晋安县原称晋城县，都是因为要回避太子建成的嫌名才分别改名的。若是见到古书中出现阆州和河清的县名，则此书成书或传抄则必在唐玄宗李隆基登帝之后。因为阆州原称隆州，河清原名大基。若是古书中发现了鹤丘县、平蜀县之名，则其成书、传抄或刻印必在赵匡胤做了皇帝之后。因为鹤丘县原名匡城县，平蜀县原名胤山县。同样，若是古书中出现了中江县或确山县之名，亦必在赵匡胤黄袍加身之后。因为赵匡胤做皇帝之后，以其始祖名玄朗，要行回避，故改称玄武县为中江县，改朗山县为确山县。若是在古书中见到了延庆县之名，则其成书或刻印必在明穆宗隆庆之后。这些还只是就县名而言，若是还能进一步知道一些小地名，乃至于宫殿名、门名等的沿革原委，那就更易寻觅证据，鉴定版本。北京故宫北门在书中叫神武门，则肯定此书之刻必在康熙皇帝登基之后。若是书中出现宛委别藏字样，则此书之刻必在嘉庆皇帝登基之后。因为阮元在嘉庆时曾进呈《四库》未收书一百七十四种，嘉庆皇帝在养心殿别室庋藏，赐名宛委别藏。

总之，关于地理沿革和地名变迁方面的知识越多，掌握得越纯熟，于古书版本鉴定的价值也就越大。但也要注意，地理沿革与地名变迁的情况十分复杂，有时变来变去，反复无常，特别是那些因避讳而改名的地方，情况更为复杂。例如恒山县，初为汉高祖刘邦时所置，可是没过多久，汉文帝刘恒一入继大统，便因避讳改恒山为常山。隋大业初年，又复置恒山郡，可是到了唐天宝元年（742）又改称常山郡。仅过十多年，到唐肃宗乾元元年（758），便又改称恒州。以后又称真定府，清雍正之后又改称正定县。像这种情况，在地名变迁中可谓司空见惯。若是抓住一点，不及其余，胶柱鼓瑟，就难免要犯错误。加之有时讳法渐疏，有避有不避，有改有不改，情况就更复杂。如清宣宗讳旻宁（今简化为"宁"），但故宫宫殿、门厅名中带有"宁"字者并未全改。若见有"宁"字就认为一定在宣宗之前，那也未必。特别是古书影刻、覆刻、重刻，常常照刻原书地名。在这种情况下，仍以地名变迁作为鉴定版本的主要依据，那就不可能得出正确的结论。必须具体问题具体分析，再结合其他方面的证据，综合考察，才能得出正确的鉴定意见。

## （八）依据机构职官变迁鉴定版本

中国历代所设置的行政、经济、军事、文化、教育、司法等机构，以及历代这些机构中所设置的官职，不但内容、权限、性质不断发生变化，其名称也在不断发生变化。例如尚书省，东汉时就有了这种性质的机构，但那时称为尚书台或中台。到南北朝时始称尚书省，下分各曹，为中央执行政务的总机构。唐代曾改称为文昌台、都台、中台，旋复称尚书省。元代于尚书省时置时废。明、清两代均废置尚书省，使吏、户、礼、兵、刑、工六部直接对皇帝负责。与尚书省相适应，其长官名尚书令。此名自西汉一直到唐初，沿用了八百余年。但入唐以后，因秦王李世民曾做过尚书令，故当他登基做皇帝之后，便废置此官，代之以尚书左右仆射。宋代虽复设尚书令，且班次在太师以上，然均由亲王及宰相兼官此职,故形同虚设。明、清两代由于连尚书省都被废除了,故尚书令之官也就无从设置了。

中书省始设于魏、晋,系秉承皇帝意旨、掌管机要、发布政令的机构。到隋代改称为内史省、内书省。唐朝又改称为西台、凤阁、紫微省,随之将中书令也改称为右相、凤阁令、紫微令。元代则以中书省总领百官。明、清废置中书省。

翰林院的机构职官,历代称呼也有不小变化。清代称为翰林院掌院学士,明代则称为翰林院学士,元代称为翰林国史院承旨,宋代称为翰林学士承旨。清代的翰林院修撰一职,明代亦称修撰,元代称为翰林国史院修撰,宋代则分称史馆修撰、实录院修撰、集贤殿修撰。又如清代的文渊阁领阁事,明代则无此官,元代则称为秘书监卿,宋代则分称集贤院大学士、昭文馆大学士、秘阁领阁事、秘书监。清代的校理,明代无此官,元代则称为秘书郎、校书郎,宋代则分称集贤校理、秘阁校理、崇文院校勘、秘书郎、校书郎。又如清代的陵寝内务府总管,明代无此官,金代则称为提点山陵,宋代则称请陵使。清代的陵寝总兵官,明、元、宋均无此官。又如清代的八旗都统,明、元、宋也无此官。又如清代的提督学政,明代则称为提学御史、提学副使、提学佥事,元代则称为儒学提举、副提举,宋代则称为提举学事司。又如明、清两代都有庶吉士,元以前各代于进士登第后无选庶吉士之制,等等,不胜枚举。

还有就是历代因避讳而改官名,为数也不少。如辽太宗名耶律德光,于是便改光禄大夫为崇禄大夫。武则天名武曌,改待诏为待制。宋太祖名赵匡胤,匡国军便改称定国军。宋英宗名赵曙,都部署便改称为都总管。宋高宗名赵构,勾当官便改称干当官。凡此种种,也是不胜枚举。

从上述这些例子中,不难看出它们也是有着明显的时代特征的。我们若能掌握这些特征,并能科学地辩证地加以运用,于古书版本鉴定也是大有裨益的。特别是在帮助我们划分确定成书的大致时代和版刻的大致时代上,更会显出它们的特殊价值。中国国家图书馆收藏一部《御制北调宫词乐谱》,原将此书的抄写时代定为清乾隆四十七年(1782)。《北调宫词乐谱》是琵琶谱,早在元代即已有之。元朝是谙于弓马、游牧狩猎的蒙古族贵族建立的封建王朝。他们虽入主中原,做了统治民族,但生活习性、游玩乐趣,却仍保持着旧有的阳刚特性。他们非常喜爱海东青扑天鹅之戏。据《析津志辑佚》记载,海东青从海外飞入中土,要远涉重洋。有不少海东青因精疲力竭，中途坠海而死。所以凡能飞入中土者，必是其中之矫健者。政府有令不能射猎。并规定凡犯人能活捉住海东青者，可减罪一等。蒙古族人在重视海东青的同时，也非常重视天鹅。每岁命京南大兴县百姓开挖湖泊沼泽，广种茨菇，以招揽天鹅栖息。其目的是驯养海东青，以作海东青扑天鹅之戏。《北调宫词乐谱》就是描写海东青腾空，天鹅翻飞，空中捕斗，双双坠地等情节的曲子，当时以琵琶演奏，听者闭目欣赏，心情随之起伏跌宕，仿佛身莅其境，满足心理上的享受。入明以后，海东青扑天鹅的游戏消失了，但这种曲子却仍在流传，并且专门有人演奏。特别是在民间，这种曲子始终没有断绝。

入清以后，满、蒙民族虽然有不同的生活爱好，但弓马狩猎的情趣，却有很多相通之处。因此，对元代流传下来的这种带有狩猎色彩的曲子，也颇感兴趣。清朝内务府拴有戏班子，专为宫内的皇后妃嫔、王公大臣，乃至于皇帝本人演唱作乐。而具体管理这种戏班并主持承应节目安排的机构，前期叫作南府，后期则改称为升平署。南府或升平署组织演出，承应皇帝、太后、皇后乃至各府的点戏，不光是自己所拴戏班登台，有时还要招徕民间的文艺团体进宫表演。《北调宫词乐谱》盖因此从民间而传入了宫内，并由南府加以润色整理，皇帝乙览，才成为《御制北调宫词乐谱》。

中国国家图书馆所藏此书的内封有三行题字：右上直书"乾隆四十七年"，中间通栏直题"御制北调宫词乐谱"，左署"升平署正、礼部郎中三保恭录"。据此中国国家图书馆将此书定为清乾隆四十七年（1782）升平署抄本了。但考升平署之名，则道光七年（1827）始有，而道光七年以前尚无升平署之名，只有南府之称。查中国国家图书馆所藏升平署档案，其道光七年档册载："道光七年二月初六日，奉旨将南府民籍学生全数退出。仍回原籍。钦此。"同日，"包衣昂邦禧恩、穆彰阿传旨，南府着改为升平署，不准有大差处名目，升平署着加恩"。同年，"二月二十六日，奴才禧恩、穆彰阿奏请……升平署署名已蒙钦定……升平署向设有南府图记一颗，在内学总管太监处执掌，以备传片钤用。今拟将旧有图记交造办处销毁，另造升平署图记一颗，交总管太监处祗领，以备行取年例公费、车辆、米石及应传差务钤用，以凭查对。又外有南府景山关防一颗，向在管理大臣宅内存贮，应请一并销毁"。禧恩和穆彰阿的这个报告，当天就得到批准，奉旨施行。这两段记载说明，道光七年二月初六日，奉旨将南府改名升平署。同年二月二十六日，连南府原有的关防大印都废止了，而代之以升平署图记。由此可见，在道光七年二月初六日以后才出现的升平署，怎么会在四十五年前的乾隆四十七年就有人身为署正，并利用其名来鉴定版本呢？这是绝对不可能的。所以中国国家图书馆所藏《御制北调宫词乐谱》绝非乾隆四十七年升平署抄本，因为乾隆四十七年与升平署两者风马牛不相及。这显然是把乾隆四十七年经御制而成的《御制北调宫词乐谱》，与升平署正礼部郎中三保重抄此书两个不同的概念混淆在一起了。其实它绝对是道光七年以后升平署的抄本。这是不明职官机构的时代特点而搞错版本鉴定的典型实例。

中国国家图书馆还收藏一部明嘉靖元年（1522）书林郑伯刚宗文书堂刻本的《重刊仪礼考注》十七卷，是元代吴澄的作品，历来被推为研究《仪礼》的重要著作。此书元代即有刻本，但到明朝中叶已不经见，故书林郑伯刚宗文书堂才予重刊。该本每半叶十一行，行二十四字，上下粗黑口，四周双边，字体略带赵松雪笔意，整个风格颇有元刊遗风，这在明嘉靖时的书刻中，是少见的特例，故被书贾相中，百般造伪，企图冒充元刊。辽宁省图书馆也藏有此书，其行款字数、版式字体，乃至于断板残字，与中国国家图书馆藏本完全一致，可证两书纯系相同版本。但辽宁一部序后有"嘉靖元年孟冬月吉旦乡进士莆田林昇序"，目录后有"宗文书堂谨依京本绣梓刊行"题记；卷末又有"嘉靖元年孟秋宗文堂刊行"木记。而中国国家图书馆所藏的一部，则于序后落款中挖去了"嘉靖"二字，目录后的刻书题记、卷末的刻书木记则全部被挖补。

其实此书卷端不仅明题《重刊仪礼考注》，且于卷端之下还镌有"元翰林学士临川吴澄考定""翰林修撰吉丰罗伦校正""后学沧溪周华校点"等下题。首先，既称"元翰林学士临川吴澄考定"，显然已是明朝人的口气了。若是元朝人称吴澄，当称"皇元""大元""国朝"等。而且"翰林学士"也是明朝人的称谓，元朝称翰林国史院承旨或翰林国史院学士。至于"翰林修撰吉丰罗伦"之称呼，也是明朝以后才有的，元则称为翰林国史院修撰。元以前，除金朝称翰林修撰外，历朝无此官名。只就这两处的官职称谓，就足以令人望而生疑。考罗伦，字彝正，吉安永丰人。明成化二年（1466）廷试，对策万余言，直斥时弊，名震都下，擢进士第一，授翰林修撰。正德十四年（1519）卒。嘉靖初，由于御史唐龙的请求，追赠为左春坊左谕德，谥"文毅"。成化中进士，正德年间才死的罗伦，既能校正此书，那么此书怎么会是元刊本呢？推此书之刻，一定是在嘉靖初追赠追谥罗伦的气氛中进行的。事实也证明此书之刻是在嘉靖元年（1522）。

古书中这类例子多得很，只要我们细心，并且尽可能多地掌握一些历代职官的知识，再去鉴定版本，就会视野开阔、游刃有余，最后的结论亦会准确得当。当然也不能生硬地运用，还要注意古书重刻、翻刻、影刻等情况，不要见到书中某些职官某朝之前或以后没有，就断定某书刻本不会晚于何时或不会早于何时。

## （九）依据衔名尊称谥号鉴定版本

衔名、尊称、谥号都是对人而言的。衔名也称职名，是指带着头衔的人名，即在古书中某人名出现时，其名前所冠的职衔。尊称是对德高望重者的敬称。谥号，是指在人死之后按其生前事迹特点而给予的褒贬不一的称号。谥号主要是官谥，但有的人一生布衣为民，可终生品德高尚，有益学子乡间，死后无缘由国家加谥，便由民间加谥。这称为私谥。而衔名、尊称、谥号的获得，都是具有时间特限的，运用得好，于鉴定版本亦不失为佐证。

衔名也称职名，在古书中经常出现，特别是敕撰之书和官修之书，有时会出现很多人的衔名。如北宋庆历三年（1043）国子监刻本的《集韵》，卷十后有宝元二年（1039）九月十一日延和殿奉旨镂版施行的牒文。牒文后列有赵师民、孙锡、王洙、宋祁、贾昌朝、郑戬、李淑、丁度等纂修官衔名八人十八行文字。而于庆历三年八月十七日雕印完毕延和殿进呈奉圣旨送国子监施行牒文后又有贾昌朝、晏殊、章得象等衔名三人八行文字。利用这些衔名，便可以帮助我们大致地鉴定其版刻年份。就以其中的贾昌朝为例吧，宝元二年九月《集韵》成书进呈后奉旨镂版施行时的头衔是"刊修朝奉郎、尚书司封员外郎、直集贤院兼天章阁侍讲、判太府寺同管勾国子监事、轻车都尉、赐绯鱼袋"；四年后，即庆历三年当《集韵》雕版印刷蒇事，再次进呈，又奉旨送国子监施行时，贾昌朝的头衔已经起了变化，称为"朝散大夫、右谏议大夫、参知政事、轻车都尉、河内郡开国侯、食邑一千户、食实封二百户、赐紫金鱼袋"了。假定我们以庆历三年这个头衔为准，说庆历三年以前《集韵》就有刻本，那显然是错了。因为庆历三年以前贾昌朝尚无这样的头衔。又如南宋绍熙年间（1190—1194）两浙东路茶盐司所刻《毛诗》《礼记正义》，其《礼记正义》卷末黄唐跋文后有：进士傅伯膺、进士陈克己、应贤良方正直言极谏科庄治、修职郎绍兴府会稽县主簿高似孙、迪功郎充绍兴府学教授陈自强等参校官衔名八行。又有：宣教郎两浙东路提举常平司干办公事李深、通直郎两浙东路提举茶盐司干办公事王汾、朝请郎提举两浙东路常平茶盐司公事黄唐等校正官衔名三行。这里以黄唐为例，他提举两浙东路常平茶盐司在哪一年呢？考康熙《绍兴府志》，知他于绍熙二年（1191）上任提举两浙东路茶盐司，故此书之刊印不可能早于是年。因为这年以前黄唐还未到任，根本不会有这样的头衔。且黄唐于《礼记正义》后撰写的刻书跋文落款，也证实了他确是在绍熙二年十一月才来两浙东路茶盐司"备员司庾"的。因此，《毛诗》《礼记正义》之刊刻，不可能早于这一年。因为我们只要注意这些衔名，就能考出这些头衔在不同人头上是什么时候才加上去的。这就是衔名在古书版本鉴定中的价值。一个人当什么官，任什么职，什么时候晋升，什么时候被贬，什么时候官复原职，什么时候加封晋爵，都有特定的时间。了解了这种特点和作用，注意古书中出现的衔名，再加上科学的考证，鉴定古书版本是比较科学可靠的。

尊号有人称，有自称，有时与雅号、别号、晚号很难区分。例如张居正的《书经直解》，明刻本中就有称为张阁老《书经直解》的。既称张阁老，那刻本一定是在他入阁参与机务以后的事情了。张居正是明嘉靖二十六年（1547）的进士，官至太师、吏部尚书、中极殿大学士。《书经直解》是明神宗朱翊钧继位后，年值幼冲，张居正进讲《书经》时，为使冲龄践阼的皇帝易于理解和接受，故取元吴澄《草庐集》中所载《经筵讲义》体，将《书经》译为通俗语言。所以此书之成已是万历初年的事了。三朝元老，又日讲皇帝左右，故称阁老。所以此书不可能有万历之前的刻本。又如黄宗羲，自署"梨洲老人"究始何年，过去说法不一。全祖望误信万西郭的话，在其《书明夷待访录后》中称："天南讣至，始有潮息烟沉之叹。饰巾待尽，是书（指《明夷待访录》）于是乎出，盖老人之称所自来已。"《明夷待访录》作于清康熙二年（1663），这就是说，全祖望认定黄宗羲自署"梨洲老人"是始于康熙二年。其实据宁波天一阁博物馆骆兆平同志考证，黄宗羲《明夷待访录》的姊妹篇《留书》，有两个传本。一个是万斯选订本，大约成于康熙十二年（1673）。万斯选是黄宗羲的高足弟子，黄氏曾高度赞誉他，说"甬上从游，能续蕺山之传者，唯斯选一人"。又说他"生平心得发先儒未发者，人多惊诧，斯选独涣然冰释"。故当黄宗羲于康熙十二年至甬上登天一阁观书时，到万氏白云庄内的甬上证人书院讲学，见到了万斯选所抄录的《留书》，便写短序一篇："癸巳秋，为书一卷，留之箧中。后十年，续有《明夷待访录》之作，则其大者多采入焉，而其余弃之。甬上万公择谓尚有可取者，乃复附之《明夷待访录》之后，是非余之所留也。癸丑秋梨洲老人题。"癸巳秋，《留书》成书；后十年，即康熙二年《明夷待访录》成；又过十年，即康熙十二年黄氏又来甬上讲学，见到自己高足弟子万斯选择要精选抄录的《留书》一帙，故写下了如上的短序。然于郑性订、郑大节校本《留书》上，还保留着黄宗羲于顺治十年（1653）刚写成《留书》时所撰定的原序，称"古之君子著书，不惟其言之，惟其行之也……自有宇宙以来，著书者何限！或以私意搀入其间，其留亦无用。吾之言，非一人之私言也。后之人苟有因吾言而行之者，又何异乎吾之自行其言乎。是故其书不可不留也"。而这篇序文的落款为"癸巳秋九月梨洲老人书于药院"。足见黄宗羲自署"梨洲老人"早在顺治癸巳即顺治十年（1653）就已经开始了。而这一年黄宗羲行年四十有四，根本不是全祖望所说的始于康熙二年。弄清了黄宗羲这个自署尊号的始年，就可以帮助我们确定"郑性订、郑大节校"本《留书》，与万斯选节抄的《留书》不是一个传本。也可以使我们进一步断定，顺治十年以前不可能有《留书》传本。

谥号是中国封建社会特有的习俗，即在人死之后按其生平事迹评定褒贬时所给予的称号。在中国封建社会谥有谥法，通常是帝王之谥由礼官议上，臣工之谥由朝廷赐予。《逸周书·谥法解》说："谥者，行之迹也；号者，功之表也；车服者，位之章也。是以大行受大名，细行受细名。行出于己，名生于人。"足见谥号是古人死后别人所给予的评价。例如明朝鲁王朱檀死后的谥号就很费周折。朱檀，明太祖朱元璋的第十子，生于洪武三年（1370），生两月而封为鲁王。十八岁之藩于山东兖州。此人好文礼士，擅长诗歌。但年纪轻轻便信道食丹，毒发伤目，帝恶之。洪武二十二年（1389）薨。他的谥号怎么加，礼官很为难。然明初谥法"美恶兼用，洪武二十二年鲁王卒，上谕礼部尚书李原名曰：'父子天性，谥法公义，朕不得以私恩废公义，可谥曰荒。'"（明郑晓《今言》卷一）言其信道食丹，希图长寿的荒唐。伊厉王朱㭎，朱元璋第二十五子，"洪武二十一年生，生四年封。永乐六年之藩洛阳，岁禄仅二千石。王好武，不乐居宫中，时时挟弹露剑，驰逐郊外。奔避不及者，手击之。髡裸男女以为笑乐"（《明史》卷一一八《诸王三》）。此人死后谥为"厉"，以概括一生的暴戾。洪熙元年（1425），"上命礼部尚书吕震谕翰林，定故兵书兼詹事金忠等十八人谥。内有通政使贺银谥不美，上曰：'此数人皆在先朝尽心国事，有德行重厚表里一致者，有涉历艰难始终一心者，必加旌褒，庶几礼贤厚终之道。但朕意未尝及银。银劳可赠官衔，不应美谥。若银加恶谥，又不若无谥。'"（明郑晓《今言》卷一）

中国封建社会不但有上述谥法，也还流行着所谓私谥。这种习俗大约始于东汉。如夏恭卒，诸儒私谥为"宣明君"；陈寔卒，海内赴吊者三万余人，共谥为"文范先生"。此后历朝，一直到晚清，均不乏这种私谥的例子。

我们掌握了这种历史知识，或者叫作文化知识，再查检历史人物的谥号及其谥号所上的年份，于鉴定古书版本是很有用处的。假定我们在古书中看到了某人的谥号，再查出他的卒年及加谥的时间，那么就可以判断某书之成书、刻印或传抄，一定在某人卒谥之后。例如清鄂尔泰卒于乾隆十年（1745），死后以葬于北京东坝，且加谥"文端"。假定我们在清朝人的著作中，或是在清代的写本、抄本、刻本、印本书中，见到了"鄂文端公"之类的称谓，那么这部书的版本无论如何也不会早过乾隆十年。因为乾隆十年以前鄂尔泰还健在，不可能有"文端"的谥号。

当然，在我们利用古人谥号来鉴定古书版本时，还应该注意另一种情况，那就是古时还有追谥的习惯。如果某人谥号是死后若干年才追加的，那么与卒年就不一致了。如宋朝的苏轼，本卒于宋徽宗赵佶登基的建中靖国元年（1101），可是由于他生前既反对变法，又反对保守，两面树敌，一再遭贬，故死时不可能给他加谥。他的"文忠"谥号是平反后才追加的。又如明朝的郑晓，本卒于嘉靖四十五年（1566），可是"端简"的谥号却是在隆庆元年（1567）之后追加的。于谦于明英宗时以保卫北京而声重当时，名垂后世。但他由于生前反对答应屈辱条件，未能及时迎接兵败被俘的英宗回京而深遭忌恨，待英宗复辟后，便身陷囹圄，被朱祁镇枉杀。直到成化时才得以平反，弘治二年（1489）加谥"肃愍"。万历时已时隔一百多年又追谥为"忠肃"。黄道周是明朝末年的人，明亡后为南明唐王朱聿键的礼部尚书，督师出婺源，兵溃被执，不屈而死。到清乾隆四十年（1775），距他辞世亦是一百多年后，才被赐谥"忠端"。倪元璐也是明朝末年人，崇祯十七年（1644）殉难。清顺治时赠谥"文贞"。像这类现象，我们如果不知道，不注意，仍按一般的谥法规律去寻找卒年，加以结论，那就难免要出错误了。例如于谦有所谓《于忠肃集》行世，假定按一般常规来判断此书的版刻，或是不知道"忠肃"这个谥号是在他死后一百多年的万历时才追加的，或是此书版本被书贾造了伪，那么就有可能把此书的版本说成是天顺刻本。其实书名已称为《于忠肃集》，无疑已是万历追谥"忠肃"以后的事了，绝不可能有万历以前的刻本。同样，一见到称为《苏文忠公文集》的，就不可能有北宋刻本，而绝对是南宋以后的刻本。

除此之外，由于中国历史久远，早期人的作品，特别是早期名人的作品，历代都不止一次地刊行。后世翻刻、重刻、影刻前世书籍，依葫芦画瓢，连旧有谥号同样复刻者，例不暇举，审别版本时要特别注意。

## （十）依据书名冠词称谓鉴定版本

中国古书在书名前常冠有朝代名称，凡本朝人的著作，其书名前冠有朝代名称时，又常在朝代名称前冠以褒扬性的文字。如"大唐""圣宋""钜宋""大宋""皇元""大元""皇明""大明""皇清""大清""昭代"等，就都是典型的例子。然一旦朝代更替，重器鼎革，后朝人再称前朝时，这些褒扬性的字眼就都去掉了。其原因一般是回避政治之嫌。例如明朝人写书、刻书，绝不敢再称"皇元""大元"，再这么称呼，政治上就犯忌了。以"原来"二字为例吧，"原"字本为"元"字。但明朝定鼎之后，认为仍用"元来"，就如同盼望元朝再来，犯忌讳，故由政府下令，凡行文时遇有"元来"二字，便一律改用"原来"。直到今天，人们一般只知使用"原来"这个词，而于其始末由来却很少问津。"元"本为"起初""本来"之义。唐代诗人章碣《焚书坑》云："竹帛烟销帝业虚，关河空锁祖龙居。坑灰未冷山东乱，刘项元来不读书。""刘项元来不读书"一句，是说刘邦和项羽本来就不是读书之人。宋代诗人陆游《示儿》诗云："死去元知万事空，但悲不见九州同。王师北定中原日，家祭无忘告乃翁。""死去元知万事空"一句，是说人到快要死的时候始知万事皆空，这里的"元"字显系"初始""起始"之义。朱元璋从元朝人手里夺得全国政权之后，忌讳"元来"一词，原因之一是朱元璋御名之中有"元"字当讳，二是朱元璋讨厌"元来"，似有呼唤元朝再来之谶，于朱明不利，故令改"元来"为"原来"。连这样一个"元"字的使用朝廷都如此注意，何况"皇元""大元"呢！清朝的统治者心胸更狭隘，对于前明的称谓更忌讳。尤其是乾隆以前，那就更是讳莫如深了。当然，有时时代久远了，且褒扬朝代名称的字眼已和书名形成了不可分割的整体，后朝再行雕印时也就常常不再忌讳这些。但后朝人再重新编、写前朝史实、文章、诗词等而成为新的作品时，就很少再用那些褒扬性的字眼了。我们如能掌握这些特点、再能科学地加以运用，于古书版本鉴定也是很有帮助的。

如《钜宋广韵》《圣宋文选》《圣宋名贤五百家播芳大全文粹》以及宋陈均编的《皇朝编年备要》等，从这些褒扬性的字眼看，这些书非但成书于宋朝，雕印，特别是首刻也多在宋朝。当然隔代以后的翻刻除外。而《宋季三朝政要》《宋史全文续资治通鉴》《重刻宋朝十将传》等书，一见其对朝代的称谓，便明显是后朝人的口吻了。故这些书不可能有宋刻本，像《宋元通鉴全篇》，从书名中"宋元"的称谓看，至早也当是明朝人的口吻，而绝不会有早于明朝的刻本。事实上，此书是明嘉靖刻本。又如元孙存吾编的《皇元风雅》，苏天爵编的《国朝文类》《国朝名臣事略》等，从书名看就能大体判断这些书是元朝人的作品和元朝刻本。事实上这些书也的确首刻于元朝。原北平燕京大学图书馆藏有一部《元松乡先生文集》，版本定为元刻本。20世纪30年代，为了防止因日寇侵华而遭不虞，燕京大学图书馆将一部分善本书运往美国，寄存于哈佛燕京学社。后来哈佛燕京学社改名为哈佛大学东亚语言文化系，这批书便移存于哈佛大学的哈佛燕京图书馆了。初看，该书版式风格极类元刊，且各卷卷端所题书名亦都是《任松乡先生文集》。然知元刻本《任松乡先生文集》刊于浙江行中书省，可此本特点确是建本风貌，因疑并非元刊本。

哈佛燕京图书馆还藏有此集的明泰昌元年（1621）刻本一部，其前所存的序文、识语，对于考证此集的首刻年份很有帮助。如自称为任士林同邑后学孙能传的一段识语称："万历乙巳春，予校阁中藏书，有《任松乡先生文集》四帙，乃元至正四年浙江行中书省旧刻。为记四十一首，志铭九首，传六首，叙二十一首，说引八首，赋十八首，杂著二十二首，诗三百六十八首，杂著二十三首，凡十卷。先生为予乡先哲，今其集多亡缺不可得，幸藏在秘阁，岿然若鲁殿灵光之独存，亦予邑文虬之光也。"足见元至正四年（1344）浙江行中书省所刻的松乡集，名之曰《任松乡先生文集》，为什么称任松乡？盖系元人刻元人集子，无须点出朝代。哈佛燕京图书馆所藏此集，各卷卷端所题亦是《任松乡先生文集》，且版式风貌亦极类元刊气息，故前人鉴定为元刻本，似亦无可非议。然中国国家图书馆也藏有此书，其版式、行款、字体风貌、印纸墨色，乃至于断版裂痕等，都与哈佛燕京图书馆所藏的一部完全一致，表明两书纯系同一版本。但中国国家图书馆却将此书鉴定为明初刻本。同一版本的书，却得出了不同的鉴定结论。推其本原，盖因中国国家图书馆所藏的一部各卷题名已是《元松乡先生文集》了。"元松乡"之义，即"元朝任松乡"的意思。既称"元松乡"，显然已是明朝乃至以后人的口吻了。既是明朝人的称谓口吻，当然不会再是元刊本。故中国国家图书馆将其定为明初刻本，原则上是不错的，问题是鉴定得不够具体。

哈佛燕京图书馆还藏有一部明泰昌元年刻清光绪十六年（1890）孙锵重修本《松乡先生文集》。该本前保留了一篇明永乐三年（1405）冬十一月国子祭酒同修国史胡俨的序。序称："四明任松乡先生诗文十卷，凡若干篇。旧有诸先生序冠其端。其孙，今福建参政勉既梓以传，复来征余言……"该书前还有泰昌元年邬鸣雷的序文一篇，称："先生之集向有刻行，王厚斋先生埒之以班、韩，胡祭酒先生重之如太史公。"足见胡俨确曾给任勉于永乐三年在福建参政任上所刻的《元松乡先生文集》写过序，也证明此书确实有个永乐三年福建刻本。再观哈佛燕京图书馆、中国国家图书馆所藏此集，又确系福建刻书风貌，故均应鉴定为"明永乐三年任勉福建刻本"。且细审哈佛燕京图书馆所藏此集，各卷所题《任松乡先生文集》之"任"字，并非元刊，而全都是后人挖补的。有的粘连半开，字形歪扭。腾开书叶看背面，则挖补痕迹昭然若揭。可见此书是经过书贾造伪了，这也进一步证明此本绝非元刊。

这个例子很能说明问题。造伪者深知，将"元"字挖改成"任"字，就使明人的称谓口吻消失，令其失去时代制约根据。且元至正四年（1344）浙江行中书省首刊之松乡先生文集，题名也的确是《任松乡先生文集》。故以明刊而赝元刻的这种手法，极易蔽人眼目。

宋元时代的某些书如此，明清时代的某些书也不例外。如《大明一统志》《大明律》《新刻皇明诸司廉明奇判公案》《皇明英烈传》《皇明功臣封爵考》《国朝典故》《皇明世法录》《皇朝经世文编》等，从书名所冠的褒扬性字眼，一眼就能看出它们的内容和版刻上的时代特色。像《皇明英烈传》，明万历十九年（1591）书林杨明峰刻本题为《新锲龙兴名世录皇明开运英武传》，别题《皇明英武传》。明建阳三台馆刻本则题《新刻皇明开运辑略武功名世英烈传》，别题《官板皇明全像英烈志传》。明崇祯元年（1628）序刊本亦题为《皇明英烈传》。大英博物馆还藏一明刻本，题为《全像演义皇明英烈志传》。这些明刻本尽管刊行的时间、地点、刻家不同，但因为都是刊行在明朝，故都褒题"皇明"。待到入清之后再刻此书时，则改成了《明朝英烈传》。大英博物馆藏一清刻本，题名为《绣像英烈全传》，别题《云合奇踪》。清嘉庆五年（1800）还有个刻本，则题《洪武全传》，别题《英烈演义》。非但"皇明"二字不见了，连"明朝"字样也不见了。足见清朝定鼎之后，对"皇明""大明"这种称谓是多么讳莫如深。因此，对于此书来说似乎可以这样结论：凡书名前冠有"皇明"二字者，当是明刻本；凡"皇明"改为"明朝"，或根本不题明朝者，那就已是清刻本了。

同样，清朝于本朝书，刊印时也常在书名前加褒扬性字眼。如《皇清经解》《大清一统志》《大清会典》《国朝先正事略》《国朝耆献类征》《国朝名臣传》《昭代丛书》《昭代名人小传》《昭代名人尺牍》等，就都是很典型的例子。不过民国之后，人们的正统思想逐渐淡薄，刻印、影印、排印清朝这类书时，不再像封建社会那样狭隘，于原来的书名并不随意加以改动。

前边举例式地说明了从书名前所冠的朝代称谓来判定古书版本，这也可以算是一个途径，或者说也算作一种方法。但有些书原来题名就无所谓褒贬，因而在运用这种鉴定方法时，就要特别小心。如《唐朝名画录》，是唐朝朱景元的作品，系本朝人写本朝事，但并未称什么"大唐"。《宋朝事实》是宋朝李攸的作品，也是本朝人写本朝事，亦未称什么"皇宋""钜宋""大宋"。《元朝名臣事略》是元朝苏天爵的作品，本朝人写本朝名臣事迹，也没加什么"皇元""大元"字样。《明朝典汇》是明朝徐学聚的作品，也是本朝人写本朝的典章制度，也没题什么"皇明""大明"字样。从表面来看，这些书的名字都类乎是后朝人的口吻，似乎都应该是后朝的刻本。实则这些书都曾有过相应的本朝刻本或抄本。若是只从书名前所冠朝代称谓来判定这些书的版本，都会说成是后朝刻本。在实践上如果真的这样下结论，那就大错特错了。因此，同运用其他方法鉴定古书版本一样，在注意到某方面特征时,还应注意到这种特征的特定价值。超出了特定范围,就不能生拉硬扯,生搬硬套。

## (十一)依据卷端上下题名鉴定版本

所谓卷端上下题名,一般是指古书首卷或者说是开卷卷端的上下题名。所谓卷端上题,指的是书名卷数;所谓下题,指的是著者、编者、辑者、纂者、述者、注者、阅者、校者等。不同的古书,其卷端上下题名固然不同;同一古书而不同版本,其卷端上下题名也往往不同。这种不同不仅表现为书名穿靴戴帽,有时还表现为书名用字不同。所谓用字不同,多表现为不同写法的异体字。古书卷端题名的这种差异,往往表明是不同版本,因而我们也可以利用来进行版本鉴定。

当然古书卷端题名不同,还不仅表现在文字的不同表述上,有时书名前加冠词,即所谓戴帽;有时书名后加缀语,即所谓穿靴;有时就是干干净净的书名。这些不同也表示着不同的版本。如先秦诸子中的《尹文子》,元大德年间(1297—1307)湖南茶陵东山书院陈仁子刊本的题名就是《古迂陈氏家藏尹文子》。又如宋沈括的《梦溪笔谈》,宋乾道刻本及明清刻本绝大多数的卷端题名都是《梦溪笔谈》。但元大德年间湖南茶陵东山书院陈仁子据宋乾道本再刻此书时,其题名为《古迂陈氏家藏梦溪笔谈》。这是不是可以启发我们得出这样的结论,即凡题名为《古迂陈氏家藏尹文子》和《古迂陈氏家藏梦溪笔谈》者,便一定是元陈仁子刻本,或者是这个元刻本的重刻、翻刻、影刻本,而绝不是宋刻本,也不可能是元以后的明清刻本。因为这种题名的《尹文子》和《梦溪笔谈》,尚没有见过明清时期的某种类型的刻本。

至于卷端上题书名中的不同字体,那例子就更多了。如清朝施闰章的《越游草》,顺治刻本"草"作"艸"。假若见到一个题名不作"艸"而作"草"的本子,那就一定不是这个顺治刻本了。而清代李之芳的《棘听草》,清康熙四十一年(1702)李钟麟刻本即作"草",若是见到一个不作"草"而作"艸"的本子,那这个本子一定不是康熙四十一年刻本。又如清周彝的《华鄂堂诗藁》,清康熙刻本即作"藁"。若见到另外作"稿"的本子,那它就绝不是这个康熙刻本。凡此种种，举不胜举。

至于整个卷端上题变化，那就更表明不是相同刻本了。如我们在上一节所谈及的《明朝英烈传》，不同刻本就有不同的题名。万历十九年（1591）书林杨明峰刻本，其卷端题名为《新锲龙兴名世录皇明开运英武传》，别题《皇明英武传》；而福建建阳三台馆刻本则题名《新刻皇明开运辑略武功名世英烈传》，别题《官板皇明全像英烈志传》；崇祯元年（1628）刻本，则题名为《玉茗堂批点皇明英烈传》，而大英博物馆所藏另一明刻残本，卷端题名则为《全像演义皇明英烈志传》。四个明刻本，四个不同的题名，很典型，很能启发我们从这里下手来判断此书的版本。又如宋吕祖谦的《读诗记》，宋淳熙九年（1182）江西漕台刻本、另一宋刻残本、明嘉靖十年（1531）傅凤翱刻本等，卷端题名均是《吕氏家塾读诗记》。但到了清康熙时纳兰性德通志堂刻印此书时，则卷端题名改为《东莱先生吕氏读诗记》。又如宋叶时的《礼经会元》，明嘉靖五年（1526）萧默林刻本及另外两个明刻本，都题名《礼经会元》。可是还有一个明刻本，则题名为《新刊京本礼经会元》。又如宋李焘的《说文解字五音韵谱》，明嘉靖十一年（1532）孙甫刻本，卷端题名为《许氏说文解字五音韵谱》。而另一明刻本，则题名为《重刊许氏说文解字五音韵谱》。所有这些例子都典型地说明，同一书的不同刻本，题名往往是不同的。我们若能注意并掌握这些不同的题名，并透过这些不同的题名所反映出来的不同刻本，来判断哪一种题名是某时某人某地刻本，哪一种题名不是某时某人某地刻本，就能在很大程度上把握古书版刻的大体时代。

其实，鉴定古书版本不仅可以从卷端题名中文字变化入手，也可以从全书内容文字上的变化来判断。古人藏书多要丹黄手校，这是发现文字异同变化的好方法。如明代郑晓的《今言》，第二三二条"皇祖製太庙祭器曰……"其中的"製"（今简化为"制"）字，不同的刻本有极大的差异。明万历时所编刻的《纪录汇编》丛书本《今言》之"製"则为"至"。"皇祖至太庙祭器曰……"怎么也读不懂，怎么也读不通。因疑有脱文，或为"皇祖至太庙，视（指）祭器曰……"穿凿臆想了半天，还是百思不得其解。中国国家图书馆藏有此书最早的刻本，即明嘉靖四十五年（1566）项笃寿刻本。项笃寿是郑晓的外甥，刻此书时郑晓还在世，写有序言。当书刻竣，他却仙逝了。所以这个版本当是比较准确的。将《纪录汇编》本与项笃寿本对校，则发现"至"作"製"，一通全通。

明初曾立太庙制祭器，朱元璋亲自下令，所以称"皇祖製太庙祭器"。假如我们能够如此探奥抉微，则利用书中文字异同亦可判别版本。又如清乾隆五十六年（1791）冬，程伟元萃文书屋首次用木活字排印了一百二十回本《红楼梦》，风靡社会，抢购一空。为了满足社会需求，翌年春天经过一番校正，又重新排印了一次。由于两次排印都是程伟元主持的，为了加以区别，后人便将乾隆五十六年冬首次排印的那个本子称为"程甲本"，而把第二年春天再次排印的那个本子称为"程乙本"。这两个本子文字上颇有不同，据俞平伯先生校勘统计有五千九百多处。如目次第七回回目，程甲本作"宁国府宝玉会秦钟"，而程乙本则作"晏宁府宝玉会秦钟"。"宁国"与"晏宁"不同。正文第十四回回目，程甲本作"林如海捐馆扬州城"，程乙本则作"林如海灵返苏州郡"。假定我们能把这种不同铭记在心，那么再见到乾隆时程氏主持排印的这两个本子，鉴别的问题就会迎刃而解。诸如此类的现象，在古书中俯拾即是。我们如能多识多知，鉴别版本也就会比较自如。

至于古书中的卷端下题，情况就更复杂。其实质远远不是文字上的异同，更主要的是下题中出现的与本书有关的编、著、校、阅、刊、梓等人的籍贯、官衔、辈分、著作方式等，这些颇能提供考定的线索，给予我们考定版本下手的门径，有利于古书版本的鉴别与考定。前边提到的明嘉靖元年（1522）书林郑伯刚宗文书堂刻本的《重刊仪礼考注》，乃是元朝吴澄的作品。该本卷端下题有三行：首行题"元翰林学士临川吴澄考定"；次行题"翰林修撰吉丰罗伦校正"；末行题"后学沧溪周华校点"。"元翰林学士"的称谓已令人生疑，因为称"元翰林学士"已颇似明朝人的口气了。次行题"翰林修撰吉丰罗伦"，"翰林修撰"之职衔已是明朝的官职。考罗伦，知其在明成化二年（1466）擢进士第一，授翰林修撰，正德十四年（1519）卒。显然这个罗伦不会跑到元朝去为吴澄的《仪礼考注》作校正。仅这一点已可以使我们判断此本绝不可能是元刻本。赝为元刊，必做手脚。果然中国国家图书馆所藏此本已被挖补，而挖补处可在辽宁省图书馆所藏此书完好无损同版本中见到原貌。一是书前林升序后落款为"嘉靖元年孟冬吉旦乡进士莆田林升序"；二是卷末有"嘉靖元年孟秋宗文堂刊行"木记。完全证明了此书刻于明嘉靖元年（1522）。又如清马翼赞的《宝颖堂诗集》，卷端下题为"海昌马翼赞素郐著""受业永寿仁山父参订"。从字面上就能看出永寿是马翼赞的受业弟子。书前又有雍正六年（1728）纳兰永寿序，称："予业师素邮马先生……下榻敞斋十五年，晦明风雨，朝夕讨论……即付之梓，以垂不朽。"进一步证明永寿既是此书的参订者，又是此书的主刻人，因定此书为清雍正六年纳兰永寿刻本。又如清王樛《息轩草二集》，卷端下题为"淄川王樛子下著""同邑唐梦赉济武、张笃庆历友选评""兄王橘雪因编次""侄王启泰大来校阅"五行。卷首有康熙九年（1670）唐梦赉序，卷末有王橘跋，因定此书为清康熙十年（1671）王橘刻本。

当然，这种卷端下题的形式，有时也出现在卷尾书末，其于古书版本的考定价值，与卷端下题的作用无异。在中国古书中，镌有这种卷端下题或卷末尾题的现象，不可胜数。我们若能撷拾在手，善于思索，勤于考证，是不难发现它们与古书版刻之间的关系的。

## （十二）依据卷数变迁鉴定版本

卷数是书籍内容阶段划分和计量单位。古人计算卷数的方法很多，通常有：一、二、三、四、五……；上、中、下；甲、乙、丙……；金、石、丝、竹、匏、土、革、木；元、亨、利、贞；角、亢、氐、房、心、尾、箕、斗……；等等。而衡量单位也很多，通常是篇、章、卷、集、函、帙、回、则等。

清章学诚对古书篇卷有过如下议论："古人之于言，求其有章有序而已矣。著之于书，则有简策，标其起讫，是曰篇章。"又说"向、歆著录多以篇、卷为计。大约篇从竹简，卷从缣素，因物定名，无他义也。而缣素为书，后于竹简，故周、秦称篇，入汉始有卷也"。还说"卷则系乎缀帛短长，此无他义"。到了纸书手卷，章氏又说"卷则限于轴之长短，而并无一定起讫之例"（章学诚《文史通义·篇卷》）。足见书籍的篇、章、卷等计量单位，最初只是随着书籍制作的演变而因物定名，标示起讫，并没有什么深奥的意义。

及至纸书行用，特别是雕版印刷的书籍大兴以后，其计量称谓仍继承竹帛书籍，故而相沿成习，直至今日，书籍的计量单位仍多以篇、章、卷计算。但后世书籍的分卷，已不是竹帛书籍时简单的因物定名，标示起讫，而是反映着编著者对书籍内容的某种理解。纵观中国古籍的分卷，其划分原则不尽相同。大约因书籍的内容特点不同，分卷方法也不同。归纳起来，大概是有的依时分卷，有的依地分卷，有的依体分卷，有的依师承分卷，有的依学派分卷，有的依文章性质分卷。各种分卷原则虽然都未必讲得出什么不可更改的科学道理，但都反映着编著者对书籍内容的不同理解和不同的安排调度。近世书籍篇、章、卷的安排，甚至还反映着编著者对学科内在联系的理解及调度上的内在逻辑。因此，在中国书籍发展的历史长河中，不但不同书籍呈现着不同的分卷，就是同一书籍，因为编著者前后理解的不同，或是佚逸增损的不同，也往往呈现出不同的分卷和卷数。这种同一书在自己发展演变过程中所表现出来的不同分卷和卷数，则往往是不同刻本或抄本的反映。这样，我们又可以利用同一书的不同分卷和卷数，开辟一条判别古书版本的新途径。故历来的藏书家、版本鉴定家和古籍整理工作者，对书籍的卷数都十分注意。因为从卷数入手，也可以鉴别版本。

例如朱熹的《诗集传》，宋刻本厘为二十卷；元刻本便归纳为十卷；明嘉靖吉澄刻本，不但书名改成了《诗经集传》，卷数也并为八卷；明嘉靖三十五年（1556）崇正堂刻本，书名虽改成《诗经集注》，但卷数又恢复宋刻旧第，分为二十卷。假定我们能对这种因刻本不同而表现出来的分卷歧异有所了解，或者进一步深切掌握，牢记于心，就可以从不同分卷上去鉴别它们究竟是何种刻本。一见分为十卷的《诗集传》，就应想到它可能是那个元刻本，或是那个元刻本的重刻翻刻本。若是见到已名《诗经集传》，且分为八卷，那我们就应该想到它可能是明嘉靖时的吉澄刻本，或是这个本子的重刻覆刻本，而绝不可能是元刊本或宋刊本，因为元刊本分十卷，宋刊本分二十卷。又如《周礼注》，无论是不带陆德明《释文》的宋婺州市门巷唐宅刻本、金刻本、明刻本，还是带陆德明《释文》的宋刻本、元刻本、明刻本，几乎都分为十二卷。但到清乾隆五十二年（1787）福礼堂重新刊印带有陆德明《释文》的《周礼注》时，却归并厘为六卷了。据此我们再见到厘为六卷的《周礼注》时，不管这个本子有无造伪，似乎都可以肯定此书绝非清以前刻本，而只能是乾隆五十二年福礼堂刻本，或是它以后的重刻覆刻本，因为此前没有分为六卷的《周礼注》。又如南唐徐锴的《说文解字韵谱》，元延祐三年（1316）种善堂刻本分为五卷，但明抄本就分为十卷。宋娄机的《班马字类》，明抄本分为二卷，清马氏丛书楼刻本也分为二卷，清曹炎抄本仍分为二卷，历无变化。可是中国国家图书馆还藏有一部此书的清抄本，却分为五卷。题为宋司马光撰的《切韵指掌图》，宋绍定三年（1230）越州读书堂子孙刻本、中国国家图书馆所藏的两部清抄本都是一卷。但到清乾隆编纂《四库全书》时，由于《切韵指掌图》的宋元明刻本均未收集到，只好从《永乐大典》中辑出再收入《四库全书》。现存的《四库全书》本《切韵指掌图》将正文厘为二卷，加进明邵光祖的《检例》一卷，并在提要中说："旧有《检例》一卷，光祖以为全背《图》旨，断非光作，因自撰为《检图之例》，附于其后。……光祖据光之《图》以作《例》，则其《例》仍与《图》合。……光《例》既佚，即代以光祖之《例》，亦无不可矣。"这段话堪称无稽之谈，现藏于中国国家图书馆的宋绍定三年越州读书堂子孙刻本《切韵指掌图》，书前本来就有《检例》。明洪武二十三年（1390）重刊此书时，将《检例》从书前移于书后，并增加了邵光祖补撰之内容。辑入《永乐大典》时，采录了这个本子，原有《检例》以及邵光祖补撰之内容，当无佚漏。四库馆臣从《永乐大典》中辑佚此书时，误以为原书《检例》已佚，而将《永乐大典》中的《检例》全算在邵光祖名下，这是绝对错误的。可见分卷不同，不但反映着编者的不同理解，也反映着版本的不同。

上面举的都是经部书的例子，子部、史部、集部书的例子更多。如子部的《公孙龙子》，《汉书·艺文志·诸子略·名家》著录为"《公孙龙子》十四篇，赵人"。《旧唐书·经籍志·名家》著录为"《公孙龙子》三卷，公孙龙撰"。《宋史·艺文志·名家类》著录为"《公孙龙子》一卷，赵人"。《中兴馆阁书目·子部·名家》著录为"《公孙龙子》二卷，战国公孙龙撰"。《四库全书总目》著录为"《公孙龙子》三卷，周公孙龙撰"。足见不同时期的不同抄本或刻印本《公孙龙子》的分卷与卷数是很不相同的。透过这种分卷与卷数上的不同，大体上可以看出其在各个相应历史时期不同本子的基本状况。

至于集部书，特别是历朝的别集，作者在世时，无论是自编，还是子嗣、门人弟子编，往往是一种分卷和卷数。待到作者过世，子侄或门人后学再编时，又往往呈现不同的分卷和卷数。这不但反映分类眼光的不同，也反映内容多寡取舍的不同。例如唐代张祜的《张承吉文集》，《旧唐书·经籍志》著录为《张祜诗》一卷。明朱警收集唐人诗，于明嘉靖十九年（1540）刻成《唐百家诗》一书，其中中唐二十七家诗人中，收有《张处士诗集》五卷。清席启㝢琴川书屋于康熙四十一年（1702）辑刻《唐诗百名家全集》，其中第二函收有《张祜诗集》二卷。清刘世珩辑刻《贵池先哲遗书》，其中在"贵池唐人集"中收有《张处士诗集》五卷。此外，《增订四库简明目录标注》著录吴氏拜经楼有旧抄本《张承吉集》六卷。中国国家图书馆珍藏一部宋闽刻《唐六十家集》本《张承吉文集》，则分为十卷。同一人的集子，唐时只是一卷，宋时厘为十卷，明时分成五卷，清时则又分为二卷、五卷、六卷。这种不同的分卷与卷数，反映着所收张祜诗多少的不同，同时也反映出诸多不同的版本。唐代的一卷本，今天已不复可见，但明清本迄今却世不鲜传。如果我们对该人诗集的分卷体系做过分析，有过研究，则一见是几卷就会想到它可能是哪个本子，然后再结合其他材料加以综合考证，就能确定它是个什么本子了。

至于小说，尤其是章回小说，卷回的不同，就更显得重要。例如《水浒传》，有百二十回本，有百回本，有七十回本。这不同回数的《水浒传》，首先反映着不同的内容。百二十回本《水浒传》不但写了以宋江为首的梁山英雄大聚义，还写了他们受诏安、征辽、征方腊的故事。百回本虽然在这些大的内容方面都写了，但文字繁简上颇有不同。就是我们通常所说的《水浒传》分为文繁事简本和文简事繁本。但凡这种带有征辽、征方腊内容的所谓《水浒全传》，题名多带有"忠义"二字。明末清初的金圣叹大胆删润《水浒传》内容，到梁山泊大聚义，三十六天罡七十二地煞排座次为止，成为七十回本《水浒传》，并以贯华堂名义刊布行世。既然七十回本《水浒传》始自金圣叹，所以不可能有比他还早的七十回刻本。但20世纪30年代初，有一位叫梅寄鹤的文人，他从金圣叹本聚义之后另续了五十回，并诡称这五十回文字比前文更激烈，故此金圣叹弃而不用。幸好苏州有人藏有此书的明天启年间（1621—1627）抄本，他辗转借来重抄，遂公之于世云云。这种伪托手法，早在1982年的《水浒争鸣》中已有人明确指出过。可是近年竟有出版社把20世纪30年代早已标点印行的梅氏伪托之本，与金圣叹的七十回本合为一书，称之为"整理校点本"，正式印售，并被一些人吹捧为湮灭了数百年的施耐庵原著《古本水浒传》重见天日。其实凡是了解《水浒传》演变过程，或是对《水浒传》版本见得较多，并有一定研究的人，几乎一眼就能看穿此中的虚假。因为传世的百回本、百二十回本《水浒传》尚不难见。

在章回小说中，类似《水浒传》的这种例子还可以举出很多，像《红楼梦》就有八十回本和一百二十回本之分，《皇明英烈传》也有六卷、八卷之别，《三国演义》也有二十卷一百二十回及六十卷的区别。总之我们若能悉心注意古书的篇、章、卷、回等的变化，非但可以为学术研究提供很多方便，于古书版本鉴定也会提供门径和线索。

## （十三）依据藏书印记间接鉴定版本

在藏书上钤盖印记，通常认为始于宋朝。1984年，考古工作者在河南偃师杏园发掘唐墓时，出土了一枚铜质阳文印章，印文为"渤海图书"四字。据说这是迄今为止我国发现最早的一枚藏书印，距今已有一千一百多年。从墓志可知，印章主人姓李名存，祖籍渤海，曾补选庐州参军之职。据载，李存十岁即通礼乐，读九经三史，好著文章，砺名节，极喜藏书，堪称文人雅士，故为其藏书专门铸造一枚"渤海图书"印鉴。

我国公私藏书，至少从汉代起，就有天禄、石渠、兰台等有名的公藏之地。私家藏书以西汉河间献王刘德最知名。《汉书》说他修学好古，博采异本，雅好收藏。其藏书之富，几与朝廷等。到盛唐时期，科学文化极盛，图书典籍繁多。此期不但政府辟馆藏书，私人藏书也更盛。唐京兆人李泌，德宗时封为邺侯，家富藏书，插架三万余轴。李存藏书多少，不敢臆想，但也曾为自己藏书铸造铜印，可想其藏书也不会很少。

宋朝以降，雕版印制的书籍盛行，公私收藏也进一步发展。北宋的崇文院，南宋的缉熙殿，元朝的翰林国史院，明朝的文渊阁，清朝的内阁大库、天禄琳琅、翰林院、文渊、文溯、文源、文津、文汇、文宗、文澜诸阁等，都是有名的皇家藏书之地。这些政府公藏一般也钤盖藏书印鉴，以传世可见的书上印记而言，至少可以从南宋数到清代末。如现存宋刻本《文苑英华》残帙，就钤有"缉熙殿书籍印"。现存的元大德九年（1305）湖南茶陵东山书院陈仁子刻本《梦溪笔谈》，就钤有明代的"东宫书府""文渊阁"等印。至于清代的政府藏书，钤有"天禄琳琅""天禄继鉴""翰林院""文渊阁宝""文津阁宝"等印记者，则更是开卷可见。

至于私人藏书，钤盖自己的藏书楼印、名氏印以及闲章雅印者，那就更是琳琅满目、不胜枚举。如南宋权相贾似道就有"秋壑图书"及"封"字印；元朝赵孟頫就有"松雪""松雪斋""赵氏子昂""大雅""天水赵氏""天水赵氏珍藏"等印鉴；明朝宋濂则有"金华宋氏景濂"；严嵩有"钤山堂藏书印""钤山堂图书印"；文徵明有"悟言室印""悟言堂""徵明""停云""停云馆""文璧徵明""文璧""衡山"等印；唐寅有"唐伯虎""唐居士""惟庚寅吾以降""南京解元""梦墨亭""梦墨亭六如居士"等印；项笃寿有"兰石主人""桃花邨里人家"等印；姚咨有"茶梦主人收藏""茶梦庵""茶梦散人"等印；毛晋有"毛晋""汲古主人""隐湖小隐""开卷一乐""宋本""子孙永保""明月千里故人来""斧季""笔砚精良人生一乐"等；钱谦益有"惜玉怜香""牧斋""牧斋藏书""牧翁""牧翁蒙叟""宗伯"等印；季振宜有"宋本""御史之章""紫玉元居宝刻""季沧苇图书记""季振宜读书""季振宜字诜兮号沧苇""季振宜藏书"等印；黄丕烈有"百宋一廛""荛圃""荛圃手校"等印；翁方纲有"苏斋墨绿""苏斋真鉴"等印；曹寅有"楝亭曹氏藏书印"；张蓉镜有"小琅嬛福地""小琅嬛清秘张氏收藏"等印。

我国历史上的藏书家多是达官显贵和文人学士。这些人一般都喜欢丹黄手校，精于鉴赏。凡一书经过名家收藏，钤盖藏章雅印之后，非但书为之身价倍增，也为我们鉴定古书版本提供了几方面的参考。

首先是借藏书印推断大体的版刻时代。比如，一书上若钤有"秋壑图书"或"封"字印，只要这印迹是真的，那么这种图书的版刻就不会晚于南宋贾似道生活的时代。因为这两颗印鉴是贾似道的藏书印记。如传世神品的唐柳公权写的《神策军碑》拓本，过去有人说是唐拓本，有人说是五代拓本，也有说是宋拓本。我们只从其上钤有"秋壑图书"印记看，其传拓也必在贾似道之前，绝不失于宋拓。又如，若是我们在书上见有"缉熙殿书籍印"的方形朱印，那么这部书至晚也得是南宋中前期刻本，因为缉熙殿是南宋行在临安的皇家藏书之地。钤有该殿印记，表明这部书曾是南宋政府的藏品。若是一书上钤有"翰林国史院官书"长方形朱印，则此书版刻就不会晚于元代。因为翰林国史院是元代公藏的重要之地。元大德九年茶陵东山书院陈仁子主刻的《梦溪笔谈》，既钤有翰林国史院的印记，也钤有明代文渊阁的印记，证明此本在元明两代都是政府官书。可见利用藏书印记是可以初步鉴定版本的。前提是印记必须真实可信，若是伪印，那就不足为凭了。

其次是藏书印记也往往反映藏书家的鉴别能力。我们透过藏书印记可以知道一书曾经谁氏收藏，曾经谁氏过眼。这样我们就可以参证于某家，取信于某家。当然，任何藏书名家对于古书版本的鉴定都难免有错，但就一般而言，一些名家的学识、眼力还是比较可信的。例如明朝末年的毛晋，毕生经营书业，极力搜求珍本、善本、异本。其精于鉴别宋刻元刊，潜心重刻汇刻、传写群书，均为当时及后世所推重。毛家藏书极富，藏书印鉴也多，当然后世伪造他家印鉴者也不少。凡经毛氏鉴别为宋版者，多在卷端眉栏之上钤盖椭圆"宋本"朱印，若该书宋本上乘，则再钤盖一颗椭圆"甲"字印。这可以说是地地道道的鉴藏印，我们借助这种印记，再来鉴定其是否为宋、元刻本，应该说要方便得多，也可信得多。事实上，毛氏汲古阁旧藏中至今仍然传世的，其鉴定结论一般也都是正确可信的。入清以后，藏书家风起云涌，遍布大江南北。早的如钱谦益、钱曾、朱彝尊、季振宜、何焯等；乾嘉以后，考据学大兴，学问家更是博采异本，以古证今，藏家就更多。钱谦益绛云楼藏书，号为东南巨擘。其族侄钱曾的名气也不小，几可与钱谦益方轨并驾。季振宜得天独厚，藏书极富，他也仿毛晋旧例，凡经他鉴藏的宋版书，也在卷端眉栏之上钤盖椭圆"宋本"朱印。至于黄丕烈，那就更是著名的鉴赏家了。经他鉴定的版本，特别是《百宋一廛赋》中的宋版书，其鉴定结论基本上是正确的。其他如徐乾学、卢文弨、陈鳣、顾千里、汪士钟、张蓉镜、阮元、孙星衍、杨绍和、瞿绍基、翁同龢、杨守敬、叶德辉、叶昌炽、张元济、傅增湘、周叔弢、赵元方等，也都是很有名的藏书家和版本鉴定家。这些人见多识广，学识经验都很丰富。凡经他们鉴定过，再盖上自己的藏书印记的书，一般说是比较可靠的。

再次是通过藏书印记可以获悉一书都经过谁家收藏的信息，并由此获得线索，使我们可以按图索骥地去寻找各家有无著录，从著录再进一步获得前人的鉴定意见。例如，我们在某书上见到钤有"士礼居""荛圃""荛翁""复翁""黄丕烈印""百宋一廛"等印记，就可以断定此书曾经为黄丕烈收藏。这样我们就可以因此而去查阅黄氏题跋中有无著录，有著录我们就能获得一些可资借鉴的鉴定材料。我们若是在某书上见到有"杨以增印""东郡宋存书室""宋存书室""四经四史之斋""海源阁""杨绍和""杨绍和字勰卿"等印记,则证明此书曾是山东聊城杨氏海源阁旧藏。这样我们便可以由此获得启示和线索,从而有意识地去查阅《楹书隅录》,以便进一步获得版本方面的鉴定意见。我们若是在一部书上见有"藏园""双鉴楼""傅增湘""傅沅叔""江安傅增湘""沅叔"等印记,则表明此书一定是藏园或双鉴楼旧物。这样我们便可以沿着这条线索去查阅《藏园群书题记》,从而获得傅增湘关于某书版本的鉴定意见。同样,我们若是在某书上见有"天禄琳琅""天禄继鉴""乾隆御览之宝""太上皇帝之宝""八徵耄念之宝""五福五代堂古稀天子宝"等印记,就可以断定此书曾是清代宫内天禄琳琅的插架之物。天禄琳琅的藏书分前后两个阶段。从乾隆九年(1744)到乾隆四十年(1775)属第一阶段,由于敏中、王际华、彭元瑞等奉敕编成《天禄琳琅书目》十卷,并被收入《四库全书》。《四库全书》该书提要云:"迄今三十余年,秘笈珍函,搜罗益富。又以诏求遗籍,充四库之藏。宛委丛编,嬛媛坠简,咸出应昌期。因掇其菁华,重加整比,并命编为目录,以垂示方来。"此即于敏中、王际华等奉敕所编《天禄琳琅书目》之成因。此目蒇事于乾隆四十年,著录宋版书七十一部、金版书一部、元版书八十五部、明版书二百五十二部、影宋抄本二十部,凡四百二十九部,名之曰《钦定天禄琳琅书目》。第二阶段是乾隆四十年之后,仍有宫内各处藏书不断被甄检出来,继续庋藏于天禄琳琅,为示区别,又镌制一颗藏书印曰"天禄继鉴"。嘉庆二年(1797)乾清宫失火,殃及昭仁殿,很多珍秘之书惨遭回禄之灾。为此,乾隆太上皇下诏罪己,同时制定宫中防火救火措施和有关规章制度,并要求第二年春天重葺乾清宫。实际上,当年腊月底已择吉上梁,翌年春备集物料,全面开工,至当年仲秋修葺蒇事,用时不足一年。效率之高,唯皇家所独有。几乎与此同时,大学士彭元瑞受命清点天禄琳琅烬余之书,并移御花园及各殿藏书于昭仁殿,重编《天禄琳琅书目后编》二十卷,著录图书六百六十三部,一万二千二百五十八册,已逾《四库全书》三分之一。为此,彭元瑞特于目后跋称:"前编宋元明外,仅金刻一种,后编则宋、辽、金、元、明五朝俱全。凡皆宛委琅函,琅嬛宝简,前人评跋、名家印记,确有所证。绝无翻雕赝刻,为坊肆书贾及好事之家所伪托者。……足征我朝右文之盛,藏书之富,圣学高深,不特下视夫邺架曹仓,抑且远逾于丽正嘉则。"因知天禄琳琅失火后,藏书较之灾前不减反增,不仅下视东汉藏书家曹曾和唐代藏书家李泌的私藏，亦远超隋之嘉则殿、唐之丽正书院等皇家藏书。彭元瑞跋中所谓"绝无翻雕赝刻，为坊肆书贾及好事之家所伪托者"，说得过头了，其实错误还是不少的。天禄琳琅前后藏书，有前后两部书目登录，所以只要见到有天禄琳琅藏书印记，均可查阅这两部书目。虽然也有错误，但那是少数，绝大多数都还是可信的。

再次是通过藏书印记可以看出一书的递藏关系。从事版本、碑帖、书画收藏鉴赏的人，都很注意递藏关系，讲究藏品流传有绪。这很重要，一书若能说出递藏关系，其版本鉴定也往往坚实可信。例如南宋两浙东路茶盐司所刻的《礼记正义》，各卷卷首均钤有"秋壑图书"印记，看去不敢信以为真。若是真迹，则表明此书南宋时即为贾似道所收藏，实际上不太可能。原因是此书为宋刻元印本，依据是此书的第三期刻工如茅文龙、蒋佛老、陈琇、郑闻、何厚、何庆、张阿狗、俞声、郑野、李德英等，都是元代杭州地区的补版工人。这说明此书版片至元时曾经修补重印过。元时才修版印刷的书，怎么会钤盖贾似道的藏书印鉴呢？故"秋壑图书"一印必为后人所伪造，不可凭信。然此书还钤有"宋本""季印振宜""沧苇""御史之章"等印记，表明其在清初曾为季振宜所珍藏。又钤有"北平孙氏"印记，表明此书由季家散出后又传到了孙承泽家。又有"惠栋""定宇"等印记，表明此书亦曾是惠栋的插架之物。又有"孔继涵""金章世系"等印记，表明此书又曾为孔继涵所有。《宝礼堂宋本书录》称："阮文达《校勘记》谓是七十卷本，为惠氏校汲古阁所据。"今证以惠栋跋文及印记，信此说不诬。又称此本"先为吴中吴泰来家所藏，后归曲阜孔氏。陈仲鱼亦有是言"。今证以孔氏印记，此说亦不诬。又称"其后由孔氏入于意园盛氏"。盛氏当指盛昱，意园是盛氏的斋号。又称"盛氏书多为景朴孙所攫"。今证以袁克文跋文所称"盛昱藏书散出，即归其戚景贤"，此说亦不诬。此书还钤有"寒云""袁克文"等印记，表明其确曾是袁克文的藏书。袁世凯死后，其子袁克文移居上海，家道中落，只好卖书。此时正值潘氏经商起家，兴建楼宇，于是大量购入袁克文旧藏，其中因有此种宋刻《礼记正义》，故名其藏书楼曰宝礼堂。中华人民共和国成立后，宝礼堂二世主人潘世兹先生将宝礼堂上品藏书悉数捐献给中国国家图书馆，此本《礼记正义》亦随之入藏。一部书若能如此理出递藏关系，且都鉴定为宋本，则其可信程度就极大了。

当然，藏书印记有时也能为造伪冒充者助力，需要特别谨慎。2017年某拍卖公司图录上有一部《朱文公校昌黎先生集》，其目录首叶钤有"吴岫""山阴祁氏""澹生堂""在在处处有神物护持""子子孙孙永宝""士奇之印""眉山陈氏雪佳鉴藏""虞山张蓉镜鉴定宋刊善本""高士奇""宋刊奇书"等印记。这些钤印的真伪，姑置勿论，但鉴定有误，乃至有意造伪是肯定的。此本《朱文公校昌黎先生集》，非但不是什么"宋刊奇书"，连元刻本也不是。《中华再造善本》金元编中收录了一部元刊本此书，底本借用的是山东省博物馆馆藏之物。而山东博物馆皮藏者，乃出自明鲁荒王朱檀之墓。此本在《朱文公韩文考异序》后镌有阴文"至元辛巳日新书堂重刊"条记。辛巳即元至元十八年（1281），距离宋亡没过几年。刘氏日新书堂，又名日新堂，为元代建安书林的名坊，主人刘锦文，也很有名。此本虽为书肆所刻，当时未必称善，但久佚的宋人校注则赖此得以保存，且为元代此书的开山之本，洵为珍贵。每半叶十三行，行二十三字，小字双行同，黑口，四周双边。明洪武十五年（1382）勤有堂曾翻刻此书，版式行款一仍其旧，所不同者，将朱熹《韩文考异序》后"至元辛巳日新书堂重刊"阴文木记，改成了"洪武壬戌春庐陵勤有堂刊"阴文木记。明洪武二十一年（1388），书林王宗玉亦翻刻过日新堂本，版式行款亦仍其旧。所以现存十三行二十三字本《朱文公校昌黎先生集》，除山东博物馆所藏明朱檀墓出土者为元日新书堂真本外，其余十三行二十三字本皆为明初翻刊。其特征都是在《韩文考异序》后既不见元刊木记，也不见勤有堂木记，原因都是人为裁撤，混淆视听，以明赝元。这时再想用藏书印记来间接判定版本，就完全是徒劳了。

古人藏书钤盖闲章雅印，一般是从各卷卷端下方盖起。此后易主相传，藏章便逐次由下往上钤盖。掌握这种规律特点，再比较熟悉各家藏印，理出一书的递藏关系当属不难。

至于辨认印记的真伪，这倒是个难题。至今尚无什么科学办法解决这个问题，只有靠积累经验，熟悉一些名家的印鉴字迹和所用印泥特色。否则误伪为真，非但自己会弄错，还会贻误旁人。须知自清末以来，书贾为了牟取厚利，常常伪刻前人名藏章，随意钤盖，造成了很大混乱。所以我们遇到书上的任何印记都不可轻信，都必须结合其他条件，全面考察，逐一分析，最后再下结论。

## （十四）依据著录鉴定版本

所谓著录，系指各时代各类型书目对各种图书的记录。我国历史上的书目典籍，形式多样，浩如烟海。从著录性质上说，可分为公藏目录、私藏目录、史志目录、地方目录、知见目录、读书目录等。从编制体例上说，可分为簿录、简目和提要目录、题跋集录等。所有这些目录，不管是什么性质什么体例，对于我们今天来说都有程度不同的参考价值。比如公藏目录，像宋代的《崇文总目》《中兴馆阁书目》，元代的《西湖书院重整书目》，明代的《文渊阁书目》，清代的《四库全书总目》《天禄琳琅书目》等；私藏目录，像宋代晁公武的《郡斋读书志》、陈振孙的《直斋书录解题》、尤袤的《遂初堂书目》，明代焦竑的《国史经籍志》，清代的各名家藏书目录，民国年间各名家的藏书目录等；史志目录，自班固创《汉书·艺文志》以降，像《隋书·经籍志》《旧唐书·经籍志》《新唐书·艺文志》《宋史·艺文志》，倪灿、钱大昕等补编的《补辽宋西夏金元艺文志》等；私人编制的一些目录，像黄虞稷的《千顷堂书目》，莫友芝的《邵亭知见传本书目》、傅增湘的《藏园群书题记》《藏园群书经眼录》、孙殿起的《贩书偶记》等，都是从事古籍整理，特别是从事版本鉴定的人经常要查阅的目录。其中特别是清末民初以来编制的某些私家藏书目录，像山东聊城杨氏海源阁的《楹书隅录》、江苏常熟瞿氏的《铁琴铜剑楼藏书目录》、张金吾的《爱日精庐藏书志》、杭州丁氏的《八千卷楼藏书志》、归安陆心源的《皕宋楼藏书志》、叶德辉的《郋园读书志》、张元济的《宝礼堂宋本书录》《涵芬楼烬余书录》，以及《尧圃藏书题识》等，则更是我们常备的案头之物。凡遇一书，哪怕是书中有确凿的版本鉴定证据，总要查查各种书目，看看是否见于著录，以便进一步加以验证。若是书中没有明显的鉴定依据，那就更需要查对目录，借鉴别人或前人的鉴定意见。特别是图书馆从事古籍著录和编目的工作人员，查核著录那就更不限于鉴定版本了，而是要将书名、卷数、著者、分类、版本等项全面进行核查，以便使自己的著录更加翔实、更加准确。若是提要、题跋等叙录性质的目录，往往连行款、边栏、书口，乃至于字体、印纸、版框、藏书印记、牌记、序跋等，都要记录，这就更要具体查阅各种书目。因此，凡研究版本的人，查阅书目著录是必不可少的步骤。

1986年，北京中国书店收购了一批善本书，其中有一部宋刻苏辙撰的《诗集传》，颇引人注目。一般人只知有朱熹的《诗集传》，而鲜知还有苏辙的《诗集传》传世，尤其是说到还有宋刻本苏辙的《诗集传》，并且为中国书店所购得，那就更令人惊讶欲观了。这部书的印纸墨色、版式风格，完全是宋版书风貌，且卷尾有南宋淳熙间（1174—1189）刻书题记，为公使库本。

　　关于苏辙《诗集传》的传本，过去仅知有二，其一为明刊两苏经解本，中国国家图书馆藏有这个版本的残本，称为《颍滨先生诗集传》，著录为十九卷。《四库全书》馆所收之《诗集传》，用的就是这个明刻本。为了进一步证实中国书店所存这部《诗集传》的版本时代，就需要查阅目录，看其是否见于著录。

　　我们知道，查阅宋版书，有两部目录是必须要寻检的，这就是晁公武的《郡斋读书志》和陈振孙的《直斋书录解题》。中国书店所存苏辙《诗集传》既是南宋淳熙间刻本，则《郡斋读书志》就不必去查了。因为该书的版刻时代晚于《郡斋读书志》的成书时代，故可以直接查阅陈振孙的《直斋书录解题》，因为《直斋书录解题》的成书大大晚于《诗集传》的版刻时代。一查《直斋书录解题》，果然著录了此书，并谓："《诗解集传》二十卷，门下侍郎眉山苏辙子由撰。于序止存其首一言，余皆删去。"这个著录虽然题名为《诗解集传》，与《诗集传》不尽相同。但从著录的卷数及对《诗》序的删存情况看，可以断定《直斋书录解题》所著录的《诗解集传》，实际就是这个《诗集传》。"于序止存其首一言，余皆删去"，说的是苏辙认为《诗》之小序反复繁重，类非一人之词，疑为毛公之学，卫宏之所集录。古人言《诗》，率以一言括其旨。如序《关雎》，刺时也；《芣苢》，伤夫有恶疾也；《汉广》，悦人也；《汝坟》，辞家也等。《诗》的小序之体，即肇于此。故苏辙只留小序发端一言，余皆删汰，是颇有见地的。今审中国书店所藏此书均一一相合，足见《直斋书录解题》所著录者，实即此书。这样我们就获得了进一步的证明，即宋朝人的目录专著所著录的书，当然不会是宋以后的作品，而只能是宋代刻本。加上此书的印纸墨色、字体刀法、行款版式等又都是宋时刻书风貌，且卷尾镌有南宋淳熙间刻书题记。把这些条件加在一起综合考证，再定此书为宋刻本，那就越发显得坚实可信了。

　　又如中国国家图书馆所藏宋刻本《张承吉集》十卷，之所以定其为宋刻本，也不仅仅因为它具有宋刻本唐人集子的种种特点，还因为它见于《直斋书录解题》的著录:"《张祜集》十卷,唐处士张祜承吉撰。"著录虽然如此简略,但它说明宋代确实有过十卷本《张承吉集》版行于世。

又如宋越州本《春秋左氏传正义》,今藏于中国国家图书馆。其版本的考定是经过一番曲折的。南宋黄唐在做两浙东路茶盐司提举时,曾继承该司厥志,继续汇刻了《毛诗正义》及《礼记正义》,并在《礼记正义》卷尾镌刻了一篇刻书跋文。跋文末尾云:"乃若《春秋》一经,顾力未暇,姑以贻同志云。"黄唐所希望的同志有没有呢,这个人到底刻了《春秋左氏传正义》没有?查《直斋书录解题》,的确著录有《春秋左氏传正义》三十六卷,唐孔颖达撰。并谓:"自晋、宋传杜学为义疏者,有沈文阿、苏宽、刘炫。沈氏义例粗可,经传极疏;苏氏不体本文,惟攻贾、服;刘炫好规杜失,比诸义疏犹有可观。今据以为本,其有疏漏,以沈氏补焉。"这就告诉我们,黄唐之后是有人实现厥志,刻印《春秋》一经的。那么这个人究竟是谁呢?原书痕迹已佚,无从知晓。然从印记可知,此书此本曾为清代张金吾爱日精庐所藏,因查张氏《爱日精庐藏书志》是否予以著录。一查,果见著录。并录有此书南宋庆元六年(1200)镌版竣事时绍兴府知府沈作宾所写的后序。该序将此书的刊印经过表述得清清楚楚。序谓:"作宾叨蒙异恩,分阃浙左。仰体圣天子崇尚经学之意,惟恐弗称。访诸僚吏,则闻给事中汪公之为帅也,尝取国子监《春秋经传》集解、正义,参以闽、蜀诸本,俾其属及里居之彦相与校雠,毋敢不恪。又自取而观之,小有讹谬,无不订正,以故此书纯全,独冠他本。不惮广费,鸠工集事,方殷而遽去。今检正俞公以提点刑狱兼摄府事,亦尝加意是书,未毕而又去。作宾窃惟《春秋》一经褒善贬恶,正名定分,万世之权衡也。……此前人雅志,继其后者庸可已乎?遂卒成之。诸经正义既刊于仓台,而此书复刊于郡治,合五为六,炳乎相辉,有补后学,有裨教化。……世运所阙,不可以无述也,于是乎书。庆元庚申二月既望吴兴沈作宾谨题。"

按汪公义端来知绍兴府,在南宋绍熙四年(1193),也就是黄唐写完《礼记正义》刻书跋文的第二年。可见汪义端是第一位能继承黄唐遗志的人。他为刻《春秋左氏传正义》,不但精加雠正,而且不惮广费。惜刚鸠工办事,便调往他任,致使此工未竟。到庆元四年(1198),检正俞公以提点刑狱的身份兼领绍兴府事,又续做此事。所谓俞公,即指俞丰。他不是正式任命的绍兴府知府,所以又很快调任。他虽然亦加意是书,但亦未毕而又去。庆元五年(1199),沈作宾由绍兴府通判晋升为绍兴府知府,不敢无视前人雅志,又续做此事,终竟其功,故此书之版本鉴定为南宋庆元六年绍兴府刻本,是有根有据的。可见书目著录于考定版本是多么重要。

## (十五)依据原书内容鉴定版本

依据原书内容鉴定古书版本,在通常情况下虽然得不出十分确切的鉴定结论,但可帮助我们推断某书版刻不会早于哪一时代哪一朝哪一年,或不会晚于哪一时代哪一朝哪一年。这样就会大大缩小考定的范围。这里所谓原书内容,既包括正文,也包括附录及作者行实、年谱、墓志、神道碑,以及后人对原文所进行的各种类型的加工阐释。透过这些内容,一般是能找出人、时、地、事的时代局限的,因而会给版本鉴定提供坚实可靠的基础。例如中国国家图书馆所藏的《颜修来日记》,原著录作者是清颜修来,版本著录为稿本,其作者和版本的纠正,就是靠原书内容证实的。

颜修来,名光敏,字逊甫,一字修来,号乐圃,山东曲阜人。与其兄颜光敩、颜光猷都是进士,故有"曲阜三颜"之称。颜修来生于明崇祯十三年(1640),幼好读书,九岁工行草,十三岁娴诗赋。清康熙六年(1667)登进士第,除为国史馆中书舍人。会圣祖玄烨幸太学,加恩授礼部主事,累迁至考功司郎中,充《一统志》总纂官。康熙二十五年(1686)卒,年四十七岁。这就是说,颜修来早在康熙二十五年便英年早逝了。

但细考此日记的内容,其中涉及的人、时、地、事却多在乾隆十八年(1753)前后。如日记中多次出现的纪晓岚就是乾隆十八年才出名的人物。纪晓岚(1724—1805),名昀,河北献县人。乾隆十八年举乡试第一。翌年,也就是乾隆十九年(1754),便荣登金榜,登进士第,开始跻身仕林,并逐渐名扬于朝野。日记中涉及颜修来死后六十七年的纪晓岚,已经露出极大的破绽。日记记载乾隆十八年的人、事,如:

九月五日,秋,晴……午,理幼客兄弟挽幡。观晓岚所论七弟诗。

九月十日，游西山，景炎不能留，先归。余独住山中一日，书七弟幼民墓志。

九月十七日，阴凉。晓起为幼客二兄、幼民七弟挽联，代留少宰、李京兆两公。复为留公挽七弟二绝云："乐圃秋深记薜萝，君家昆季本无多。哲兄已死君应痛，如此人琴又奈何。"小注云："幼民卒年四十有二。"

九月十九日，晴爽。晨兴代季京兆为二兄挽诗云……又七弟一首。

十月二日，夜订七弟行状，作西山第一诗。

十月二十一日，夜脱七弟行状稿。

十月二十二日，早雨。作西山第二诗，订七弟行状，质于宋公。

十月二十三日，仍阴。脱七弟小传稿……以七弟传赞质于晓岚。

十月二十四日，晓岚以七弟传见遇。

十月二十六日，晓起晴寒。书幼客二兄墓志，竟日。

十月二十七日，霜降。秋气早凉，已而大风。书二兄墓志铭毕。

上面引述的几段日记中，不但一再提到纪晓岚，而且再三提到为二兄幼客、七弟幼民作挽联、撰墓志、述行状、写哀诗等，因而又从人、事上提供了进一步考证的线索。

颜修来的儿子原名颜肇维，字肃之。后改名颜肇雍，字次雷，更号漫翁，又号红序老人。长于近体诗。所交皆当时名士。颜肇雍的儿子颜懋侨，字痴仲，一字幼客，恩贡生，官观城教谕。博学强记，颇有文采。日记中所讲的幼客二兄，指的就应当是这位颜懋侨字幼客者。而他已是颜修来的孙子了。至于幼民，则很可能是幼客的亲弟弟。康熙二十五年（1686）就已作古的颜修来，怎么会在六十七年后死而复生，反转来给自己的孙子写挽联、作墓志、述行状、撰传记呢？而且还要称自己的孙子为二兄，为七弟，这岂不是咄咄怪事吗？因此，可以肯定，这部所谓《颜修来日记》既不是颜修来的作品，更谈不上是他的稿本。但这部日记究竟是谁的呢，还需要进一步研究清楚，否则我们的鉴定工作就不算终结。

中国国家图书馆还藏有一部《颜氏家藏尺牍》，其中在某公致某公书信的前面，对写信人的传略均贴有考证性的签条，足资借镜。如对颜懋伦，就略称其

所谓《颜修来日记》，实为《颜懋价日记》

"字乐清，山东曲阜人。运使光猷孙。拔贡生。历官鹿邑县知县。举博学鸿词。著有《癸乙编》《端嘘吟》《什一编》《夷门游草》"。又称颜懋价"字介子，自称五梧居士。懋伦弟。拔贡生，官肥城教谕……少与兄懋伦博稽礼经"。可见懋伦、懋价都是颜光猷的孙子，于颜修来均系侄孙。而与颜修来亲孙幼客、幼民之间则为堂叔伯兄弟。封建社会大家庭中叔伯兄弟间常以大排行次第，故有二兄、七弟之谓。

这部《颜氏家藏尺牍》关于颜懋侨即幼客的传略中还称："颜懋价《幼客行状》云：'兄生有异征。泗水楚家寺僧慧朗将化，与弟子诀云投舍曲阜颜考功宅。诘朝来访，具颜其事。'于是人以为慧朗后身。"这里的"颜考功宅"，指的就是颜修来家，因为颜修来做过考功司郎中。这里的"颜懋价《幼客行状》云"，说明是颜懋价为幼客写了行状，则颜懋价便是幼客行状墓志的撰主了。如此，我们再返回到上引的日记内容上，两相印证，便可比较容易地断定，此日记一定是颜懋价的日记，稿本当然也应该是颜懋价的稿本。

由这个例子，足可见内容于版本鉴定的重要。过去之所以定为《颜修来日记》，就是因为轻信了原书旧有的题签，而忽视了它的内容。现在我们从内容入手，恢复《颜懋价日记》之名。从时间上讲，后推六十七年；从版本上讲，从康熙时颜修来的手稿本降为乾隆时颜修来之侄孙颜懋价的手稿本了。版本后推，但文、时俱符，这就是内容于版本鉴定的价值所在。

从原书内容考察古书版本，还有所谓内容增删上的问题和历史事件的时代问题。如宋朝人的笔记性著作《肯綮录》，其作者到底是赵叔问还是赵叔向，历来说法不一。《四库全书总目》提要说此书作者为赵叔问。且称"叔问自号西隐老人，其始末未详。以宋宗室联名字推之，盖魏王廷美之裔也"。然乾隆时辑刻之《艺海珠尘》丛书本的《肯綮录》，其作者却题为赵叔向；鲍廷博校清抄本《肯綮录》，作者亦题为赵叔向；《北京图书馆善本书目》著录的清抄本《肯綮录》，作者也题为宋赵叔向。这就产生了一个大矛盾：究竟是赵叔向还是赵叔问？总得透过考证，才能定著其一。

《宋史》卷二四七有赵叔向的传略。传中说："叔向，魏王之系也。方汴京破时，叔向潜出，之京西。金人退，引众屯青城，入至都堂，叱王时雍等速归政，置救驾义兵。其后为部将于涣上变，告叔向谋为乱，诏刘光世捕诛之。"足见赵叔向是冤死于刘光世之手的。

刘光世《宋史》有传，是个赫赫有名的人物。他生于北宋元祐四年（1089），卒于南宋绍兴十二年（1142），年五十四岁。可证刘光世奉诏捕杀赵叔向，绝不会晚于绍兴十二年。晚于这一年，刘光世就作古了，还谈什么捕杀赵叔向！实际赵叔向之被杀，当在南北宋之际。

可是《肯綮录》中有"紫姑神狱"一节内容，称"常州酒官郑思永为余言，岳飞死之明年，因元夕会饮，士失器皿库，数人相与请紫姑神卜之。方焚香，箕已重不可举。忽大书曰：'辛苦提兵十二秋，功多怨少未为仇。主恩未报遭谗谤，幽怀含悲暗点头。'其后乃书'飞'押字。又明年，军人有来临安请衣粮者，茶肆中偶与人言，遂为逻事者所捕，以送棘寺……思永时为棘寺推司"。这桩"紫姑神狱"之事，是常州酒官郑思永告诉《肯綮录》作者的，而且是事后若干年追记性质的文字，"思永时为棘寺推司"的口气可证。这里的"时为"，当指岳飞遇害后的第三年，因为有"岳飞死之明年"及"又明年"可证。

岳飞遇害是在南宋绍兴十一年（1141）的腊月二十九。元宵节显圣题诗，是在他死后的第二年元夕，实际只过了16天。"又明年"，则已是岳飞遇害后的第三个年头，实际是过了一年多一点，即绍兴十三年（1143）。绍兴十二年（1142）以前就被刘光世捕杀了的赵叔向，怎么会在若干年后来写书追记绍兴十二、十三年的事呢？显然绝无可能。所以《肯綮录》的作者也绝不可能是赵叔向。前边说过了，鲍廷博校本、《艺海珠尘》丛书本的《肯綮录》，卷前都有作者小序。序称"《肯綮录》者，西隐野人所著之书也。野人闲居多暇，饮酒读书，足以自娱。有疑误随即记之，初无第也。昔蒯生自名其书曰《隽永》，取肉肥而味长。我则异于是，殆是眉山先生《羊骨帖》中语'终日摘剔，仅铢两于肯綮之间'者，因以名录"。这段自序，表明了作者的身世，也与《四库全书总目》推论相合，故《肯綮录》作者应为赵叔问，而绝非赵叔向。这个例子虽然说的是作者，与版本鉴定干系不大，但原书内容在古籍的全面考定中，其作用是十分明显的。而且有时版本的鉴定，也需要通过对作者的考定，才能得出正确的结论。

  至于从内容的增损来考察版本，那例子就更多了。美国哈佛大学哈佛燕京图书馆藏一部杨士奇奉敕编纂的《历代名臣奏议》三百五十卷。据明郑晓《今言》第一四七条载："《历代名臣奏议》，成祖敕纂之书也。永乐丙申十二月成，进览刊布。先是，上以玺书谕皇太子，令翰林儒臣采古名臣，如张良对汉高、邓禹对光武、诸葛孔明对昭烈，董、贾、刘向、谷永、陆贽奏疏之类汇录，以便观览云。今此书无序，亦无监纂、编纂官职名。是时西杨在南京佐太子监国，正危疑之际也。"今以此书与这段记载核对，情况正相符合。且此书字大行疏，粗大黑口，左右双栏，印纸洁白，墨色乌黑，亦完全是明代内府刻书的风格。因定此书为明永乐十四年（1416）内府刻本。但到了明崇祯年间（1628—1644），太仓张溥又将此书删汰了一些内容，卷目依旧，付之梨枣，刊板印行。《四库全书总目》提要云："《历代名臣奏议》明永乐十四年黄淮杨士奇等奉敕编……当时书成刊印仅数百部，颁诸学宫。而藏板禁中，世颇希有。"又称到了明"崇祯间，太仓张溥始刻一节录之本。其序自言生长三十年，未尝一见其书。最后乃得太原藏本，为删节重刊，卷目均依其旧"。足见此书在崇祯年间又有一个节本行世。若是我们了解了上述掌故，再遇此书，一看内容是否删节，便知是哪个版本了。可见从内容入手考定版本，是比较可靠和科学的。

## （十六）综合利用考据鉴定版本

  前边用很大篇幅，从十五个方面分别阐述了版本鉴定的途径和方法，实践中也有不少实例可以证明它们是行之有效的。一条凿凿实实的证据，固可敲定一书的版本，但孤证却是考定的忌讳。而综合利用相关证据，彼此照应，相互契合，最终下结论，才是古书版本考定的常用之法。这里引用几篇考定性的文章，然后略做分析，就能体现这种方法的应用价值。

### 1. 关于宋刻本《礼部韵略》的版本考定

2012年10月24日晚，在南昌昌北格兰云天国际大酒店大厅，我曾为一位收藏《礼部韵略》的抚州人看书。藏者小心翼翼打开用塑料薄膜夹着的书叶，我发现其书似被污水浸泡过，有些书叶有明显的水浸后的皱褶。从版式风貌、印纸墨色、字体刀法诸方面看，虽不敢遽定就是北宋刊本，但时代绝不会很晚，遂叮嘱藏书主人要尽快将夹护书叶的塑料薄膜撤掉，换以柔软绵润的薄纸夹护，妥善加以保管。回京后，书主人又打来电话，告知会将所拍书影发到我的电子邮箱，这时才询问书主人姓名及电话。次日，果获该书图版若干张，得以进一步研究。

《礼部韵略》的成书。后周显德七年（960）正月，赵匡胤在陈桥驿发动兵变，一夜之间黄袍加身，建立了赵宋王朝。赵匡胤深明之所以轻获政权，是因为他兵权在握，众将才折服拥戴，后周皇帝才顺利禅让皇位。若是不削弱兵权，黄袍有朝一日还会加在别人身上，赵宋王朝仍然摆脱不了梁、唐、晋、汉、周频繁更迭的短命下场，于是采取种种措施，大力削弱兵权，实施"崇文抑武"的基本国策。在一系列崇文政策中，有一条就是广开科举之路，使人人皆有进取之心。为避免科考落第，怀才不遇，心存不满，甚至发生动乱，开宝二年（969）三月，宋太祖赵匡胤诏礼部检阅贡士中凡"十五举以上曾经终场者，具名以闻"。根据贡士司马浦等一百零六人的情况，下诏谓这些人"困顿风尘，潦倒场屋，学固不讲，业亦难专，非有特恩，终成遐弃，宜各赐本科出身"（宋王栐《燕翼诒谋录》卷一）。此乃宋代进士中有"特奏名"之始。自此凡"士之潦倒不第者，皆觊觎一官，老死不止"。"太宗即位，思振淹滞，谓侍臣曰：'朕欲博求俊彦于科场中，非敢望拔十得五，止得一二，亦可为致治之具矣。'太平兴国二年，御殿覆试……命李昉、扈蒙第其优劣为三等，得吕蒙正以下一百九人。越二日，覆试诸科，得二百人，并赐及第。又阅贡籍，得十举以上至十五举进士、诸科一百八十余人，并赐出身。九经七人不中格，亦怜其老，特赐同三传出身。凡五百余人，皆赐袍笏，锡宴开宝寺。"（《宋史》卷一五五《选举志一》）至真宗景德二年（1005），又进一步放松条件，"赐特奏：名五举以上本科六十四人，三传十八人，同学究二十二人，三礼四十四人，年老授将作监主簿三十一人"（宋王栐《燕翼诒谋录》卷一）。致使著名文人蔡襄叹曰："今世用人，大率以文词进。大臣，文士也；近侍之臣，文士也；钱谷之司，文士也；边防大帅，文士也；天下转运使，文士也；知州郡，文士也。虽有武臣，盖仅有也。"（蔡襄《端明集》卷二十二）可见宋初"崇文"到了何种程度。

宋初科考，不但试经，且试诗赋。举子科场写诗作赋，既要牢记字韵，又不能犯讳，这就催生了韵书的纂修。真宗"景德四年十一月戊寅，崇文院上校定《切韵》五卷，依《九经》例颁行。祥符元年六月五日改为《大宋重修广韵》"（王应麟《玉海》卷四十五《艺文》）。奉敕依据隋朝陆法言等《切韵》而重修为《广韵》者，为陈彭年、丘雍等。收字凡二万六千一百九十四言，注一十九万一千六百九十二字。在《广韵》修纂的同时，又由丘雍"略取《切韵》要字，备礼部科试"（宋王尧臣《崇文总目辑释》卷一），从而又成《韵略》五卷，收字九千多个。因为书成于真宗景德四年（1007），故又称《景德韵略》。此为宋代第一部《韵略》。"其曰略者，举子诗赋所常用，盖字书声韵之略也。"（宋陈振孙《直斋书录解题》卷三《礼部韵略》解）

三十年后，即北宋仁宗景祐四年（1037），"太常博士、直史馆宋祁、郑戬又建言：'彭年、丘雍所定（《广韵》）多用旧文，繁略失当。'""因诏祁、戬与直讲贾昌朝、王洙同修定，知制诰丁度、李淑典领。"并指示"所撰集，务从该广。凡字训悉本许慎《说文》，慎所不载，则引他书为解。凡古文见经史诸书可辨识者取之，不然则否"。于是又修成新的韵书，收字"五万三千五百二十五，新增二万七千三百三十一字，分十卷，诏名曰《集韵》"（宋王应麟《玉海》卷四十五《艺文》）。而在纂修《集韵》的同时，"昌朝又请修《礼部韵略》，其窄韵凡十有三，听学者通用之"（出处同上）。宋李焘《续资治通鉴长编》卷一二〇亦载："初，崇政殿说书贾昌朝言，旧《韵略》多无训释，又疑混声与重叠出字，不显义理，致举人诗赋，或误用之。遂诏度等以唐诸家韵本刊定。其韵窄者凡十三处，许令附近通用。疑混声及重叠出字，皆于本字下解注之。"这就是说，在

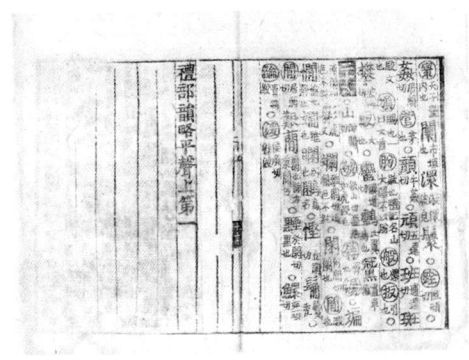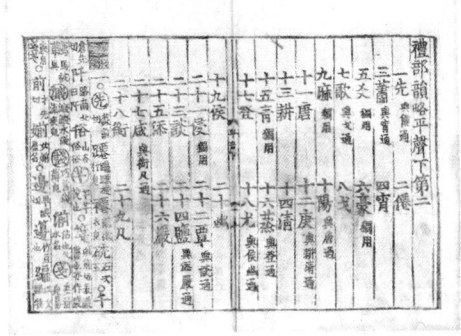

北宋刻本《礼部韵略》

《集韵》修纂的同时，因为贾昌朝的建议，由丁度、贾昌朝等又纂修了《集韵》的《韵略》，名之曰《礼部韵略》。为什么丘雍等修《广韵》时所同修的《韵略》，只称《韵略》，而修《集韵》时所同修的《韵略》又称为《礼部韵略》？盖因科举考试自唐代以来向由礼部主管，且自《韵略》产生时候起，就直接为礼部科试之用，因将之直称为《礼部韵略》。

《礼部韵略》修成行用二十四年，至神宗熙宁四年（1071）至元丰八年（1085），王安石为相，主持变法，明令科举考试取消诗赋，改试经义、策论，《礼部韵略》遂废置止行。元祐元年（1086）哲宗即位，由太皇太后高氏垂帘听政，起用旧党，又改变科举法，进士考试除经义外，仍试诗赋，又不得不起用废置十四年之久的《礼部韵略》。然"举人初习声律，动多疑虑。加以经传音释与《礼部韵》间有不同，及自传袭，又多讹谬……字有合用而私相传为当避者……举人不敢用，有司不敢取"（清周广业《经史避名汇考》卷十九）。因于元祐五年（1090）诏太学博士孙谔进行增补。然好景不长，三年后的元祐八年（1093）九月，太皇太后驾崩，哲宗亲政，又着手改革，恢复神宗旧制，科考再罢诗赋，专考经义、策论。经孙谔增补的《礼部韵略》再度被废置。徽宗即位，采纳蔡京建议，取消科举，推行三舍选考法，甚至认为作诗有害经术，称诗为口号。宋叶梦得《避暑录话》卷下曰："政和间，大臣有不能为诗者，因建言诗为元祐学术，不可行。李彦章为御史，承望风旨，遂上章论陶渊明、李、杜而下皆贬之。因诋黄鲁直、张文潜、晁无咎、秦少游等，请为科禁。"并严令"诸士庶传习诗赋者，杖一百。是岁冬初雪，太上皇意喜，吴门下居厚首作诗三篇以献，谓之口号"。

这一系列的政治变革，不断冲击《礼部韵略》的行用，造成一废再废。钦宗靖康元年（1126），虽恢复了诗赋科考的内容，但翌年金人便攻破汴梁，徽、钦二帝被掳，北宋宣告灭亡。可知《礼部韵略》自其成书时候起，先后行用不到三十年，这就为我们考察此书的版刻，划定了可资稽考的历史时空。

**新发现《礼部韵略》的版刻特征。**江西所见《礼部韵略》，卷首前几叶皱褶严重，下半部分残缺；皮纸印造，纸质较粗，未捣碎的黄色桑或楮树外皮仍依稀可见，横向罗纹宽粗；字体古朴，刀法古拙，墨色乌黑而不莹；每半叶十行，行大小字数不等，左右双边；版口狭窄，偶见刻工姓名，未形成定式，与山西应县木塔所出相应时期辽刻某些书近似，与所见南宋刻本诸书迥异。

新发现《礼部韵略》的印纸，明显是皮纸，但质地较为粗糙，横向罗纹既宽且粗，捣浆时未捣碎的黄色桑或楮树外皮，多残存在纸面。宋代，特别是南宋刻书用纸多为皮纸，但多数纤维捣得较碎，纸面残存未捣碎外皮者较少。从印纸上看，此书可能刊印校早。

新发现《礼部韵略》的字体古朴，镌工刀法古拙，不如南宋刻书那样字体隽秀，刀法娴熟。墨色亦不如南宋刻书莹洁青纯，颇显早期刻书的古朴风貌。

最具特色的是该书的版口，或称书口。所见南宋刻书，其书口较宽，大致与版中行字宽窄接近，有单鱼尾，有双鱼尾，上鱼尾至上边栏一段，或称象鼻，多用以镌刻本版大小字数，下鱼尾至下边栏一段，多用以镌刊刻工姓名。此书版口极其狭窄，且不甚规范。有的书口上方什么标识也没有，只在书口偏上地方留一墨钉（或称黑盖），其上镌阴文白字"平声上"，或"平上"字样；有的则无墨钉黑盖，直接在相应处镌阳文"平声上"或"平上"字样；有的在"平声上"或"平上"之上方镌一道墨线，直至上边栏，有的不镌；有的在"平声上"或"平上"之上方镌刻不太成形的墨色鱼尾，有的又不镌。书口偏下方，有的在墨丁黑盖之上镌刻阴文白字，标识叶码，有的无墨钉黑盖，在相应之处直镌叶码；有的在声标上方，直到上边栏居中镌一道墨线，在下方叶码之下，直到下边栏居中镌一道墨线，有的又不镌。显现出极大的随意性和不确定性，反映出来的当是雕版印书初兴时期，尤其是民间坊肆所刻之书的不成熟、不定型，意味着此书可能的确开板较早。然由于缺乏同是北宋刻印之书的实物比对和见证，难以遽断它就是北宋前期刻本。

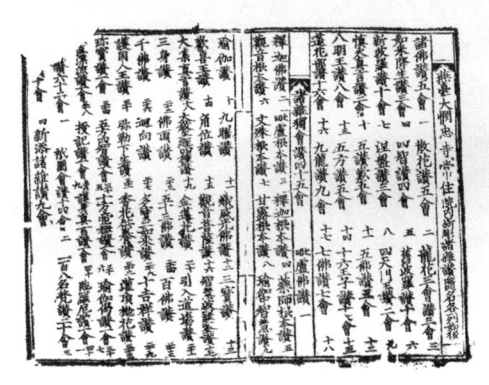

左：山西应县木塔出土辽刻《蒙求》
右：山西应县木塔出土辽燕台大悯忠寺刻《新雕诸杂赞》

  1974年7月，国家文物局文物保护科学研究所、山西省古代建筑保护研究所、雁北地区文物工作站、应县木塔文物保管所等单位的专业技术人员，自上而下地检修应县木塔各层塑像的破损情况，从四层佛像腹内发现了一批辽代刻印、书写的佛经和世俗之书，其中《蒙求》一书的版口与新发现的《礼部韵略》极为近似。据山西省文物局、中国历史博物馆共同主编，1991年文物出版社出版的《应县木塔辽代秘藏》记载，《蒙求》三卷，唐李瀚撰，框高20.4厘米，宽25.8厘米。每叶二十行，行十六字，左右双边。现存七叶半，卷后"音义"存八行。据讳字，审定为辽兴宗重熙（1032—1055）后刊本。蝴蝶装。该书版口或称为书口，也是极窄极简，有的镌注叶码，有的不镌；有的版口中间镌刻一道通上到下的墨线，有的则不镌，亦暴露出极大的随意性和不定性。辽咸雍六年（1069）后燕台大悯忠寺刊印的《新雕诸杂赞》，框高23.3厘米，宽30.5厘米。每叶二十行，行字不等，四周双边。蝴蝶装。第一行镌题"燕台大悯忠寺住院内新雕诸杂赞随名各列如后"，表明此赞刻于大悯忠寺。大悯忠寺即今北京法源寺的前身，始建于唐朝。该书版口或称为书口虽已较宽，但也只是书口偏上镌刻一道横线，偏下方同样镌刻一道横线，而在上横线至上边栏，下横线至下边栏，各镌一道纵向墨线，盖为折叶时取作标准。众所周知，辽代建立要早于北宋，但汉文化远不如中原高，尤其是刻书，多吸取北宋技术，故其书口版式，乃至装帧，多仿北宋。它的版口形式，多能反映北宋刻书的面貌，因而可以用来反证《礼部韵略》很有可能也刻在相应时期。

**新发现《礼部韵略》与日本真福寺藏本的异同。**日本森立之《经籍访古志》卷二，著录日本真福寺藏有北宋刊本《礼部韵略》，并谓"此本比之绍兴增修本，体式迥异，惜残缺不完"。严绍璗《日本汉籍善本书录》经部小学类著录了此书，定为北宋哲宗年间（1086—1100）刊本。该本每半叶十一行至十三行不等，行二十二字不等，注文小字双行，行二十九字不等，白口，单鱼尾，左右双边。版心镌平（上、去、入）声上（或下）。韵目标字阴刻。下象鼻处有刻工姓名。存卷一、三、五三卷，凡六十一叶。全书卷末附景祐四年（1037）《礼部条制》、宋元祐五年庚午（1090）《礼部续降韵略条例》《贡院条制名讳》。卷中"玄"至"顼"等九十余字皆缺笔避讳，唯宋哲宗名"煦"下注"御名"。宋程大昌《演繁露》卷五"讳"字条谓："本朝著令，则分名讳为二：正对时君之名，则命为'御名'；若先朝帝名，即改名为讳，是为庙讳也。"真福寺藏本《礼部韵略》既在"煦"字之下标注"今上御名"，则其初版付梓必在哲宗赵煦一朝。吉林大学文学院李子君教授《日藏宋本〈礼部韵略〉刊印时间及版本问题》一文，根据本书所附《元祐庚午礼部续降韵略条例》收有哲宗元祐五年七月十日敕牒全文，内载此年孙谔上表乞增韵字，推定《礼部韵略》之初刻当在此年之后。又据该书后附《贡院条制名讳》规定高鲁王高遵甫之名，也在回避之列（高遵甫，乃神宗生母、哲宗祖母、哲宗即位时太皇太后高氏的父亲，父以女贵，高氏一垂帘，加赠陈王，诏避其名讳）。至哲宗绍圣元年（1094）二月己酉葬完宣仁圣烈皇后即高氏之后，于甲子日才"诏依章献明肃皇后故事，罢避高遵甫讳"（《宋史·哲宗本纪二》）。又证明其书之初刻当在罢避高遵甫名讳之前。早不会早于元祐五年（1090）七月之前，晚不会晚于绍圣元年高遵甫被免讳之后，中间只有四年的间隔。我们费这么多笔墨阐述日藏《礼部韵略》初刻的历史时段，目的不是为日本真福藏本《礼部韵略》考定出版刻的结论，而是为阐述江西新发现《礼部韵略》之不同铺平道路。

首先，真福寺藏本为每半叶十一行至十三行不等，行二十二字不等，注文小字双行，行二十九字不等。白口，单鱼尾，左右双边。版心镌平（上、去、入）声上（或下）。韵目标字阴刻。下象鼻处有刻工姓名。而新发现本每半叶均为十行；牒文之后附属内容逸去；书口状况亦不完全相同；刻工亦不相同，充分说明两者绝非相同版本。

其次，王应麟《玉海》卷四十五《艺文》景德新定《韵略》条载："先以举人用韵多异，诏殿中丞丘雍重定《切韵》。陈彭年言省试未有条格，命晁迥、崔遵度等评定，刻于《韵略》之末。"又载景德"四年六月，详定诸州发解条例，附于《韵略》"。可知《景德韵略》牒文之后亦有附录，但所附内容与景祐《礼部韵略》决然不同。至若景祐《礼部韵略》牒文之后所附内容究竟为何，因已逸去，无从稽考，但从其前的《景德韵略》、元祐五年（1090）经孙谔增补韵字之后的《礼部韵略》看，可以肯定它也一定在牒文之后附有内容，只是不知其究竟附录了什么内容而已。但有一点可以肯定，即元祐五年《礼部续降韵略条例》，新发现本是绝对不会有的；《礼部条制名讳》即便有，但所讳之字也绝不会完全相同。原因是这两部《礼部韵略》行用的历史背景不同、行用的历史时段不同、有无增补韵字不同。故日本真福寺藏本与江西新发现本绝非相同版本。

再次，真福寺藏本《贡院条制名讳》所公布的讳字已至"昫、姁、呴、昫、朐、酗、欨"等字，表明宋神宗赵顼的嫌名之讳已经回避。按照《演繁露》"若先朝帝名，则改名为讳"的说法，初刻此书时赵顼乃成为已祧之讳，故该书之刻一定在神宗驾崩之后。而新发现之《礼部韵略》，虽无《贡院条制名讳》可参考，但去声第四中出现的"昫、酗、呴"等字均不缺笔避讳，证明此本之刻当未届神宗之时。更有甚者，入声第五中竟出现了神宗的御名"顼"字，亦不行回避，进一步证明此书之刻，绝不可能在神宗龙飞之后。从神宗前推一位皇帝是英宗赵曙。据日本真福寺所藏《礼部韵略·贡院条制名讳》所公布的赵曙嫌名之讳有"紓、澍、杼、抒、薯、署、竪、樹、墅"等字，而江西新发现本均不避讳，说明新发现本《礼部韵略》之初刻连英宗一朝也未到。果如此，则新发现本很有可能就刻在仁宗一朝。然平声上"真"韵中未收与仁宗赵祯御名相关的字，无从肯定其是否回避赵祯及其嫌名之讳，因而也就无从肯定他就刻在仁宗一朝。日本真福寺藏本《贡院条制名讳》规定，仁宗赵祯嫌名之讳遇"徵"要缺笔避讳，但又小字注明"角徵不讳"，即是说若遇"宫、商、角、徵、羽"五音时，"徵"字读"止"音，与"祯"字读音毫无牵连，故不行避讳。而新发现《礼部韵略》上声六"止"韵中的"徵"字之下小字注曰："展思切，宫音所生"。意谓此处"徵"读"止"音，由"宫所生"，故不避，透露出一些回避仁宗嫌名之讳的信息。上述虽已能反映江西新发现《礼部韵略》的版刻不同于真福寺本，并有可能要早于真福寺藏本，但这还只是可能，最终是否如此，尚需进一步加以考证。

**新发现《礼部韵略》的版本。**江西所见《礼部韵略》，书主尝请当地有关人员看过，在去赣之前他们就在电话中说是北宋刻本，并且说是北宋国子监刻本，理由是此书卷尾有《中书门下牒刊修广韵所》牒文，牒文中称"上件《礼部韵略》，并删定附韵条制，谨先写录进呈。如可施行，欲望即降付刊修所镂板讫，送国子监印造颁行"。这纸牒文，乃仁宗景祐间（1034—1038）刊修《广韵》以成《集韵》时的牒文。而在修《集韵》的同时又重修《韵略》以成《礼部韵略》。当两书告成之日，自然要由主修之人丁度等上表进程，提出刻印颁发之请。《宋史》卷一六五《职官五》载淳化五年（994）判国子监李志尝言："国子监旧有印书钱物所，名为近俗，乞改为国子监书库官。"朝廷采纳李志意见，"始置书库监官，以京朝官充，掌印经史群书，以备朝廷宣索赐予之用，及出鬻而收其直以上于官"。因知北宋国子监确有专门的刻书印书机构。然上述牒文是否就能证明此书就是当时国子监刻印的官版呢？恐怕还不能轻率就下这样的结论。原因是牒文所复述者，乃丁度等进书表中的请示语，尚不是刻印的结论。前述日本真福寺所藏《礼部韵略》，杨守敬、宿白等前辈就都曾推断为北宋官版，甚至有人说是北宋汴京官版，但李子君教授《日藏宋本〈礼部韵略〉刊印时间及版本问题》一文，在将真福寺藏板与《集韵》《附释文互注礼部韵略》《增修互注礼部韵略》《押韵释疑》《紫云先生增修校正礼部韵略释疑》等相关韵书认真勘比后，认为日藏《礼部韵略》在失收韵字、错讹或以俗字代正体、误刻反切、删减监注、误圈墨围、误刻脱漏御讳嫌名等诸方面，都存在不少问题，乃北宋官刻书不应有的现象，因此推定此书乃是元祐五年至八年（1090—1093）坊间的翻刻本。这方面，我不是行家，无法以李子君教授的态度和方法来比勘江西所见本《礼部韵略》，不过我相信若由李子君教授经眼并校勘，其失误差讹之处恐比日藏本也不少。

前边我们在揭示新发现《礼部韵略》版刻特征时，从版式、书口、字体、刀法、印纸、墨色诸方面做了大概描述。这些描述，既说明它刻印不会很晚，也说明它绝非北宋官刊。说它刻印不会很晚，既有其本身风格特点方面的见证，也有与山西应县木塔所出辽版书进行对比之后的联想，如辽刻《蒙求》一书，据其讳字，就被定为辽兴宗重熙以后刊本。重熙乃辽兴宗耶律宗真的年号，从公元1032年行用至1055年，凡二十四年。这个时段对应的是北宋仁宗天圣十年至至和二年。辽兴宗重熙以后，是辽道宗耶律洪基，帝祚较长，但至其驾崩，也只是北宋徽宗即皇位之年，所以辽刻诸书确能反过来验证北宋刻书的版式风貌。因此，我们有理由判定江西新发现之《礼部韵略》当是北宋刻本，但绝非初刻官版。至于说它绝非北宋国子监官刻，不但其版式、书口、字体、刀法、印纸、墨色等直接告诉人们它非官刻，某些历史背景也能帮助我们判定它是否为北宋官刻。北宋官刻之书，不仅如李子君教授所讲的校勘精审，刻印亦相当考究。原因是官刻可以举国家之力，甚至下杭州镂板，以求书品上乘。众所周知，雕版印书技术发展到北宋仁宗时，不但已经很普遍，刻印技术也已相当成熟。唯其已经相当普遍与成熟，它自身固有的优缺点才得以充分显现，于是才有在它充分发挥优势的同时，布衣毕昇发明泥活字印书法，借以克服一种书雕一套版、一套版只能印一种书的高工本的雕版印刷缺陷。在这样的雕印技术氛围中，说新发现本《礼部韵略》是北宋国子监官刻，其根据显得十分脆弱。且以日藏《礼部韵略》为例，其字体刀法要比新发现本娟秀得多，刀法要剔透得多，尚且被推断为民间翻刻，何况此书！

江西新发现《礼部韵略》基本可以肯定是民间坊肆翻刻，但翻刻的时段尚需进一步研究。从讳字上看，该书遇"弦、絃、舷、眩"等字，右半"玄"字缺末笔；"泓"字右半"弘"字缺末笔；"檠"字上半"敬"字缺末笔；"磤"字右半"殷"字缺末笔；"晅"右半"恒"字缺末笔，说明其对赵宋远祖及祖讳是回避的，但这都不重要，重要的是"晅"字右半"恒"字缺末笔，其回避的显然是宋真宗赵恒的已祧之讳，说明此书之刻可能在仁宗一朝或稍后。而仁宗赵祯御名本书未曾遇到，因而也就未见"祯"字之下标注"今上御名"。至若仁宗之后的英宗赵曙、神宗赵顼、哲宗赵煦、徽宗赵佶、钦宗赵桓之御名和嫌名，则均不予回避，说明此书之刻不会晚于北宋。南宋高宗赵构、孝宗赵昚、光宗赵惇、宁宗赵扩诸帝的御名和嫌名更不予回避，说明此书之刻根本不会晚到南宋。然作为《集韵》的韵略——《礼部韵略》，修就修在仁宗景祐四年（1037），至哲宗元祐五年（1090）才又诏太学博士孙谔进行增补，而此本无增补迹象，表明其翻雕的底本绝不是孙氏增补后的版本，而是增补前的版本。前到什么时候，大概应该在仁宗景祐四年以后，英宗治平四年（1067）以前这三十年间。若是元祐五年孙谔增补之后，再翻刊增补前的《礼部韵略》，就举子实用而言已失去价值，书会没人购买的，所以其翻刻绝不会晚于是年。

前边说过了，《韵略》是应举子科考诗赋而产生的工具书，这类书收字归韵一定要准确，避讳之字不能含混其词，否则就会贻误考生，不利国家擢选人才，所以刊版不容轻慢。即或是民间坊肆翻刊，也不敢在这两点上掉以轻心。宋王栐《燕翼诒谋录》卷一载："国初进士科场尚宽，礼闱与州郡不异。景德二年七月甲戌，礼部贡院言：'举人除书案外，不许将茶厨、蜡烛等入，除官韵外，不得怀挟书策，犯者扶出，殿一举。'"宋程大昌《续演繁露》卷二也说："举子前此许挟书，至祥符止许带《礼部韵》。"因知在北宋科场制度渐严的情况下，仍许举子挟带《礼部韵略》入场，以备一时记不清是否出韵、是否犯讳而检正。所以这类的书，举子们几乎人手一部，相当于今日的工具书，用量比较大。用量一大，官刻供不应求，便给书坊留下借以营利的空间，于是争相翻刻。但不论怎么为营利，对该讳之字当不敢稀松，稀松了，不光害了举子，反过来，举子不信任，书卖不出去，最终也害了坊肆自己。江西发现之《礼部韵略》许多未讳之字，恐不是镌刻时的轻率，而是未届该讳之时，因此该书的讳字状况可以作为我们判断其版刻时段的依据。

上述北宋刊本《礼部韵略》的考定，动用了版式行款、字体刀法、印纸墨色等风格特征的判定，与相应时期辽刻本的比对，日本真福寺藏北宋本《礼部韵略》的勘核，避讳字的实际状况等各方面可资考证的条件，综合加以梳理、分析，最后得出结论。若要再说得具体一点，其开版应在北宋仁宗景祐四年（1037）至英宗治平四年（1067）三十年间，且不是藏书主人所说北宋国子监官刻，而应是江西坊间所翻刊。这个结论是日本尾崎康，台湾地区卢锦堂，大陆李致忠、陈先行、范景中、李子君等研究者共同做出的，是可信的。

**2. 关于宋刻本《杭州西湖昭庆寺净行社集》的版本考定**

《杭州西湖昭庆寺净行社集》（又称《莲社集》）的版本问题，曾经有过较大的争议，有说此书根本"不开门"，是明代翻刻本，有说是朝鲜翻刻本，也有说是宋刻本的。几年之内意见不一。

**《净行社集》的成书**。北宋太宗淳化元年（990），杭州西湖昭庆寺沙门省常，身乐明时，心发洪愿，上延景祚，下报四恩，刺血和墨，书写《大方广佛华严经》中之《净行品》。每书一字，必三作礼，三围绕，三称佛名，可谓虔诚之至。写竟鸠工付梓，刊印千部，分施僧俗千人。又以旃檀香造毗卢圣像，结八十僧同为一社，名曰净行社（详见本集宋白所撰《大宋杭州西湖昭庆寺结社碑铭并序》）。又以社中事达于两京，诱化达官显贵撰写诗文，投以入社，遂使上自宰相，下及省阁名公，"争投文以为社中人焉"（详见本集钱易所撰《钱唐西湖昭庆寺结净行社集总序》）。

省常，字造微，钱塘（今属杭州）人，俗姓颜氏。生于五代十国时期后周显德六年（959），七岁出家，十五岁落发，礼菩提寺吴越副僧统圆明大师。十七岁受具足戒，二十岁通性宗。二十五岁时，钱俨上表奏赐紫方袍。又从五云大师志逢传唯心法门，赐号圆净大师。真宗天禧四年（1020）正月十二日圆寂。世寿六十有二。

北宋淳化年间（990—994），杭州西湖昭庆寺沙门省常开始专修净业，结社奉佛，表面是要重振东晋慧远大师在庐山东林结白莲社念佛行道的旗鼓，实乃当时佛教在文人士大夫中产生了一定程度的信仰危机："国初以来，荐绅先生宗古为文，大率学退之（唐韩愈，字退之）之为人，以挤排释氏为意。故我假远公之迹，试以结社事，往往从我化。而丛碑委颂，称道佛法，以为归向之盟辞，适足以枳棘异涂，墙堑吾教矣。"（宋释宗晓《乐邦文类》卷三孤山智圆《钱塘白莲社主碑》）

《昌黎先生文集》卷三十九收录一篇韩愈为谏阻唐宪宗欲迎佛骨入宫而撰写的《论佛骨表》，表曰："佛本夷狄之人，与中国言语不通，衣服殊制，口不言先王之法言，身不服先王之法服，不知君臣之义、父子之情。假如其身至今尚在……况其身死已久，枯朽之骨，凶秽之余，岂宜令入宫禁？"韩愈的思想，代表了儒、释两家在认识论方面的思想斗争。直到北宋初期，这种斗争仍在继续。省常意识到了韩愈的这种思想在文人士大夫中的影响，所以发愿结社，以献诗入社为诱饵，劝化世俗公卿大夫。他的这种做法，还曾遭到非议，而他却说："世不我知，或以我为设奇沽誉者，吾非斯人之徒也。"省常此举果然奏效，"繇是宰衡名卿、邦伯牧长，又闻公之风而悦之。或寻幽而问道，或睹相而知真，或考经而得意。三十余年为莫逆之交，预白莲之侣者，凡一百二十三人。其化成也如是，有以见西湖之社嗣于庐山者，无惭德矣"（出处同上）。

昭庆寺，由吴越国王钱氏始建于乾德五年（967），初名菩提院。太平兴国三年（978）建戒坛，太平兴国七年（982）赐额大昭庆寺。地处钱塘门路由北山至九里松途中。该寺有堂二："曰绿野，曰白莲。"轩二："曰碧玉，曰四观。""古刻有《白莲堂诗》《文殊颂》《菩提寺记》，皆毁于火。南渡初，以其地为策选锋军教场，惟存戒坛数间而已。自嘉定至宝庆初，渐复旧观。"（〔咸淳〕《临安志》卷七十九《寺观》五《大昭庆寺》）

宋潜说友所修〔咸淳〕《临安志》卷七十九《寺观》五所录孙何《白莲社记》，载省常结社之唱，得到"延阁著述之士、殿省春坊之俊、幕府县道之英"等若干人的广泛响应，"莫不间发好辞，演成盛事"，并"摘锦布绣乎堂上，合璧连珠于牖间"。其时"峡路运使、史馆丁刑部顷岁将命瓯闽，息肩乡里，复又写二林之幽胜，集群彦之歌诗，作为冠篇，鼎峙兰若"。而编辑之法则是"始以枢机大臣、台阁名士、闻法随喜之岁月、寄诗入社之后先，辨其官班，列彼名氏"。由此不难知道，将净行社前后所收到入社之诗文结集成书者，乃是丁刑部。丁刑部者，指丁谓。丁谓（966—1037），字谓之，后改字公言，长洲（今苏州）人。少与孙何友善，同游场屋，同袖文谒王禹偁，王大奇之，以为韩、柳后二百年始有此文，世称为"孙丁"。太宗淳化三年（992）登进士甲科，为大理评事，逾年直史馆，福建路采访使，改转运使，领峡路转运使。真宗时累官至同中书门下平章事。本集丁谓所撰《西湖结社诗序》，落款为"景德三年春三月十日"，表明景德三年（1006）时《莲社诗集》已由丁谓结集成书。然本集又有大中祥符二年（1009）十一月十五日钱易所撰《西湖昭庆寺结净行社集总序》，故此集付之剞劂，当不会早于是年。

**《净行社集》的付梓**。由上述可知，丁谓将各名公入社诗结集成书在景德三年，而省常圆寂则在真宗天禧四年（1020），表明书成之日省常大师仍健在，依照通常的事理逻辑，省常也应该在此集版行之前，或撰写前言，或撰写后跋。然因此集残缺不全，故不见其片言只语，这就使该集的版本确定增添了几分难度。

初览此集，以其印纸色泽、装帧形制、无递藏之绪等异样，也曾产生过疑虑，后经通览之后，觉得其在字体风貌、讳字表征等方面尚可加以考论。

此集字体，颇有颜字风韵，此为北宋释家写、刻单经大藏常见的字体。明谢

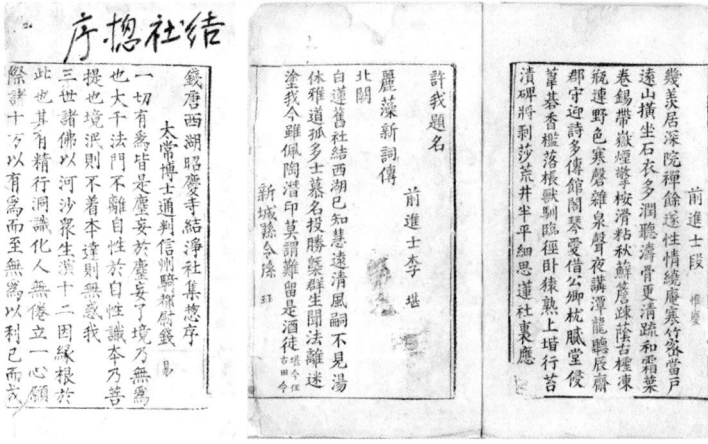

北宋刻本《西湖净行社集》

肇淛《五杂组》卷十三尝曰："凡宋刻，有肥瘦二种，肥者学颜，瘦者学欧，行款疏密，任意不一，而字势皆生动。"意思是说宋版书字体有的学颜，有的学欧，学颜者指的是学唐代的颜真卿，学欧者指的是学唐代的欧阳询。

关于颜真卿的行实与书法成就，以及后世诸名家的评论，前边已经谈过，此不赘述。特别是宰相韩琦独好颜书，影响朝野上下的士人皆学颜字，这就造成了一种浓重的社会风气，而书风所向，必然影响到雕版印书的写样上版，于是北宋刻书的字体，尤其是释家刻、写经文律典多浑朴厚重，颇存颜字笔意。今天存世的北宋刻书虽然很少，但从北宋所刻释家大藏零种或单经中，还不难见到颜体字在书刻中的流风余韵。2014年西泠印社所拍卖的北宋末年刻本《妙法莲华经入注》，无论经文大字，还是注文小字，其字体皆仿颜书，而且仿得惟妙惟肖，几乎不爽毫厘。此集之字体，不仅深藏颜氏笔意，而且笔势结构更"纵横有象，低昂有态"。此似可算作认识该集可能开雕于北宋之一端也。

通检此集，"玄"字凡三见，"铉"字一见，均不缺笔为讳；前进士段惟庆"疏和霜叶卷，锡带岳烟擎"诗句中之"擎"字上半部分的"敬"字不缺笔为讳；翰林学士、库部郎中、知制诰赐紫金鱼袋朱昂"湛然空寂境，谁见四禅心"诗句中之"境"字，枢密直学士、权三司使、右谏议大夫丁谓《西湖结社集序》"指名其境""境不能自胜"句中之"境"，亦不缺笔为讳；《大宋杭州西湖昭庆寺结社碑铭并序》"斯为胜境"句中之"境"字，亦不缺笔为讳，整体给人的印象，此集似乎是不避宋讳。然主客郎中、知湖州赐紫金鱼袋谢泌"虎溪人散后，兹会竟谁寻。未及访师话，遥承传佛心"诗句中之"竟"字，却缺末笔为讳，表明此集并非完全不避讳，只是避讳不严格而已。此处"竟"字缺笔，虽非回避先朝皇帝御名，但回避的却是赵匡胤翼祖赵敬之嫌名，因知此集还是避讳的。既然避讳，那么有些该避而未避之字，便可以成为认识该集版刻历史时段的佐证。

《净行社集》成书的翌年，就遇到礼部加强讳法管理，颁行《景德韵略》，并在《韵略》卷尾公布《贡院条制名讳》。而在大中祥符二年（1009）以后才有可能版行于世的《净行社集》，其刊行时正遇《景德韵略》施行的过程中，避讳应该是严肃认真的。今查全书，未出现真宗赵恒的"恒"字，因此也就未出现"恒"及与"恒"同音的嫌名字，这还不能说明它即梓行于真宗一朝；但却出现了仁宗赵祯的嫌名之"貞"（今简化为"贞"）和"徵"二字全然不避，这应是不容忽视的迹象。

《净行社集》中有翰林学士承旨、礼部尚书、知制诰、修国史宋白"曾许莲华结社碑，玉堂供职未摛词。已闻萧寺砻贞石，乞待新春寄远师"句中之"贞"字不缺笔为讳；屯田员外郎、判三司院事杜梦徵入社诗序"梦徵凤契所谐，远承善诱，因抒恶诗一章攀赠"句中"梦徵"之"徵"字以及诗前落款亦直题"杜梦徵"。依宋时讳法，此集若刻在仁宗一朝，或刻在仁宗之后，此"貞""徵"二字都必须缺笔避讳，而此集不避，表明其上板镌刻之日，可能尚未到仁宗赵祯临御掌朝之时。若果如此，则此集之刊板，便可解释成钱易大中祥符二年（1009）撰写《钱唐西湖昭庆寺结净行社集总序》之后，真宗乾兴元年（1022）驾崩之前这十三年之间。按，北宋仁宗赵祯生于大中祥符三年（1010）四月，初名受益，真宗第六子，母李宸妃，章献皇后无子，取为己子养之。大中祥符七年（1014）封为庆国公，大中祥符八年（1015）封为寿春郡王。天禧元年（1017）兼中书令。天禧二年（1018）进封昇王。同年九月册封为皇太子。乾兴元年（1022）二月，真宗驾崩，遗诏太子即皇帝位。因知乾兴元年仁宗赵祯已即帝位。明年，天圣元年（1023）改元。所以将《净行社集》定为天圣二年丁谓写序，至乾兴元年二月仁宗赵祯即帝位之间，应该是可信的。不过，这只能算作一种推想，尚不能算是最终的结论。

《净行社集》问世以后，最早著录其书者当属《宋秘书省续编到四库阙书目》

二卷。早在北宋徽宗大观二年（1108），秘书监何志同便奏言《崇文总目》所录之书不过二万余卷，脱简断编、亡散阙逸之数浸多，宜及今有所搜采，视庆历旧录有未备者，颁其名数于天下，委逐路漕臣，选文学博雅之士加意求访（详见清徐松《宋会要辑稿·职官》卷十八）。至南渡后的绍兴十七年（1147）又由郑樵按秘书省所颁阙书目录集为《求书阙记》七卷，朝廷亦颁献书赏格，始成《宋秘书省续编到四库阙书目》。而就在这部《四库阙书目》中，著录有《西湖莲社集》一卷。几乎与此同时，郑樵在自己的《通志》卷七十《艺文略》中又著录有《西湖莲社集》一卷、《续西湖莲社集》一卷。郑樵卒于绍兴三十二年（1162），并且为秘书省编纂《四库阙书目录》特意撰写了《求书阙记》七卷。表明北宋末至南宋初所搜求到的群书中，绝大部分应该都是北宋时期刻印或传抄之本的典籍。《西湖莲社集》在《宋秘书省续编到四库阙书目》和郑樵《通志·艺文略》中出现，亦从另一个角度，印证其极有可能是北宋刻本。

日前，此集印纸远渡重洋，赴美国某大学进行碳-14测试，结果显示其产生的年代在公元1024至1189年之间，与上述考证所得出之推论性意见大体吻合。此集印纸又被拿到国家古籍保护实验室，对其纸质成分进行测试。结果表明该纸百分之六十五的纤维是构树皮，百分之三十五是毛竹纤维。此种混料纸，产于中国宋代江南地区。似又从另一侧面证明该集很可能就刻于杭州地区。

如果我们将上述数端加以综合考虑，定此集为北宋刊本，也不能说没有根据。当然，两个测试都应该是真实的。这又是综合版式、字体、印纸、避讳、著录等各种因素加以考定的事例。

### 3. 关于宋刻本《石壁精舍音注唐书详节》的版本考定

2018年春，在嘉德拍卖公司所见宋刻《石壁精舍音注唐书详节》，也是综合利用考据的实例。

《石壁精舍音注唐书详节》二百卷，宋欧阳修撰，宋陈鉴纂。框高9.4厘米，宽6.2厘米，开本11厘米。巾箱小册。每半叶九行，行十八字，细黑口，四周双边或左右双边。有耳题。现存一百六十卷。原为奉系要员胡若愚旧藏，后送予直系军阀头目曹锟，今为曹氏后人所有。此书有零卷分藏于中国国家图书馆、上海图书馆及南京图书馆，但都只能注出其为宋刻，其编纂人及全书总卷数均付阙如，注不出来，完全是一部罕见罕知罕传的旧籍遗存。今日逢辰现世，岂非幸事！

**陈鉴及其纂辑是书的缘起**。本书卷一卷端下题"翰林学士兼给事中充史馆修撰欧阳修撰，石壁野人陈鉴纂"，因知陈鉴所详节音注的《唐书》，乃宋欧阳修、宋祁、范镇、吕夏卿等修撰的《新唐书》。《新唐书》包括本纪十卷、志五十卷、表十五卷、列传一百五十卷，凡二百二十五卷。欧阳修、宋祁、范镇、吕夏卿等，都是北宋仁宗时的重臣，他们的行实事迹，哪里都可查到，无须赘述。而详节音注此书的陈鉴，则行实事迹史不明书。

陈鉴尝编纂《西汉文鉴》二十一卷、《东汉文鉴》二十卷，并在南宋理宗端平元年（1234）为之撰写过一篇序文，序后落款为"石壁野人建安陈鉴拜手稽首谨书"，因知他是福建建安人。宋乐史《太平寰宇记》卷一〇一江南东道十三记载："建安县，十三乡。地本孙策于建安初分东侯官之地立此邑，即以年号为名，属会稽南部都尉。元是闽国，吴永安三年始立建安郡于此，历代如之。"因知建安乃割侯官之地而建置，故建安人亦可称侯官人。清陆心源《仪顾堂题跋》卷十三说陈鉴是"福州侯官人。庆元二年进士"。侯官属福州，故清徐景熹〔乾隆〕《福州府志》卷三十七亦载"陈鉴字明之"，为"庆元二年丙辰邹应龙榜"进士。理清这些关系，对陈鉴其人便可做如下勾勒：陈鉴，字明之，石壁野人盖为其号，石壁精舍盖为其室名斋号，庆元二年（1196）进士。其他行实则不详。

陈鉴纂辑《音注唐书详节》二百卷，自《宋史·艺文志》以降，直至明清书目，未见有单独著录者。而他所编辑的《西汉文鉴》和《东汉文鉴》，则明高儒的《百川书志》、晁瑮的《晁氏宝文堂书目》、钱谦益的《绛云楼书目》、钱曾的《钱遵王述古堂藏书目录》、阮元《四库未收书提要》、瞿镛《铁琴铜剑楼藏书目录》、张金吾《爱日精庐藏书志》、陆心源《皕宋楼藏书志》《仪顾堂题跋》、倪灿《宋史艺文志补》等，都有详略不同的著录。清张金吾《爱日精庐藏书志》卷三十五集部著录明刊本《西汉文鉴》二十一卷、《东汉文鉴》二十卷时说："宋石壁野人陈鉴编。是书取两汉之文，分代编次。西汉始高祖，终平帝；东汉始光武，终献帝。盖以读一朝之文章，即可知一朝之政治也。据鉴自序，所著有汉唐史节、汉唐文鉴，今史节及唐文鉴俱佚。是书仅有传本，亦希见之书也。"这是张金吾从陈鉴两汉《文鉴》自序中悟出来的诠释，是否如此，当将陈鉴自序引出，以便证实张说是否正确。

中国国家图书馆所藏明弘治十五年（1502）邵宝序刻之两汉《文鉴》，尚保留陈鉴的原序："或有问于余曰：'子之驰骋古今，贯穿史传，而谓史可节乎？它史犹可，而谓汉唐三史可节乎？今子之纂节三史固矣，又何为摘出三史之文而别为一编？试为我言其故。'余应之曰：'汉唐正史，万代取信，奚庸一字加损？特以科举之习，不容不纂取其要。余白首场屋，深知其然。汉唐三史，连编累牍，寸晷之间，何能遍览？书肆节本，十不一二，无可搜阅，余是以冒然为之。盖有得夫先正采取史集要言之义。至若名公钜卿，忠言嘉谟，见之史传，不可概举，何敢一字妄加节略？惟其不容节略，是以别为一编，故不摘出，无以表一时言论之切，不系诸朝，无以知当时听从之美。睹一代之奏言，则知一代兴衰之故；观一篇首末，则知一篇奏述之由。史有不足，则旁搜他书，如平子之赋二京，张说之颂封禅，韩子之《原道》，柳氏之《铙歌》，要亦吾儒之不可缺者。或取之选，或取之粹，或取之集中，皆此类也。汉唐史节，积十余年而功始竟。三史之文编纂告成，姑以述其大概云尔。妄将末学，破裂旧史，知我者其以是乎，罪我者其以是乎？端平甲午石壁野人建安陈鉴拜手稽首谨书。'"

陈序以问答方式，阐释了他节略《汉书》《后汉书》《新唐书》而各自单独成编之由，乃缘"汉唐三史，连编累牍"，无法遍览。而本人又"白首场屋"，深知"科举之习，不容不纂取其要"，透露出其节略汉唐三史要文，编成《西汉文鉴》《东汉文鉴》《音注唐书详节》，是为了满足举子科考之需，未跳出"帖括"之书的窠臼，立意并不高远，但确是他编纂此书的真实目的。

前边张金吾尝言"据鉴自序，所著有汉唐史节、汉唐文鉴，今史节及唐文鉴俱佚"。照张氏的理解，陈鉴应作有《汉书详节》《后汉书详节》《西汉文鉴》《东汉文鉴》《唐书详节》《唐文鉴》等六种书。为什么如此？以序中有"今子之纂节三史固矣，又何为摘出三史之文而别为一编"之问。而陈鉴的解释则是"汉唐正史，万代取信，奚庸一字加损"，"名公钜卿，忠言嘉谟……何敢一字妄加节略"，"惟其不容节略，是以别为一编"。因为不别为一编，"无以表一时言论之切"，"无以知当时听从之美"，无以"知一代兴衰之故"，无以"知一篇奏述之由"。如果真作如是解，则陈鉴当是一位高产作者。然观其两汉《文鉴》，大部分摘自两《汉书》，少部分则选自他书，因此《西汉文鉴》《东汉文鉴》已是两《汉书》的节略，未必再单有两《汉书》详节。至若《新唐书》，虽亦为纪传体史书，但在写法上、材料剪辑上，已远不如两《汉书》保留的原始资料多，无法照两《汉书》那样从中直接摘选要文，故只得变体为音注详节。是否如此，陈序已全文录出于上，读者自可审阅。

**《石壁精舍音注唐书详节》的版本。** 由于是书不见任何著录，因此它的版本也就不见有人谈论过。偶有零帙留存，如中国国家图书馆藏有此书之第四十七卷，但不知其书总卷数，也不知纂辑者为谁，只能就其风格特点，审定为宋刻本，故其著录只能为"石壁精舍音注唐书详节□□卷，宋刻本，一册。九行十八字，细黑口，四周双边，有耳"。上海图书馆存有两册，也只是著录为宋刻本；南京图书馆存卷六十二至六十四，也只著录为宋刻本；加上天津图书馆存卷一至三、六至七、十一至十三、二十一至七十四、八十二至八十四、八十八至一一三、一一七至一七六、一七八至一七九、一八一至二○○，凡一百七十三卷，其中卷五十八、一四二至一五三抄配。由于天津所藏存有卷一，下题有"石壁野人陈鉴纂"字样，故著录出"宋陈鉴辑注"及"宋刻本"，但总卷数却仍付阙如。令人不解的是，天津图书馆存藏最多，且注出了责任者，而《中国古籍善本书目》出版时为何不以天图所藏立款，而仍以国图、上图、南图标目？目后索引亦不标注天图有藏，这其中自有曲折，此话留待后边再谈。

前边几家有藏图书馆之所以能注出该书是"宋刻本"，更多的恐不是靠前人论说或文献记载，而是靠其书的自身风格而审定的。这种审定虽然迄今仍无法动摇它的根基，但若能钩沉出某些相关文献，还是可以从旁助力我们凿实它是宋刻的正确性。

中国国家图书馆藏有明弘治十五年（1502）邵宝序刊《两汉文鉴》。邵氏《重刊两汉文鉴序》云："顷者训导黄云自瑞州来，视予《西汉文鉴》一编，则宋人陈鉴氏所集。凡汉文散见于纪传及选苑诸书皆在。……云所藏本，本宋刻，其简帙甚约，于简阅为便。"透露出宋刻《西汉文鉴》"简帙甚约"，即开本甚小，方便携阅。

阮元《四库未收书提要》卷一《汉文鉴》二十一卷提要谓："其文皆采自史传，不无删节之病。然就西京文纂录其要，可以为读史之助。与前次所录《东汉文鉴》同为宋时巾箱本，合之成全璧云。"已明确指出陈鉴两汉《文鉴》的宋

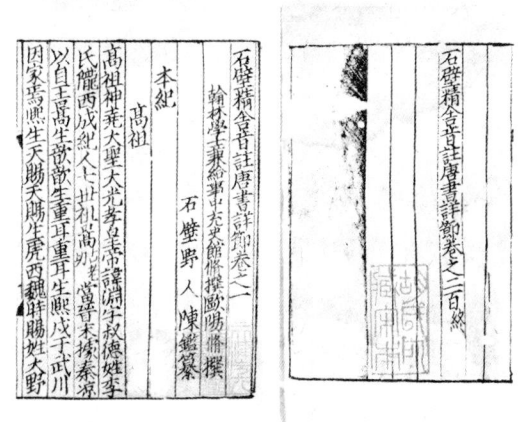

宋刻本《石壁精舍音注唐书详节》

刻本是巾箱本。

瞿镛《铁琴铜剑楼藏书目录》卷二十三著录明刊本《西汉文鉴》二十一卷、《东汉文鉴》二十卷，并说"旧有宋刻巾箱本"。

上述所言虽都讲的是陈氏两汉《文鉴》的宋刻巾箱本，但它与《石壁精舍音注唐书详节》的版本紧密相关。前引陈鉴自序尝言"汉唐史节，积十余年而功始竟。三史之文编纂告成，姑以述其大概云尔"。显然陈氏是把节选《汉书》《后汉书》《新唐书》而成的《西汉文鉴》《东汉文鉴》《音注唐书详节》视为一项整体工程，所以他自序说"汉唐正史，万代取信"，"汉唐三史，连编累牍"，"三史之文编纂告成"。因知端平甲午陈鉴自序，并非只是两汉《文鉴》之序，而是三书之序。这篇序文虽未明题刻梓，但三书之付梓应距此不远。所以弄清宋刻两汉《文鉴》是巾箱小册，则其《石壁精舍音注唐书详节》亦当是巾箱小册。果然，这种巾箱小册之《石壁精舍音注唐书详节》，竟在近八百年后逢辰现世，证实了陈氏三史之节文确是同时付之剞劂，所以三书的版式行款、印纸墨色、字体风貌、开本大小都应该是一致的。只可惜久为人知的两汉《文鉴》，其宋刊本却久轶，不复可见；而长期罕知罕见罕传的《石壁精舍音注唐书详节》，其宋刻的真实面目反揭开了掩盖已久的面纱，令人一睹为快，不胜欣幸！

明代晁瑮的《晁氏宝文堂书目》著录有《西汉文鉴》，并定为"闽旧刻"。意谓"福建的旧刻本"。三书若确是同时付之剞劂，则《石壁精舍音注唐书详节》，亦当是福建旧刻。今此书赫然复出，得观其整体风貌：字体近柳，棱角峭励，细竹纸印造，墨色匀净，一派十足的闽刻风貌。栏外有耳题，旨供检阅方便。卷四十七中"仪凤中司邢台常伯李敬"之"敬"字，"徐敬业"之"敬"字，均缺末笔，以示回避宋讳；"越王贞"之"贞"（今简化为"贞"）字，乃回避北宋仁宗赵祯（今简化为"祯"）嫌讳；"玄宗开元三年黄门监卢怀慎"之"慎"字，亦缺末笔，显避南宋孝宗赵昚嫌讳。可是，遇"玄""弘""炅"等该避之字却又不避，随意性较大，这是南宋后期闽建书铺刻书常有的现象，从不同角度印证了它是宋刻。加之是巾箱小册，显为节约成本，便携易售，也是南宋后期闽建书铺的一种经营策略。陈鉴又是闽建人，书又为举子科考参用。所有因素凑集在一起，便构成了当地人编书，当地寻铺开雕，行销却四远而无不至。

　　**《石壁精舍音注唐书详节》的钤印与递藏。**该书有两枚钤章，一为"胡氏收藏宋本"，一为"天津市人民图书馆收藏图书"。两颗藏印，蕴藏着两段故事。

　　上面已经说到此书是胡若愚旧藏。钤印亦言"胡氏收藏宋本"，因知印主即当是胡若愚。胡若愚，名言愚，字如愚，后更字若愚，安徽合肥人。毕业于国立北京大学，法学学士。尝为张作霖镇威上将军公署顾问，后来为张学良副官，并结拜为兄弟。《张学良口述历史》中说："胡若愚呢，是我那时候到北京在一块玩儿的朋友。"1925年曾任北洋政府善后会议委员、临时参政院参政、京师税务监督。1928年"皇姑屯事件"发生，张作霖命归黄泉，张学良则坐上了奉系"东北王"的交椅。张学良本就主张讲和，"皇姑屯事件"后，国耻家仇交织在一起，促使他决计派出自己的副官胡若愚赴南京与国民政府商谈东北军易帜归附问题。结果结束了长期的军阀混战，实现了统一。胡若愚在东北军乃至国民政府的眼中，地位也就不同寻常了。1930年9月出任青岛市市长，1931年兼任北平市代理市长、国民政府实业部开滦矿务局督办。其后脱离政界，赋闲长住天津。终日以书法、读经礼佛为事。其人喜收藏，精鉴赏，张学良早年在京、津地区收集古书画，他是点拨人之一。2007年，天津政协学习和文史资料委员会编辑出版过《天津十大收藏家》一书，书序中尝言："天津收藏家们收藏的文物各具门类，各有特色。书画收藏家有：汪士元、靳云鹏、任毓麟、胡若愚、张伯驹、张叔诚、沈吉甫、韩慎先、翁之憙、袁东楼等人。"所举十大书画收藏家中，胡若愚之名赫然在目。书画收藏家常以书画收藏为主，但于珍贵的典籍亦不肯失之交臂。胡若愚入藏宋本《石壁精舍音注唐书详节》，盖即如此。

前边说过了，胡若愚先是张作霖镇威上将军公署顾问，"皇姑屯事件"后又是张学良的重要副官，并能肩负使命，赴南京洽谈奉军易帜归附，实现统一的历史大业。足见他与东北军张氏父子的关系是密切的，地位是重要的。因此，张氏父子和当时军阀头目之间的关系，也常常影响和左右着胡氏与他们的关系。如张作霖与曹锟的关系，既是军阀之间奉系与直系的关系，又是相互拉拢、相互利用而又反目的关系。1920年直皖战争后，由于权力分配不均，奉、直之间关系诡谲。因而他们不惜利用古老的通婚之策，借以弥合彼此的关系缝隙。时年只有四岁的张作霖四子张学思，被乃父与曹锟的六女儿曹士英定下了娃娃亲。据传，定亲的酒宴在天津曹家花园举行。张作霖携子步入大厅，曹锟起身迎接，并亲热地请张坐在自己身旁，张则令学思跪地给岳父大人磕头拜亲，二老会心大笑，宾朋亦随之欢笑。有人逢迎说：真是金童玉女，天作之合。有人贺曹巡阅使喜得乘龙快婿，张巡阅使喜得玉女为媳。两大帅结亲，天下从此可得安定。未承想，定亲之后竟发生两次直奉战争。张学思此后走上革命道路，也未真的实现这门亲事。但张曹定为姻亲总是事实，说明张曹两家确有过一段热络的关系。作为奉系一方的要员，胡若愚将自己的藏书——宋本《石壁精舍音注唐书详节》转送曹锟，以示友情，就显得是十分自然并可以理解的行为。

第二枚钤印是"天津市人民图书馆收藏图书"。此印的钤盖，与四十多年前的那场"文化大革命"有关。1966年"八一八"之后，不谙世事的"红卫兵小将"们在全国掀起了抄家之风，书画、典籍被视为"四旧"而被抄被毁。北京、上海、天津等大城市，有的虽被抄出，但未立即销毁。有的被送到指定地点，有的就被送到了当地图书馆。有的收藏家为形势所迫，主动将自家藏品交给所在单位或街道办事处，而后再由单位或街道办事处送至图书馆或相关管理单位。送交时有的将财产归属说清楚了，有的根本什么也没说。有的图书馆将接受的藏品，分藏家造册，单独存放，有的图书馆则册也未造就直接上了自家的财产账，甚而著录编目、钤章盖印、入库上架，视为自家的藏品了。"文化大革命"后期及结束后，开始落实政策，藏品渐次发还原主。交接时，有的原主再次见到自家藏品，且保存完好，心生感激，一再致谢。有的原主不明真相，以为是图书馆参与了当时的查抄,心怀不满。有的图书馆书已编目上架,并钤盖了馆藏章,书还原主,还要财产注销,手续繁杂,发还迟疑,从而引起原主不满,甚而产生矛盾,政策落实缓慢。天津市人民图书馆之于宋本《石壁精舍音注唐书详节》,大概即属于这种情况。

1975年秋末冬初,国务院办公室主任吴庆彤向北京图书馆(今中国国家图书馆)馆长刘季平口头传达了重病中的周恩来总理的指示:"要尽快把全国善本书目编出来。"同年秋末冬初的一天下午,天气阴沉,刘季平召集全馆相关人员,传达周总理上述指示,并嘱咐思考事先应做哪些准备。1977年春,准备工作启动。1978年春,在南京召开全国性善本书目编辑工作会议,正式部署编目工作。1979年底,全国各馆善本编目卡片陆续汇集北京。翌年春,总编工作在北京展开。为使校核工作顺利进行,在经、史、子、集、丛各部大体草编就绪之后,主编决定先刻蜡纸油印本。这个油印本的史部史抄类,天津市人民图书馆报来的宋本《石壁精舍音注唐书详节》就著录在目。待到1993年4月史部正式出版时,距油印本问世已过去十年有余,天津图书馆根据政策早将原书退还了曹家。此便是《中国古籍善本书目》仍以中国国家图书馆所藏立款标目,并不再标示天津图书馆有藏的历史原因。2000年5月线装书局正式出版带有索引的《中国古籍善本总目》即以油印本为底本,不管其后的种种变化,一概照录,造成诸多局外人不懂不解的问题。

**4. 关于宋拓本《历代钟鼎彝器款识法帖》的版本考定**

宋拓《历代钟鼎彝器款识法帖》的考定,更具综合意义。

自古有碑无帖,开皇年间(581—600)隋文帝尝以获王羲之《兰亭序》,模刻石板,始有法书墨本者出。唐太宗衷集二王墨迹,唯《乐毅论》为石本,当为刻帖之始。南唐烈祖李昪升元二年(938)出秘府所藏王羲之真迹,刻为四卷,为《升元帖》,乃刻帖成部之始。北宋太宗淳化三年(992),命翰林侍书学士王著钩模三代、秦、汉、魏、晋、六朝、唐人诸名迹,汇刻为《淳化阁帖》,刻帖始为大观。其后碑、帖分为两途,碑更看重历史文物价值,帖更看重书法艺术价值。薛尚功《历代钟鼎彝器款识法帖》,本是经部小学类文字学中的重要著作,却被看成钟鼎文范本而上石镌拓,盖即缘其钟鼎古篆写得出色,可供人

据以临摹习练而成为法帖者。（详见清钱泳《履园丛话》卷九《宋刻》）

《历代钟鼎彝器款识法帖》二十卷，宋薛尚功撰，宋拓本。存十二卷（卷七至十六、十九至二十），六册。

薛尚功（生卒年不详），字用敏，钱塘（今属杭州）人。陈振孙《直斋书录解题》卷三著录《钟鼎篆韵》一卷，并谓"此书有二家，其一七卷，其一一卷。七卷者，绍兴中通直郎薛尚功所广；一卷者，政和中主管衢州露仙观王楚也"。清丁丙《善本书室藏书志》卷五著录摹宋本《历代钟鼎彝器款识法帖》二十卷，并谓"此书为宋薛尚功撰。尚功字用敏，钱塘人。绍兴中以通直郎佥书定江军节度判官厅事"。可知薛尚功南宋初尝为通直郎佥书定江军节度判官厅事，可以推知薛尚功的主要社会活动期，当在南宋绍兴年间（1131—1162）。

通直郎，北宋前期为文散官二十九阶中的第十七阶，从六品下。北宋元丰（1078—1085）以后，为文臣京朝官寄禄官三十阶中的第二十五阶，正八品。而"佥书节度判官厅事"，原作"签署节度判官厅事"，北宋英宗赵曙治平元年（1064）后，按讳法要回避其嫌名"署"字，故改"签署"为"签书"，又作"佥书"。是幕职官名。北宋，则差京朝官佥书节度判官。所谓"签（佥）书"，即掌事之意，职在助理府政，与诸幕职官分案治事，分掌付受、催督簿书、案牍、文移。从八品以上。职名为"签（佥）判"。可知薛尚功担任的"佥书定江军节度判官厅事"，是职级较低的县文案办事人员。

《宋史》卷八十八《地理志》第四十一载："江州，上，浔阳郡，开宝八年降为军事。大观元年升为望郡，旧隶江南东路。建炎元年升定江军节度。"因知定江军乃南宋高宗建炎元年（1127）才由江州浔阳郡升为定江军，属江西九江府。薛尚功"佥书定江军节度判官厅事"，当即在这之后的绍兴年间。今所见其《历代钟鼎彝器款识法帖》卷端下题，只署"钱唐薛尚功编次并释音"，未署任何职衔，足见他并不热心那微不足道的衔名，而是矢志仓籀蝌蚪，故深通籀篆，尤善钟鼎铭文，不仅摹编此书，复编有《钟鼎篆韵》七卷、《象形奇字》一卷行于世。

薛氏编次释音释义《历代钟鼎彝器款识》之前，吕大临的《考古图》十卷、王楚的《博古图》三十卷、王黼奉敕编纂的《宣和博古图录》三十卷等，均久已行世，为薛尚功编纂《历代钟鼎彝器款识法帖》铺平了前路。晁公武《郡斋读书志》卷一下在著录吕大临《考古图》十卷、王楚《博古图》三十卷之后，紧接着就著录《钟鼎款识》二十卷，并谓"右皇朝薛尚功编《考古》《博古》之类，然犹为详备"。表明薛氏编纂《钟鼎彝器款识法帖》，的确利用了前人成果，但又超越前人而有所突破。

明何震《续学古编》卷下，谓薛尚功编纂《历代钟鼎彝器款识法帖》，采用"自夏及汉，凡钟、鼎、尊、彝、鼓、琥、权、甬之类，各以类分，后有注释及考记，最为详当"。清方东树《考盘集文录》卷三《吴康甫砖录序》云："薛尚功《钟鼎款识》四百九十三器，今仪征阮相国益之为五百六十器，以胜之创始者。"可知薛尚功为编纂《历代钟鼎彝器款识法帖》，做了大量细致的工作。

一是甄选鼎彝。凡事只要一提到甄选，就一定会有相当的难度。前边说过了，薛尚功之前，此类性质的书已有不止一种，固为其编纂《历代钟鼎彝器款识法帖》打下了基础。但东西越多就越要求甄选者的功力。一定要胸有全局，善宏观掌控，且在微观上又卓有见地，选出来的鼎彝器具才具代表性，才能反映出应有的学术功底。

二是类分排序。分类学即分门别类之学，也可称为系统学，这是一门学问。薛尚功在这方面也显出了卓识。由于此宋拓本不全，无法从卷前目录来探究其分类状况，然透过中国国家图书馆所藏明万历刊本和明崇祯刊本此书，亦可窥其分类思想：一是先以夏器款识、商器款识、周器款识、秦器款识、汉器款识，将所选鼎彝款识按时代分成五大部分。夏代久远，所选彝器款识只有"戈"及"钩带"两件，其下无以再分，看不出他的完整类归构想。至商器款识，其下则又分成五部分；周器款识更多，则分成十二部分。秦器款识只搜集到玺、权、斤三类六篇款器，再下也无以细分。而在秦、汉之间又出现周器款识，分为钟、甬、钫、鼎、盉，不知何故。汉器款识占两卷，类分又比较细。这种类分与编排，不是任意地安排，而是蕴含着编纂者的学识与思想。

三是临摹铭文。铭文的描摹不是简单的笔法技巧，若是读不出其音，释不出其义，只是笔画上效仿，可能会得其形似，但无法得其精神。从本书的释音解义看，薛尚功不仅擅长古籀钟鼎，而且他所临摹的《历代钟鼎彝器款识》，不似临摹，更似信笔，形神兼备，所以率先被尊为法帖，上石传拓，而不是以专著行世。

四是释音解义。例如《周器款识》第一器《周钟》中的《迟父钟一》下，小字注明它使用的是"维扬石本"；而后临摹出这一钟的铭文；然后用楷体字作出释文:"迟父作姬齐姜和燊钟,用昭乃穆穆,不显龙光,乃用祈丐多福。侯父眔齐,万年眉寿。子子孙孙无疆宝。"如此释文的水平高下,常人难以估量。明梅鼎祚《皇霸文纪》卷五《周迟父钟铭》亦对这段文字做过解释:"迟父作姬齐姜穌林夹钟,用昭乃穆穆,不显龙光,乃用蕲丐多福,侯父洎齐,万年眉寿。子子孙孙亡疆宝。"意思是说此钟乃迟父为齐之姬姜所作,显然迟父当是王臣,以天子之休命,迎娶齐侯之女,所以要作阴吕之钟,以宜其室家。并以此一以昭天子之龙光,一以祝齐侯之寿考。当永传于子子孙孙。如果按照这种解释来回读薛、梅的释文,会发现两者是不完全相同的。一是迟父为齐之姬姜所作的"钟",究竟是"和林夹钟",还是"和燊钟"?若是从临摹的铭文看,"林"和"夹"不是两个字,而应该是一个字。果如是,则薛释当是正确的。又如"侯父眔齐",薛释为眔,而梅释则为"洎"。眔读音为"他",乃目及之意。今观铭文此字,像是人在举目远望,含有目及之意。而"洎"与铭文原文不符,其意亦不相协,恐还是薛释为确。可知薛书确有其长,宋晁公武才赞曰"犹为详备";《四库全书总目》提要亦云"大致可称博洽……其笺释名义,考据尤精";段玉裁《经韵楼集》卷七评亦曰"注释及考证,最为详当。……临摹极工,甚有古意"。这些赞语均非溢美,实为确评。

薛尚功《历代钟鼎彝器款识法帖》脱稿后并未付木梓行,而是上石镌拓以行。宋陈振孙《直斋书录解题》卷三《钟鼎篆韵》一目谓:"尚功有《钟鼎法帖》十卷,刻于江州,当是其《篆韵》之所本也。"这是宋朝人说《钟鼎彝器款识法帖》刻在江州较早的记录,但未说明它是雕版印行,还是刻石传拓而行。宋董史《书录》下篇则云:"薛尚功字用敏,善古篆,尤好钟鼎书,有《钟鼎彝器款识》刻石二十卷,在九江。"董史,字良史,号闲中老叟,里贯不详。其书所记皆宋代书家姓氏,分上中下三篇。上篇载宋艺祖至南宋首帝高宗赵构;中篇载北宋书家一百十人,下篇载南宋书家四十五人。这是宋朝人关于《钟鼎彝器款识法帖》在九江上石的明确记载。但这些记载说得都不太具体,尚不能使人据以做出明确的结论。宋曾宏父《石刻铺叙》卷上《钟鼎彝器款识帖》则云:"二十卷,定江金幕钱唐薛尚功编次并释。……绍兴十四年甲子六月,郡守林师说为镌置公库,石以片计者二十有四。视汝之所刻武陵所锓《金石篆隶》,则此《帖》为备。"考林师说,字箕仲,仙游(今属福建)人。林豫第三子。少登进士第,以父荫当补官，说则推让先补从兄师文及胞弟师龙。后复试铨曹第一，调严州司士，屡迁各地，均有政声。宰相荐之，由广南东路转运判官移江西漕事，知江州。绍兴二十三年（1153）十二月卒。表明林师说确曾有过江州仕履之迹，在任时命公使库上石镌拓本州金判薛尚功《历代钟鼎彝器款识法帖》，乃在事理之中。曾宏父，字幼卿，庐陵（今江西吉安）人。尝于家乡凤凰山营建凤山别墅，自称凤墅逸客。后割己田拓建为凤山书院，讲学养士。时藏书最富，辑刻《凤墅法帖》二十卷《续帖》二十卷，名重一时。撰《石刻铺叙》二卷行世。他与薛尚功是同时代人，只是稍晚一点。又是江西人，又有同好，故对薛帖记载信实。

所谓府库者，当指江州的公使库。宋代公使库，类乎我国改革开放前各地各级政府所办的招待所。北宋初年为使往来官员无差旅食宿之忧，在各地均设置公使库，士大夫造朝，不赍粮，节用者仍有节余以还。当时政府有拨款，但正赐钱不多，而着令许收它利，此为宋代公使库喜欢刻书的诱因之一。定江军公使库镌石传拓《历代钟鼎彝器款识法帖》，乃此风盛行的产物。当然，与薛尚功金书定江军节度判官厅事亦有关。

清阮元《定香亭笔谈》卷四说薛氏《历代钟鼎彝器款识法帖》"宋时为石刻本，故有法帖之名"。清沈嘉辙《南宋杂事诗》卷五于"彝鼎云雷考鉴精"等诗句下小字注云："《历代钟鼎款识》，南宋钱塘薛尚功手摹款识之文，凡二十卷，笔墨最为精妙。其讨论有出于《博古》《考古》二图之外者。此卷流传不专一氏，迄未有刊本。"表明薛氏《历代钟鼎彝器款识法帖》，宋代只有石刻传拓之本，而无习见的木刻本行世。

《历代钟鼎彝器款识法帖》行世后，对其性质认识始终不完全一致，表现在类归上也就不完全相同。晁公武视之为文字学之书，故类归在经部小学类。陈振孙《直斋书录解题》未将《历代钟鼎彝器款识法帖》单列款目，而是放在《钟鼎篆韵》款目中一同著录，同样类归在经部小学之属。之后的《天禄琳琅书目》《季沧苇藏书目》《续文献通考》《国史经籍志》《钱尊王述古堂藏书目录》《八千卷楼书目》《铁琴铜剑楼藏书目录》等，都随之入经部小学类。马端临《文献通考》卷一八八则谓："按《考古图》诸书，晁氏以入小学门，陈氏以入书目门，皆失其伦类。既所考者古之礼器，则礼文之事也，故厘入仪注门。"《宋史·艺文志》将之与《重修博古图录》《金石录》等放在一起，仍归入经部。

《四库全书总目》不但仍归入经部，且加后案曰"此书虽以《钟鼎款识》为名，然所释者，诸器之文字，非诸器之体制，改隶字书，从其实也"。今《中国古籍善本书目》《北京图书馆古籍善本书目》则将之入史部金石类，从大的方面说亦未尝不可，但不若四库馆臣分析得更透辟，类归更恰当。

薛氏《历代钟鼎彝器款识法帖》问世后，盖以两种形式流传。一种是薛氏手摹真迹本仍在流传。清卞永誉《式古堂书画汇考》卷十二《薛尚功》条下载："薛用敏摹《钟鼎彝器款识》二十卷。《钟鼎款识法帖》二十卷，赵孟頫鉴定。嘉熙三年冬十有一月望后十一日，外孙朝请郎、新知临江军事杨伯岩拜观于廿四叔外翁书室。后二十年，弁阳周密得之外舅泳斋书房。"并说："集金石录者多矣，尚功所编尤为精诣，况其墨迹乎！予旧于山阴钱德平家屡阅之，诚奇书也。至正元年十二月甲子，鉴书博士柯九思书于吴氏逊学斋。"足证薛氏《钟鼎彝器款识》确有真迹本传世。至明代不仅有抄本，而且有明万历十六年（1588）万岳山人刻本、明崇祯六年（1633）朱谋垔刻本、清嘉庆二年（1797）阮元刻本等，盖都属于这一系统。

另一系统，便是绍兴中在江州上石的传拓本。这个传本的卷数，晁公武《郡斋读书志》、《宋史·艺文志》等多种书目，都著录为二十卷，但自陈振孙《直斋书录解题》起，也颇有几种书目著录为十卷本。这种卷数上的差异，容易造成误解和动手造伪的空间。历史上不少人都认为薛氏《历代钟鼎彝器款识法帖》碑本有两个传本，一为二十卷本，一为十卷本。对此，清孙诒让在《籀庼述林》卷六《薛尚功钟鼎款识跋》中云："今本薛书二十卷，晁昭德《读书志》及《宋史·艺文志》著录并同。而《直斋书录解题》及吾邱子行《学古编》则云十卷。纪文达疑当时原有二本，今考之，殊不然也。盖此书在宋时，自薛氏手写本外，止有石本法帖，无版刻本。曾宏父《石刻铺叙》载，法帖本刊于定江公库者，正是二十卷，而吾氏所见十卷本亦云刻于江州。定江即江州，同出一地，其非二本，殆无疑义。检手迹本，册首元人题字云'予读薛尚功集古金石文字，叹其博，及见谢长源所收尚功写本，乃知今石刻仅得其半，而写本字画为精'。以此题推之，盖定江石本南宋中叶已缺其半。陈直斋所见即不全本，实无二刻也。"孙氏乃金石大家，这段考辨澄清了很多疑虑，果如此，则可知绍兴中定江所刻原石在南宋中叶以后既有残损，故所谓十卷本者，乃是残本，非是另一全帙。

清朱彝尊《曝书亭集》卷四十六有一篇《宋拓钟鼎款识跋》，跋中云："宋绍兴中，秦相当国，其子熺伯阳居赐第十九年，日治书画碑刻，是册殆其所集，如楚公钟、师旦鼎，皆一德格天阁中物也。余或得之毕少董，或得之朱希真，或得之曾大中。盖希真晚为伯阳客，而少董时视盱眙榷场，因摹款识十五种，标以青笺。末书良史拜呈，以纳伯阳，至今装池册内。秦氏既败，册归王厚之，每款钤以'复斋珍玩''厚之私印'，且为释文，疏其藏弆之所。后转入赵子昂家，子昂复用'大雅'印钤，兼书薛氏考证于后。于时钱德平、柯敬仲、王叔明、陈惟寅，均有赏鉴私印。隆庆六年，项子京获之，寻归倦圃曹先生。康熙戊申，先生出示予，予爱玩不忍释手，先生属予跋之，未果也。辛酉冬，予留吴下，先生寓书及册复命予跋，予仍不果。改岁，乃封完寄焉。先生既逝，所收书画多散失，久之是册竟归于予，藏箧中十载。宗人寒中嗜古，见而爱玩之，犹予之曩日也，因以畀之。每叹书画金石文铭心绝品，恒纳诸炙手可热之人，若秦会之、贾师宪、严惟中，物之尤者悉归焉。"此跋说的虽未必是今见此部《钟鼎彝器款识法帖》，但它却绘出一幅自秦熺——王厚之——赵子昂——项子京——曹溶——朱彝尊的递藏图卷。果如是，则还曾有过一部宋拓《钟鼎款识法帖》，流传到朱彝尊之后沉埋无闻了。

明邵宝《容春堂集》后集卷一有一篇《历代钟鼎款识跋》，跋中说："《历代钟鼎款识》二十卷，致临江照磨事、吾邑陆宽宗仁手拓，宋薛尚功氏所编刻者也。宗仁昔在礼部，有事符篆，以精博称。良史公卿大夫问古文者，必宗仁焉。……今观是本，点点画画，皆无苟笔，乃知宗仁之能昌其书者，盖稽古之力宏矣。"邵宝，字国贤，无锡（今属江苏）人。成化末知许州，迁户部员外郎，弘治初累官南京礼部尚书。卒谥"文庄"。明刘松隆庆年间（1567—1572）所修《临江府志》卷五《照磨》栏内确谓"陆宽，无锡人，辨印生。俱弘治间"。与邵宝确属同邑，又做过临江照磨，长于辨认篆印。邵氏之说原委如何，可以暂不详考，但不容回避。陆氏所拓，究竟是宋时江州所刻原石，还是明代又行重刻的新石，还是重镌木板传拓？都很值得研究。

前引孙诒让跋中曾言，薛氏《历代钟鼎彝器款识法帖》江州公使库刻石，早在南宋即已残损。又有"入元毁以累塔"之说。设若两说都是事实，则原石入明前即已无存，所以明代陆宽之拓不可能依据宋时原石。若是重行刻石再拓，则文献中不当没有反映，也会有拓本流传，刻石存没也应有所记载，事实上这些均杳无音讯，令人怀疑明时无重新刻石传拓《历代钟鼎彝器款识法帖》之举。剩下的便是重刻木板传拓了，但亦不见任何文献记载。所以明代陆宽手拓之说，不敢轻信，但亦不能置之不理。

且今见嘉德之本第一册七至八两卷，"敬"字凡三见，皆缺末笔避讳；第二册九至十两卷"弘"字亦两见，亦缺末笔避讳；第四册十三至十四两卷"敬"字一见，缺末笔避讳；第五册十五至十六两卷"敬"两见，"殷"字一见，亦缺末笔避讳；第六册十九至二十两卷"弘"一见，缺末笔避讳。我们知道，宋代立国之后，尝追尊翼祖简恭皇帝名"敬"，故规定"敬"字要行回避；又追尊宣祖武昭皇帝名"弘殷"，故遇"弘""殷"两字也都要回避。宋代刻书，包括南宋刻书，回避宋代远祖和北宋已祧皇帝之讳的现象普遍存在，只是有时不甚严格而已。此帖出现的讳字及有避有不避者，符合南宋避讳的通例。卷八"齐侯钟"释文"齐之中世，桓公之业替焉"的"桓"字，缺末笔，回避的当是北宋末帝钦宗赵桓的名讳。钦宗没做几天皇帝，便遭金人破汴，北宋灭亡，同乃父徽宗一道成了金人的俘虏，遭遇悲惨，令人同情。所以南宋刻书，特别是官刻之书，其他帝讳有时可能出现马虎，唯钦宗的御名、嫌名之讳，几乎没有不行回避的。大家知道，南宋首帝赵构乃北宋徽宗之第九子，而钦宗则是高宗赵构的异母弟，对钦宗遭遇十分惋惜，因而也十分敬重。建炎元年（1127）五月，康王赵构在南京（今河南商丘）即皇帝位。"辛卯，上谓宰执曰：'少帝事上皇仁孝升闻，爰自临御沉机渊嘿，圣不可测，乃遭厄运，暂为北狩，朕念手足之恩，常若神会。'"（宋熊克《宋中兴纪事本末》卷一上）。帝既如此，上行下效，所以南宋刻书多避"桓"字，以及与"桓"字同音之嫌名讳，以示敬重。江州公使库石本《历代钟鼎彝器款识法帖》亦回避此字，正是彼时的风气，亦从侧面证实绍兴十四年（1144）此帖在江州上石，是凿实可信的。

明代刻书偶有宋讳字的出现，但那是版样写工依旧本信手抄来造成的，不是仍在回避宋讳。邵宝所言之陆宽手拓之底版，无论是重新刻石或刻木，都不大可能仍回避上述那些宋代讳字，特别是到了成、弘时期，更无这种可能。因而即或是有明拓，也不可能有宋讳之字。所以讳字的出现，证明今嘉德所获《历代钟鼎彝器款识法帖》必定拓自宋石，否则不会存在这么多宋讳之字。而据前边孙诒让所说，宋石在南宋既已残损，并有"入元毁以累塔"之说，进一步证明今嘉德此帖非但拓自宋石，且必拓在宋石残损之前，所以说它是宋拓，绝非信口雌黄，臆随人愿。

此帖更有黄丕烈朱笔手跋。跋称："宋石刻江州公库本《钟鼎彝器款识帖》，存七、八至十五、六卷，又十九、二十卷，共残帙六册。相传为常熟归氏物也，五柳居偶得之而售于余。明时两刻，近时重刊，皆未溯源石刻，余故珍重获之，此诚希世之宝，岂可以残帙忽视乎！壬申除夕前六日。复翁。"如此简短的识语，却有丰富的内涵：一是正面肯定《历代钟鼎彝器款识法帖》，是宋石刻江州公使库拓本；二是公示其时的残存卷数一共是十二卷，六册；三是公布来源，相传为常熟归氏旧物，为吴中五柳居主人所得，并转售于黄丕烈；四是以明时的两个雕版印本及近时阮元所刻之本，均未溯源此宋拓石刻之本，道出其乃希世之宝的真实认定，故珍重获之。此跋写于嘉庆十七年（1812）除夕前六日，其时黄丕烈四十九岁。跋前右上角钤朱文"千顷坡"长方小印。黄氏尝有"小千顷堂主人"印，因知此"千顷坡"亦是他的藏书印。跋后钤白文"黄印丕烈"。黄丕烈乃清代嘉道间吴中藏书巨匠，精鉴赏，勤笔耕，善校雠，深受时人与后人推崇。他的审定意见，不能小觑。

黄跋中有"相传为常熟归氏物"一语，说的是此件法帖在他得到之前，相传是常熟归氏之物。归氏，乃常熟富户，其始祖是唐翰林学士、兵部尚书归宣公。归宣公名崇敬，字正礼，在唐代官至兵部尚书，卒年八十有八，赠尚书左仆射，谥曰"宣"。南宋时归氏湖州一支有名荣四公者，始由湖州迁至常熟白茆浦，围沙造田，开基立业，成为常熟归氏的始祖。荣四公之七世孙归椿，字天秀，继续在白茆浦发扬祖业。白茆乃江海余地，高仰瘠卤，浦水时浚时淤，椿能相水远近，通溪置闸，用以灌田。椿好施舍，田又日垦，人纷纷就居，渐成庐舍市肆。吴中多利水田，椿家独营旱田。诸富户争逐肥美，椿则独取板结贫瘠之地，并谓田无不可耕，看自己用心用力如何。结果椿家富得筑堡九澍，俗呼为归家城。所以归有光专门为之撰《归府君墓志铭》。这已是明朝中叶之事。至清初，又有归宣光字念祖者出，仍不忘祖宗开基传统。康熙时奉命巡察湖广，建议开垦郧襄各处及苗瑶溪岗可耕旷地，给民牛、种，前后开垦水旱田十八万四千二百余亩，民赖其利，口碑载道，累官工部尚书，卒谥"昭简"。其三子归朝煦，字升旭，由广东布政使经历，升陨阳通判。乾隆四十四年（1779）河南河决，朝煦治水有功，升济东道，又升直隶永定河道，调山东运河道，仍跟治水患、兴水利相关。所以孙星衍玉海堂刻本序中说"曩客中州时见薛氏《钟鼎款识》石刻本于归河丞相朝煦处"。因知黄氏丕烈跋中所说"相传为常熟归氏物"，不是空穴来风。

事物常常是此消彼长，当着黄丕烈家由盛转衰之际，吴中汪士钟家正方兴未艾，遂使黄氏士礼居许多珍藏又流转到汪氏艺芸书舍。宋拓薛尚功《历代钟鼎彝器款识法帖》，便是其中的一种。其上所钤"文琛""厚斋""阆原所藏金石文字""汪士钟印""民部尚书郎"等都是汪家的藏书印记，即是明证。

汪士钟，字阆源，长洲（今苏州）人。相传尝官户部郎中。所建藏书楼名艺芸书舍，位于苏州最为繁华的山塘街。嘉庆时江南著名藏书家黄丕烈、周锡瓒、顾之逵、袁廷梼所藏，皆归之汪氏。汪士钟祖籍安徽，其父汪文琛，字厚斋，在苏州经营"汪益美布号"，一年销售棉布约百万疋，并将生意做到海外。为了独占鳌头，汪氏能将苏州城里的裁缝全部请来，许诺今后为顾客做衣服，如用益美的布料，只要把"机头"（商标）拿来，一个"机头"可兑换二分银子。于是苏州全城的裁缝，多将"益美"布料奉为上品，极力向顾客推荐，使益美棉布成为苏州市场的畅销名牌，汪家也因此成了苏州饶有家资的富商。汪士钟受乃父影响，不但能子承父业，将益美布号经营得有声有色，还能阅读其父所藏经史四部之书。然读来读去，觉得都是些习见之本，不足为奇。因蓄志对宋椠元刊、稿抄精校，以及《四库全书》未收之书广事收集，且不惜重金。尤其对黄丕烈的藏书"虽残帙十数叶，亦有至十数金者"，只要"有复翁跋，虽一行数字，亦必重价收之"，"若题识数行，价辄至十数金矣"，乃至"残破签题、毁损跋语，亦可售一二金"（叶昌炽《藏书纪事诗》卷六汪士钟《补正》转引周星诒《自题行箧书目》）。所以《吴县志》杂记类说"黄荛圃孝廉殁，其书为汪观察士钟捆载而去"。后又得青浦王氏所谓千金帖，使金石藏品亦充盈书舍。所以文达公阮元赠写楹联云"万卷图书皆善本，一楼金石是精摹"（叶昌炽《藏书纪事诗》卷六汪士钟藏书《补正》）。

人有时来运转，也有运败时衰。汪氏苏州山塘街的艺芸书舍，楼宇轩敞，插架充盈，显赫风光，令人钦羡。然而不久，益美布号经营不善，连年亏损，最终倒闭，连布号都被别人收购了，因而其藏书也就随之不断散出。而当太平军的喊杀声逼近苏州时，汪氏又合家避难逃离，舍中宋椠元刊又被左邻右舍的奸佞小人趁火打劫。汪家遭此劫难，藏书大量流散，转到新生的富户。至若宋拓《历代钟鼎彝器款识法帖》转归何人，可从清嘉庆二年（1797）阮元所刻《历代钟鼎彝器款识法帖》朱善旗的跋文中得其线索。跋曰："同郡魏塘程兰川通守文荣，藏石刻江州公库本薛氏《款识帖》七、八至十五、六，又十九、二十卷，共残帙六册。向为汪阆源观察得之黄荛圃孝廉丕烈家……"跋后钤白文"朱善旗印"。又云："风溪程兰川别驾，止携第十九、二十两卷石刻共一册来都。予以日本纸手自影抄一通，存予所临碑帖类。故此册讹字不复改，以另有摹本故也。己酉二月十九日。建卿又志。"己酉为道光二十九年（1849）。

跋中所言之程兰川，名文荣，字鱼石，号兰川，嘉善（今属浙江）人，居枫泾瓶麓，后移居南阳村。清代道光、咸丰间的书法家、金石学家，对帖学情有独钟，一生搜藏多种宋元碑帖，撰有《南村帖考》。但他又不是文弱书生，咸丰三年（1853）为江宁府北捕通判，当太平军攻城时，他遣散家属，奋勇迎敌，终因城陷而亡。

朱善旗，字大章，号建卿，平湖（今属浙江）人。道光十一年（1831）顺天举人，官国子监助教。亦喜吉金之学。他这篇跋文明确告知宋拓薛尚功《历代钟鼎彝器款识法帖》，从汪氏艺芸书舍散出后，为程文荣所得。此后沉埋无闻，不知所终。今又重光，乃嗜者幸事。上述的考论，可谓将书内书外各种证据搜罗殆尽，然后加以综合分析，最后才得出宋拓的结论。

## 二　活字印本书的鉴定

雕版印制的书籍与活字排版印制的书籍，在技术上是有区别的，在风格特征上也是不完全相同的。雕版印制书籍，不管选用什么样的版材，都要把文字按照一定的行款字数固定地刻在一块一块的木板上，因而印出来的版面及字里行间，整体感特别强。活字排版印刷则不同，无论什么材料制成的活字，诸如泥活字、木活字、铜活字、锡活字、铅活字等，都要事先制造出一个一个的彼此毫无内在联系的单字，然后再根据书稿的内容和事先规定好的行款字数，把这些单字按一定顺序拣排起来，四周加固边框，行与行之间加楔板片，作为边栏和界行。所以就过程和技术而言，雕版印刷与活字排版印刷本来是有很大的区别的。但由于雕版印刷发明并盛行于前，活字印刷则是针对雕版印刷自身固有的弱点而力图改进、创新、试行于后的技术，因此在版面的印制形式上就不免要模仿雕版印书，这样就出现了两者鉴别的问题。好的活字印本几与雕版印书无异，如不掌握一定的知识，并细心加以审别，是很难说出它们的异同的。例如清雍正三年（1725）武水陈唐重订并用木活字排印的《后山居士诗集》六卷、《正集目录》一卷、《后山先生遗诗》五卷、《逸诗目录》一卷、《诗余》一卷，字体用清初流行并为世人所喜欢的软体字，排版整齐匀平，墨色浓淡一致，行直字正，无歪扭之感，如不细审，很容易误认为就是雕版印制的书籍。那么到底怎么鉴别它们彼此之间的区别？现就前人、别人的经验，结合个人的实践与认知，将雕版印制书籍与活字印制书籍的鉴别方法与途径简述如下。

## （一）依据序跋牌记鉴别

古人印书，常常要请人作序，或由编撰人自己写序。而印书的经手人或因地位较低，或因辈分晚出，不能跻身作序行列，则常常采取写跋的办法附于书后，有点类乎现代书籍的后记。古代印制的书籍虽无现代书籍那样明确的版权页，但也常常印有牌记，以交代印制的年月和印制的书坊、堂号。若能从这些地方下手，往往能够找出一些鉴别和判断的依据。例如清道光十二年（1832）苏州李瑶在杭州用泥活字排印的《校补金石例四种》，书前就有牌记封页。牌记中间长方框内镌题"七宝转轮藏定本，仿宋胶泥版印法"。这已能够说明它是李瑶仿照宋代毕昇泥活字印书的遗法，用自己创制的泥活字排印的。如果再读一读李瑶的自序，则就会更进一步得到证明。序文在对《校补金石例四种》的成书经过交代之后云："余乃慨然思广其传，即以自制胶泥板统作平字捭之。"这句话的意思是说他因以前此书的版刻或因夹注丛列而显得眉目不清，或因坊本粗疏，失于雠校，致使错字连篇，鱼豕混淆，故用自制的胶泥活字重新加以排印。一部书，如果牌记已说"七宝转轮藏定本，仿宋胶泥版印法"，再有序文中如此明确的表述，鉴定它是泥活字印本便应该是毫无问题了。

又如道光二十四年（1844）安徽泾县翟金生用泥活字排印的自制诗集《泥版试印初编》，其中不但有造泥字、检字、校字、归字等人姓名的记载，还有翟金生咏自刊、自检、自著、自编五言绝句诗四首。其中"一生筹活版""先将字备齐"以及"为试澄泥版"等诗句，都明确无误地表明了此书是用泥活字排印而成的。可见从序、跋、牌记入手，是审别一书为雕版印刷还是活字排版印刷的可靠途径。

## （二）依据边栏界行衔接处的迹象鉴别

在中国古书中，无论是雕版印刷的书，还是活字排版印刷的书，一般地说，都有边栏界行。尤其是活字排版印制的书更得有。因为活字排版印刷的书，不但要模仿雕版印刷书籍的版式风貌，更重要的是它要靠四周的边栏将版中排好的活字捆紧加固，靠界行的竹木片将每行文字勒紧卡牢。所以活字版的边栏界行，不仅起边栏界行的传统作用，同时也有捆紧版面勒紧行字从而使之成为整版的作用。但同是边栏界行，雕版与活字排版印出来的书叶其表面现象也是不完全相同的。雕版是在事先预备好的一块一块的木板上镌字、雕栏、刻界，因而表现出来的特点是边栏在四角的衔接、界行与上下边栏的衔接浑然一体，毫无间隔缝隙。这主要是因为本来是独块木板，其版面上的文字、边栏、界行都是镌雕出来的。凡属未施刀剜刻之处，都仍与木板相连，故不可能出现缝隙。当然，现存的古书中，有时也可能见到边栏界行断续的迹象，那是因为书版雕好之后，或因刷印太多，或因年久断裂而造成的现象，而绝非固有之痕迹。可是活字排版印刷就不同了，任何材料的活字，要想用它来印书，都只能根据书稿内容的逻辑将一个一个相应的单字检排在事先预备好的版面上。一版字排好了，四周加围与字面同高但彼此不相联结的边条，一共四片，分上下左右，这就是所谓的边栏。与此同时，行行文字之间也要楔入各种材料但都与字面同高的薄片，以便撑紧各行文字。然后用绳索将边栏捆紧，以固定框内文字。尽管边栏围捆得很紧，界片加楔得很牢，但由于它们是单件拼合，因而在边栏四角、界行与上下边栏之间的衔接，总不是那么紧密，总有一定间隔。特别是敷墨刷印的书叶越多，因框内文字及行片吸水膨胀，上述衔接的地方就会出现离缝，敷墨印刷时这种离缝就无法着墨，因而印出来的书叶就会呈现未着墨的空白。这种现象，几乎所有活字印制的书籍都无法避免，这就可以被我们抓来用以鉴别是活字印本还是雕版印本。

后来为克服这种缺点，又创造出版槽。所谓版槽，就是拣字入槽而形成的版面。今天看来，此虽非上天入地的高科技，但也是缜密系统的科技工程。清乾隆钦定的《武英殿聚珍版程式》，为我们提供了成功的范例。该书的内容除奏议外，主要是承造木子、刻字、字柜、槽版、夹条、顶木、中心木、类盘、套格、摆书、垫版、校对、刷印、归类、逐日轮转办法等环节。其中《槽版》一节云："用陈楠木做方盘，外口面宽九寸五分，径长七寸七分，高一寸六分；里口面宽七寸六分，径长五寸八分八厘，深五分。四围用铜包角，以期坚固。"可知版槽要用陈旧多年的楠木来做，原因盖在木陈多年，所含水分久已挥发，木理固定成形，做出来的版槽遇湿遇冷遇热极少发生新的变化。版槽外口、里口尺寸相减，可知其厚度为一寸九分，可以承受摆字完成敷墨刷印中活字吃水膨胀的张力挤压，使版面保持端正整齐。四周以铜皮包角，以防磕碰损角，并再度加强版槽抵御内胀的能力。

其中《夹条》一节中尚有《一分通长夹条》云："用楠木或松木做成条片，宽五分，长五寸八分八厘，厚一分。凡书内整行大字，靠整行大字即用此夹摆。按套格，每行额宽四分，而大字木子只宽三分，以之居中，则每行之两傍各空半分，二行计之，则合空一分，故用一分夹条，方能恰合格线。"这里的夹条宽五分，与版槽深五分相一致，嵌入进去之后刚好与版面持平；长五寸八分八厘，与版槽里口径长相一致，嵌入之后方能严丝合缝；厚一分，版面行字宽三分，左右两边嵌入夹条，整是四分。计算十分严密。

《夹条》一节尚有《半分通长夹条》云："宽、长如前，厚半分。凡整行小字靠整行大字者用此。盖小字木子，每个宽二分，双行排摆，则宽四分，尺寸与套格相符。本行原无庸夹条，但傍边若靠大字，则仍有半分之空，故宜用半分夹条。"这段文字，明白易懂，无须赘述。

《夹条》一节尚有《一分长短夹条》云："厚一分，长自一字起，至二十字止。凡双行小字下遇大字，而旁行亦系大字者，视字之多寡，长短拣用。"意思亦十分清楚，无须进一步加以解释。

《夹条》一节尚有《半分长短夹条》云："厚五厘，亦自一字起，至二十字止。凡大字下遇双行小字而傍行系大字者用此。其长短亦随字拣用。若傍边均系小字，则全不用夹条，自然合格。"所说亦十分清楚，无须加以解释。

《夹条》一节尚有《顶木》云："凡书有无字空行之处，必需嵌定方不移动，是谓顶木。用松木做成方条，高五分。用于大字者，面宽三分；小字者，面宽二分，俱自一字起至二十字止，量其空字处长短，拣合尺寸嵌于无字空行处。"所谓"顶木"，当系顶替无字空行之缺的条木。这类条木，有一字之长短者，为的是填补一字之空缺，有二字、三字，乃至整行均缺者，则拣用相应长短的顶木以补之。之所以其高只是五分，为的是与版槽里口深度五分相一致，填补之后略低于字面，印出的书叶便是空白无墨。如有空缺不顶，敷墨刷印时纸张会因版面不平而出现各类问题。

《夹条》尚有《中心木》云："凡摆书至九行，即放中心木一条，亦用松木，高五分，长五寸八分八厘，宽四分。此即套格之版心处也。"所谓中心木者，实际即是形成版心的条木。它的摆放位置，要视版面排字行款多寡而定，取上下每半版平均行数的中心，所以称为版心。

上述如此严密设计、精心制作的排字版槽，与将字只是摆在一块平版上，逐行嵌夹行片，而后捆绑上下左右边栏用以固版所印出的书叶相比，四角绝不会出现离缝空白。因为版槽的四周边栏，是在整块槽版里口直接刻出来的，栏内敷墨刷印怎么吃水，也无法将边栏四角胀开。版心鱼尾与其两边的行线也不会有明显的隔离。

活字排版印制的书籍，其行格界线也常出现时有时无的断续现象，这是活版敷墨印刷，活字吃水膨胀挤得行字高下不平造成的。这些现象虽是活字印书难以避免的现象，但雕版印书有时也有类似现象，需注意严格区别。雕版放置多年，其界行也有时被碰掉这一部分或那一部分，因而在版面上也会出现高低不平、着墨不匀的现象，故印出来的书叶其行线也时断时续，所以光看这种表象，不能轻下结论。

## （三）依据有无断版现象鉴别

　　雕版印刷的书籍，特别是一书的后印本，常有粗细不同、走向不同等不规则的未着墨的白道子出现，这是雕版印书所特有的现象。古人将文稿镌刻在木板上印书，一般都要选择比较硬的木料，如梨木、杜木、枣木等。原因是硬木刻出来的笔画剔透，刀法也清晰，而且耐磨损，经得起多次刷印。但硬木着水受潮后再遇风曝干便容易断裂走形。而书板每次刷印都必须敷墨，刷印一张，敷墨一次，且中国古墨又是水墨，木板吃墨吸水，字迹笔道就会发胖，失去固有的神韵，整个木板也会膨胀，使边栏外扩走形。而每次刷印完了，书板收起多年，这就会因从潮湿到干燥而发生裂板现象。这种书版再拿来印书，其裂缝处由于成了深深的裂沟而无法着墨，着了墨也印不出来，所以印制的书叶就出现没墨的白痕白道。这种白道是由于书版断裂而造成，所以行话就称为断版。依靠这些断版现象，非但可以用来判断一书是初印还是后印，可以用来判断两部书、三部书是否为同一版本，还可以用它来判断一书是雕版印刷还是活字版印刷。

　　活字排版，不管是什么材质的活字，都是在刷印之前刚刚检排起来的版面。这种版面，即使是木活字排成的版面，也不是整块木板，一叶印完版即拆卸，不可能发生断版现象。因此，我们在审别书是雕版印刷还是活字排版印刷时，这种有无断版现象，就成了借以判断的根据了。凡有断版现象的书籍，绝不可能是活字排版印制的。反过来说，凡活字版排版印制的书籍，绝不应该出现断版现象。当然，初印的雕版书，通常也没有或很少有断版现象。但结合其他因素加以悉心审别，还是可以鉴别得出什么是雕版印书，什么是活字排版印书的。例如泰安徐志定于清康熙年间（1662—1722）印制的《周易说略》和《蒿庵闲话》，由于书中界行有的歪斜不整，甚至成弯曲的弓形，又由于清人金埴《不下带编》中尝云："康熙五十六、七年间，泰安州有士人，忘其姓名，能锻泥成字，为活字版。"因推断此两种书为磁活字印成。而且这种说法还风行了相当长的一段时间。后来中国国家图书馆先后获藏了这两种书。《周易说略》前有封面，封面栏线上题"泰山磁版"；封面后有徐志定序文，略云："戊戌冬，偶创磁刊，坚致胜木，因亟为次第校正，逾己亥春而《易》先成。"这里的"泰山磁版"及"偶创磁刊,坚致胜木",都透露出它是磁版,而不是磁活字。但这两种书究竟是磁版印刷还是磁活字排版印刷,最后的鉴别依据还是断版现象。《周易说略》卷一第四十八叶、卷七第十叶,《蒿庵闲话》卷一第二十二、二十三叶,均有明显的书版断裂迹象。若是磁活字,不当有此现象,行线也不应发生扭曲。有这种现象,表明它是制泥版雕字,而后上釉入窑烧造成磁板的。在烧造过程中,可能因火候不均,或泥性未熟而发生裂痕和行线弯曲。所以成了鉴定这两种书是磁版印制,而不是磁活字排版印制的关键证据。

且清代磁版印书非只山东一地。清初王士祯在其《池北偶谈》卷二十三《瓷易经》条曾云:"益都翟进士某,为饶州府推官,甚暴横。一日集窑户造青瓷《易经》一部,楷法精妙,如西安石刻《十三经》式,凡数易,然后成。蒲城王孝斋綜官益都令,曾见之。"《池北偶谈》乃清初王士祯的笔记性著作。士祯山东桓台人,常自称济南人。益都即今山东青州。益都有一位姓翟的进士,曾做过饶州推官,尝命窑户烧造青瓷《易经》一部,蒲城王孝斋见过。王孝斋名綜,字孝斋,又字子缨,陕西蒲城人,"康熙庚戌科进士,除山东益都县知县,升绛州知州,历户部郎中,提督江西学政"(清张心镜〔乾隆〕《蒲城县志》卷七)。看来王氏《池北偶谈》所讲不是无稽之谈。不过这青瓷《易经》并不是印版,而就是青瓷的书。且其上之文字是凸起来的阳文正字,还是墨笔书写上去,然后上釉入窑烧成,未见实物,无以遽定。但它毕竟在技术上很接近磁版印书,或者说在技术上会给磁版印书以直接的启示,或者说就是磁版印书。这是一段插曲,与我们前边讨论的《周易说略》和《蒿庵闲话》是磁版而非磁活字关系不大。

## (四)依据行字疏密歪斜横置倒置鉴别

活字排版印制的书,在每行中文字与文字之间的疏密程度与雕版印书不尽相同。雕版是在操刀镌刻之前,都要先写好版样反贴于事先预备好的版片上,然后刻字工人才能镌刻。中国的汉字是方块字,书写时,特别是竖行书写时,很讲究整个文字的布局。也就是上下文字之间,常常出现上一字下部笔画之间的空白处,由下一字上部高出的笔画去填补,形成文字与文字之间有笔走龙蛇、首尾相连之感，看起来紧凑而不拥挤，疏朗而又不觉间断。这种文字与文字之间的彼此交叉，是雕版印书所独有的特点，活字排版印书则不然。活字印书每版文字都是由一个一个的单字拣排而成的，因此字与字之间绝无彼此下上笔画交叉的现象。所以版面文字看起来显得疏落、松散，毫无笔走龙蛇、一气呵成之感，看到这种现象，至少就要想到它可能是活字印制的书籍。掌握这一特点，也是我们鉴别一书是雕版印制还是活字印制的途径之一。

　　与此同时，活字排版印刷的书籍由于是一个字一个字拣排起来的，所以一行文字中常常出现字与字之间对得不整齐，甚至是歪斜或单字横置、倒置的现象。这些现象可能发生在拣排时，而试印时未经严格校正；或因活字边框围捆不紧，刷印过程中版面松动，致使单字打横，乃至于倒置。这些现象，在雕版印制的书籍中是绝不会出现的。因此，在古代印本书中，只要见有文字歪斜、横置、倒置的现象，就一定是活字排印本。例如清雍正三年（1725）武水陈唐重订并用木活字排印的《后山居士诗集》六卷、《正集目录》一卷、《后山先生逸诗》五卷、《逸诗目录》一卷、《诗余》一卷，字用清初的软体字写刻，排版匀平，墨色一致，行直字正，无歪扭之感。如不细审，很难察觉它是活字排版印制。但一部大书，用字数十万，难免拣排有误，留下活字印书的马脚。细细检查，马脚果显。如初印本卷二第三叶第三行《次韵苏公两湖徙鱼三首》中的末首"瓶悬堂间终一碎"的"碎"字，卷六第九叶右面末行的"天"字，均被倒置。据此便可以断定此书是雍正三年的活字排印本。然此书后来再行刷印时，纠正了这两个字，将倒置正了过来，所以鉴别就要从其他途径下手。

## （五）依据印纸墨色的浓淡是否均匀鉴别

　　活字排版印书与雕版印书在墨色浓淡的均匀程度上也有区别。雕版印书，由于是在刮削平整的木板上施刀镌字，所以每版文字的表面也是平整的。因此，在敷墨时各个文字及各个文字中的每一笔画，着墨的轻重也就基本一致，刷印出来的书叶其墨色浓淡也就显得很匀称。活字排印书籍则不行。原因是活字版是由一个个的单字拣排组成的。这种活字版非但边栏界行往往高出版面中的文字，就是文字与文字之间也常出现高低不平的现象。这种版面上边栏界行与文字之间以及文字与文字之间凹凸不平的现象，致使凸出来的部分着墨浓重，凹下去的部分着墨轻淡。即使是敷墨时有意识地使高低之处全都着墨，印出来的书叶其墨色深浅也会不同。例如，清代乾嘉间省园以仿宋字体制成活字所排印的范祖禹的《帝学》八卷，为每半叶十行，行十九字，左右双边，白口，双鱼尾。版心上方镌字数，下镌"省园藏板"四字。因据宋嘉定本此书字体仿制，故宋本字体的神韵宛然纸上。加上排字严谨，平砥整齐，印刷精良，所以看去几与雕版印书无异。但因排版时正文字面高于栏线，故印刷出来的书叶栏线多未着墨，显露出了活字版的特征。加之边栏四角衔接处缝隙过大，进一步显露了活字版的迹象。所以尽管此书排印精绝，但还是可以审别出来的。

上面罗列了五种鉴别雕版印书与活字排版印书的方法与途径，还可能有其他的方法，如有人看书叶背面透墨情况，认为透墨重轻不一便是活字排印，也有一定道理。原因与上面说的理由一样，活字版面容易高低不平，高出部分着墨多，刷印时也着力重，故背面透墨也就重，反之就轻。但无论哪种办法都不可生吞活剥，不可胶柱鼓瑟地生搬硬套，不可抓住一点不及其余，妄下结论。但明显特征又要抓住不放，再证以其他依据，综合考察，最后做出科学结论。当然这些还只是用以区分雕版印书与活字排版印书的不同，若是要鉴别活字的材质，那就要借助序跋、题记、书目著录等记载了。

## 三　抄写本书的鉴定

在古书版本鉴定中，最难也最要功夫的是鉴定抄写本。抄写本是中国书籍最早的流传手段，故雕版印书盛行之后亦流俗未改，继续有大量抄写本行世。在现存古籍中，如果要将敦煌遗书也包括在内，则抄写本书籍的数量还是十分可观的。而在这些抄写本中，时代有早有晚，抄写有精有粗，内容价值有高有低。就一般而言，抄写的时代越早，越接近原貌，内容的真实可靠程度越强，价值也就越高。时代较晚，辗转抄录，难免鲁鱼亥豕，价值显然不如旧抄，故一般藏家学者都很重视旧抄本。光重视不够，还必须能鉴别，才能重所该重，珍所该珍。但鉴别可不是一件容易的事，只能就前人、旁人积累的经验，结合自己的实践体会，将其鉴定的方法和途径总结归纳如下，谨供参考。

## （一）依据书体的风格特点鉴定

不同时代有不同时代的书体风格，不同人有不同人的书法特点，只有慢慢掌握了这种识别字体风格特点的技能，才能获取鉴定抄写本的本领。

中国汉字的演变规律是删繁就简，逐渐统一。自秦隶出现以后，经东西两汉演变通行，至曹魏钟繇博采众长，又精于隶楷。《晋书》卷三十六《卫恒传》说："上谷王次仲始作楷法"。唐张怀瓘《书断》卷上《八分》亦说："案八分者，秦羽人上谷王次仲所作也。王愔云：'次仲始以古书方广少波势，建初中，以隶草作楷法，字方八分，言有楷模。'"宋陈思《书苑菁华》卷三云："秦既用篆，奏事繁多，篆事难成，即令隶人佐书，曰隶字，汉因用之。独符玺、幡信、题署用篆。隶者，篆之捷也。上谷王次仲始作楷法。至灵帝好书，时多能者，而师宜官为最，大则一字径丈，小则方寸千言，甚矜其能。"可见楷书当从王次仲发其端。王次仲，妫州（今属河北怀来）人。年少入学而家远，却常常先到，"其师怪之，谓其不归，使人候之，又实归，在其家。同学者常见仲捉一小木，长三尺余，至则着屋间，欲共取之，辄寻不见。及年弱冠，变仓颉旧书为隶书。秦始皇遣使征之，不至。始皇怒，槛车囚之赴国。路次化为大鸟，出车而飞去，至西山乃落"（南北朝任昉《述异记》卷下）。因知次仲乃道家者流。

书体演变是个渐进过程，旧书体不会在某一天完全消失，新书体也不会在某一天全面盛行，前后交叉，你中有我，我中有你。例如前边说的楷书，本来在秦汉时就已出现了，可到南北朝时人写东西其字体仍多带隶意。中国国家图书馆所藏敦煌遗书中的西凉建初十二年（416）写的《律藏初分》，北魏太安四年（458）写的《戒缘》，其书体的用笔走势都还带有明显的隶意。新疆吐鲁番出土的卜天寿的假期作业写本《论语》，笔画也多少带有隶书的味道。

书体本是书法研究者关注的问题，但如果我们能比较确切地掌握书体渐变的大体时代界限，于古书版本鉴定也很有助益。1965年6月，郭沫若据南京郊外出土的东晋时的《王兴之夫妇墓志》及《谢鲲墓志》之隶书笔法甚浓的现象，撰写并发表了《由王谢墓志的出土论到〈兰亭序〉的真伪》一文。文中对照这两方墓志的书体，论定王羲之《兰亭序》之书体已完全失去了晋人惯用的带有隶书笔意的笔法，因而推定是后世的伪托之作，并进一步论断伪托者是王羲之的七世孙智永。此文一经刊出，引起一场轩然大波。反对者中，以时任江苏文史馆员高二适为首，拥护者也大有人在。古书版本鉴定名家赵万里先生，亦于 1965 年在《文物》月刊第 11 期发表《从字体上试论〈兰亭序〉的真伪》一文，文章不长，现全文移录于下：

一九五四年春夏间，我编写的《汉魏六朝墓志集释》在中国科学院出版后，有一天张珩同志到我家来闲谈。我把《集释》一书就正于张珩同志，并说从东汉到隋末，新旧出土的墓志、专志，除近时出土的以外，已尽萃于此。从隶书到正书，色色具备，但中间却找不到王羲之《兰亭序》应有的"座位"。《兰亭序》在行楷之间，字体妩媚动人，很像是唐宋人的手笔。当时张珩同志颇以此说为然。后来他同其他同志也曾谈论过。现在读了郭老《由王谢墓志的出土论到〈兰亭序〉的真伪》，不但认为《兰亭序》不是东晋人手迹，连文章也是六朝人伪造的。论证凿凿，实获我心。现在从字体上论证如次。

隶书对小篆而言，原是"徒隶"们为了抄写文件而创造的一种简笔字，汉人称作"今文"。当时碑刻多用隶书，但重要的碑刻，如《袁安碑》《袁敞碑》等，还是采用小篆的。相传汉章帝时流行的一种草写隶书，字体比后来的草书繁重些、复杂些，叫作"章草"。王羲之是东晋成帝和穆帝时人，正是隶书和章草非常风行的时代。

据《晋书·王羲之传》："羲之书初不胜庾翼、郗愔，及其暮年方妙，尝以章草答庾亮，而翼深叹伏。"又云："及长，尤善隶书，为古今之冠。"又《王献之传》："献之工草隶，时议者以为羲之草隶，江左中朝，莫有及者。"

可见羲之和献之都以善写隶书和章草著称于世。但从宋朝流传下来的《兰亭序》，却不是那样，楷法十分完整，基本上连一点隶书和章草的影子也没有。《淳化阁法帖》收隋僧智果写的梁武帝萧衍的《书评》说："王右军字势雄强，如龙跳天门，虎卧凤阙，故历代宝之，永以为训。"

郭老认为《兰亭序》的字势，却丝毫也没有雄强的味道。倒是近年南京出土的永和四年王兴之夫妇墓志和泰宁元年谢鲲墓志，文字和云南的《爨宝子碑》《爨龙颜碑》相近。这两方墓志，颇有梁武帝所称"龙跳天门，虎卧凤阙"味道，羲之墨迹，很可能和这两方墓志相近。

王羲之时代的隶书和章草，是个什么样子？这一问题，直到现在才能得到解答。

四十多年前，新疆维吾尔自治区出土的《吴志·陆绩张温传》残卷，大概是东晋初期人写的，卷中隶意相当浓厚。这一残卷约早于王羲之三十年。清光绪年间甘肃敦煌出土的后凉麟嘉五年写经，现藏上海博物馆；北凉神玺二年写经，现藏安徽博物馆；西凉建初十二年写经，现藏北京图书馆。这三个残卷后于王羲之时代约三十年到四十年，是书法从隶书过渡到楷书的重要见证，笔意都带有浓厚的隶书气息。我认为王羲之既以草隶知名，那末，他写隶书的笔意，大体上也应和这四个残卷不相上下。

至于章草，我们看了陆机（？）《平复帖》，笔意古拙淳厚，可以肯定地说，这是汉魏以后人的名迹。五十多年前新疆维吾尔自治区罗布淖尔北废墟中出土的前凉长史李柏书稿，是用章草写的。据考证：此稿应作于张骏称王之后。张骏称王事，《资治通鉴》系于永和元年，知此稿即是永和元年以后所作。其时代正和《兰亭序》相当。我们可以设想：王羲之的章草，大体上也应和《平复帖》、李柏书稿相仿佛。而《兰亭序》和传世的《快雪时晴帖》，恰恰不是那样。他的笔意正如韩愈《石鼓歌》所形容的"羲之俗书趁姿媚"，完全没有一星半点儿晋人章草的味道，这是令人十分怀疑的。

上举这些矛盾，从书法发展史上讲，是说不过去的。因此，我们有充分的理由说：现存的《兰亭序》是后人写的，绝不是羲之手笔。

《兰亭序》究竟是谁写的？郭老说是陈隋间僧智永写的。但从《兰亭序》楷法看来，其中主要的显然有唐人的成分，还有宋人的成分。这是长期积累的过程，恐怕不是一二人能够单独搞出来的。

《兰亭序》楷法既含有唐人和唐以后人的成分，那末，王羲之的《快雪时晴帖》、王献之的《中秋帖》等，究竟是不是真迹？这个问题，也可迎刃而解了。

一九六五年十月十一日

高文短秩，却阐释全面，论证凿凿，颇获我心。王羲之（321—379），字逸少，为王导、王敦之侄。幼讷于言。"及长，辩赡，以骨鲠称。尤善隶书，为古今之冠。论者称其笔势，以为飘若浮云，矫若惊龙。深为从伯敦、导所器重。"（《晋书》卷八十《王羲之传》）因知羲之擅长的是隶书，且为古今之冠。又"每自称'我书比钟繇，当抗行；比张芝草，犹当雁行也'。曾与人书云：'张芝临池学书，池水尽黑，使人耽之若是，未必后之也。'羲之书初不胜庾翼、郗愔，及其暮年方妙。尝以章草答庾亮，而翼深叹伏，因与羲之书云：'吾昔有伯英章草十纸，过江颠狈，遂乃亡失，常叹妙迹永绝。忽见足下答家兄书，焕若神明，顿还旧观。'"又可知王羲之非但擅长隶书，还擅长"章草"。所谓"章草"即汉章帝时流行起来的隶书草写，或者称为草写隶书。足见生当东晋前期的王羲之，盛行的书体仍是隶书和草隶，而传世的所谓王羲之的《兰亭集序》，已是行楷，不符合书体流行的规律，因判断它是伪托。这是很有说服力的论断。

至唐代，楷书楷法达到了顶峰。且唐代政治开明，经济繁荣，文化发展，国势强盛，国基坚如磐石，字体则浑朴厚重；经济繁荣，人尚丰腴，字体则充盈饱满；国势强盛，领先世界，扬眉吐气，字体则筋骨挺拔俊秀。掌握了这些特点，再回过头来展视现存的大量敦煌遗书中的唐人写经，又可以从字体风格上得到鉴定它们的某些启示。

宋代中央集权，崇尚严整，故书法字体也横轻竖重结构谨严，方方正正。元代赵孟頫书画超群，影响海内域外。明代抄写本别有特色。清朝盛行馆阁体。可见各时代有各时代的书体特点，只要看多了看熟了，自然会区分得出来，对各时代的抄写本总能拿出个大体的鉴定意见。

除了时代特点，书法更具个人风格，向有"字如其人"的说法。一个人的性格品德、审美崇尚、思想情操，都影响写字的好坏优劣和品位风格，甚至情绪及健康状况，也影响字的风貌。文人墨客，浪漫豪放，运笔奇险潇洒，是为文人字。能工巧匠，模仿逼真，但修养欠缺，故字虽秀美，却难脱匠气，是为匠人字。至于对每一个人的字迹认识与否，那就只有靠熟悉程度了。认识某种字是否为某人所写，没有别的办法，只能靠熟悉。这说起来好像很难，实则潜移默化，并非真难。你的熟人朋友、同学老乡、同事战友、妻子儿女，只要经常接触，常看他们的文稿、信件，用不着有意地去默念背诵，一看便知是谁的字。对于古人，虽然已无法接触其人，但字却可熟视。赵孟頫的字，无论楷书、草书，都是很有特色的。文徵明的字看多了，也不难掌握。何道州的字看上十幅八幅，也会掌握特点。李文田的字看几幅也能辨别。郑振铎好往书皮上写跋，字体颜中含柳，特色明显。李一氓的字可称一怪，更易识别。这不过举例而已，只要看得多，并留心加以总结归纳，字体的时代特征和个人风格都可以掌握的。而掌握字体特点，绝对是鉴定抄写本的有效途径之一。

## （二）依据题跋识语鉴定

不少抄写本在书前卷尾有题跋识语。这些题跋识语有的是抄书人自题，有的是藏书家鉴题。内容常涉及版本源流或抄写情况，对于鉴定某书为什么时代所抄，什么时代什么人所写很有价值。如明初孙道明抄书，写竟，必记抄写时间、地点及时年，这几乎成了他抄书的特点。例如《北梦琐言》卷二十题云："此书乃武林忻悦学家藏。陕刊旧本，今归成芥庵夏隐君。中间刊误舛讹，如日曰、纂篡、歡歉、雖難、關闕、祸福等字，可以意改。余不敢强，以俟别本订之。至正二十四年岁次甲辰五月七日写起，至二十七日庚寅辍卷。华亭在家道人孙道明，识于泗北村居映雪斋，时年六十又八也。"（清张金吾《爱日精庐藏书志》卷二十七）

又如《广川书跋》六卷跋云："今所录之本，乃宋末书生传写，误字甚夥，如於作相，德作浙，不可枚举。自一阳节日写起，至丙午日辍卷。华亭孙道明权谨识。年六十又九。时至正乙巳十一月廿三日，书于泗北村居映雪斋。"（清陆心源《皕宋楼藏书志》卷五十二）

又如宋天台车若水所撰《玉峰先生脚气集》二卷，孙道明题识云："此书乃管而敏家藏本，借录于城南寓舍映雪竹斋。时吴元年岁在丁未腊月廿八日庚午，华亭孙道明叔父年七十有一。"（清陆心源《皕宋楼藏书志》卷五十八）

又如《自号录》一卷，孙道明跋云："钱塘徐光浦辑宋时名公钜卿、骚人墨客之号，裒为一卷。淳祐丁未，其友谭友闻为序。至正壬寅，华亭孙道明手钞于泗北村居之映雪斋，时年六十有六。"（清钱曾《读书敏求记》卷三）

还有若干，不必赘举。孙道明字明叔，元末明初华亭（今属上海）人，"居泗泾。为人博学好古，藏书万卷，遇秘本，辄手自抄录。尝筑映雪斋，延接四方名士，校阅藏书为乐。又造一舟，曰'水光山色'，徜徉南浦，自号停云子。尝与陶宗仪共汎。宗仪制词，道明即谱入调中，倚洞箫吹之，与棹歌相答，极鸥波缥缈之思"（清宋如林〔嘉庆〕《松江府志》卷五十）。抄书者有这样明确的题跋识语，已不存在鉴定问题，认可就是了。

明代柳佥抄书，常在题跋中题写即兴小诗，例如柳氏手抄唐吴兢《乐府古题要解》二卷，其跋云："正德乙亥七月二十二日录讫唐史臣吴《乐府古题要解》一小帙，值区区感寒受郁，亦乐于抄写，以诗寄兴云：'偶病不粒食，抄书二十番。娱生无此癖，守死亦为冤。把笔头欹帽，衣绵洒罢樽。时名付流水，此外复何言！'布衣柳佥谨志。"（清陆心源《皕宋楼藏书志》卷一一二）据此，则《乐府古题要解》便可定为明正德十年（1515）柳佥抄本。

又如柳佥手抄《录异记》八卷，跋云："右《录异记》一集，凡八卷十七类，乃五代人杜光庭所纂，得于友人家，假归录出。仍抄别本，总计七十翻。时正德己卯三月望后一日，吴门柳佥大中录毕于桐泾别墅之清远楼中。其日细雨，闭门弄笔，强述一章以纪之：'抄书与读书，日日爱楼居。窗下满地水，萍间却饵鱼。时名随巧拙，天道已盈虚。莫信村居好，山居乐有余。'"（清黄丕烈《士礼居藏书题跋记》卷四）

柳佥，字大中，号安愚、味茶居士。明正德时隐居不仕，唯搜罗奇书，传写雠校。又不吝假借，人以此益贤之。与上述所抄书契合。

明姚咨抄本唐寅《漫堂随笔》一卷，跋云："吴趋唐省元伯虎遗书中，有《漫堂随笔》一卷，所载多元祐间事，杂以幽冥报应，荸桃神奇，余疑其怪诞。况值岁单雪甚，手冻皴不能运笔，只摘其涉于伦理者书之。丙辰腊月下旬，皇山人姚咨识。"（清范邦甸《天一阁书目》卷三之二）丙辰即嘉靖三十五年（1556）。

又如明姚咨抄本宋晁载之《续谈助》五卷，跋称："《续谈助》五卷，宋刻本，为故友秀水令江阴徐君子寅家藏。子寅没后，其家人售于秦汝立氏。汝立乃余门人汝操之弟，青年癖古，储蓄甚富，亦友于余，假而手录，阅三逾月始讫事。惜乎断简缺文，未敢谬补，藏之茶梦阁，以俟善本云。嘉靖壬戌之秋八月二日，皇山人姚咨识。时年六十有八。"（清陆心源《皕宋楼藏书志》卷五十八）壬戌即嘉靖四十一年（1562），故此本可著录为明嘉靖四十一年姚咨抄本。

又如明姚咨抄本宋吕大生《春秋五论》卷尾小识云："旧借故编修王尧衢懋

中家藏本手录，尧衢则自其内兄荆川宫谏处得之者也。隆庆改元夏六月五日，皇山樗老姚咨重录。时年七十有三。"（清范邦甸《天一阁书目》卷一之二）据此，则此本《春秋五论》可定为明隆庆元年（1567）姚咨抄本。

清毛扆《汲古阁珍藏秘本书目》著录汲古阁影抄"《叶石林奏议》四本，影宋板精抄"。据说栏外有毛晋自跋，说是从李中麓先生宋本影写，希世之宝也，惜有糜烂处。据此则可定此本为明末毛氏汲古阁抄本。

毛氏精写本《瑟谱》有黄丕烈跋，谓"此毛抄本郑世子《瑟谱》，余数年前得诸书友，云是宋商邱家故物。既检《汲古阁珍藏秘本书目》，有之，知非通行本矣"。据此亦可定此书为明末汲古阁抄本。

上面所举的这些例子，说明利用题跋识语来鉴定抄写本是最有效的途径。总的看，明抄本的审别，无论是名家手笔，还是书铺子杂抄，多数都还有抓手，但也不可掉以轻心。

## （三）依据室名斋号及稿纸特征鉴定

中国封建社会的文人墨客、古董鉴赏家、书籍收藏家等，都喜欢给自己的书斋画室起个雅号，以寄情存志，特表风格。这一文化习俗迄今未改，仍有不少文化人有此雅兴。因此，一个室名斋号便又构成了一个人的特征。这些人或终日丹黄手校，或笔耕不辍，或亲自抄书，或请人写录，因而用纸颇多。纸除自身质地外本无其他特色，但纸到了文人墨客家里，经过加工，便带上了各自的特色。如加印自己的室名斋号，刷印自己喜欢颜色的栏线等，久而久之，便又形成各家用纸的特点。我们如能较多地掌握这些知识和特点，也能据以判断某些抄写本。为给诸君提供一些启发和可操作的鉴定知识，现将明清两代著名的藏书家之姓名、字号、室名斋号、用纸特色等开列于后。

范钦：明宁波人，字尧卿，一字安卿，号东明；斋号天一阁；抄书用纸印红格、蓝格、墨格，很少不用格。

吴宽：明长洲人，字原博，号匏庵；斋号丛书堂；抄书用纸多用红格，版心印"丛书堂"三字。

叶盛：明昆山人，字与中，号蜕庵；斋号赐书楼、篆竹堂；抄书用纸喜用绿格和墨格，版心镌"赐书楼"或"篆竹堂"。

文徵明：明长洲人，字徵仲，号衡山；斋号停云馆、玉兰堂；抄书多用蓝格纸；栏外镌"玉兰堂录"或"停云馆"三字。

赵琦美：明常熟人，字符度，号清常道人；斋号脉望馆；抄书用纸喜印墨格。

王肯堂：明金坛人，字宇泰；斋号郁冈斋；抄书用纸多印墨格，版心下方常镌"郁冈斋藏书"字样。

梅鼎祚：明宣城人，字禹金；斋号东壁楼；抄书用纸多印蓝格，版心镌"东壁楼"字样。

吴岫：明姑苏人，斋号尘外轩；抄书用纸多印绿格，版心不镌室名。

沈与文：明吴县人，字辨之；室名野竹斋；抄书用纸多在栏外镌"吴县野竹斋沈辨之制"，或在版心下镌"吴郡沈氏野竹斋校录"字样。

杨仪：明海虞人，字梦羽；室名七桧山房、万卷楼；抄书用纸多在版心下镌"嘉靖乙未七桧山房"或"万卷楼杂录"字样。

赵宧光：明吴县人，字凡夫；室名寒山堂、小宛堂；抄书用纸多在版心镌"寒山堂篆书"五字。

吕坤：明宁陵人，字叔简，号心吾；室名了醒亭；抄书用纸多在版心镌"了醒亭"三字。

姚咨：明无锡人，字舜咨，亦字潜坤，号茶梦主人，又号皇山人；室名茶梦斋；抄书用纸喜印蓝格，版心镌"茶梦斋抄"字样。

曹学佺：明侯官人，字始能，号石仓；抄书用纸喜印墨格，版心镌"曹氏书仓"四字。

秦四麟：明常熟人，字季公；室名致爽阁、玄斋、又玄斋、玄览中区；抄书用纸在版心常镌"致爽阁""玄斋""又玄斋""玄览中区"字样。

徐𤊹：明闽县人，字惟起，更字兴公；室名红雨楼。工文。善草隶、诗歌，万历间与曹学佺共主闽中诗坛。积书数万卷，喜抄书，《唐子西集》即其有名抄本。

祁承𤍤：明山阴人，字尔光；室名澹生堂；抄书用纸喜印蓝格，版心镌"澹生堂抄本"五字。

毛晋：明常熟人，原名凤苞，字子晋，号潜在；室名绿君亭、汲古阁、目耕楼；刻书抄书名家，抄书用纸喜印墨格或不印格，栏外多镌"毛氏正本汲古阁藏"八字，版心镌"汲古阁"三字。毛氏抄书多而且精，毛扆所编《汲古阁珍藏秘本书目》著录毛抄一百七十种。

唐顺之：明武进人，字应德，学者称荆川先生；室名纯白斋；抄书喜用白绵纸，印蓝格，每半叶十行，行二十字。

谢肇淛：明长乐人，字在杭，室名小草斋；抄书用纸喜印墨格，版心镌"小草斋抄本"字样。多为每半叶十行。

叶树廉：明昆山人，字石君；室名归来草堂、朴学斋；抄书格纸栏外多镌"朴学斋"三字。

钱谦益：清常熟人，字受之，号牧斋；室名绛云楼；抄书用纸喜印墨格或绿格，版心镌"绛云楼"三字。

钱谦贞：清常熟人，钱谦益从祖弟，字履之，号耐翁；室名竹深堂；抄书用纸版心多镌"竹深堂"三字。

钱曾：清常熟人，钱谦益族曾孙，字遵王，号也是翁；室名述古堂；抄书用纸喜印墨格，栏外镌"钱遵王述古堂藏书"或"虞山钱遵王述古堂藏书"字样。

曹溶：清秀水人，字秋岳，一字洁躬，号倦圃；室名倦圃、静惕堂；抄书用纸版心常镌"槜李曹氏倦圃藏书"字样。

冯舒：清常熟人，字己苍，号默庵，又号癸巳老人；室名空居阁；抄书用纸栏外镌"冯氏家藏"四字。

冯班：清常熟人，冯舒之弟，字定远，号钝吟；室名空居阁；抄书用纸喜印蓝格，版心镌"空居阁藏"，或在栏外镌"冯氏藏本"字样。

冯知十：清常熟人，冯舒、冯班之弟，字彦渊；室名空居阁；抄书用纸栏外镌"冯彦渊藏书"五字。

叶奕苞：清常熟人，字九来；室名小有堂；抄书用纸喜印墨格，版心镌"昆山叶氏小有堂抄"字样。

徐乾学：清昆山人，字原一，号健庵；室名传是楼；抄书用纸版心多镌"传是楼"三字。

朱彝尊：清秀水人，字锡鬯，号竹垞；室名潜采堂、曝书亭；抄书喜用毛太纸，无格。

金檀：清桐乡人，字星轺；室名文瑞楼；抄书用纸喜印墨格，版心镌"文瑞楼"三字。

惠栋：清吴县人，字定宇，号松崖；室名红豆斋；抄书用纸栏外镌"红豆斋藏书抄本"字样。

赵昱：清仁和人，字功千，号谷林；室名小山堂；抄书用纸多在版心镌"小山堂"，栏外镌"小山堂抄本"字样。

吴焯：清钱塘人，字尺凫，号绣谷；室名绣谷亭；抄书用纸喜在版心镌"西泠吴氏绣谷亭抄书"，或在栏外镌"绣谷亭抄本"字样。

吴城：清钱塘人，焯子，字敦复，号瓯亭；室名瓶花斋；抄书用纸喜在版心镌"瓶花斋"三字。瓶花斋盖为吴家藏书楼，父子均喜收藏，好宋刻元刊、旧家善本，故瓶花斋藏书称于天下。

汪宪：清仁和人，字干陂，号鱼亭；室名振绮堂；抄书格纸喜在版心镌"振绮堂"三字。

汪森：清桐乡人，字晋贤，号碧巢；室名裘杼楼；抄书格纸在版心下镌"裘杼楼"三字。

吴骞：清海宁人，字槎客，号兔床；室名拜经楼；因见黄丕烈藏书题称"百宋一廛"，故题自己藏书曰"千元十架"，自谓自己藏书有十架千部元刊本。抄书喜用毛太纸，无格。

彭元瑞：清南昌人，字掌仍，一字辑五，号芸楣；室名知圣道斋；抄书格纸，喜在版心下镌"知圣道斋抄校书籍"字样。

陆芝荣：清萧山人，字（或号）香圃；室名三间草堂；抄书用纸印蓝格，左栏外下方镌"陆香圃三间草堂藏书"字样。

吴寿旸：清海宁人，骞子，字虞臣，号苏阁；室名拜经楼；抄书用纸仍守家风，喜用无格毛太纸。

黄丕烈：清吴县人，字绍武，号荛圃；室名士礼居、百宋一廛；抄书用纸喜印墨格，多有题跋。

袁廷梼：清吴县人，字又恺，号绶阶，又题寿阶，曾更名廷寿；室名贞节堂、三研斋、五研楼；抄书用纸印绿格，版心下镌"贞节堂抄本"字样。

鲍廷博：清歙县人，字以文，号渌饮；室名知不足斋、困学斋；抄书喜用毛太纸，版心镌"知不足斋正本"字样。

汪远孙：清钱塘人，字久也，号小米；室名振绮堂；抄书喜用毛太纸，无格。

钱熙祚：清金山人，字雪枝，一字锡之；室名守山阁；抄书用纸印绿格，栏外镌"守山阁抄本"字样。

姚觐元：清归安人，字彦侍；室名咫进斋；抄书用纸印绿格，版心镌"咫进斋"三字。

厉鹗：清钱塘人，字太鸿，号樊榭；室名樊榭山房；抄书用纸喜印墨格，每半叶多八行。

陈焯：清归安人，字映之，号无轩；室名湘管斋；抄书用纸印墨格，左栏外上镌"颍川中子书"，下刻"湘管斋珍秘"字样。

倪模：清望江人，字迂村，号韭瓶；室名经鉏堂、江上云林阁；抄书用纸印绿格，左栏外刻"经鉏堂重录"字样。

刘喜海：清诸城人，字燕庭；室名嘉荫簃、味经书屋；抄书用纸印绿格，左栏外镌"燕庭校书"，版心下镌"嘉荫簃藏书"字样。

全祖望：清鄞县人，字绍衣，号谢山；室名双韭山房；抄书用纸印墨格，版心下镌"双韭山房"字样。

徐时栋：清鄞县人，字定宇，一字同叔；室名烟屿楼、城西草堂；抄书用纸印墨格，版心镌"城西草堂"。

莫友芝：清独山人，字子偲，号邵亭；室名影山草堂；抄书用纸喜印绿格或无格，栏外镌"影山草堂"字样。

缪荃孙：清江阴人，字筱珊，号艺风；室名艺风堂；抄书用纸印墨格，版心镌"艺风堂"字样。

上面列举了明清两代数十家抄书用纸及室名斋号等特点，实际当然远不止这些，仅是其中喜藏书好抄书的名家。如能洞悉这些人的生平嗜好、室名斋号、藏章印记、用纸特点、字迹风格，会解决一大部分抄本书的鉴定问题，但不可能全部解决问题。实践上抄本书的鉴定问题也难以全部解决。但抄写的大体时代要基本解决，这就需要多看各时代的字，掌握时代共性，区别时代差异，借以大体判断抄本的时代问题。

## （四）依据印记讳字鉴定

一般藏书家都有自己的藏书印，用以钤盖自己的藏书，以示书的归属。特别是那些著名的藏书家、学问家，每得一书多要丹黄手校，借以深知其是否真善，故钤章不仅表记归属，也表示认同。若是他们自己或命家人弟子所抄之书，多是自己未藏而借本誊录，就更格外珍重，故亦常常钤盖自己的藏印。所以抄本书上的钤印，也是我们借以鉴别由谁所抄，归谁所有的下手之处。

宋元时期的抄本书，存世者已成吉光片羽，鉴定任务不大。所要鉴定者，主要是明清两代所抄的书。明抄本比较好鉴定，已如上述，麻烦的是清抄。鉴定清抄，除字体外，讳字则是常要寻求的抓手。关于清代的帝讳，前述清代刻书特点时有较为详明的介绍，那一段也完全适用于抄本的审别。但有几个节点要特别关注：一是康雍乾三朝抄本的讳字，要特别注意，因为这是判断清代前期的关节；二是嘉庆帝的讳字，因为嘉庆帝临朝时期，是清代社会发生转折的拐点；三是讳字一定要搜寻到位，不要夹生。具体而言就是当你搜寻发现"弘"和"曆"（今简化为"历"）的缺笔，或改"弘"为"宏"时，先不要立即认定它是乾隆时抄本，还应该再往下查一查清仁宗嘉庆皇帝颙琰的名讳回避没回避，如果未行回避，那就算查到了位，回过头来，再行肯定。这和利用讳字鉴定印本书是一样的道理。如能抓住这三个节点，再结合其他证据，就可以审慎地鉴定清抄本。

# 后　记

　　应文物出版社孟宪钧同志之约，我写了一本版本鉴定的书稿，1997年2月由该社正式出版，名为《古书版本鉴定》，大约二十万字。时隔一年，1998年2月，该社又第二次印刷，表明这本小书还有一定的社会需求。时隔十年，2007年春节甫过，2月28日至3月1日，文化部在北京友谊宾馆召开全国古籍保护工作会议，邀集各省、自治区、直辖市主管的文化厅（局）长及图书馆馆长，讨论贯彻国务院办公厅《关于进一步加强古籍保护工作的意见》。意见对古籍保护的重要性、紧迫性做了全面的阐述，明确了加强古籍保护的指导思想、基本方针和总体目标，对全面开展古籍普查、建立珍贵古籍评审登记制度、命名全国古籍重点保护单位等做了明确安排，对开展古籍普查人员、版本鉴定人员、古籍等级评定人员、古籍修复人员培训等提出了明确要求。既要培训，就要有教材，我那本《古书版本鉴定》就被指定为教材，我想认真做一次修订，但时间已不允许，只好小修小补便又仓促付梓，2007年8月又由北京图书馆出版社（今国家图书馆出版社）再版。这是第一次修订。2008年我正式退休，虽然迄今还在回聘着，但在时间安排上有了较宽的调度自由，故从2015年《中华再造善本》编纂出版工程蒇事后，就对久欲修订的《古书版本鉴定》再次开始了较大幅度的笔削，故称为重订。

　　此次重订，首先是开卷加写了一篇《导言》，旨在对什么是鉴定、鉴定的本质、鉴定所需要储备的知识、检索的能力、积累的经验，以及鉴别与考定之间的关系、考证方法的不断优化等，率先做出必要的阐释和论述，以期给读者留下一个古书版本鉴定的清晰概念。

　　其次是在《鉴定篇》之后加写了第十六条"综合利用考据鉴定版本"。这是在古书版本鉴定实践中常用的方法，缺了这一条就很难得出正确的鉴定意见。《鉴定篇》前边分列十五个鉴定途径，那是为了表述上的方便，旨在告诉爱好者鉴定古书版本有很多可以主攻的突破口，也就是要找到借以展开的抓手，但最终敲定某书版本时大多都不是仅凭突破口那条孤证就能下结论，而是需要综合书内书外各种考据，才能加以肯定。此次重订加写了这一条，而且举出了一些综合考证的实例，以便起一点示范作用。

再次是在全书结构及名称上做了适当调整。此书初版本分为上中下三编，上编名为《史证编》，中编名为《版本编》，下编名为《鉴定编》。此次重订将"编"改成了"篇"，开卷就是《导言》，紧接其后者仍是《史证篇》，实际就是简明中国古代书籍史，旨在从中国书籍的起源、制作材料、制作方法及其装帧形制演变等诸方面，先做简明的介绍，为其后全面阐述问题时先做历史铺垫，避免谈到每个问题时都去溯本求源，来回重复。

《史证篇》之后原称《版本编》，今观其所述内容，如古书版本之论、版本学之论、版本学功用之论、善本之论、版本类型、版本称谓、版本造伪与辨伪之论等，绝大多数是绪论性质，以《版本编》概括之不太确切，故此次重订改成了《绪论篇》，以便集中讨论版本学中的基本理论问题。"版本类型"与"版本称谓"虽非理论话题，但也存在理论性质，故也放在《绪论篇》中。

以《导言》《史证篇》《绪论篇》做了交代之后，再进入本书主题古书版本鉴定的《鉴定篇》，就觉得比较顺畅了。《鉴定篇》从十六个方面入手进行阐释，然后从正反两方面展开论述，并举出实例加以辨析。特别是对从字体刀法、印纸墨色、版式行款等风格入手初步判别版本时应注意的问题，做了比较详细的说明。重订调整后的结构变成了《导言》《史证篇》《绪论篇》《鉴定篇》的格局，自认更合理一些。至若引文核实、文字修改、内容增删、实例更换，则不计其数，规模遂较初版本增加了十三万多字。就目前的认识水平，算是可以告一段落。

重订过程中，曾经得到陈红彦、赵前、郭晶、洪琰、钱律进、赵文友等诸同志的帮助，在此表示衷心的感谢。一次在北京大学开会，结识了后浪出版咨询（北京）有限责任公司董事长吴兴元同志，谈起我在重订《古书版本鉴定》，他很感兴趣，遂于不久偕同事来办公室，谈定稿成之后交由后浪出版。书稿交出后，后浪及出版社同人在书稿的文字审定、版式设计、插图安排等方面倾注了大量的辛劳。在此书行将面世之际，我也向他们表示由衷的感谢。版行之后，真诚希望读者多提宝贵意见。

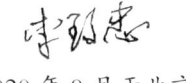

2020 年 9 月于北京

# 出版后记

古籍是中华文明传承的重要载体，是中华文脉绵延千载的历史见证。

李致忠先生是蜚声海内外的中国古籍版本研究专家，他在中国国家图书馆工作数十年，长期从事古籍整理、版本鉴定、目录编制、图书史研究、出版史研究和业务管理工作，积累了丰富的古籍鉴定实践经验。这本《古书版本鉴定（重订本）》是李致忠先生关于中国古籍版本鉴定的专著，内容涉及中国古籍的生产材料与生产方法、古籍的装帧形式、有关古籍版本的类型称谓与辨伪，以及一般刻本书、活字印本书或抄写本书的具体鉴定方法。李致忠先生结合前人论述和自己多年的古籍鉴定经验，对该领域做了全面、精辟的研究和阐述。

本书过去曾于 1997 年由文物出版社出版，2007 年由北京图书馆出版社（今国家图书馆出版社）出版增订版，多次被指定为高校古籍版本学课程和古籍保护培训工作的基本教材。此次再版，李致忠先生根据近年来的心得、体会和发现，又对全书做了规模较大的修订，是为重订本。

希望《古书版本鉴定（重订本）》的出版，能够在学习知识、提高能力、积累经验、优化方法等方面为古籍鉴定工作者和传统文化爱好者指明方向，使得大家都来了解古籍、热爱古籍、保护古籍，从而更加热爱中华民族在历史长河中创造的重要文明成果，热爱中华民族丰富而宝贵的思想智慧。

服务热线：133-6631-2326　188-1142-1266
读者信箱：reader@hinabook.com

后浪出版公司
2021 年 2 月

图书在版编目（CIP）数据

古书版本鉴定：重订本 / 李致忠著. -- 北京：北京联合出版公司, 2021.2
ISBN 978-7-5596-4893-8

Ⅰ. ①古… Ⅱ. ①李… Ⅲ. ①古籍—版本鉴定—中国 Ⅳ. ①G256.22

中国版本图书馆CIP数据核字(2021)第025776号

## 古书版本鉴定（重订本）

| | |
|---|---|
| 作　　者： | 李致忠 |
| 出 品 人： | 赵红仕 |
| 选题策划： | 后浪出版公司 |
| 出版统筹： | 吴兴元 |
| 编辑统筹： | 梅天明　李夏夏 |
| 特约编辑： | 宋先圆 |
| 责任编辑： | 肖　桓 |
| 营销推广： | ONEBOOK |
| 封面设计： | 周伟伟 |
| 装帧制造： | 墨白空间 |

北京联合出版公司出版
（北京市西城区德外大街83号楼9层　100088）
天津创先河普业印刷有限公司印刷　新华书店经销
字数406千字　720毫米×1030毫米　1/16　25印张
2021年2月第1版　2021年2月第1次印刷
ISBN 978-7-5596-4893-8
定价：99.80元

后浪出版咨询(北京)有限责任公司 常年法律顾问：北京大成律师事务所　周天晖 copyright@hinabook.com
未经许可，不得以任何方式复制或抄袭本书部分或全部内容
版权所有，侵权必究
本书若有质量问题，请与本公司图书销售中心联系调换。电话：010-64010019